만정당집

이 책은 2018 · 2019년도 정부(교육부)의 재원으로 한국고전번역원의 지원을 받아
수행된 '권역별거점연구소협동번역사업'의 결과물임.
This work was supported by Institute for the Translation of Korean Classics - Grant funded by the Korean Government.

한국고전번역원 한국문집번역총서/단국대학교 동양학연구원

만정당집 4

晩靜堂集

서종태 지음
徐宗泰

최예심 옮김
장유승
권진옥
이승용

일러두기

1. 이 책의 번역은 한국고전번역원에서 간행한 한국문집총간 163집 소재《만정당집(晩靜堂集)》을 대본으로 하였다. 번역 대본의 원문 텍스트와 원문 이미지는 한국고전종합DB(http://db.itkc.or.kr)에서 확인할 수 있다.
2. 내용이 간단한 역주는 간주(間註)로, 긴 역주는 각주(脚註)로 처리하였다.
3. 대본의 본문과 원주의 구분이 명확하지 않은 경우는 역자가 임의로 조정하였다.
4. 한자는 필요한 경우 이해를 돕기 위하여 넣었으며, 운문(韻文)은 원문을 병기하였다.
5. 맞춤법과 띄어쓰기는 한글 맞춤법과 표준어 규정을 따랐다.
6. 이 책에서 사용한 부호는 다음과 같다.
   ( ) : 번역문과 음이 같은 한자를 묶는다.
   〔 〕 : 번역문과 뜻은 같으나 음이 다른 한자를 묶는다.
   " " : 대화 등의 인용문을 묶는다.
   ' ' : " " 안의 재인용 또는 강조 문구를 묶는다.
   「 」 : ' ' 안의 재인용을 묶는다.
   『 』 : 「 」 안의 재인용을 묶는다.
   《 》 : 책명 및 각주의 전거(典據)를 묶는다.
   〈 〉 : 책의 편명 및 운문·산문의 제목을 묶는다.

차례

만정당집 제10권

의議

만정당집 제11권

서序

기記

지識

설說

발跋

서후書後

만정당집 제12권

잡저 雜著

논論

주奏

조詔

찬贊

잠箴

명銘

송頌

책문策問

서독書牘

만정당집 제13권

제문祭文

애사 哀辭

유사 遺事

행록 行錄

전傳

만정당집

제10권

의議

옥당고사玉堂故事

응제록應製錄

의議

태조대왕의 휘호를 추상하는 일에 관한 의론[1] 계해년(1683, 숙종9)

追上太祖大王徽號議 癸亥

신들이 삼가 생각건대, 우리 태조대왕(太祖大王)께서 천명을 크게 받아 -2자 빠짐- 왕업을 창시하셨으니 그 신묘하고 성스러운 공덕이 지극히 아름답고 지극히 큰 휘호를 누려야 마땅하건만 위판에 쓰여 있는 휘호가 단지 여덟 자[2]에 불과하고, 우리 세조(世祖)와 선조(宣祖) 양조에 이르러선 아름다운 칭호가 지극히 높고 갖추어졌습니다.[3] 성스럽고 신묘한 공덕이 전후로 똑같은데 일시의 전례(典禮)가 같지 않은 이유를 비록 상세히 알 수는 없지만 신도(神道)에서 찾아볼 때 과연 온당하지

1 태조대왕의……의론 : 이 글은 1683년(숙종9) 4월에 송시열(宋時烈)의 건의로 논의되었던, 태조와 태종의 존호 추상에 관한 의론이다. 《承政院日記 肅宗 9年 3月 25日》

2 여덟 자 : '지인계운성문신무(至仁啓運聖文神武)'이다.

3 세조(世祖)와……갖추어졌습니다 : 세조의 존호는 '惠莊承天體道烈文英武至德隆功聖神明睿欽肅仁孝'로 22자이고, 선조의 존호는 '昭敬正倫立極盛德洪烈至誠大義格天熙運景命神曆弘功隆業顯文毅武聖睿達孝'으로 34자이다.

못하니, 오늘날 추상하자는 의론을 결코 그만 둘 수 없습니다.

신들이 삼가 보건대, 본조의 목조(穆祖) 이하 사조(四祖)[4]의 시의(諡議)는 태조께서 즉위한 초기에 올렸고 태종조(太宗朝)에 또 다시 존호를 추상하여 각각 네 자를 더하였으니, 추상하는 예에 분명한 전례가 있어 더욱 오늘날 근거로 삼기에 합당합니다. 다만 신들이 삼가 태조태왕의 신도비문을 보니, '계운신무(啓運神武)'는 태조대왕이 상왕(上王)으로 있을 때의 존호인데, 승하하신 뒤에 또 '지인계운성문신무(至仁啓運聖文神武)'라는 휘호를 올렸으니, 위판에 쓰여 있는 것은 아마도 그 존호를 아울러 쓴 듯합니다. 지금 만약 휘호의 글자수의 많고 적음이 편안하지 못하다고 하여 오랜 세대가 지난 뒤에 추상하여 다시 쓰는 것은 사체에 지극히 중차대한 일입니다. 신들의 고루한 견해로 감히 함부로 의론할 수 없습니다.

4 사조(四祖) : 태조의 4대조인 목조(穆祖), 익조(翼祖), 도조(度祖), 환조(桓祖)를 말한다.

충의구전의 대수를 한정하는데 관한 의론[5]

忠義口傳限代議

신들이 삼가 생각건대, 우리나라에서 공신(功臣)을 대우함이 옛날에 비해 훨씬 후하여 제사를 주관하는 적장자 이외에 비록 지파(支派)의 먼 후손이라도 모두 대수를 한정하지 않고 구전으로 충의위(忠義衛)를 제수하였습니다. 이 때문에 오랜 세월이 흐른 뒤에는 그 숫자가 말할 수 없이 많아졌고 거짓으로 속이는 폐단이 또한 이로 말미암아 불어났습니다. 그 처음 의도가 본디 조종조(祖宗朝)에서 공로에 보답하고 후손을 돌보는 아름다운 뜻에서 나왔고 이미 금석처럼 굳건한 법이 만들어져 비록 가볍게 바꾸기는 어렵지만, 지금 법이 오래되어 그 폐단이 이러하니 또한 어찌 통변하는 방도가 없을 수 있겠습니까.

또 전대의 제도를 가지로 논해보면, 비록 큰 공훈을 세워 봉호를 받은 신하라도 대를 이은 적장자만 그 봉호를 이어받았고 나머지 자손은 모두 부역을 지는 일반 평민으로 돌아갔으니, 그 성을 받은 자를 일제히 들어서 영원히 부역을 면제시켜 모두 편안히 놀면서 생을 마치게 했다는 말은 듣지 못했습니다. 그렇다면 지금부터 공신의 자손으로 적장자가 아닌 자는 대수를 한정하여 구전으로 제수하는 일을 묘당의

5 충의구전(忠義口傳)의……의론 : 이 글은 1686년(숙종12) 6월에 논의되었던, 충의위(忠義衛)에 대수(代數)를 한정하여 제수하는 것에 관한 의론이다. 충의구전(忠義口傳)은 구전으로 충의위에 임명되는 것을 말하는데, 충의위는 공신(功臣)의 자손으로 구성되었다. 《承政院日記 肅宗 6月 6日》

의논에 따라 시행하는 것이 사의에 합당할 듯합니다.

다만 당초에 대수를 한정하지 않았던 제도를 가지고 본다면 지금 단지 5대로 한정하는 것이 대를 이어 자손에게 은혜를 베푸는 도리에 있어 너무 가벼운 듯합니다. 5대 이외에 대수를 더 정한다면 편하겠지만 대왕의 자손도 이미 6대를 한정하였으니, 공신이 비록 중요하지만 어찌 대왕의 자손과 같을 수 있겠습니까. 이는 형세상 부득이 5대로 한정해야 할 듯합니다.

또 생각건대, 국가의 입법은 진실로 마땅히 획일적이고 균등해야 하니, 이미 5대로 한정한 이후라면 국초 이래 여러 공신의 자손으로서 지금 이미 구전으로 충의를 제수 받은 자들에 대해서는 응당 모두 이 기준을 적용해야 할 듯합니다. 그러나 이렇게 하면 수많은 충의가 일시에 태거되었을 때의 소란스러움과 원통해하는 폐단에 대해서도 일을 시작하기 전에 깊이 생각하고 지극히 염려해야 하니, 오늘의 시세와 민심으로 결코 가벼이 논의해서는 안 됩니다.

또 살펴보건대, 전대에 부득이 새로운 법을 만들어 옛 제도를 바꾸는 일이 중기에 있을 경우엔 그 법이 만들어진 때부터 시작하여 적용하였지, 이미 지난 일까지 소급하여 아울러 바로잡은 적이 없으니, 굳이 차이가 있는 것을 어렵게 여길 필요는 없을 듯합니다. 오직 성명께서 심사숙고하여 처결하는 데 달려 있습니다.

노산대군과 신비의 복위에 대한 의론[6] 무인년(1698, 숙종24)

鲁山大君愼妃復位議 戊寅

하문하신 두 건 가운데 노산대군의 일에 대한 신의 생각은 다음과 같습니다. 예로부터 왕위를 선양한 임금에 대해서는 그 위호를 높여 지극히 융숭하게 대하지 않은 적이 없습니다. 비록 강등되어 폐위된 임금일지라도 위아래로 죄를 지은 경우가 아니면 그 후세에 간혹 위호를 회복하여 가엾게 여겼으니, 이는 임금의 자리가 존귀하기 때문입니다. 그런데 유독 본조의 노산대군은 위호가 복위되지 않아 국법에 흠결이 있고 인심이 슬퍼한 지 지금까지 2백여 년이 되었습니다. 지금 추복(追復)하자는 계청은 그 논의가 올바르지 않다고 할 수 없고, 그 일이 아름답지 않다고 할 수 없으니, 성상의 하문에 누군들 감동하지 않겠습니까.

다만 생각건대, 열성조의 궐전(闕典)을 거의 다 닦아 거행하여 명신(名臣)과 선유(先儒)가 강구하지 않은 바가 없는데, 유독 노산대군의 일에 대해서는 한 마디도 논급된 곳이 없고, 높이고 받들자는 계청도 후사를 세워 제사지내는 정도에 그쳤을 뿐입니다. 그렇다면 어찌 그 일이 성조(聖祖 세조(世祖))의 조정과 관계되기 때문에 감히 가볍게 의

6 노산대군(魯山大君)과……의론 : 이 글은 1698년(숙종24) 10월에 논의되었던, 노산대군과 신비의 복위에 관한 의론이다. 노산대군은 단종(端宗)으로, 복위되기 이전의 봉호이다. 신비는 중종의 첫 번째 비인 단경왕후(端敬王后) 신씨이다. 1698년(숙종24)에 전 현감 신규(申奎)의 상소로 인하여 노산대군과 신비를 추복하는데 관하여 의견을 수렴하였다.《肅宗實錄 24年 10月 23日》

논할 수가 없어서 그러한 것이 아니겠습니까. 이는 반드시 이유가 있을 것입니다.

폐출된 왕비 신씨(愼氏)의 일에 대한 신의 생각은 다음과 같습니다. 병인년(1506, 중종1)에 여러 훈신들이 방자하기 이를 데 없어 수신제가(修身齊家)의 덕을 지니신 우리 중묘(中廟 중종(中宗))로 하여금 즉위 초기에 배필을 보전하지 못하게 만들었습니다. 신씨는 중묘가 잠저(潛邸)에 계실 때 배필이 되어 명예와 지위가 정당하였고, 왕위를 계승하신 초기에 이미 중전의 자리에 있었습니다. 그런데도 존귀한 명호가 영원히 끊어지고 제사를 사가(私家)에서 지내어 지금까지도 인심이 모두 원통하게 여기고 있습니다. 을해년(1515, 중종10)에 김정(金淨) 등이 올린 복위를 청하는 상소에 대해 군자들이 올바른 논의라고 여겼습니다.

다만 생각건대, 위호를 추복하는 일에 대하여 그후 백년 이래로 이러한 논의를 계청한 자가 없었으니, 이는 또한 후사가 태어난 뒤로는 예법에 구애되어 감히 할 수 없는 바가 있었고, 또 당초에 미처 정위(正位)에 책봉되지 않았으니 나중에 예전으로 회복한다고 말할 수 없기 때문이 아니겠습니까. 이 부분의 전례는 상법(常法)과 매우 다른 만큼 의리로 헤아려볼 때 과연 어떠할지 모르겠으며 고례(古例)에 근거할 만한 것도 없으니 더욱 경솔히 거행해서는 안 됩니다.

이 두 가지 일은 사체가 지극히 중차대하니 진실로 마땅히 십분 신중하게 행해야 합니다. 신처럼 몽매한 자가 어찌 감히 함부로 가벼이 대답하겠습니까. 오직 바라건대, 밝으신 성상께서는 옛 전적을 참착하고 대중의 의론을 절충하여 상세히 헤아리고 깊이 생각하여 지당한 이치에 부합하기를 힘쓰소서.

대보단 제사를 왕세자가 섭행해도 되는지에 대한 의론[7]

大報壇祭王世子攝行當否議

이번에 대보단에 제사지내는 전례(典禮)는 비록 황조(皇朝)의 제도를 본뜬 듯하지만 대체로 의리로 일으킨 것이 많아 그 높이는 의리를 극진히 한 것입니다. 성상의 몸이 마침 편안하지 못하여 직접 행할 수 없다면 왕세자가 대신 전헌(奠獻)을 행하는 것이 높이고 중시하는 체모에 부합할 듯합니다. 대신(大臣)은 배신(陪臣)과 똑같으니, 지극히 미천하여 감히 지존을 상대할 수 없음이 사체상 그러한 듯합니다. 옛날에는 열국(列國)의 세자가 천자를 조회하는 예가 있었고, 나라의 태자가 때때로 그 임금의 일을 대신 행한 적이 있습니다. 《주례》〈춘관(春官)〉 종백편(宗伯篇)에 "대신(大神 천신(天神))에게 제사를 지내고, 대귀(大鬼 인귀(人鬼))에게 제향하고, 대기(大示 지기(地祇))에게 제사를 지낼 적에 만약 임금이 제사에 참여할 수 없으면 섭위(攝位)한다."는 글이 있으니, 이는 왕이 일이 있으면 종백이 그 제사를 대행한다는 말입니다. 이것으로 헤아려본다면 대신이 섭행하는 것도 근거할 바가 없다고 할 수 없습니다.

그러나 삼가 생각건대, 국가에서 이렇게 예법에 없는 예를 처음 시행하여 망극한 정성을 펴게 되었으니, 그 높이고 숭상하는 예를 응당 중조(中朝)의 교사(郊祀)처럼 중시해야 합니다. 그렇다면 성상이 이미

7 대보단……의론 : 이 글은 1706년(숙종32) 2월에 논의되었던, 왕세자가 대보단 제사를 섭행해야 하는지에 대한 의론이다. 《肅宗實錄 32年 2月 27日》

행할 수 없고 왕세자가 또 대신 행하는 절목이 없어 구중궁궐 지극히 엄숙한 땅에서 단지 한두 신료에게 전적으로 그 제사 지내는 예를 주관시키는 것이 인정으로나 예법으로 헤아려볼 때 어찌 편안한 바가 있겠습니까. 제사가 매년 있는 만큼 형편상 마침내 대신에게 섭행시킬 때가 있으리라 생각되지만, 이것은 어쩔 수 없는 상황이면 부득이 변통해야 하는 의리에서 나온 것입니다. 지금 처음 섭행하는 때에 특별히 왕세자에게 섭행하도록 명하고 굳이 규정된 제도로 만들지 않는 것이 인정과 예법에 부합될 듯합니다. 《오례의(五禮儀)》에 종묘사직의 제사에 왕세자가 섭행한다는 글이 없다고 예관이 품계한 것에 대해서는 《오례의》의 예제를 제정하는 초기에 반드시 이유가 있었을 것이요, 또는 《주례》의 '종백이 섭위한다'는 문장을 가지고 근거하는 바가 있어 그런 것이 아니겠습니까. 신의 어리석은 견해로 감히 헤아려 알 수 없습니다. 삼가 상께서 재결하소서.

선왕과 선후의 기일에 성상이 곡림해야 하는지에 관한 의론[8] 정해년(1707, 숙종33)

先王先后忌辰自上哭臨當否議 丁亥

삼가 예관(禮官)이 품계한 것을 보고서 신의 어리석은 생각으로 이에 대하여 의문이 있었습니다. 기일에 이미 제사를 올리니 애모하고 곡읍하는 것은 인정과 예법상 그만둘 수 없어서 그런 것입니다. 이는 귀천에 관계없이 똑같은데 《오례의(五禮儀)》에 그 문장이 실려 있지 않은 것은 어째서입니까? 예전 문소전(文昭殿)[9]의 제례(祭禮)에 종묘의 제례와 다르게 혹여 기일에 슬픔을 펴는 의절이 있었는지 신이 감히 알 수는 없습니다. 그러나 《통전(通典)》 등의 책과 《황조집례(皇朝集禮)》를 차례로 살펴보건대, 옛 제왕이 비록 능에 참배하여 곡읍할 때는 있었지만 기제사에 거애(擧哀)하는 의절은 기록된 곳이 없습니다. 이는 기제사가 전적으로 인정에서 나온 것이라, 중요한 종묘의 제사와 비교할 수 없고, 왕조(王朝)의 전례가 사대부와 같지 않은 점이 있기 때문입니다. 만약 곡읍하는 것을 일정한 제도로 삼는다면 세대의 멀고 가까움에 따라 편벽되게 거행함이 있을 것이니 사체에 온당하지 못한 듯합니다. 군상이 또 혼자서만 거행해서는 안 되니 의식

8 선왕과……의론 : 이 글은 1707년(숙종31) 9월에 특진관 민진원(閔鎭遠)의 건의로 인해 논의되었던, 선왕과 선후의 기신제에 임금이 거애(擧哀)하는 일에 관한 의론이다. 《肅宗實錄 33年 9月 13日》

9 문소전(文昭殿) : 태조(太祖)와 신의왕후(神懿王后)의 혼전(魂殿)이다.

절차에 구애됨이 없을 수 없습니다. 예로부터 효성이 지극한 임금은 많았지만 이것을 규정된 제도로 삼지 않았던 것이 어찌 이 때문이 아니겠습니까. 지금 품계한 것이 인정과 예문에 부합하지만 《오례의》가 국조에서 준행하는 법이니 만큼 바꾸기가 어렵습니다. 또 지난날 학식 높은 여러 신하들이 조정에 있을 때에 나라의 예법을 충분히 논의하면서도 이것을 들어 청한 자가 없었던 것은 반드시 그 이유가 있습니다. 예에 어둡고 몽매한 신이 감히 함부로 경솔히 말할 수 없습니다. 삼가 상께서 재결하소서.

현종대왕에게 존호를 올리는 일에 관한 의론[10]

顯宗大王上尊號議

삼가 생각건대, 선대왕(현종(顯宗))의 성대한 덕과 인후한 명성은 사람과 귀신에게 스며들었습니다. 정릉(貞陵)을 추부(追祔)한 일[11]은 선대왕의 효성이 더욱 조종(祖宗)에 빛나고 선대왕의 공열이 밝게 드러나 천하 후세에 할 말이 있으니, 온 나라 신민의 흠모하고 칭송하는 정성이 어찌 끝이 있겠습니까.

비록 그렇지만 이전 시대를 차례로 살펴보건대, 조종의 궐전(闕典)을 후세에서 뒤늦게 거행한 것이 한두 가지가 아니지만 이런 이유로 특별히 존호를 올렸다는 것은 듣지 못했습니다. 우리 중묘조(中廟朝 중종(中宗))에 소릉(昭陵)을 추복(追復)한 일[12]이 어찌 공렬이 지극히

10 현종대왕에게……의론 : 이 글은 1705년(숙종31) 9월에 전성군(全城君) 이혼(李混)의 상소로 인해 논의한, 현종의 존호 추상에 관한 의론이다. 《肅宗實錄 31年 9月 10日》

11 정릉(貞陵)을 추부(追祔)한 일 : 정릉은 태조(太祖)의 계비인 신덕왕후(神德王后)의 능호이다. 신덕왕후는 조선 개국 이전에 태조와 혼인하여 1392년(태조1) 현비(顯妃)에 책봉되고, 승하 후에는 존호를 신덕왕후, 능호를 정릉이라 정하였는데, 태종(太宗)에 의해 사을한(沙乙閑) 기슭으로 이장되고 왕비의 제례가 폐해지는 등 후궁의 지위로 격하되었다. 1669년(현종10) 송시열(宋時烈) 등의 건의에 따라 순원현경(順元顯敬)이라는 존호가 정해지고 종묘에 부묘(祔廟)되었다.

12 중묘조(中廟朝)에……일 : 소릉(昭陵)은 단종의 생모 현덕왕후(顯德王后)의 능호이다. 1456년(세조2) 단종 복위 사건으로 인한 화가 미쳐 폐위되고 능도 평민의 예로 개장되었는데, 1513년(중종8) 남효온(南孝溫)의 상소로 복위되고 다시 예장되었다.

성대하지 않겠습니까마는, 또한 특별히 휘호를 올린 적은 없습니다. 선대에서 빠뜨린 일을 거행한 것이 단지 계승하는 뜻에서 나온 것이요, 선대보다 뛰어난 것을 꺼려 공렬을 차지하지 않으려 해서 그런 것이 아니겠습니까.

삼가 생각건대, 만일 오늘의 의론이 당초 정릉을 종묘에 올려 부묘할 때 나왔다면 선왕의 겸손한 덕으로 반드시 물리치고 받지 않았을 것이 분명합니다. 지금 수십 년이 흐른 뒤에 단지 상하 신민의 우러르는 마음을 가지고 존호를 추상하여 아름다운 이름이 돌아가게 한다면 선왕의 뜻을 우러러 본받는 도리가 아닐 것입니다. 선왕의 크나큰 덕과 효성을 우러러 생각건대 옛 철왕(喆王)보다 훨씬 뛰어나니, 어찌 몇 글자의 휘호를 더해야 더욱 빛이 나겠습니까. 사체가 지극히 크니 실로 진중하게 처리해야 합니다. 감히 어리석은 견해를 아뢰니, 삼가 상께서 재결하소서.

이시련 등을 감률하는 의론[13]

李時連等勘律議

이시련(李時連)이 자신의 아비가 곤장에 맞아 죽은 것에 통분하여 이런 변란을 일으켰으니 그 정상이 가련하여 용서할 만한 이치가 있는 듯합니다. 그러나 변방 백성이 완악하고 사나워 조정에서 임명한 관리를 높이지 않고 조정의 기강을 두려워하지 않고서 감히 수령을 위협하고 욕보이고 관청 문을 에워싸고 지키면서 출입을 막았으며 또 병영에 보고하는 공문서를 빼앗았으니 응당 법에 따라 죄를 다스려 징계하는 바탕으로 삼아야 합니다.

다만 문안을 보건대, 관청 문을 에워쌓을 때 이시련, 이상현(李尙見), 이시변(李時邊) 등 세 사람 외에는 함께 간 사람이 없고, 많은 족당(族黨)을 데리고 왔다는 부분은 끝내 밝혀내지 못하여 소루함을 면치 못했습니다. 과연 이 세 사람뿐이라면 인원수가 극히 적으니 에워싸고 지켰다고 말할 수 없을 듯합니다. 만약 이것이 관청 문을 붙잡고 부르짖으며 욕했을 뿐이라면 이는 에워싸고 지킨 것과는 차이가 없을 수 없으니, 대번에 사형의 형률을 쓰는 것은 죄상을 자세히 살피는〔審克〕[14] 도리에 어긋나는 듯합니다. 도신(道臣)이 직접 따지고 분명히

13 시련(李時連)……의론 : 이 글은 1710년(숙종36) 9월에 논의되었던 이시련의 형률에 관한 의론이다. 《肅宗實錄 36年 9月 16日》

14 죄상을 자세히 살피는 : 《서경》 〈여형(呂刑)〉에 "오형(五刑)에 해당되는데도 과실로 인정하여 방면해 주는 병폐는, 관의 위세에 눌려서거나, 은혜에 보답하려 해서거나, 궁녀가 청탁해서거나, 뇌물 때문이거나, 찾아와서 간청하기 때문에 발생하는 것인

조사한 뒤에 계문하여 처결하는 것이 마땅할 듯하니, 삼가 상께서 재결하소서.

데, 이 죄는 모두 똑같으니, 잘 살펴서 제대로 하라.〔五過之疵, 惟官惟反惟內惟貨惟來, 其罪惟均 其審克之.〕"라고 한 데서 온 말이다.

판돈녕부사 권시경의 양자 파계에 대한 의론[15] 기축년(1709, 숙종35)

判敦寧權是經養子罷繼當否議 己丑

지금 권상훈(權相勛)은 이미 끊어진 세대를 잇는 중요한 자리에 있지 못하고 그대로 지자(支子)가 되었으니, 남의 후사가 되었다가 지자가 되는 것은 예법에서 찾아보아도 근거가 없고 도리로 헤아려 보아도 매우 어긋납니다. 그러나 이번 일은 법도로 논할 수 없는 점이 있습니다. 권상훈이 권시경(權是經)의 후사가 되어 30년간 부자지간으로 있으면서 두 번이나 삼년상을 치렀고 지금 친부모와 양부모가 모두 죽었으니, 예법에 있어 또 귀종(歸宗)할 수 없습니다. 부자간의 인륜은 한 번 정해진 뒤에는 참으로 갑자기 도로 혁파할 수 없습니다. 이에 해조(該曹)의 계사가 참작하고 헤아림이 명백하고 극진하니, 별도의 논의를 용납해서는 안 됩니다. 다만 권시경 집안의 경우엔 상훈을 후사로 삼은 것이 먼저이고, 손자를 후계로 세워 첫 번째 양자의 후사로

15 판돈녕부사……의론 : 이 글은 1709년(숙종35) 4월에 논의되었던 권시경(權是經, 1625~1708)의 후사 문자에 관한 의론이다.《肅宗實錄 35年 4月 13日》 권시경은 본관이 안동(安東), 자가 계상(季常), 호가 칠휴(七休)이다. 처음에 권시경이 후사가 없어 친족의 아들 권상화(權相華)를 후사로 삼았는데 그도 아들 없이 죽었다. 족손(族孫) 중에 후사로 세울 만한 사람이 없어, 형이 죽으면 동생에게 미친다는 법에 따라 권상화의 동생 권상훈(權相勛)을 둘째 양자로 삼았다. 그런데 권상훈도 후사가 없어 종사가 끊어지게 되자, 족손 중에서 후사를 세움에 있어 양자의 선후상 첫째 양자의 후사로 삼아야 되기에 권상화의 후사로 정하였다. 이후 권시경의 초상에 결국 계손(繼孫)과 양자(養子)가 모두 최복(衰服)을 입는 일이 발생하고 말았다.

삼은 것이 뒤입니다. 이 일이 어쩔 수 없는 사정에서 나온 것이나 상례를 어겨 끝내 이처럼 난처한 일을 초래하였습니다. 이제부터는 분명하게 규정된 법제로 삼아 후사를 이은 아들이 비록 아들 없이 죽더라도 반드시 그 아들의 후사가 될 만한 사람을 기다려야 하고, 딴 아들을 중첩되게 세울 수 없게 하여 후사를 중첩되게 세울 수 없는 뜻을 밝히는 것이 마땅할 듯합니다. 일이 변례(變禮)에 해당되어 관계된 바가 중대하니, 신의 얕은 의견으로 어찌 감히 단언하겠습니까. 삼가 상께서 재결하소서.

민임중의 죄를 논하는 의론[16] 경인년(1710, 숙종36)

閔任重論罪議 庚寅

훈련도감(訓鍊都監)은 다른 군문(軍門)보다 훨씬 중요하기 때문에 비록 군졸 간에 초상을 서로 돌봐주는 유례가 있지만, 40리까지만 한정하고 본래 하룻밤을 묵을 수 없는데다 주장(主將)이 또 다시 누차 신칙하였으니, 이번 민임중의 일은 지극히 놀랍습니다. 이 때문에 지극히 엄중한 성상의 말씀이 내린 것입니다.

민임중이 애초에 마음대로 군졸을 동원한 것이 아니고 초상 때문에 단지 다른 규례를 따라 쓴 것이지만 본 군문의 규정을 크게 어겼으니 사체(事體)로 헤아려보건대 군율로 논하는 것이 과중하지는 않습니다. 그러나 군문에는 규정된 법률이 없고, 《대전(大典)》에는 "행재시(行在時) 이외에 군령을 범하여 죽을 죄를 진 사람은 제장(諸將)의 경우에 곤장 60대를 친다."는 조문이 있으니, 군율이 비록 엄중함을 중시하지만 평상시와 군사를 일으킨 때에 법을 적용함이 현격히 다름을 알 수 있습니다. 민임중이 범한 죄가 비록 무겁지만 어찌 다시 죽을 죄보다 더하겠습니까. 《대전》의 법률을 준용해야 할 듯합니다. 다만 아무 거리낌 없이 백 명에 가까운 친병(親兵)을 데리고 수십 리 되는 먼 지역으

16 민임중의……의론 : 이 글은 1710년(숙종36) 윤7월에 논의되었던 민임중(閔任重)의 정률(定律)에 관한 의론이다. 훈련도감 천총인 민임중(閔任重)이 자신의 아내를 장사지내면서 40리 밖으로 도감의 군병 백여 명을 데리고 가서 역사를 돕게 한 사건이다. 《肅宗實錄 36年 閏7月 6日》

로 나가서 억지로 유숙시켰으니, 그 죄상을 살펴보건대 실수로 저지른 죄에 비할 바가 아니니 참으로 통탄할 노릇입니다. 특별히 중하게 처단하는 것이 마땅할 듯합니다. 이어 다시 이 일을 계기로 규정된 법률을 확실하고 분명히 세워 훗날의 폐단을 막는 것이 마땅합니다. 삼가 상께서 재결하소서.

이동언의 옥사에 관한 의론[17]

李東彦獄事議

이동언의 죄명은 인륜에 없는 바입니다. 그러나 여러 해 죄를 다스리는 동안 여러 사람의 공초(供招)가 어긋나 끝내 실상을 캐지 못했는데, 동열이 옥에서 죽는 바람에 옥사가 마침내 중단되어 죄가 미궁에 빠졌습니다. 혹여 터럭만큼이라도 잘못된 단서가 있다면 죄인으로 하여금 지하에서 원한을 품게 하는 것이 또한 성세(聖世)에 있어서는 안 되는 일이니, 참으로 오늘 성상의 하교처럼 반드시 명백하게 조사하여 처분하는 것이 사체에 마땅합니다. 다만 생각건대, 이동언이 이미 죽었고 질문할 관인(官人)도 죽은 자가 이미 많으니, 지금 비록 다시 조사하더라도 실정을 얻을 길이 없습니다. 신의 어리석은 의견이 이러하니, 삼가 상께서 재결하소서.

17 이동언……의론 : 이 글은 1710년(숙종36) 2월에 논의되었던 이동언(李東彦, 1662~1708)의 옥사에 관한 의론이다. 이동언은 본관이 전주(全州), 자가 국미(國美), 호가 삼복재(三復齋)이다. 1704년(숙종30) 6월에 지평 조태억(趙泰億)의 상소로 시작된 옥사인데, 이동언이 자신의 부친 이세무(李世茂)의 상에 백성들에게 돈을 거둬들이고 관노(官奴)에게 반함(飯含)을 시켰다는 죄목이다.《承政院日記 肅宗 36年 2月 18日》

이헌영 형제의 삭과에 관한 의론[18]

李獻英兄弟削科議

비에 젖는 다급한 상황에서 형제간에 한 사람의 글씨로 두 시권(試卷)을 모두 써서 둘 다 합격하기란 절대로 하기 어려운 일이니, 간신(諫臣)이 그들이 미리 시권을 지어 놓았다고 의심하는 것은 이 때문입니다. 다만 이헌영 등의 공사(供辭)를 보건대, 이헌영이 가서 시권을 제출할 때에 그 아우가 이미 다시 본인의 시권을 쓰고 있었고, 한 시권 안에 다른 글씨로 쓸 수 없기 때문에 형의 글씨가 비록 우수하지만 아우가 그대로 써서 바쳤다고 말한 것은 실로 실정에 가깝습니다. 전해 들으니, 그 형의 글씨가 비록 우수하지만 형제가 모두 글씨를 잘 썼다고 합니다. 형이 먼저 그 시권을 제출하고 돌아왔을 때 그 아우가 한창 자신의 시권을 써서 완성하지 못한 상태였으니, 그렇다면 이미 시권을 바친 자가 붓을 잡지 않아야만 협조하여 완성할 수가 있습니다. 이는 과장(科場)의 응시자에게 흔히 있는 일입니다. 이미 밝혀낸 단서도 없는데 단지 두 시권이 한 사람의 글씨라는 이유로 미리 지어 놓은 증거로 단정하는 것은 실로 억측입니다. 의계(議啓)에서 다시 시험 보일 것을 계품한 것은 이전 시대에는 혹 이런 일이 있었을지라

18 이헌영……의론 : 이 글은 1712년(숙종38) 7, 8월에 논의되었던 이동언(李東彦) 형제의 부정 시험에 관한 삭과(削科) 의론이다. 《承政院日記 肅宗 38年 7月 19日》 이헌영이 아우 이헌장(李獻章)과 함께 1712년 봄에 있었던 정시(庭試)에 응시하여 나란히 급제하였는데, 형제가 똑같은 필체로 시권을 제출하였으므로 미리 작성해둔 시권을 제출한 것이라는 혐의를 받았다.

도 국조(國朝) 이래로는 듣지 못한 바이니, 지금 창시하여 행하는 것이 편치 못할 듯하며, 또한 반드시 훗날에 여기에서 비롯된 어지러운 폐단이 있을 것입니다. 삼가 상께서 재결하소서.

고 재상 강석기 처의 신원에 관한 의론[19]

故相姜碩期妻伸冤議

고(故) 상신(相臣) 강석기의 처에 관해서는, 적신(賊臣)이 교묘하게 조작하여 무함으로 이루었던 당초 옥사의 정황에 대해 지금까지도 사람들이 모두 슬퍼하며 원통하게 여기고 있습니다. 근래 성상께서 특별히 교지를 내려 그 집안이 화를 당한 일에 대하여 누차 애통하게 여기는 말씀이 있었고, 일전에 내리신 조정 의론에 대한 비답에서도 성상의 뜻이 무엇인지 알 수 있으니, 이 일은 우선 처분을 기다리는 외에는 별도로 헌의할 필요가 없습니다. 삼가 상께서 재결하소서.

19 고……의론 : 이 글은 1712년(숙종44) 3월에 논의되었던 강석기(姜碩期, 1580~1643) 아내의 신원에 관한 의론이다. 《承政院日記 肅宗 44年 3月 24日》 강석기의 딸이 소현세자빈(昭顯世子嬪) 강씨(姜氏)이다. 강빈이 역모에 연루되어 사사되자, 이미 작고했던 강석기는 관작을 추탈당하고 그 아내는 처형되었다.

기묘년 문과의 복과에 대한 의론[20]

己卯文科復科議

일전에 복과(復科)와 관련하여 삼가 하문하시는 명을 받았지만 신이 정고(呈告)하고서 견책을 기다리는 상황인데다 오랜 병으로 정신이 혼미하여 우러러 대답하지 못했습니다. 그런데 지금 뜻밖에도 다시 하문하는 전교가 있으니 두려움을 이기지 못하겠습니다. 신이 작년에 연석에 입시하여 이 기묘년 문과에 대해 하문 받았을 때, 감히 평소의 어리석은 의견으로 '죄인이 이미 분명하게 밝혀져 법으로 다스렸으니 복과가 불가할 것이 없을 듯하다.'는 뜻을 갖추어 아뢰었으니, 성상께서도 기억하시리라 생각됩니다. 신의 구구한 견해가 지금 어찌 다시 이전과 다르겠습니까.

이어 삼가 생각건대, 근년에 심준(沈埈)과 최수경(崔守慶) 두 사람에 대하여 조정에서 그들이 원통할 만하다고 생각하여 특별히 복과를 허락하였습니다.[21] 그렇다면 이 기묘년의 파방이 세월이 비록 오래되

20 기묘년……의론 : 이 글은 1710년(숙종36) 6월에 논의되었던, 기묘과옥(己卯科獄)으로 합격이 취소된 사람을 복과(復科)시키는데 대한 의론이다.《承政院日記 肅宗 36年 6月 8日》1699년(숙종25)에 단종(端宗) 복위를 경축하기 위한 증광 문과(增廣文科)를 설행하여 한세량(韓世良) 등 34인을 뽑았는데 복시(覆試) 때 있었던 부정 사건이 출방(出榜) 후에 드러나 시관(試官) 등 10여 명이 유배되고 파방되었다.

21 근년에……허락하였습니다 : 1697년(숙종23) 10월에 지평 이만성(李晩成)의 상소를 계기로 절일제(節日製)에서 수석을 차지한 심준(沈埈)의 직부전시(直赴殿試)를 취소하고 정시에 급제한 최수경(崔守慶)을 삭과하였는데, 이후 1708년(숙종34)에 두 사람 모두 복과되었다.

었지만 심준 등의 파방보다 조금 뒤의 일이니, 복과해야 하는지의 여부는 오직 사체가 어떠하냐를 살펴야 할 뿐, 복과시킬 인원수의 많고 적음을 가지고 시행하기 어려운지 쉬운지를 판단해서는 안 됩니다. 만약 그들이 원통할 만하다고 말한다면 기묘년 파방으로 원통함을 안고 사는 많은 사람도 어찌 가련하지 않겠습니까?

신이 정신이 혼몽하여 말을 다할 수 없습니다만, 과거시험에 관한 일은 중대하니 반드시 십분 상세히 살펴서 지당한 결론을 얻기를 힘써야 합니다. 오직 성상께서 널리 여러 사람의 의론을 물어 처결하시기 바랍니다. 삼가 상께서 재결하소서.

최씨와 홍씨 두 여자의 복수에 관한 의론[22]

崔洪兩女復讎議

명장(命長)이 홍방필(洪邦弼)을 살해한 것이 단지 개인적인 원한 때문이니 그 처와 자식의 복수는 《주관(周官)》에서 허용한 바로,[23] 본디 사형을 면하는 죄목에 해당하고, 유사(有司)에게 먼저 말하지 않은 것만 죄가 될 뿐입니다.[24] 그러나 의지할 곳 없는 늙은 과부와 어린 여자가 기회를 엿보다가 갑작스럽게 직접 찔렀으니 어찌 먼저 고하지 않았다고 꾸짖겠습니까. 최씨와 홍씨 두 여자는 원수와 같은 하늘을 이고 사는 것을 큰 수치로 여겨 남자도 쉽게 할 수 없는 일을 결행하였으니 그 의열(義烈)이 우뚝하게 빛나 풍교(風敎)를 부지하고 쇠퇴한 풍속을 진작시키기에 충분합니다. 이는 예전에도 드문 매우 특별한

22 최씨와……의론 : 이 글은 1710년(숙종36) 10월에 논의되었던, 남편을 죽인 사람을 보복 살해한 홍방필(洪邦弼)의 처 최씨와 딸 홍씨의 복수에 대한 의론이다. 《肅宗實錄 36年 10月 19日》

23 주관(周官)에서 허용한 바로 : 《주관》은 《주례周禮》의 별칭이다. 《주례》 〈지관(地官) 조인(調人)〉에 "정당한 사유로 사람을 죽인 자에게는 죽은 자의 자식이 원수를 갚지 못하게 하고, 만약 원수를 갚으면 죽인다.〔凡殺人而義者, 勿令讐, 讐之則死.〕"라고 하였는데, 한유(韓愈)는 〈복수장(復讐狀)〉에서 "정당한 사유 없이 사람을 죽인 자에게는 피살자의 자식이 복수할 수 있다는 것을 명시한 것이니, 이것이 바로 백성들이 서로 복수하는 근거이다."라고 하였다.

24 유사(有司)에게……뿐입니다 : 《주례》 〈추관(秋官) 조사(朝士)〉에 "원수를 갚은 자가 사전에 그 사유를 적어 조사(朝士)에게 고하고서 죽였으면 무죄이다.〔凡報仇讐者, 書于士, 殺之, 無罪.〕"라고 하였다.

일이니 비록 정려(旌閭)하더라도 아까울 것은 없습니다. 그러나 참으로 해조(該曹)에서 인용한 말처럼 법에 의거하여 마음대로 사람을 죽여 그 단서를 금지할 수 없을 것이니,[25] 이 일은 가벼이 시행하기 어렵습니다. 혹 특별히 급복(給復)[26]시켜 가상하게 여기는 뜻을 보이는 것이 사리에 마땅할 듯합니다. 삼가 상께서 재결하소서.

25 법에……것이니 : 한유의 〈복수장〉에 나오는 말로, "복수를 허락하면 사람들이 장차 법에 의거하여 마음대로 원수를 죽여 그 일을 금지할 수 없다."라고 하였다.

26 급복(給復) : 나라에 공이 있는 사람이나 열녀・효자 등에게 부역을 면제시켜 주는 것을 말한다.

충신과 효행인의 처, 자식, 며느리를 급복시키는 데 대한 의론[27] 신묘년(1711, 효종37)

忠臣孝行人有妻與子及婦給復議 辛卯

수교(受敎)에 효행인(孝行人)은 그 자신에 한정하여 급복(給復)하라고 되어 있고 본인이 죽은 경우엔 거론하지 않았으니, 그렇다면 당사자가 죽은 뒤에 복호(復戶)의 상전을 시행하는 것은 법 밖의 일입니다. 비록 그렇지만 충렬과 절행에 대한 조정의 포전(褒典)이 대부분 당사자가 죽은 뒤에 있었으니, 특별히 그 집에 대하여 세금을 견감하고 부역을 면제한다면 그 빛나는 은택이 더욱 백성들을 진작시킬 수 있을 것입니다. 그리고 법의 근본 취지를 따져보면 백성을 돌보는 뜻에서 나왔으니 비록 당사자가 이미 죽어 한때의 하사 물품을 쓸 수 없더라도 세금을 견감하고 부역을 면제함이 그 집안에 미치는 것이 선을 표창하고 풍속을 가다듬는 도리에 해가 되지는 않을 것입니다. 은혜를 베푸는데 절도가 있으니 그 아들에게만 미치는 것이 마땅하지만, 비록 아들이 없더라도 만약 그 사람의 처와 며느리가 있다면 그들에 한하여 급복시켜 제사를 지낼 수 있게 하여 죽은 자로 하여금 혜택을 흠뻑 입게 하는 것이 마땅할 듯합니다. 만일 후사가 없는 사람이라면 논해서는 안 될 듯하나 혹 3년을 한도로 급복을 허락하더라도 조정의 포휼(褒恤)이 치우치게 폐해지지 않을 것입니다.

27 충신과……의론 : 이 글은 1711년(숙종37) 6월에 논의되었던, 충신과 효행인 자손의 복호에 대한 의론이다.《肅宗實錄 37年 6月 24日》

세자이사(世子貳師)를 지낸 사람의 조제에 대한 의론[28]

曾經貳師弔祭議

이사(貳師)는 사(師)와 부(傅)에 버금가고 《오례의(五禮儀)》에는 사, 부, 이사의 상(喪)에 왕세자가 조문하는 절목이 있으니, 대우하는 예가 거의 같습니다. 원임(原任) 사부의 상에 조문하고 치제(致祭)하는 절목이 이미 의논을 거쳐 정해져 시행되고 있어 시임(時任) 사부와 똑같이 이미 법식이 되었습니다. 그렇다면 이번 원임 이사의 상에 궁관을 보내어 조문하고 치제하는 것을 일체 거행함이 마땅할 듯하지만, 신의 얕은 식견으로 어찌 감히 단언하겠습니까. 삼가 상께서 재결하소서.

28 세자이사(世子貳師)를……의론 : 1714년(숙종40) 3월에 논의되었던, 윤증(尹拯)의 상(喪)에 왕세자가 치제(致祭)해야 하는지에 대한 의론이다. 《承政院日記 肅宗 40年 3月 10日》

도목의 변통에 관한 의론[29] 임진년(1712, 숙종38)

都目變通議 壬辰

도목(都目)은 나라의 큰 정사라 사체가 매우 중한 만큼 참판으로 설행하는 것은 참으로 구차하고 소략하니, 국조(國朝)의 고사가 있다는 말을 듣지 못했습니다. 무진년(1688, 숙종14)의 변통[30]이 부득이한 상황에서 비롯된 것이지만 그대로 다시 답습하여 시행하기 어려울 듯합니다. 지금 도목이 겨울까지 지체된 것이 매우 걱정스럽지만, 감히 고사도 아니면서 구차하고 소략한 것을 우러러 아뢸 수 없습니다. 신이 정고(呈告)하고서 두려워 움츠린 상황이라 감히 조정에 참여할 수 없지만 다시 하문이 내려옴에 두려움이 더욱 심하여 감히 어리석은 의견을 대략 아뢰오나 어찌 감히 사리에 맞기를 바라겠습니까. 삼가 상께서 재결하소서.

29 도목의……의론 : 1712년(숙종38) 10월에 논의되었던, 이조 판서 송상기(宋相琦)가 출사하지 않아 지체된 도목정사를 참판에게 설행시키는데 대한 의론이다.《肅宗實錄 38年 10月 5日》

30 무진년의 변통 : 1688년(숙종14)에 이조 판서의 유고로 6월 도목정사를 8월에 참판 윤지선(尹趾善)과 참의 박태손(朴泰遜)에게 설행시킨 일이다.

의정부 상피에 대한 의론[31]

政府相避議

법전의 상피법(相避法)에는 대소관(大小官)을 구별하는 조문이 없습니다. 국조(國朝)의 옛 규례가 어떠한지는 모르겠으나, 경인년(1650, 효종1)에 있었던 두 대신의 친혐(親嫌)이 비록 사신을 보내기 위한 임시방편에서 기인한 것이지만 이미 함께 직임을 수행하였습니다.[32] 을해년(1695, 숙종21)에 이르러 문순공(文純公) 신 박세채(朴世采)와 고 상신(相臣) 유상운(柳尙運)이 내외 종형제 친척으로서 함께 공무를 수행한 것이 옛일을 원용한 데서 비롯되어 이미 고사가 되었으니, 이번에 두 대신이 함께 의정부에 있는 것이 근거할 곳이 없다고는 할 수 없습니다. 더구나 우상이 사신으로 나가서 또 사정이 비슷하니 달리 논의해서는 안 될 듯합니다. 신이 다시 하문하시는 명을 받들어 황공한 마음에 감히 어리석은 의견을 올립니다만, 대신의 진퇴는 아래에서 마음대로 논할 수 있는 것이 아니니, 삼가 상께서 재결하소서.

31 의정부……의론 : 1712년(숙종38) 10월에 논의되었던, 영의정 이유(李濡)와 새로 제수된 우의정 김창집(金昌集)의 상피에 관한 의론이다. 《肅宗實錄 38年 10月 6日》

32 경인년에……수행하였습니다 : 1650년(효종1)에 조익(趙翼)이 좌의정으로 있을 때 연양 부원군(延陽府院君) 이시백(李時白)이 우의정에 제수되었는데, 두 사람은 혼인한 집안으로 피혐 대상이었다. 그러나 진주사(陳奏使)를 대신(大臣)으로 차출해 보내야 했기에 이시백을 우의정에 제수하여 진주사로 파견하였다.

산송 변통에 대한 의론[33]

山訟變通議

옛 제도를 변경하는 경우는 그 법이 오래되어 폐단이 생겼기 때문이거나 혹은 옛날과 지금의 시의(時宜)가 달라졌기 때문에 시행할 수 없어서이니, 부득이한 경우에서 나옵니다. 지금 장산(葬山)의 땅 다툼을 판단하기 어려운 것은 이 두 가지에 연유한 것이 아니고, 새로 논의하는 2백 보 법이 모두 포괄하여 판결의 준거가 될 수 없고 또 더러 폐단도 없을 수 없으니, 어찌 경솔하게 옛 제도를 바꿀 수 있겠습니까. 더구나 지금 장지(葬地)의 씨가 말라가니, 또한 법에서 한정한 보수(步數) 이외에 따라서 증가시켜 다툼의 단서만 더욱 야기해서는 안 됩니다.

내용호(內龍虎)[34] 안의 양산처(養山處)[35]에 타인이 무덤을 쓰지 못하게 하는 것이 바로 수교(受敎)로 변통하여 규정한 제도지만, 1백 보가 너무 가깝고 용호가 넓고 멀다면 또 제한이 없어서는 안 됩니다. 이것이 중신(重臣)[36]이 건의하여 2백 보로 다시 한정하고자 하는 이유이니,

33 산송……의론 : 1705년(숙종31) 5월에 논의되었던 의론이다. 《承政院日記 肅宗 31年 5月 26日》

34 내용호(內龍虎) : 내청룡(內靑龍)과 내백호(內白虎)이다. 주산(主山)에서 왼쪽으로 뻗어 나간 산줄기 가운데 가장 안쪽에 있는 산줄기가 내청룡이고, 주산에서 오른쪽으로 뻗어 나간 산줄기 가운데 가장 안쪽에 있는 산줄기가 내백호이다.

35 양산처(養山處) : 분묘 경내의 수목을 가꾸는 곳이다.

36 중신(重臣) : 당시 한성부 판윤으로 있던 민진후(閔鎭厚)이다. 《承政院日記 肅宗

마땅하게 참작한 일인 듯합니다. 그러나 그가 말한, "비록 2백 보 안이라도 시신이 묻힌 내용호 바깥이라면 타인이 무덤 쓰는 것을 허락한다."는 것은 시행할 수 있지만, "비록 내용호 안이라도 2백 보를 넘는다면 타인이 무덤 쓰는 것을 허락한다."는 것은 일체 시행할 수 없습니다. 이것이 새로 무덤을 쓰는 산의 경우라면 그래도 이렇게 시행할 수 있습니다. 그러나 만약 경대부 집안에서 누대에 걸쳐 묘지를 써서 오랫동안 산의 주인이 되었고 용호 안의 수목이 이미 잘 길러진 경우라면 어찌 2백 보의 한계에 구애되어 남이 빼앗아 무덤을 쓰도록 허락할 수 있겠습니까. 이는 있을 수 없는 이치이니, 또한 형세상 결코 시행할 수 없습니다.

보수를 따질 것 없는 새 무덤의 경우에 그 수목을 기르는 산을 한결같이 2백 보로 허락하는 것은 또한 너무 지나친 듯하며, 일반 백성의 무덤은 비록 구별하여 말할 수는 없지만 더욱 이 한계를 적용해서는 안 됩니다. 대체로 산의 형세가 제각각 달라 일괄적으로 논할 수 없고, 사람의 거짓이 더욱 많아지고 송사의 이치가 어지럽고 복잡하여 미리 억측할 수 없습니다. 법조문이 비록 매우 분명하게 갖추어져 있지만, 흑백을 분별하는 것처럼 의심 없이 판단할 수가 끝내 없으니, 이것이 산송이 판결하기 어렵다고 평소에 칭해지는 이유입니다. 새로운 제도가 세워지더라도 필시 다툼을 종식시킬 수 없고, 옛 법제가 한번 흔들리면 더욱 그 분란을 야기할 것입니다. 오직 관사(官司)의 관리가 법전에서 정한 보수와 내용호 안의 양산처에 무덤 쓰는 것을 금지시키는 규정을 준수하고, 송사를 맡은 관원이 때에 따라 참작하여 처결하는데

31年 5月 26日》

달려 있습니다. 전후의 수교는 그 산의 형국이 넓은지 좁은지 살피고 그 산 주객(主客)의 신구(新舊)에 따라 참작하고 처리하여 사의(私意)를 제거하고 공리(公理)를 따른다면 반드시 대단히 판단하기 어려운 의심스럽고 어지러운 송사가 없을 것입니다. 여러 대신의 의논이 이미 상세하니 신의 어리석은 생각으로 별다른 의논이 있을 수 없습니다. 삼가 상께서 재결하소서.

종묘서 관원의 제도 개선에 대한 의론[37]

宗廟署官員改制議

종묘서에 둔 수조관(守祧官)은 그 직임이 신위를 지키고 청소하는 일에 그치니 그 직품(職品)이 낮지 않을 수 없습니다. 그 직품을 가지고서 관서의 이름을 따라서 지은 것은 사직서의 경우도 그러합니다. 비록 지극히 존엄하고 중대한 곳이지만 역대로 설치한 관직이 영(令)과 승(丞)에 그치고 본조에서도 그대로 따른 것이 바로 이러한 이유입니다. 범범하게 본다면 온당치 못한 듯하지만, 그 뜻을 구해보면 대체로 여기에서 기인하였습니다. 조종조(祖宗朝)에서 규정된 제도는 지금 마음대로 고치기 어렵습니다. 예전 학식 높은 여러 신하들이 조정에 있을 때부터 국조의 전제(典制)에 대하여 논설한 것이 많지만 이것을 말한 자가 없었던 것이 어찌 까닭이 없겠습니까. 생기(省記)를 뒤섞어 쓰는 문제는 과연 온당하지 못하니, 별단으로 생기하도록 두 대신(大臣)의 의논에 따라 시행하는 것이 마땅할 듯합니다. 삼가 상께서 재결하소서.

37 종묘서 의론 : 이 글은 1709년(숙종35)년 6월에 논의되었던, 종묘서(宗廟署)를 종묘전(宗廟殿)으로 명칭을 바꾸는데 대한 의론이다.《肅宗實錄 35年 6月 29日》

부모상을 견디지 못하고 죽은 사람과 남편을 잃고 따라 죽은 부녀자에 대하여 정려해야 하는지에 대한 의론[38]

계사년(1713, 숙종39) 5월

親喪不勝喪婦女喪夫從死者旌閭當否議 癸巳五月

예조 참판 민진원(閔鎭遠)의 계사로 인하여 부모상을 견디지 못하고 죽은 사람과 남편을 잃고 따라 죽은 부녀자는 남의 모범이 될 수 없으니 정려하지 말고 다른 상을 시행해야 하는지에 대한 수의이다.

탁월한 충효인(忠孝人)과 절부(節婦)에게 정려(旌閭)의 법을 시행하는 것은 풍속을 가다듬는 뜻이 그 속에 있기는 하지만 실제로는 그 어짊을 찬양하고 높이기 위함입니다. 효가 진실로 아름다운 행실이지만 중용의 도에 맞는 법제를 지나쳐 상을 견디지 못하고 목숨을 잃는 데 이른다면 성인이 불효라고 경계한 말씀이 있으니[39] 이는 세상에 가르침이 될 수 없습니다. 그러나 증자(曾子)가 7일 동안 물 한 모금도 입에 넣지 않은 것은 생명을 해치는데 가까웠으니, 성현이 낮추어 나아갈 적에도 오히려 이처럼 지나치게 고원한 부분이 있었습니다. 세상이 쇠퇴한 이래로 상기(喪紀)가 점점 무너져 독실한 행실로 상을 견디지 못하고 죽은 자가 세상에 매우 드무니, 성상께서 세교를 부지

38 부모상을……의론 : 1713년(숙종39) 5월에 논의되었던 의론이다. 《承政院日記 肅宗 39年 5月 25日》

39 성인(聖人)이……있으니 : 《예기》 〈곡례 상(曲禮上)〉에 "상을 치를 때 병이 있으면 술을 마시고 고기를 먹으며, 병이 나으면 다시 상을 치른다. 상을 견디지 못하고 죽는 것은 자애롭지 못하고 효도하지 못하는 것에 견준다."라고 하였다.

함에 있어 의당 지나침을 억제하는 데 느슨히 하고 미치지 못하는 것을 권장하는 데 우선적으로 해야 합니다. 세상에 뛰어난 행실이 비록 조금 상도에 지나치더라도 그것이 지극한 본성에서 나와 그 진정(眞情)을 쓰고 인위적으로 하는 바가 없다면 어찌 특별히 드러내어 아름답게 여기지 않을 수 있겠습니까. 더구나 지나치게 슬퍼하다가 생명을 해친 것이, 호현(鄠縣) 사람이 자신의 넓적다리를 베어 올려[40] 의를 손상시킨 것에 본디 비할 바가 아니니 말해 무엇하겠습니까.

남편을 잃은 부인이 혹 뒷일을 기다리지 않고 죽음으로 따르는 경우는 그 굳센 절의는 비록 귀하게 여길 만하지만, 더욱 의리의 중용이 아니니 남의 모범이 될 수 없습니다. 그러나 말세 부부간에는 그 중대한 의리를 혹 잃어서 일반 백성의 집에선 죽은 남편을 배신하고 다시 재가하면서도 지극히 부끄러운 일이라는 것을 모르는 자가 왕왕 있으니 뛰어난 행실을 표창하여 감발하고 흥기할 수 있다면 어찌 풍화(風化)에 도움이 있지 않겠습니까. 연신(筵臣)의 논의가 폐단을 염려하는 뜻에서 나와 풍속을 중도로 나아가게 하려는 것이니 일리가 없지는 않지만, 영상(領相 이유(李濡))의 헌의(獻議)에서 "천 명이나 백 명 중에 한 명일 뿐이니 아무리 권하더라도 꼭 사람들이 모두 본받지는 않을 것이고 도리어 그 폐단이 생길 것이다."라고 한 것에 신의 생각도 동조합니다. 특히 아름답고 특히 드러난 탁월한 행실에 대해서는 정

40 호현(鄠縣)……올려 : 한유(韓愈)의 〈호인대(鄠人對)〉에 나오는 내용이다. 중국 섬서성(陝西省) 호현 사람이 모친의 병이 위독하자 자신의 넓적다리를 베어 먹여 어머니를 살리고 자신은 목숨을 잃었다. 한유는 이 작품을 통하여 자식이 생명을 돌보지 않고 죽음에 이른 것은 효도가 아니라고 비판하였다.

려를 내림으로써 선을 표창하고 인륜을 돈독하게 하여 교화를 세우는 것은 예로부터 중조(中朝)와 우리나라에서 이미 시행한 바로 이미 법으로 이루어졌으니 다른 의론이 필요 없을 듯합니다. 삼가 상께서 재결하소서.

온천에 행행하는 것이 마땅한지에 대한 의론[41] 정유년(1717, 숙종43)

溫泉行幸當否議 丁酉

성상의 체후가 편찮은 지 1년이 넘어 여러 증후가 근래에 더욱 심해졌는데도 탕약과 환약 등의 약물과 침, 뜸이 모두 효과가 없어 온 조정의 신하들이 몹시 애태우고 근심하니, 어느 누군들 다른 기법으로 치료할 방도를 깊이 생각하지 않겠습니까. 또한 온천욕이 마땅한지에 대하여 서로 논의한 적이 있습니다. 《본초(本草)》에는 온천수가 비록 몸이 오그라들고 손발이 마비되는 증상을 치료한다고 되어 있지만, 일찍이 들으니 화기(火氣)를 치료하는 데에는 매우 마땅치 않고 또 쉽게 진액(津液)을 손상시킨다고 하였습니다. 그러므로 혈기가 왕성할 때가 아니면 더욱 신중해야 하니 경솔하게 시험하기 어렵습니다.

근년의 연로한 어의는 의술에 익숙한 사람으로, 매번 성후의 치료법으로 온천욕이 마땅하지 않다고 하면서 절실하게 경계하였으니, 그 말이 간곡하고 지극합니다. 신이 의술을 알지 못하지만 항상 익히 들은 바가 이러하였기에 아무리 근심스럽고 답답해도 감히 성상의 몸이 시험삼아 목욕하는 것을 바랄 수 없습니다. 대체로 이 온천욕은 풀어주고 소통시키는 방도입니다.

우러러 생각건대 지금 성상의 모든 기후는 먼 길을 거둥하다가 쉽게

41 온천에……의론 : 1717년(숙종43) 1월에 논의되었던 의론이다. 《肅宗實錄 43年 1月 17日》《承政院日記 肅宗 43年 1月 28日》

손상될 염려가 있을 뿐만 아니라, 그 병의 근원에 맞게 치료하는 방도에 있어서도 실로 맞는지 알지 못한 채 깊이 우려되고 지나치게 걱정되는 점만 있습니다. 일이 지극히 중대하니, 밝으신 성상께서 십분 신중하게 헤아려 처리하시기를 오로지 바랍니다. 이것이 미천한 신의 구구한 소망입니다. 신의 병이 심하여 자리에 누었고 또 견책을 기다리는 중이지만 하문하시는 명을 받음에 감히 개인적인 사정을 말씀드릴 수 없어 함부로 어리석은 의견을 아룁니다. 삼가 상께서 재결하소서.

온천에 행행하는 것이 마땅한지에 대해 재차 올리는 의론
再議

삼가 여러 대신의 헌의(獻議) 이후에 내리신 비지(批旨)를 보건대, "이렇게 한 뒤에야 다해보지 못한 회한이 없을 것이다."라는 말씀에 이르러 신의 간담이 땅에 떨어져 삼가 지극히 두렵고 떨려 눈물이 흘러내립니다.

이번 온천욕에 대한 의론은, 신이 의학 이론을 알지 못하여 비록 이로운지 해로운지 확실하게 알 수는 없지만, 삼가 생각건대, 지금 성상의 체후는 진원(眞元)이 이미 손상되고 기혈(氣血)이 모두 텅 비었으니 결코 풀어주고 흩어주는 방법을 경솔하게 시험해서는 안 됩니다. 다리가 마비된 증상이 이미 지극히 걱정스럽고 눈병에 대한 근심에 더욱더 애가 탑니다. 이 두 증상에는 비록 시험할 수 있을 듯하지만 또한 모두 병의 근원이 깊이 병들어 발현된 것인데, 온천욕은 끝내 밖을 고칠 뿐, 병의 근원을 찾아 치료하는 방도가 아니니, 온천욕 이후에 눈병이 효과를 거둔 선조(先朝) 때의 일과 비교하여 논해서는 안 될 듯합니다.

지금 시험삼아 목욕한 뒤에 비록 즉시 드러나는 효과가 없을지라도 만약 해가 없다면 어찌 매우 다행스럽지 않겠습니까. 그러나 혹시라도 해로움이 있다면 미처 정지하지 못한 사이에 그 깊은 근심과 염려를 어찌 말로 다하겠습니까. 신자(臣子)의 심정은, 생각이 여기에 미치니 몸이 떨리고 마음이 타들어갑니다. "먼저 머리를 감고 다리만 목욕하면 또한 크게 피곤할 염려가 없을 것이다."는 하교는 참작하여 헤아린 성상의 뜻이 지극히 신중합니다. 그 절차의 사이에 해로움은 없고 효과만 있는지의 여부를 신이 알지 못해 감히 단정하여 말할 수는 없습니다. 그러나 대체로 지금 병을 치료하는 방도에 있어 참으로 모든 방법을 다 써보아야 하지만 성상의 병을 다스릴 적에는 응당 만전을 기해야 합니다. 수고로이 몸을 움직여 먼 지역까지 행행하여 근본을 치료하는 방도도 아닌 것을 경솔하게 시험하여 희망하는 효과를 구하는 것은 종묘사직을 중시하는 뜻이 매우 아닙니다. 이것이 신들이 지극히 근심하여 시행하기 어렵다는 뜻을 우러러 아뢸 수밖에 없는 이유입니다. 이 일은 지극히 중대하니 반드시 십분 자세히 헤아리고 다시 의술에 조예가 깊은 방외의 사람들에게 하문하도록 명하여 참작하여 처리해야 하니, 이것이 신의 간절한 소망입니다. 삼가 상께서 재결하소서.

왕세자가 대리한 후에 종묘에 고하는데 대한 의론[42] 9월
王世子代理後告宗廟議 九月

왕세자가 명을 받아 정사를 대신 다스리는 것은 매우 큰 일입니다. 종묘의 예는 중대한 일이 있으면 반드시 고하는 법이니, 오늘날 의당 공손히 고하는 예를 행하는 것이 그 일을 중시하는 도에 부합될 듯합니다. 실록에서 상고한 것 가운데 이 일이 실려 있지 않아 감히 알 수는 없지만, 국가의 전례(典禮)에 고금의 사의(事宜)를 참작하여 시행하는 경우가 더러 있었으니, 드러난 고사가 없다는 것 때문에 구애되어서는 안 될 듯합니다. 대소(臺疏)에서 《서경》의 "수종(受終)"[43]을 인용한 것이 꼭 부합되는지는 모르겠지만, 대체(大體)로 논해보건대 청한 바가 진실로 사의에 맞습니다. 사체가 이미 중하니 오직 밝으신 성상께서 널리 물어 처결하소서.

신이 지난번에 성묘하는 은혜로운 휴가를 얻어 개인적으로 왕래하느라 감히 은혜로운 유지를 받들지 못하였고[44] 기거할 곳이 없어 법을 무릅쓰고 강을 건넜으니 죄가 더욱 심합니다. 또 병들고 혼몽함이 심하

42 왕세자가……의론 : 1717년(숙종43) 9월에 논의되었던, 왕세자의 대리청정을 종묘에 고해야 하는지에 대한 의론이다. 《肅宗實錄 43年 9月 9日》《承政院日記 肅宗 43年 9月 25日》

43 서경(書經)의 수종(受終) : 《서경》 〈 순전(舜典)〉에 "순(舜)임금이 정사의 마무리를 문조에서 받았다.〔受終于文祖〕"라고 한 부분이다.

44 은혜로운……못하였고 : 왕세자의 대리청정을 의논하기 위한 패초에 나아가지 못한 일을 말한다. 《肅宗實錄 43年 7月 25日》

여 실로 감히 조정의 일에 참여하여 논의할 수 없지만 중대한 하문으로 인해 어리석음을 무릅쓰고 우러러 아뢰니 삼가 지극히 두렵습니다.

단의빈 초상의 복제에 관한 의론[45] 무술년(1718, 숙종44) 2월

端懿嬪喪服制議 戊戌二月

신이 병들어 정신이 전부 소진되어 모든 일에 혼몽한 까닭에 일전에 대신(臺臣)의 말로 인해 복제(服制)에 관한 일을 하문하셨을 때 대답하지 못했습니다. 지금 삼가 다시 문의(問議)하라는 전교를 받드니 더욱 더 두렵습니다. 지난번 단의빈 초상 때에 양전(兩殿 대전(大殿)과 중궁전(中宮殿))의 복제를 처음에 대공복(大功服)으로 정했다가 그 후 예관(禮官)의 말로 인하여 기년복(朞年服)으로 개정했을 때 신 또한 여러 대신의 뒤를 따라 헌의(獻議)하였습니다. 그 처음에 예관이 예경(禮經)을 들어 아뢴 것이 예경을 상고하지 않은 것이 아니지만, 기년복으로 개정한 것 또한 경신년(1680, 숙종6)에 이미 시행한 것[46]을 따른 것이니, 국조(國朝)의 제도요 선현(先賢)이 제정한 예입니다. 예경이 비록 중하지만 후대에서 때에 따라 인정과 예문을 참작하여 변경한 것이 한두 가지가 아닙니다. 이번에 기년복으로 개정한 것에

45 단의빈(端懿嬪)……의론 : 1718년(숙종44) 10월, 11월에 논의되었던 의론이다. 단의빈은 당시 세자였던 경종의 빈 심씨(沈氏, 1686~1718)이다. 단의빈의 상에 대한 양전(兩殿)의 복제는 처음 대공복(大功服)으로 정해졌다가 다시 기년복(朞年服)으로 개정되었는데, 이때에 지평 이중협(李重協)이 상소하여, 세자는 부장기복(不杖期服)을 입어야 하고 대전은 대공복을 입어야 하는데 대전도 부장기의 복제를 따르게 한 것은 예에 지나치다고 하면서 묘당에 의논하도록 청하자, 세자가 대신들에게 의견을 물었다. 《肅宗實錄 44年 10月 9日》《承政院日記 肅宗 44年 11月 15日》

46 경신년에……것 : 1680년(숙종6)에 며느리 인경왕후(仁敬王后)의 국상에 시어머니 명성왕후(明聖王后)가 기년복을 입었던 일을 말한다.

관하여 예에 익숙한 자가 어떻게 생각할지는 모르겠지만, 이미 근거할 바가 있어 의기(義起)[47]에 비할 바가 아니니, 그렇다면 막중한 복제를 금후 누차 변경하는 것이 어찌 어렵지 않겠습니까. 신이 본래 예학에 어두우니 어찌 감히 단언하겠습니까. 오직 조정에 널리 하문하여 처리하는데 달려 있습니다. 삼가 재결하소서.

47 의기(義起) : 의(義)에 맞도록 새로 만든 예를 이른다. 《예기》 〈예운(禮運)〉에 "예(禮)라는 것은 의(義)의 실질이니, 의에 맞추어서 맞으면 예는 비록 선왕 때에 없는 것일지라도 의로써 새로 만들 수 있다.〔禮也者, 義之實也, 協諸義而協, 則禮雖先王未之有, 可以義起.〕"라고 하였다.

왕세자의 공제 기간 복색에 대한 의론[48]

王世子公除服色議

이번 빈궁(嬪宮)의 상에 왕세자의 공제(公除) 이후부터 졸곡(卒哭) 이전까지의 복색(服色)은 이미 지존(至尊)을 위한 압굴(壓屈)[49]의 뜻이 있으니, 신사년(1701, 숙종27)에 전하께서 입으신 복색[50]과 비교해서는 안 되고, 의당 감소하여 줄이는 절목이 있어야 합니다. 영상의 헌의(獻議)에서 참작하여 마련한 것[51]이 마땅할 듯합니다. 대전(大殿)에 진현(進見)하는 복색에 대해서는 고례(古禮)와 조종조(祖宗朝)에서 이미 시행한 예를 상세히 알 수는 없지만, 비록 복제(服制)가 끝나기 전이라도 엄숙히 하고 공경해야 하는 자리에선 평상시와 다름이

48 왕세자의……의론 : 1718년(숙종44) 10월, 11월에 논의되었던, 단의빈의 초상 때 왕세자가 공제 기간에 어떤 복색을 갖추어야 하는지에 대한 의론이다. 공제(公除)는 국상을 당하여 조의를 표하는 뜻으로 일정 기간 동안 상복을 입고 공무를 중지하였다가 상복을 벗는 일을 말한다. 《肅宗實錄 44年 2月 11日》《承政院日記 肅宗 44年 2月 12日》

49 압굴(壓屈) : 존자(尊者)에게 눌려서 정해진 예법보다 등급을 낮추어 행하는 것을 말한다. 압강(壓降)이라고도 한다.

50 신사년에……복색 : 1701년(숙종27) 인현왕후(仁顯王后)가 죽었을 때 숙종이 입었던 복색이다.

51 영상(領相)의……것 : 영의정 김창집(金昌集)의 헌의에 "왕세자의 공제 기간과 복이 끝나기 이전의 복색은 전하께서 신사년에 졸곡(卒哭) 전에 입으시던 흑두면(黑頭冕)·소관(素冠)·소대(素帶)를 착용하고, 졸곡 이전의 복색은 왕세자가 상제(祥祭) 뒤와 담제(禫祭) 전에 입던 심렴옥색의(深染玉色衣), 익선관(翼善冠), 흑각대(黑角帶)를 착용하는 것이 마땅할 듯합니다."라고 하였다.

있어서는 안 될 듯합니다. 그러나 신이 예의 뜻에 어두워 감히 단언할 수 없으니, 오직 밝으신 성상께서 알맞게 헤아려 하교하여 정행(定行)하는 데 달려 있습니다. 삼가 상께서 재결하소서.

복제 개정에 관한 의론[52]

服制改定議

중고(中古)에 시행된 역월(易月)의 제도[53]는 선왕의 예법을 심하게 잃은 것이지만 오랫동안 인습되어 중조(中朝)에서는 아직도 변경하지 않았습니다. 우리 성조(聖朝)의 상례(喪禮)는 천고에 뛰어나 목묘(穆廟 선조(宣祖)) 이후로 통상(通喪)[54]에 대해서는 고례(古禮)를 정행하여 잘못된 예를 말끔히 씻어버렸으나 기년복(朞年服)과 대공복(大功服) 이하는 아직 다 변경하지 못했습니다. 의논하는 자들이 전후로 논열한 것이 많았으나 아직도 역월의 옛 제도가 존속하니, 또한 옛 제도를 갑자기 고치기 어려운 점이 있기 때문입니다.

공제(公除)의 의절은 조회를 보고 정무를 보는 것에 한정될 뿐이니, 이때에 상복을 벗는 것은 끝내 예문에 어긋나고 인정에 결여될까 더욱 두렵습니다. 지금 기년과 대공의 복제가 비록 공제 이후에 있더라도 복이 끝나는 달을 기다려 상복을 벗는 것이 실로 옛 도를 회복하는

52 복제……의론 : 1718년(숙종44) 2월 예조 좌랑 성진령(成震齡)의 상소로 인하여 논의되었던, 역월(易月)의 제도를 고치는 것과 관련한 의론이다. 《肅宗實錄 44年 2月 15日》《承政院日記 肅宗 44年 2月 22日》

53 역월(易月)의 제도 : 상례를 빨리 끝내기 위하여 1개월을 1일로 바꾸어서 상기)를 단축하는 것으로, 한(漢)나라 문제(文帝)가 처음 시작하였다.

54 통상(通喪) : 천하의 공통된 상으로 부모의 상인 삼년상을 말한다. 《논어》 〈양화(陽貨)〉에 "자식이 태어나서 3년이 지나야만 부모의 품을 벗어나게 되니, 삼년상이 천하의 공통된 상례이다."라고 한 데서 온 말이다.

아름다움이 될 것입니다. 그러나 이는 중대한 예제와 관계된 일이니, 미천한 신이 감히 의론할 바가 아닙니다. 오직 성상께서 널리 하문하여 재처하시는데 달려 있습니다. 만일 왕세자의 복색과 상복을 벗는 절차에 변경하는 바가 있다면 적절하게 참작하여 정해야 할 듯합니다. 삼가 상께서 재결하소서.

종묘 제사에 음악을 사용하는 것에 대한 의론
廟享用樂議

지금의 상기(喪紀)가 비록 중하지만 신사년(1701년, 숙종27)[55]에 비해 그 경중이 다르고 종묘대제(宗廟大祭)는 사체가 극히 엄중하니, 비록 졸곡(卒哭) 이전이라 하더라도 제사를 거행하게 된 이상 음악을 사용하는 의절을 폐해서는 안 될 듯합니다. 또 삼가 생각건대 영소전(永昭殿)과 경녕전(敬寧殿)[56]은 예문과 인정을 참작하여 혹 악기만 진열하고 연주하지 않는 것이 어떠하겠는지요? 신의 어리석은 식견으로 감히 단정할 수 없습니다. 삼가 상께서 재결하소서.

55 신사년 : 1701년(숙종27) 인현왕후(仁顯王后)의 국상(國喪)을 가리킨다.

56 영소전(永昭殿)과 경녕전(敬寧殿) : 영소전은 숙종의 원비(元妃) 인경왕후(仁敬王后) 김씨(金氏)의 혼전(魂殿)이고, 경녕전은 숙종의 계비(繼妃) 인현왕후(仁顯王后) 민씨(閔氏)의 혼전이다.

강빈 신원에 대한 의론[57]

姜嬪伸冤議

신의 미천한 마음이 삼가 오늘 강빈(姜嬪)의 신원(伸冤)에 관해 문의(問議)하라는 명으로 인하여 지극한 감격과 두려움을 금치 못하겠습니다.

삼가 생각건대, 선조(先朝)의 처분이 지극히 엄중하여 감히 의론할 수는 없지만, 지금까지 6, 70년 동안 공변된 이치가 민멸되지 않고 억울함이 풀리지 못하여 사람들이 모두 애통하게 여기고 있습니다. 다행히 지금 밝으신 성상께서 자발적인 성충(聖衷)으로 의친(懿親)을 깊이 생각하여 뒤늦게 억울함을 풀어주고자 생각하시니, 이는 참으로 성덕(盛德)의 일이라, 아래에 있는 자들이 진실로 그 뜻을 받들고 따라야 할 것입니다. 다만 사체가 매우 중대하고 거조가 드무니, 오직 밝으신 성상께서 살피고 헤아려 재처하시기 바랍니다. 삼가 상께서 재결하소서.

57 강빈……의론 : 1718년(숙종44) 3월에 논의되었던, 강빈의 신원에 대한 의론이다. 강빈은 소현세자빈(昭顯世子嬪) 강씨(姜氏)로, 역모에 연루되어 사사(賜死)되었다. 《肅宗實錄 44年 3月 28日》《承政院日記 肅宗 44年 3月 28日》

옥당고사 玉堂故事[58]

주자(朱子)가 송(宋)나라 영종조(寧宗朝)에 차자를 올려 네 가지 일을 진술하고 그 아래에 다음과 같이 첩황(貼黃)[59]하였습니다.

"신이 또 일찍이 임금은 응당 총명의 실상을 힘써야지 총명하다는 명성을 구해서는 안 된다고 말하였습니다. 대신(大臣)을 신임하여 날마다 함께 국사를 도모하고 반복해서 변론하여 지당한 결론을 구하는 것이 총명의 실상을 구하는 것이며, 가까이 있는 신하의 말만 치우치게 듣고 그 말을 쉽게 믿어 매사에 임금의 뜻으로 처분을 내는 것이 총명하다는 명성을 구하는 것입니다. 실상을 힘쓰는 경우는 지금은 비록 밝지 못하더라도 오랜 뒤에는 반드시 총명해질 것이고, 명성을 힘쓰는 경우는 혹 겉으로는 한때에 사람들의 귀와 눈을 놀라

58 옥당고사(玉堂故事) : 옥당의 상번·하번이 국조(國朝)의 아름다운 일이나 역대 제왕의 훌륭한 정치, 명신(名臣)·석유(碩儒)가 진언한 글을 정서(正書)하고, 그 아래에 간략하게 논한 글이다. 송나라 인종(仁宗) 경력(慶曆) 초에 유신(儒臣)에게 조서를 내려 당(唐)나라 고사를 검토하여 날마다 다섯 조목씩 올리게 하였고, 원우(元祐) 연간에 소자용(蘇子容)의 청으로, 날마다 한(漢)나라와 당나라의 고사 세 조목을 적어 올리게 하였는데, 소자용이 각 조목 밑에다 간략하게 논한 것이 전례가 되었다. 《燃藜室記述》

59 첩황(貼黃) : 소차에 미진한 점이 있을 경우 말미에 별도로 노란 종이를 붙여서 부연한 것이다. 여기에는 핵심적인 말을 따로 기록하거나, 상소의 내용을 요약하거나, 덧붙이고 싶은 내용을 짤막하게 써넣었다.

게 할 수 있지만 내실이 밝지 못하여 오랠수록 더욱 어두워질 것입니다. 이 두 가지는 털끝만큼의 차이지만 그 득실에 이르러선 크게 서로 멀어지니, 삼가 바라건대 밝게 살피소서."

신들이 듣건대, 임금의 덕이 지극히 총명한 것보다 큰 것이 없지만 그 힘쓰는 것이 명성과 실상의 차이가 있음으로 말미암아 득실이 결판난다고 하였습니다. 이 때문에 주자의 말이 이처럼 절실하고 분명했던 것입니다. 이른바 그 실상을 힘쓴다는 것이란, 성상의 지혜가 이미 주밀한 뒤에 또 다시 널리 묻고 겸하여 채택하여 총명을 넓혀서 천하의 사물에 대하여 그 시비와 사정(邪正)의 소재를 분명하게 알고서 자세히 가려 취사하는 것입니다. 이른바 그 명성을 구한다는 것이란, 혹 은미한 작은 일을 찾아내거나 혹 기억하고 외우는 것을 자랑하여 재변에 뛰어나고 밝게 살피기를 힘써 그 아랫사람에게 뽐내는 것입니다. 이는 모두 본디 임금의 성대한 아름다움이 되기에 부족하거니와 그 널리 포용하는 깊고 원대한 덕에 매우 손상되는 바가 있어 아랫사람들이 더러 이미 그 깊이를 엿보았을 것입니다. 심지어는 혹 가까이 있는 신하들의 말만 치우치게 듣고 그들이 보고들은 바를 빌려서 이것을 자신의 총명으로 여겨 마치 뛰어난 지혜를 써서 행하는 것처럼 매사에 대부분 마음대로 결정하여 한 시대의 귀와 눈을 놀라게 하는 바탕으로 삼기까지 하니, 비록 시행한 것이 일일이 모두 공의(公議)를 만족시키더라도 이미 근본을 맑게 하여 다스림을 내는 도리에 크게 어긋났습니다. 더구나 그 아첨하고 친압하는 말은 으레 흑백을 교란시키고 시비를 전도시켜 단지 임금의 총명을 가리고 임금의 지혜와 생각을 무너뜨리기에 적합할 뿐이니, 끝내 반드시 천하와 국가에 화를 끼치는 것이 이루 말할 수 없을 것입니다.

임금이 총명을 힘쓰는 것이 일찍이 아름답지 않은 것은 아니지만 명성과 실상의 사이에는 그 마음가짐이 이미 진실과 거짓, 공과 사의 구분이 있습니다. 이 때문에 그 처음은 털끝만큼 차이가 벌어지지만 말류의 이해가 이처럼 크게 벌어지는 것이니, 모두 깊이 생각하고 통렬히 경계하지 않아서는 안 됩니다.

또 생각건대, 총명의 실상을 힘쓰는 것이 비록 대신을 신임하고 반복해서 변론하여 지당한 결론을 구하는 것에 있지만, 또 그 근본을 구해보면, 반드시 먼저 마음을 다스리는 공부를 강구하여 밝게 사물에 응하는 마음으로 하여금 모든 이치가 맑아지고 조금도 가려짐이 없게 해야 합니다. 그렇게 한다면 밝은 지혜로 살핌에 있어 아무리 어두운 곳도 비추지 않음이 없을 것이니, 이로써 천하의 일을 처리한다면 각각 그 이치에 맞지 않음이 없을 것입니다. 주자가 여기에서 비록 이러한 뜻까지 아울러 언급하지는 않았지만, 전후의 주차(奏箚)에서 올린 개도하고 권면하는 말에서 일찍이 이에 대해 간절하지 않은 적이 없었습니다. 삼가 바라건대 밝으신 성상께서는 유념하여 밝게 살피소서.

-을축년(1685, 숙종11) 8월 수찬으로 있을 때 지은 글이다.-

예전에 우리 태조대왕(太祖大王)께서 일찍이 정도전(鄭道傳)에게 말씀하기를, "여러 왕자들은 본래 지급 받은 과전(科田) 백여 결(結)로도 굶주리거나 추위에 떨지 않을 것이다. 만약 다시 토지를 더 내린다면 사람들은 필시 내가 자식을 사사롭게 대한다고 말할 것이다."라고 하였습니다.

신들은 늘 이 훌륭하신 말씀을 외우며 하늘처럼 큰 성인의 공평무사한 덕을 흠앙하고 있습니다. 국초의 물력과 재력이 오늘날에 비하여 어찌 열 배 정도 풍부할 뿐이겠습니까. 더구나 왕조 창업 초기라 여러 왕자의 집에 풍요롭게 쌓인 산업이 없는데도 성조(聖祖)께서는 오히려 이처럼 아끼고 절제하여 친애하는 가족에게 함부로 사은(私恩)을 베풀어 공의(公義)를 폐하지 않음이 이러하였으니, 어찌 성상의 깊고 원대한 뜻이 옛사람이 말한 "편안함을 물려준다."[60]는 뜻과 같은 것이 아니겠습니까.

하늘이 세상에 백성을 내어 토지를 주어 길렀으니 왕이 토지를 소유한 것은 비록 조종(祖宗)에서 받은 것이지만 실제로는 오직 하늘이 주어서 왕으로 하여금 백성을 기르게 한 것입니다. 천하로 한 사람을 봉양하지 않는 것이 참으로 당연한 이치이니, 본디 임금이

60 편안함을 물려준다 : 자손에게 덕스러운 기풍을 물려주어 담박하게 지키면서 편안할 수 있도록 하는 것을 말한다. 후한(後漢)의 은사(隱士) 방덕공(龐德公)이 벼슬하지 않고 현산(峴山) 남쪽에서 농사를 지으며 은거하였는데, 형주 자사(荊州刺史) 유표(劉表)가 찾아와서 "선생은 시골에서 고생하며 지내고 벼슬해서 녹봉을 받으려 하지 않으니, 자손에게 무엇을 물려주려오?"라고 묻자, "세상 사람들은 모두 위태로움을 물려주지만 지금 나는 홀로 편안함을 물려준다."라고 대답하였다. 《後漢書 卷83 逸民列傳 龐公》

자신만 도모하여 홀로 누릴 수 있는 바가 아닙니다. 하물며 자신 한 몸 이외에 아래로 자손과 친척에 이르기까지 어찌 널리 증식하고 많이 차지하고서 한량없이 그 이익을 독점하도록 허락하여 우리 백성들로 하여금 홀로 그 소출을 먹지 못하게 해서야 되겠습니까.

오늘날 여러 궁가(宮家)에 대한 면세(免稅)와 절수(折受)[61]의 수량이 조종조에 비해 나날이 배가되어 여러 고을에 걸쳐 산택(山澤)까지 떼어 주고, 또 여러 아문이 따라서 강점하여 땅이 거의 한 자도 남은 것이 없습니다. 국가의 제도가 무너지고 나라의 세금이 줄어들며, 간악한 불법이 불어나고 백성의 산업이 깎였습니다. 이는 참으로 천고에 없던 폐단이니, 어찌 한심하지 않겠습니까.

여러 궁가는 응당 녹봉을 받고 으레 전결(田結)을 지급 받아 스스로 생활할 수 있으니, 친후하게 대하는 성조의 은혜를 본디 넓히기에 충분한데도 또 다시 각자 재산을 증식하도록 내버려 두고 더 이상 아무것도 절제하지 않고 있습니다. 그리고 여러 도의 논품(論稟)과 대각의 쟁집이 궁장(宮庄)과 관계되는 일이면 성상께서는 대번에 반드시 치우치게 보호하고 곡진하게 돌보아 일체 물리치시니, 사방에서 보고 듣는 이들이 매우 아름답게 여기지 않습니다. 이와같은 것을 과연 사사로이 치우치는 잘못을 완전히 제거하고 사목(司牧)의 직임을 부여한 뜻을 능히 체득했다고 할 수 있겠습니까.

산택어염(山澤魚鹽)의 이익은 나라에서 필요로 하는 재용입니다. 우리나라는 국토가 협소하여 그 이익이 본래 많지 않는데, 지금 태반

61 절수(折受) : 나라에서 궁방(宮房), 아문(衙門), 공신(功臣) 등에게 특정 토지나 물품 등을 떼어 주는 것을 말한다.

이 국가에 소속되지 않아 국가를 통치하는 수요에 보탬이 없고 백성의 생업에 도움이 없이 여러 궁가가 모두 차지하고 있습니다. 그 끝까지 조사해보면 궁가에서 거두는 것은 또 열에 한둘도 되지 못하고 침탈하여 긁어모은 것이 왕래하는 차인(差人)과 주관하는 환관의 주머니로 모두 들어가니, 천하에 어찌 이런 이치가 있겠습니까. 현존하는 궁가도 오히려 굶주림과 추위를 걱정해서는 안 되는데, 더구나 수진궁(壽進宮) 및 명선궁(明善宮), 명혜궁(明惠宮)의 경우는 그저 제사 비용만 이바지하고 있으니 더욱 의의가 없지 않겠습니까.

성조(聖祖)의 가르침을 본받고 국조(國朝)의 옛 제도를 모두 강구하여 제도를 넘어 시행된 여러 궁가의 면세와 절수를 아울러 줄여서, 한편으로는 나라의 체모를 높이고 국가의 재용을 넉넉하게 하고, 한편으로는 백성의 산업을 후하게 하고 원망을 종식시키는 것이 바로 오늘에 달려있으니, 삼가 밝으신 성상께서 유념하고 깊이 살피소서.

-이하 두 조목은 병인년(1686, 숙종12) 2월 교리로 있을 때 지은 글이다.-

《주역》 절괘(節卦) 단사(彖辭)에 "제도로써 절제하여 재물을 손상하지 않으며 백성을 해롭게 하지 않는다.〔節以制度, 不傷財, 不害民.〕"고 하였습니다.

신들이 삼가 살펴보건대, 《논어》에서 "천승(千乘)의 제후국을 다스릴 때에는 재정을 절약하고 백성을 사랑해야 한다."[62]고 하였으니, 이 단전(彖傳)의 글과 똑같이 부자의 가르침에서 나온 것으로 서로 간에 의미를 밝혀줍니다. 대개 인욕은 무궁하지만 천지가 재물을 내는 데는 한계가 있고, 재물을 내는 것은 매우 어렵지만 쓰기는 매우 쉽기 때문에 국가의 경용(經用)에 모두 제한을 두어 법도를 넘는 것을 허용하지 않습니다. 만일 범범하게 쓰고 함부로 낭비하여 절제하고 줄이는 방도를 생각하지 않는다면 재용이 고갈되어 그 말류엔 반드시 백성에게 취함이 절제가 없어서 수탈이 뒤따를 것입니다. 재물이 손상되고 나면 비록 백성에게 해를 끼치지 않으려 해도 될 수 없을 것이니 그 형세가 그러합니다.

임금은 지극히 높은 자리에 처하고 지극한 부(富)를 차지하여 부고(府庫)의 재물이 그 소유 아님이 없지만 모두 사사로이 쓸 수 있는 것이 아니요, 단지 조종(祖宗)에서 쌓아 준 것에 의지하여 천하를 위해 지킬 뿐입니다. 한(漢)나라 문제(文帝)는 100금(金)을 아껴서 노대(露臺)를 짓지 않았습니다.[63] 이 때문에 후원(後元)의 부(富)[64]

62 논어에서……한다 : 《논어》 〈학이(學而)〉에 나오는 글로, "천승의 제후국을 다스릴 때에는 매사를 신중히 하고, 백성에게 미덥게 하며, 재정을 절약하고, 백성을 사랑하며, 농한기에 맞추어 백성을 부려야 한다."라고 하였다.

63 한(漢)나라……않았습니다 : 노대(露臺)는 공연에 사용하기 위해 만들었던 지붕이 없는 누대를 말한다. 한 문제(漢文帝)가 노대를 짓고자 공장(工匠)에게 비용을 계산

를 성대하게 축적했던 것이니, 어찌 천고의 감계가 아니겠습니까.

선유(先儒) 진덕수(眞德秀)가 말하기를, "대를 이어 계승한 임금 가운데 이목(耳目)의 즐거움을 마음껏 누리는 이가 많은 것은 바로 얼마 안 되는 재용도 모두 백성의 고혈이라는 것을 모르기 때문이다."라고 하였습니다. 이 말이 참으로 옳으니, 《주역》 단사에서 경계한 남은 뜻을 드러내어 밝혔다고 하겠습니다.

신들이 얼핏 들으니, 근래에 밝으신 성상께서 전지를 내려 삼인검(三寅劍)[65]을 만들어 올리라고 명하시자, 일을 시작한 이래로 소용된 물력 및 공장(工匠)과 조역군(助役軍)의 식량과 품값으로 병조, 호조, 선혜청에서 실어 나르는 쌀과 무명의 수가 이미 헤아릴 수 없을 정도인데 지금까지도 끝없이 이어지고, 이밖에도 내수사에서 내는 비용이 또 부지기수라고 하였습니다. 과연 참으로 그렇다면 밝으신 성상께선 무엇 때문에 조금도 거리낌 없이 이처럼 급하지 않은 사소한 물건을 만드는데 허다한 재력을 낭비하시는 것입니까? 삼인검이 궁궐 안에서 반드시 긴요하고 절실한 물품이 아니라고 생각되는데, 또 어찌하여 그 만드는 숫자가 이처럼 지나치게 많은 것입니까? 또한 궁궐에서 감독하는 무리들이 이를 기회로 그 사이에서

하게 하였는데, 100금(金)이 들어간다고 하자, "100금은 중인(中人) 열 가구의 재산이다. 나는 선제(先帝)의 궁실에서 사는 것도 항상 부끄러운데 어찌 대(臺)를 짓겠는가." 라고 하고 중지하였다. 《史記 卷10 孝文本紀》

64 후원(後元)의 부(富) : 후원은 한문제가 재위 17년부터 23년까지 사용한 연호이다. 이때 나라 창고에 곡식이 남아돌아 붉게 썩을 정도였다고 한다.

65 삼인검(三寅劍) : 검신(劍身)에 북두칠성을 새겨 인년(寅年) 인월(寅月) 인일(寅日)에 만든 검이다.

농간을 부리니 그 비용이 절로 넘치지 않을 수 있겠습니까.

또 듣자니, 근래에 대내(大內)에서 서적을 간행하는 일에 그 비용이 너무 많아 걸핏하면 수백 금으로 헤아린다고 하니 재물을 손상함이 또한 심합니다. 현재 국가의 재정이 고갈되고 백성이 도탄에 빠짐에 밝으신 성상께서 이미 혁연히 근심하고 마음 아파하여 각사(各司)의 용도부터 위로 임금에게 올리는 여러 물품에 이르기 까기 절감하지 않은 것이 없으며, 백성을 불쌍히 여기고 걱정하는 하교가 매번 연석에서 나왔으니, 중외의 사람들이 감격하고 기뻐하여 비록 굶주리더라도 오히려 배부른 듯 여기고 있습니다. 그러니 이러한 거조가 비단 재물을 절약하라는 성인의 가르침에 깊이 어긋날 뿐만 아니라, 종전에 성상께서 행하신 절감하는 정사와 백성을 걱정하던 마음이 이로부터 모두 허사가 되어 혹시라도 진실한 마음에서 나오지 않았다고 의심할까 신들은 두렵습니다. 비록 작은 한 가지 일이지만 깊이 근심해야 할 점이 있습니다.

신들이 또 보건대, 근년 이래 은수(恩數)가 남발되고 하사품이 절제가 없어서 미쳐서는 안 될 자리에까지 미치는 경우가 많고 응당 받아야 할 수량보다 반드시 넘치는 바람에 재물이 부족하고 은수가 다하였으니 모두 우려할 일입니다. 밝으신 성상께서는 어찌하여 이 점을 깊이 생각하지 않으십니까?

검을 만드는 일을 지금이라도 정지하여 여러 사람들의 의혹을 풀어주고 모든 하사품의 비용도 지금부터 십분 더 절약하기를 힘쓴다면 어찌 《주역》 단사의 뜻에 부합하지 않겠습니까. 삼가 바라건대 유념하시어 살펴 채택하소서.

응제록 應製錄

북악에 송충이를 없애달라고 기원하는 글 을축년(1685, 숙종11)

北嶽祈除松蟲文 乙丑

덕 없는 내가 임금 자리에 올라	否德忝位
하늘에 죄를 얻었으니	獲戾穹昊
정사는 부들과 갈대[66]에 부끄럽고	政愧蒲蘆
조화는 땅벌레와 날벌레[67]에 막혔네	化閼蝡肖
가뭄과 장마, 마디충과 메뚜기가	旱澇螟螣
해마다 재앙이 되는데	頻歲爲孼
아, 지금 송충이에	欸玆松蝗
실로 고약한 독기가 모였네	寔鍾厲毒

66 부들과 갈대 : 생장이 빠른 식물로, 정치의 신속한 효험에 비유한다. 《중용장구(中庸章句)》제20장에 "사람의 도는 정사에 빠르게 나타나고, 땅의 도는 나무에 빠르게 나타나니, 정사의 신속한 효험은 쉽게 자라는 갈대와 같습니다."라고 한 데서 온 말이다.

67 땅벌레와 날벌레 : 원문의 '연초(蝡肖)'는 《장자》 〈거협(胠篋)〉에 나오는 "췌연지충(惴耎之蟲)과 초요지물(肖翹之物)"로, 췌연지충은 땅에 기어 다니는 벌레이고, 초요지물은 공중에 날아다니는 벌레이다.

그 무리가 더욱 불어나	厥類滋繁
숲을 뒤덮고 골짜기로 번졌으니	蔽藪漫谷
무리지어 날고 떼지어 모여들어	群飛族集
바라보자니 참혹할 지경이네	見之慘目
울창했던 저 푸른 숲이	鬱彼蒼翠
모두 침식당하여	咸遭其蝕
서쪽에서부터 기세가 퍼져	自西而熾
도성까지 점점 번졌네	浸延京國
경기 지역 안이	郊畿之內
날로 벌거숭이산이 되어가니	日就濯濯
몹시 혹독한 이런 재앙은	爲災孔酷
예전에도 보기 드문 일이네	在古罕覩
나쁜 기운이 초래한 것이니	戾氣所召
누가 그 잘못을 책임지리오	誰執其咎
이내 마음 놀랍고 두려워	予心驚惕
편안히 있을 겨를이 없네	不遑寧處
높이 솟은 신령한 산악이	峩峩神嶽
우뚝하게 나라의 진산이 되었으니	屹爲國鎭
신의 보살핌 크게 내려	丕降神庥
영험함이 크게 드러나리라	靈應孔顯
산이 민둥산이 되고나면	山容旣禿
신령 또한 어디에 머물리오	神亦奚宅
향기로운 제수를 공경히 올려	敬陳芬苾
우러러 신령의 힘을 기원하노니	仰祈神力

속히 모두 없애고	亟賜殲殄
길러주지 마소서	無俾淹育

기우제문 병인년(1686, 숙종12)

祈雨祭文 丙寅

높고 빼어난 산은	維山高秀
신령이 특히 영험하니	其神特靈
그 땅을 바라보고	旣望厥土
반드시 이 백성에게 은택을 내렸네	必澤斯甿
더구나 우리 화악은	矧我華嶽
도성의 진산이라	京邑作鎭
널리 덮어주고 보호하여	博垂陰庇
빛이 덕스러운 기운[68]과 짝하였네	光配德運
아, 이번의 큰 가뭄으로	欸茲亢旱
사방의 들판이 말라가니	四野以焦
만보[69]가 시들어	萬寶萎絶
삼농[70]이 울부짖네	三農叫咷
만물을 생장시키는 직임을 맡았으니	職司滋物

68 덕스러운 기운 : 왕조(王朝)의 기운을 말한다.

69 만보(萬寶) : 오곡백과(五穀百果)를 말한다. 《장자》 〈경상초(庚桑楚)〉에 "봄기운이 발양하면 온갖 초목이 싹트고 가을이 오면 온갖 보배가 이루어진다.〔春氣發而百草生, 正得秋而萬寶成.〕"라고 한 데서 온 말이다.

70 삼농(三農) : 평지, 산간, 습지의 농사를 말하는데, 일반적인 농민을 지칭한다. 《주례(周禮)》 〈태재(太宰)〉에 "삼농에서 아홉 가지 곡식을 생산한다."라고 한 데서 온 말이다.

어찌 돌보심을 아끼리오	奚靳顧佑
부디 이 정성을 살펴	庶鑑忱誠
속히 단비를 내리소서	亟霈甘雨

이상은 삼각산(三角山)에 기원한 것이다.

구름이 일고 비가 내림이	雲行雨施
대자연이 주관하는 바이나	大化攸尸
모든 산악의 신령이	然諸嶽靈
실로 그 운행을 돕도다	實佐其機
우뚝하게 솟은 북산이여	峩峩北山
도성에서 높이고 떠받드네	京國所宗
신령의 보호가 능히 드넓어	靈庥克廣
보답하는 제사 항상 융숭하였네	報祀常隆
어찌 지금 우리를 돌보지 않아	胡今不恤
한발이 포악을 부리도록 하는가	俾魃爲虐
생장이 막혀	閼此長養
모든 곡식이 타들어가네	靡穀不灼
백성의 목숨 경각에 달렸으니[71]	民命近止
내 몸처럼 마음 아프네	予心若恫
부디 단비를 내려	願賜時澤
우리 농사를 풍년들게 하소서	登我田功

71 경각에 달렸으니 : 원문의 '근지(近止)'는 죽음이 가까웠다는 뜻으로, 《시경》〈운한(雲漢)〉에 "죽음의 운명이 가까이 다가왔다〔大命近止〕"라고 한 데서 온 말이다.

이상은 백악산(白岳山)에 기원한 것이다.

남쪽에 산이 있어　維南有山
우리 도성에 우뚝하게 솟았네　峙我神都
하늘을 받들어 은택을 베풀어　承天施澤
대지를 가득 적셔주었네　俾霑俾濡
올해 농사는　今歲農功
제때에 비 내리고 햇볕 비추었으니　雨暘無愆
부디 그 은혜를 끝까지 마쳐　庶卒其惠
의지할 곳 없는 우리 백성을 소생시켜주길 바랐네　蘇我顚連
열흘 넘게 가뭄이 들어　彌旬有旱
들판이 불타는 듯하네　如惔如爇
내가 지은 죄 때문이니　繇予獲戾
어찌 저 백성에게 벌을 내리랴　彼民何罰
규벽[72]을 아끼지 않고　靡愛珪璧
우러러 정성을 호소하노니　仰籲忱悃
속히 세찬 빗줄기를 내려　速霈靈澍
타들어가는 만물을 적시소서　群焦以潤

이상은 목멱산(木覓山)에 기원한 것이다.

72 규벽(珪璧) : 신에게 바치는 예물로, 《시경》 〈운한(雲漢)〉에 "신에게 제사드리지 않음이 없고 이 희생물을 아끼지 않아, 규벽을 이미 다 바쳤거늘 어찌 나의 호소를 들어주시지 않는가.〔靡神不擧, 靡愛斯牲, 圭璧既卒, 寧莫我聽?〕"라고 한 데서 온 말이다.

한수가 큰 강이 되어　漢爲大江
도성 남쪽을 지나가니　經于國南
물의 덕이 영험을 드러내어　坎德著靈
은택이 만물을 적셔주네　澤流霑涵
근심스럽게도 지금 가뭄을 만나고　愍玆遘旱
긴 여름의 절기를 만나　節値長夏
이글거리는 태양이 쇠를 녹이고　熾陽流金
뜨거운 열기가 들판을 불태우네　烈氣爍野
백성이 한창 굶주린 기색인데　民色方菜
다시 시신이 골짜기를 메울 판이네　復將塡壑
이는 신의 수치[73]이니　寔爲神羞
어찌 나만 애통하리오　豈但予盡
만물을 적셔주는 것으로 마음을 삼았으니　潤物爲心
어찌 차마 이렇게 하리오　胡寧忍此
속히 어진 보살핌을 되돌려　亟回仁鑑
천 리에 세찬 빗줄기를 내리소서　霈然千里

이상은 한강(漢江)에 기원한 것이다.

만물을 길러주는 공은　生養之功

73 신의 수치 : 《서경》 〈무성(武成)〉에 "오직 여러 신들은 바라건대 나를 도아서 백성들을 구제하고, 신의 수치가 될 일을 하지 마소서.〔惟爾有神, 尙克相予, 以濟兆民, 無作神羞.〕"라고 한 데서 온 말이다.

신령의 작용에 반드시 의지하니	神用必資
적셔주고 격동시켜	霑潤鼓盪
때에 맞는 은택을 서로 이루어주네	交濟時施
만일 어긋남이 있다면	苟有愆忒
농사를 망치게 되리라	歲功其病
어찌하여 지금 은택이 막혔거늘	今胡閼澤
참담하게도 보살피지 않으시나	憯莫之省
온갖 곡식 익어가려는데	萬植方遂
수많은 논밭이 갑자기 갈라졌네	千畇遽拆
지금이라도 넓고 깊은 은택을 내려	及今汪濊
부디 타들어가는 만물을 소생시키소서	庶蘇焦涸
삼가 이내 잘못을 반성하고	祗省予愆
우러러 신령의 은혜를 비노니	仰祈靈貺
부디 세찬 빗줄기를 내려	願賜一霈
애타는 갈망에 답하소서	用答渴望

이상은 풍운뇌우(風雲雷雨)에게 기원한 것이다.

높은 산과 큰 강이	高山鉅瀆
국토에 안팎으로 둘렀으니	表裏邦甸
제사가 모두 차례에 맞아	禋祀咸秩
신령의 감응이 매우 드러났네	肹蠁孔顯
공이 상제를 도와	功佐上帝
만백성을 편안하게 하는데	大康兆人
오직 내가 부덕하여	惟予否德

신령을 기쁘게 하지 못했네	不克媚神
불볕더위[74]가 재앙이 되어	蘊隆爲災
아름다운 곡식이 타들어가니	嘉穀乾炕
백성이 죽고 나라가 망하면	民枯國殄
신령 또한 어찌 흠향할 수 있으리	神亦曷饗
우리의 정성과 뜻을 헤아리고	鑑我忱志
우리 백성의 근심을 불쌍히 여겨	愍我民虞
부디 세찬 빗줄기를 내려	冀賜雱霈
팔방을 두루 적셔주소서	遍及八區

이상은 국내의 산천에 기원한 것이다.

성황당은	城隍有祠
사전에서 중시하는 곳이니	祀典攸重
나라를 지키고 백성을 보호하여	衛邦庇民
실로 그 공용을 드러내었네	寔彰其用
신령에게 기도하면	有禱于神
대번에 신의 가호를 받는데	輒賴冥騭
어찌하여 우리를 괴롭혀	胡寧瘨我
가뭄의 재앙을 내리시는가	暵乾肆孼
찬 바람이 들의 곡식을 죽이고	凄飆殺野

74 불볕더위 : 원문의 '온융(蘊隆)'은 열기가 가득 쌓여 성대하게 맺힌 것을 말한다. 《시경》 〈운한(雲漢)〉에 "가뭄이 너무도 심하여 열기가 가득 쌓이고 성대하다.〔旱旣大甚, 蘊隆蟲蟲.〕"라고 한 데서 온 말이다.

뜨거운 태양이 샘물을 고갈시켜 爀日枯泉
불쌍한 우리 백성이 哀我民斯
장차 하늘[75]을 잃게 되었네 將失其天
정결한 희생과 맑은 술로 潔牲淸酤
정성을 올리오니 忱誠是將
속히 신령한 비를 내려 亟降靈液
풍성한 곡식 거두게 하소서 俾獲穰穰

이상은 성황(城隍)에게 기원한 것이다.

75 하늘 : 식량이 되는 곡식을 말한다. 《사기》 〈역이기열전(酈食其列傳)〉에 "왕은 백성을 하늘로 삼고, 백성은 먹을 것을 하늘로 여긴다.〔王者以民爲天, 而民以食爲天.〕" 라고 하였다.

세 능침에 친제를 지낼 때의 제문 무인년(1698, 숙종24)

親祭三陵祭文 戊寅

아, 성고께서는	於惟聖考
성대한 덕이 빛나니	盛德煌煌
승하하신 지 오래되었어도	眞遊歲遠
종묘의 제사가 해처럼 빛나네	宗祀日光
울창한 저 능침에	鬱彼珠阜
신선의 무덤 나란하니	仙隧聯塋
길이 두 할아버지 모시고[76]	永陪二祖
온갖 신령을 조회하리라	爰朝百靈
어버이 잃은 못난 소자는	眇予孤露
밤낮으로 근심을 품었네[77]	銜恤夙夜
끝내 전복을 면한 것은	汔免顚隮
실로 선왕의 가르침 덕분이네	先訓實藉
용안과 성음이 길이 막혀	音顏永隔
종신토록 지극히 애통하니	至哀終天

76 두 할아버지 모시고 : 두 할아버지는 태조(太祖)와 선조(宣祖)를 말한다. 태조의 능인 건원릉(健元陵)과 선조의 무덤인 목릉(穆陵)이 같은 묘역에 있다.

77 근심을 품었네 : 부모가 세상을 떠나 늘 근심하는 자식의 마음을 일컫는다. 《시경》 〈육아(蓼莪)〉에 "아버지가 없으면 누구를 믿으며 어머니가 없으면 누구를 믿을까. 나가면 근심을 품고 들어오면 이를 곳이 없노라.〔無父何怙, 無母何恃? 出則銜恤, 入則靡至.〕"라고 하였다.

이 울부짖고 사모하는 마음을 펴서	伸此號慕
때때로 능침을 보살피네	時省寢園
근년에 근심과 걱정으로	比歲憂虞
예를 행할 겨를이 없어	禮未遑擧
능침을 오랫동안 보살피지 못하고	躬掃久缺
훌쩍 다섯 번의 겨울과 여름이 지났네	倏五寒暑
능침의 소나무와 가래나무를 바라보니	瞻望松梓
마음 애통하고 정신이 달려가네	情疚神往
승하하신 달에	奉諱之月
서리를 밟으니 이내 마음 슬프네[78]	履霜憯愴
새벽에 달려와 전을 올리니	夙駕來奠
애도하는 마음[79] 더욱 새롭네	孺慕彌新
엄숙한 염사[80]에	簾戺有儼

78 서리를……슬프네 : 계절이 바뀜에 따라 감회가 일어 돌아가신 부모를 생각하는 것이다. 《예기》 〈제의(祭義)〉에 "가을에 서리와 이슬이 내리거든 군자가 그것을 밟아 보고 반드시 슬픈 마음이 생긴다.〔霜露旣降, 君子履之, 必有悽愴之心.〕"라고 하였다.

79 애도하는 마음 : 원문의 '유모(孺慕)'는 어린아이가 부모를 그리워하듯 어버이의 죽음을 슬퍼하며 사모하는 것을 말한다. 《예기》 〈단궁 하(檀弓下)〉에 "유자(有子)가 자유(子游)와 함께 서서 어린아이가 부모를 그리워하는 것을 보고서 자유에게 말하기를, '나는 항상 상례(喪禮)에 발을 구르는 이유를 알지 못하여 없애고자 한 지가 오래되었는데, 정이 발 구르는데 있는 것이 이러하구나.'라고 하였다."라고 하였다.

80 염사(簾戺) : 전당(殿堂)의 측변(側邊)을 말한다. 《서경)》 〈고명(顧命)〉에서 사(士)의 복장을 설명한 부분에 "네 사람은 얼룩무늬 두건으로 창을 잡되 칼날을 위로 하여 두 계단을 끼고 좌우로 들어선다.〔四人, 綦弁, 執戈上刃, 夾兩階戺.〕"라고 하였는데, 주석에서 '당(堂)의 모서리를 사(戺)라고 한다.〔堂廉曰戺〕'라고 하였다. 당렴(堂

보좌[81]를 진설하네	黼座斯陳
태양 같은 의표와 봄볕 같은 모습[82]	日表春暉
어렴풋이 강림하신 듯하네	僾然若臨
엎드려 피눈물 흘리오니	俯伏霑血
부디 강림하여 흠향하소서	庶冀降歆

이상은 숭릉(崇陵)[83]에 대한 제문이다

위대한 성조께서는	皇矣聖祖
운세를 타고 천명에 응하셨네	乘運應天
왕업을 창시하여	肇刱大業
만대토록 인도하고 보우하시네	啓佑萬年
좋은 묏자리 높이 거하니	吉宅高居
한나라 장릉[84]에 비견되네	比漢長陵
아름다운 기운이 둘러싸서	佳氣拱擁
봉황이 날아오르고 용이 뛰어오르네	鳳翥龍騰

廉)은 당렴(堂簾)과 같다.

81 보좌(黼座) : 임금이 앉는 옥좌를 뜻한다. 붉은 비단에 흑백의 도끼 모양의 무늬를 그린 병풍인 보의(黼扆)를 옥좌 뒤에 둘러쳤기 때문에 붙여진 이름이다.

82 태양……모습 : 태양 같은 의표는 부친 현종(顯宗)을 가리키고, 봄볕 같은 모습은 은 모친 명성왕후(明聖王后)를 가리킨다. 봄볕은 어머니의 사랑을 뜻하는 말로, 맹교(孟郊)의 〈유자음(游子吟)〉에 "한 치의 풀과 같은 마음으로 봄볕 같은 사랑에 보답하기 어려워라.〔難將寸草心, 報得三春暉.〕"라는 구절에서 온 말이다.

83 숭릉(崇陵) : 현종과 명성왕후의 능침이다.

84 한(漢)나라 장릉(長陵) : 한 고조(漢高祖)의 무덤이다.

소자가 기업을 이어받아	小子承基
밤낮으로 공경하고 두려워하였네	夙夜祗慄
때때로 교원[85]에 전배하며	時拜喬園
아득히 장발의 상서[86]를 떠올렸네	緬懷長發
능침을 살피는 예를 갖추지 못한 지	瞻省禮觖
어느덧 여러 해가 되었네	荏苒累歲
지금 가을을 맞아	玆當秋序
재복을 갖추고 나아왔네	齋服來詣
능침은 엄숙하고	明宮肅穆
가래나무는 울창하네	梓樹晻藹
아 밝으신 성령께서	於昭聖靈
오르내리며 옆에 계신 듯하네	陟降如在
공경히 본원으로 거슬러 올라가니	敬溯本始
추모하는 마음이 더욱 간절하네	彌增感慕
부디 향기로운 제수 흠향하시고	庶歆芬苾
길이 돌보아주소서	永垂眷顧

이상은 건원릉(健元陵)[87]에 대한 제문이다

85 교원(喬園) : 교산(喬山)과 같은 말로 왕릉을 뜻한다. 교산은 중국 고대에 황제(黃帝)를 장사 지낸 곳이다.

86 장발(長發)의 상서(祥瑞) : 임금의 훌륭한 덕에 응하여 나타나는 아름다운 조짐을 의미한다. 《시경》 〈장발(長發)〉에 "깊고 밝으신 상나라에 그 상서가 발현됨이 장구하였도다.〔濬哲維商, 長發其祥.〕"라는 구절에서 온 말이다.

87 건원릉(健元陵) : 태조(太祖)의 능침이다.

외롭고 애처로운 소자가	小子煢煢
풍수의 슬픔[88]에 젖어	風樹纏悲
우러르고 의지하여 효도를 다할 곳이	依仰盡孝
오직 황조비였네[89]	惟皇祖妃
칠순의 인수[90]를 누리고	仁壽七袠
세 조정[91]의 국모셨네	母儀三朝
보우해주신 돈독한 은혜	保佑恩篤
송나라 여요[92]보다 뛰어났네	邁宋女堯
현호를 누차 받았고	顯號累膺
예양이 더욱 높았네	禮養彌隆
소자는 혹독한 화[93]를 당한 뒤로	自罹酷罰

88 풍수(風樹)의 슬픔 : 부모가 세상을 떠나 다시는 봉양할 수 없는 자식의 슬픔을 말한다. 공자(孔子)가 주(周)나라 구오자(丘吾子)에게 슬피 통곡하는 이유를 묻자, "나무가 조용하고자 하나 바람이 그치지 않고, 자식이 봉양하고자 하나 어버이가 기다려 주시지 않는다. 한번 가면 오지 않는 것은 세월이요, 다시 뵐 수 없는 것은 어버이이다." 라고 대답하였다. 《孔子家語 致思》

89 우러르고……황조비였네 : 황조비는 인조(仁祖)의 계비인 장렬왕후(莊烈王后)로, 숙종 14년까지 생존하였다.

90 인수(仁壽) : 인자한 덕이 있어 장수함을 뜻한다. 《논어》 〈옹야(雍也)〉의 "인자는 장수한다.〔仁者壽〕"는 구절에서 온 말이다.

91 세 조정 : 인조(仁祖), 효종(孝宗), 현종(顯宗)를 가리킨다.

92 송나라 여요(女堯) : 송(宋)나라 영종(英宗)의 비이며 신종(神宗)의 모후(母后)이고 철종(哲宗)의 조모인 고씨(高氏)를 말한다. 신종 사후 어린 철종을 대신하여 9년 동안 수렴청정을 하면서 왕안석(王安石)을 물리치고 사마광(司馬光) 등을 등용하여 원우(元祐) 초기의 훌륭한 치적을 이루어 여요(女堯)라는 칭송을 받았다. 《宋史 卷242 后妃列傳 英宗宣仁聖烈高皇后》

마음에 지극한 아픔이 있었네　痛毒在中
장락궁[94]이 고요하여　長樂虛閴
위로 명을 받들 곳이 없네　上無承奉
길이 휘음[95]을 사모하니　永慕徽音
외로운 소자는 더욱 슬프네　孤露增慟
침원을 다시 전배하니　寢園再謁
훌쩍 몇 해가 지났네　倏焉彌年
길일을 택하여 능침을 살피니　涓吉瞻掃
정이 펴지고 예가 공경스럽네　情伸禮虔
빈 전각은 깊숙하고 고요하고　虛殿邃穆
상설은 어렴풋하네　象設僾僾
술잔 잡고 목메어 우노니　執奠涕咽
부디 살펴주소서　仰冀鑑在

이상은 휘릉(徽陵)[96]에 대한 제문이다

93 혹독한 화 : 장렬왕후가 세상을 떠난 것을 말한다.

94 장락궁(長樂宮) : 장락궁은 대비(大妃)가 거처하는 궁전을 말하는데, 한(漢)나라 때에 태후(太后)가 장락궁에 거처하던 데에서 유래하였다.

95 휘음(徽音) : 후비(后妃)의 아름다운 덕을 표현할 때 쓰는 말이다. 《시경》 〈사제(思齊)〉에 "태사께서 태임(太任)의 아름다운 덕을 이어 받으셨다.〔太姒嗣徽音〕"라고 한 데서 온 말이다.

96 휘릉(徽陵) : 인조(仁祖)의 비인 장렬왕후(莊烈王后) 조씨(趙氏)의 능이다.

고 현감 이 지함 과 고 판서 이 산보 를 합향한 보령현 서원[97]에 사액할 때 내린 치제문 을축년(1685, 숙종11)

保寧縣故縣監李 之菡 故判書李 山甫 合享書院賜額致祭文 乙丑

명종과 선조 재위 시절에	明宣在宥
상서로운 기운 크고 두터웠네	休氣鴻厖
경운과 경성[98]이	慶雲景星
그 상서를 독차지하지 않았네	不專厥祥
의당 사람에게 모여져	宜鍾于人
나라의 광채가 되었네	爲國之光
위풍 있는 명현이	矯矯名賢
아래에서 세상의 상서가 되었네	在下瑞世
덕을 쌓아 높이 드러내니	蘊德揭高
백이도 아니고 유하혜도 아니었네[99]	不夷不惠

97 보령현 서원 : 화암서원(花巖書院)이다.

98 경운(慶雲)과 경성(景星) : 태평 시대에 나타나는 상서로운 현상들이다. 경운은 오색의 채운(彩雲)이고, 경성은 대성(大星) 혹은 덕성(德星)이라고도 한다.

99 백이도……아니었네 : 과격하게 어느 한쪽에 치우치지 않고 중도(中道)에 처했다는 말이다. 은(殷)나라 말기의 백이(伯夷)는 주(周)나라 조정에 벼슬하지 않고 굶어 죽었으므로 청성(淸聖)이라 일컬어지고, 춘추시대 노(魯)나라의 유하혜(柳下惠)는 세 번이나 파직을 당했어도 떠나지 않았으므로 화성(和聖)이라 일컬어진다. 《맹자》 〈공손추 상(公孫丑上)〉에 "백이(伯夷)는 섬길 만한 군주가 아니면 섬기지 않았으며 악한 사람의 조정에 서지 않으며 악한 사람과 더불어 말씀하지 않았다." 하였고, "유하혜(柳下惠)는 더러운 군주를 섬김을 부끄러워하지 않으며 작은 벼슬을 낮게 여기지 않아

우뚝하고 탁월함이	奇偉超卓
삼대의 인물이었네	三代人物
뜻과 기개가 신명과 같아	志氣如神
얼음 호리병에 가을 달 비친[100] 모습이었네	氷壺秋月
어찌 타고난 자품 아름다웠을 뿐이랴	豈亶稟懿
실로 도를 탐구한 것으로 말미암았네	寔由探道
경을 주장함을 근본으로 삼고	主敬爲本
몸에 돌이켜 진실로 실천하였네[101]	反躬允蹈
지혜는 온갖 변화에 주밀하고	智周萬變
행동은 신명과 통하였네	行貫神明
큰 선비와 함께 절차탁마함이[102]	切磨鴻儒
소옹과 정자 같았네	如邵於程

나감에 어짊을 숨기지 않아 반드시 그 도리를 다하였으며 벼슬길에서 누락되어도 원망하지 않으며 곤액을 당하여도 근심하지 않았다." 하였다. 한편, 양웅(揚雄)의 《법언(法言)》 〈연건(淵騫)〉에 "백이도 아니고 유하혜도 아니요, 옳다고 하고 그르다고 하는 그 사이에 처한다.〔不夷不惠, 可否之間也.〕"라고 하였다.

100 얼음……비친 : 얼음으로 된 호로병에 맑은 가을 달이 비친 모습으로, 고결한 인품을 형용한 말이다. 소식(蘇軾)의 〈증반곡(贈潘谷)〉에 "베적삼이 때 묻고 손이 갈라 터졌어도, 얼음 호리병에 가을 달 담는 데엔 해가 될 게 없네.〔布衫漆黑手如龜, 未害氷壺貯秋月.〕"라고 하였다.

101 경을……실천하였네 : 《송조명신언행록(宋朝名臣言行錄)》 〈주희 회암선생 휘국문공(朱熹晦菴先生徽國文公)〉에 "경을 주장하여 그 근본을 세우고, 이치를 궁구하여 그 지식을 지극히 하고, 자신의 몸에 돌이켜 그 실제를 행하였다.〔主敬以立其本, 窮理以致其知, 反躬以踐其實.〕"라고 하였다.

102 큰……절차탁마함이 : 이지함은 이이(李珥), 성혼(成渾)과 교유하였다.

현묘한 도를 궁구한 뒤에	既究道妙
두루 통하고 모두 나아갔네	旁通俱詣
때때로 나머지[103]를 꺼내어	時出緖餘
여유롭게 세상을 경영하였네	游戱經濟
기질은 맑고 문식에 어두워	淸質濁文
그 자취가 넓고 기이하였네	其跡恢奇
간혹 통상적인 법도에서 벗어났지만	或超常軌
또한 계책과 시행에서 증험되었네	亦驗猷爲
누차 천거되어	剡薦屢登
등급을 뛰어넘어 수령 자리에 제수하였네[104]	郡紱超授
백 리 고을이 안정되니	百里衽席
백성이 부모처럼 여겼네	民曰父母
태평성대를 만나	世際隆平
여러 선비들 조정에 등용되는데	群彦揚庭
시의와 어긋나 때를 만나지 못하여	詭時不逢
고결하고 곧은 절조를 홀로 품었네	獨抱幽貞
하늘이 굴레에서 벗겨주어[105]	天脫羈羈

103 나머지 :《장자》〈양왕(讓王)〉에 "참된 도로 몸을 다스리고, 그 나머지로 국가를 돌보며, 그 찌꺼기로 천하를 다스린다.〔道之眞以治身, 其緖餘以爲國家, 其土苴以治天下.〕"라고 하였다.

104 누차……제수하였네 : 이지함은 1573년(선조6)에 유일(遺逸)로 천거되었고, 1574년에 6품직을 제수받아 포천 현감((抱川縣監)에 제수되고, 1578년에 아산 현감(牙山縣監)에 제수되었다.

105 하늘이 굴레를 벗겨주어 : 한유(韓愈)의 〈제유자후문(祭柳子厚文)〉에 "그대가

참된 법칙에 겸허하였네 沖然眞則
천지를 항아리처럼 여기고 甕盎乾坤
만물을 쭉정이와 겨처럼 여겼네 粃糠萬物
용처럼 노닐고 봉황처럼 높이 나니 龍游鳳矯
누가 능히 새장과 그물에 가둘 수 있으랴 孰能籞罶
바람 불고 구름 걷히듯 종잡을 수 없으니 風行雲斂
무엇이라 명칭할 수 없도다 不可名稱
또한 충간공[106]이 亦越忠簡
그 집안에서 나왔네 出其家庭
순수한 본성을 잃지 않고 不失孩心
온화하고 후덕하며 심원하고 원대하였네 和厚淵宏
일찍부터 좋은 가르침을 받아 早襲訓誨
몸을 닦고 독실히 공부하였네 禔身篤學
선을 지키고 악을 행하지 않음이 秉善無惡
절지가 곡식을 먹지 않는 것[107]과 같았네 竊脂不穀
비록 공자의 문하에 있더라도 雖在孔門
그 충신이 부끄러울 것 없었네 忠信無怍
날개를 펴고 조정에 오르니 羽儀登朝

중도에 버림받은 것은 하늘이 속박을 벗겨 준 것이다.〔子之中棄, 天脫䍐羈.〕"라고 하였다.

106 충간공(忠簡公) : 이지함의 조카 이산보(李山甫)이다.

107 절지(竊脂)가……것 : 《주자어류(朱子語類)》 권122에 "옛 제왕은 불선을 행하지 않기를, 추우가 산 생물을 죽이지 않고 절지새가 곡식을 먹지 않듯이 하였다."라고 하였다. 절지는 기름을 훔쳐 먹는 새라는 뜻으로, 상호(桑扈) 즉 콩새의 별명이다.

벼슬길이 크게 열렸네	進塗大啓
얼굴빛은 엄정하고 도량은 넓었으니	正色曠度
온화하고 굳셈이 서로 적절하였네	和毅交劑
그 선에 물든 자는 흥기하고	薰善者興
그 덕을 본 자는 복종하였네	覿德則服
비록 시기하는 무리들도	雖其噎媢
어느 것 하나 흠잡을 수 없었네	莫或瑕讁
당시 문성공이	惟時文成
사후에 모함을 당하였네	追被謠諑
공이 전석에서 힘껏 아뢰어	抗辭前席
그 무고를 통렬하게 밝혔네[108]	痛白其誣
임금이 환연히 받아들이니	天聽渙納
사림이 이에 힘입어 부지되었네	士林賴扶
서쪽으로 파천함에 이르러	逮遘播越
더욱 독실하게 보필하였네	益篤毗翼
승진시켜 이조 판서에 발탁하고	進擢冢宰
은혜로이 돌봄이 날로 두터웠네	恩顧日渥
충성과 의리로 분발하여	忠義奮發
나라만 생각하고 자신의 몸은 잊었네	有國無身
강개한 심정으로 눈물을 흘려	慷慨雪涕

108 당시……밝혔네 : 문성(文成)은 이이(李珥)이다. 이이가 사망한 뒤 1585년에 부제학 김우옹(金宇顒)이 입대하여 이이의 행동을 헐뜯자, 이산보가 우승지로 입시하였다가 조목조목 반박하였다. 《宋子大全 卷156 鳴谷李公神道碑銘》

중국 사람을 감동시켰네[109] 感動華人
중흥의 업적에 中興之業
참여하여 공을 세웠네 與有其功
분주[110]하느라 피로가 쌓여 奔奏積瘁
끝내 충성을 다하다 생을 마쳤네 卒以忠終
한 집안에서 一門之內
같은 시대에 큰 인물이 나왔네 幷時鴻喆
나는 늘 경모하여 予每起嚮
그 풍도를 아득히 생각하였네 緬懷風烈
저 호서 고을을 돌아보니 瞻彼湖邑
그 상재지향[111]이라네 桑梓之鄕
선비들이 흠모하는 마음 일으켜 儒紳興慕
사당을 세워 영령을 봉안하였네 刱祠妥靈
나란히 모시고 합향하니 並座合享

109 강개한……감동시켰네 : 임진왜란 당시 명(明)나라 제독 이여송(李如松)이 요양(遼陽)에 군대를 주둔시키고 출전하려 하지 않자, 이산보가 달려가 시급히 구원해주기를 요청하며 눈물을 흘리며 통곡하니, 이여송이 감동하여 즉시 군사를 출동하였다. 《宋子大全 卷156 鳴谷李公神道碑銘》

110 분주(奔奏) : 열성을 다하여 왕의 덕으로 백성을 깨우치고 따르게 하여 왕의 명성을 선양함을 뜻한다. 《시경》 〈면(緜)〉에 "내 말하노니 분주하는 자가 있노라.〔予曰有奔奏〕"라는 구절에서 온 말이다.

111 상재지향(桑梓之鄕) : 조상 대대로 살아온 고향을 가리킨다. 상재는 뽕나무와 가래나무를 뜻하는데, 《시경》 〈소반(小弁)〉에 "어버이가 심어 놓은 뽕나무와 가래나무도 반드시 공경한다.〔維桑與梓, 必恭敬止.〕"라는 구절에서 온 말이다. 이지함과 이산보의 고향이 충청도 보령이다.

대대로 빛나도다	奕世有煒
엄숙하게 제향을 올리니	有儼芬苾
지금 수십 년이 되었네	今累十禩
지금 거듭된 호소로 인해	玆因申籲
빛나는 편액을 내리네	寵頒華額
멀리서 치제(致祭)하여	遠賜禮酹
나의 정성을 펴노라	敷予忱愊

좌의정 남구만의 첫 번째 정사를 윤허하지 않는다는 비답

을축년(1685, 숙종11)

左議政南九萬初度呈辭不允批答 乙丑

왕은 다음과 같이 말한다.

생각건대 재보(宰輔)의 지위에 있는 신하는 나라가 이에 힘입어 중하게 되는 바이니, 어려운 시국을 당하여 그 진퇴가 더욱 가벼워서는 안 된다. 비록 초야에 은거할 뜻이 있더라도 차마 곧바로 떠날 수 없고, 병으로 혹 그 근력이 손상되었더라도 더욱 그 마음을 다해야 한다. 대신(大臣)의 의리가 본디 그러하거니와 당세에서도 붙잡고서 놓아주지 않으니, 지금 경이 완곡한 말로 해직을 청하는 것은 평소 내가 기대하던 바가 아니다. 밝은 정신이 쇠하지 않았으니 분명 뜻을 펼칠 때이고, 정승의 자리에 오른 지 오래지 않으니 여전히 기대를 품는 초기이다. 경은 신중하게 생각해보라, 떠날 만한 의리가 없을 것이다.

경의 덕은 세상에 모범이 되기에 충분하고, 경의 재주는 나라를 경륜하기에 충분하다. 훌륭한 스승을 따라 강마하여 임금을 높이고 백성을 보호하는 학문을 일찌감치 들었고, 여러 조정의 지우를 입어 성대하게 임금을 계도한 공이 있으니, 정술(政術)과 계책에 시행한 것은 절실하고 주밀하였으며 문장과 의론에 드러난 것은 분명하고 명쾌하였다. 과인의 몸에 이르러서도 지우가 깊었지만, 세운(世運)에 소장(消長)의 시기가 있음을 어찌하겠는가. 직언이 매섭고 당당하였으니 어찌 화복으로 그 마음을 움직이겠는가. 나라 법도가 어긋났으나 오히려 간사한 관리의 간담을 서늘하게 하였다. 궁벽한 남쪽 바다 장독(瘴毒)의 땅으로 쫓겨나도[112] 대중의 기대는 더욱 높았고, 회조청명(會朝淸明)[113]의 초기에 등용되었으니 벼슬길이 크게 열렸다. 병조 판서로 발탁하니 병정(兵政)이 잘 다스려졌으며 대제학을 역임하니 문풍(文風)이 크게 변하였다. 마침내 정승의 자리에 오르니, 훌륭한 정치가 이루어지기를 온 나라가 바라고 있다. 관복 입은 의젓한 모습은 백관을 진작시키는 의범(儀範)이고, 연석의 긴밀한 논의는 모든 사무를 정리하여 회통시켰다. 분분한 조정 의론은 지금 경의 큰 도량에 의지하여 진정될 것이요, 위태로운 시국은 지금 경의 훌륭한 계책을 기다려 다스려질 것이다. 실로 의지하고 맡김이 정성스럽지 않은 것이 아닌데, 경은 무슨 뜻으로 물러나 쉬려는지 모르겠다. 몇 달간 긴요한 국사를 홀로 다스리느라 또한 밤낮으로 노고하였을 것이요, 만 리 사신 길에서 막 돌아왔으니[114] 건강을 조금 해쳤을 것이다. 만일 근래의 일[115]을 가지고 인책하

112 궁벽한……쫓겨나도 : 남구만은 1679년(숙종5)에 윤휴(尹鑴)와 허견(許堅) 등의 방자함을 탄핵하다가 남해(南海)로 유배되었다.

113 회조청명(會朝淸明) : 1680년(숙종6)의 경신환국(庚申換局)을 말한다. 회조(會朝)는 회전(會戰)하는 날의 아침으로, 아침이 다 지나기도 전에 더러운 것을 소탕하여 밝고 맑은 세상을 이룩했다는 말이다. 《시경》 〈대명(大明)〉에 무왕(武王)이 상(商)을 정벌할 당시를 노래하여 "회전하는 날 아침 날씨가 청명하였도다.〔會朝淸明〕"라고 한 데서 온 말이다.

114 만……돌아왔으니 : 남구만은 1684년(숙종10) 10월에 사은겸동지사(謝恩兼冬至使)에 차임되어 연경에 갔다가 1685년 4월에 돌아왔다.

115 근래의 일 : 남구만이 연경 사행 길에, 우역(牛疫)의 창궐로 소를 교역하는 일을 중지하는 것이 좋겠다는 장효례(張孝禮)의 말을 믿고 청나라와 소를 교역하는 일을 중지하기를 청하였는데, 청나라 예부(禮部)에서 패만(悖慢)한 말로 조선의 국왕을 모욕하고 은(銀) 1만 냥을 벌금으로 내게 하였다. 《肅宗實錄 11年 8月 16日》

는 것이라면 더욱 우리 경에게는 혐의할 것이 없다. 만일 국가에 이익이 있는 일이라면 어찌 호소하여 청하기를 그만둘 수 있겠는가. 일이 끝내 힐책에 이른 것은 생각했던 바가 아니었다. 시세의 어려움이 애통할 뿐이지, 어찌 보필하는 신하의 거취와 관련되겠는가. 오늘의 시세를 보건대, 지금이 어떠한 시기인가? 나 충인(沖人)[116]은 어찌할 바를 모르겠다. 또 여러 도의 혹심한 기근에 근심을 견디기 어려우니, 묘당에서 먼저 규획해야 마땅하거늘 어찌 차마 무관심할 수 있겠는가. 의당 상하가 서로 닦기에 겨를이 없어야 할 것이요, 경의 진퇴에 나라의 안위가 달렸으니 어찌하겠는가. 나는 진실로 임금 노릇하는데 즐거움이 없어 늘 한밤중에도 잠들지 못하는데, 경은 세상을 경영할 재주를 갖춘 사람으로 어찌 하루도 조정을 떠날 수 있겠는가. 물러나 멀리 떠나려는 마음을 속히 되돌리고, 국가와 기쁨과 슬픔을 함께하는 대의를 더욱 생각하라. 아! 과인이 마음을 비우고 경을 기다림이 간절하다. 그간에 정과 뜻이 서로 부합하고 평소에 자임했던 것이 어떠했던가? 처음부터 끝까지 응당 나라를 위해 힘을 다해야 할 것이다. 이에 많은 말을 하지 않겠으니 다시는 사양하지 말라. 사직은 윤허하지 않는다. 그러므로 이렇게 교시(敎示)한다.

116 충인(沖人) : 어린 사람이라는 뜻으로, 왕이 스스로 겸칭하는 말이다.

단종대왕을 부묘한 뒤에 반포한 교서 무인년(1698, 숙종24)

端宗大王祔廟後頒教書 戊寅

왕은 다음과 같이 말한다.

빠뜨렸던 전례(典禮)가 종묘에서 거행되어 부묘(祔廟) 의식이 이미 이루어졌고, 큰 경사가 귀신과 사람에게 흡족하여 윤음을 이에 펴노라. 이는 실로 지극한 정성에서 나온 것이요, 이로써 백성의 마음에 답한 것이다. 생각건대 전대의 선양(禪讓)한 성대한 법식에는 반드시 당세에 위호(位號)를 올리는 융성한 보답이 있었다. 만승(萬乘)의 지위를 헌신짝처럼 벗어버렸으니 진실로 형용할 수 없는 지극한 덕이요, 더구나 한 나라에 군림하였으니 어찌 존호(尊號)를 끝내 빠뜨릴 수 있겠는가.

삼가 생각건대, 단종대왕께서는 정위(正位)의 원자(元子)로 어린 나이에 왕업을 계승하셨다. 타고난 자질은 일찍부터 총명함을 드러내어 문치(文治)를 지키는 성대함을 기약할 수 있었고, 시운이 정령 태평성대를 계승했어도 다난한 근심이 있었다. 예를 지켜서 능히 큰 인륜을 삼갔고, 자신을 비워서 우러러 아름다운 친척을 이루셨다. 의지하고 믿음이 깊고 돈독하여 성왕(成王)이 주공(周公)을 대한 것과 흡사하였고, 선위함이 차분하여 순(舜)임금이 우(禹)임금에게 전위하듯 화기로웠다. 이는 권도(權道)에 통달하고 천명을 알았기 때문이요, 이에 힘입어 기업(基業)이 공고해지고 왕업이 이어졌다. 태상왕(太上王)의 존엄과 영화를 누려 네 글자의 아름다운 칭호가 갖추어졌고, 양궁(兩宮)[117]의 화순함과 공경이 돈독하여 매월의 조례(朝禮)가 자주 행해졌다. 불행히도 변란이 누차 일어나 마침내 높이 받들던 일이 끝내 폐해졌다. 겸손한 그 덕을 하늘에 질정할 수 있었으니, 어찌 왕실이 위태로울 염려가 있었겠는가. 그릇된 의논이 모두 조정에 가득한 신하에게서 나왔으니 진실로 성조(聖祖 세조(世祖))의 친애하는 뜻이 아니었다. 명성과 은택이 가리워지니 종묘 제사에서 빠져 의지할 곳이 없고, 산천이 아득하니 신선이 노니는 곳 그 멀리 어느 곳인가? 이에 돌아가신 영혼이 오랫동안 답답하였고, 많은 사람들이 더욱 애통하였다. 3년 동안 재위했던 지존을 어찌 유명(幽明)간에 차이를 두겠는가. 그런데도 한 시대 선양의 아름다움을 아직까지 드러내어 높이지 못하였다. 옛 사실을 밝혀 항상 감탄하는 마음을 품었고, 조정의 의론을 물어 인정(人情)과 예문(禮文)을 펴기를 바랐다. 누조에 걸쳐 인순하여 빠뜨렸으니 계승할 방도를 생각해야 마땅하고, 비록 세대가 멀어 조천(祧遷)에 이르렀으나 감히 떳떳한 전례를 늦추겠는가.

이에 본년 모월 모일에 삼가 신(臣) 아무개를 보내어 묘실(廟室)에 추가로 올려 모시고 의장(儀章)을 모두 회복하였으며, 곤위(坤闈)도 아울러 높이고 크게 휘호를 선양하니, 정령이 밝게 임하여 어렴풋이 위에 계신 듯하며, 조종(祖宗)이 지하에서 묵묵히 위로할 것이라 생각된다. 능침에 상설(象設)이 새로 갖추어지니 온갖 신령이 와서 호위할 것이며, 사제(私第)에서 용기(龍旂)를 맞이하니 모든 백성이 서로 기뻐하도다. 진실로 천도(天道)는 반드시 펼쳐지는 법이니 2백 년이 지나기를 기다린 듯하고, 비로소 국가의 전례에 유감이 없으니 천만 대에 보여주어도 할 말이 있게 되었다. 진실로 드물게 있는 성대한 아름다움

117 양궁(兩宮) : 세조 부부

이 될 것이니, 어찌 넓은 큰 은택이 없겠는가. 죄인을 사면하여 사형수까지도 모두 용서하여 함께 살려주고, 은혜를 미루어 모든 신하들까지 기쁨을 함께하여 경축하노라. 아! 떳떳한 법도가 먼 제사에서 비로소 거행되었으니 조상을 추모하는 정성을 부디 헤아리고, 환호(渙號)[118]가 만방에 크게 펼쳐졌으니 새로움을 도모하는 정치를 함께 힘쓰라. 그러므로 이에 교시(敎示)하니 잘 알리라 생각된다.

118 환호(渙號) : 반교문(頒敎文)을 말한다. 환호는 《주역》 〈환괘(渙卦) 구오(九五)〉에 나오는 '환한대호(渙汗大號)'로, 땀이 한 번 나면 다시 들어갈 수 없는 것처럼 다시 번복할 수 없는 제왕의 호령을 뜻한다.

왕세자 두후가 회복된 뒤에 반포하는 교서 기묘년(1699, 숙종25) 1월

王世子痘候平復後頒教書 己卯正月

왕은 다음과 같이 말한다.

왕세자가 홀연 천연두에 걸려 바야흐로 마음이 타들어갔는데 하늘이 묵묵히 도우시어 곧바로 병이 몸에서 떠나니, 기뻐하는 기색이 이미 중외에 넘치고 덕음(德音)[119]이 실로 상례(常例)대로 행해졌다. 생각건대 과인은 늦게 후사를 얻었다. 세자의 명호(名號)가 일찌감치 바르게 되어 사직의 도모를 크게 넓혔고, 그 어짊과 효성이 더욱 드러나 참으로 귀신과 사람의 바람에 부응하였다. 문안하고 수라상을 살피는 것[120]을 볼 때마다 만족스러워 근심을 잊었고, 오직 자질이 맑고 나이가 어리기에 두려운 마음으로 질병을 경계하였다. 돌아보건대 이 사나운 천연두는 일시에 유행하는 전염병에서 말미암았으니, 보통 사람이 모

119 덕음(德音) : 조정에서 연주되는 음악을 말한다. 《예기》 〈악기(樂記)〉에 "옛날에는 천지가 순하여 사시가 마땅하고 백성이 덕이 있어 오곡이 번창하고 나쁜 병이 일어나지 않아 재이의 흉조가 없었으니, 이것을 '크게 마땅하다.'고 한다. 그런 뒤에 성인이 부자와 군신의 예를 세워서 기강으로 삼으니, 기강이 바루어진 뒤에 천하가 크게 안정되었다. 천하가 크게 안정해진 뒤에 육률(六律)을 바로잡고 오성(五聲)을 조화시켜 《시경》의 송(頌)을 현악기로 노래하였으니, 이것을 덕음이라 하며, 덕음을 악(樂)이라고 한다."라고 하였다.

120 문안하고……것 : 왕세자의 효성을 말한다. 주 문왕(周文王)이 세자 시절에 아침과 점심과 저녁 등 하루에 세 차례씩 아버지 왕계(王季)에게 문안을 올리고 수라를 살핀 데서 유래하였다. 《禮記 文王世子》

두 면할 수 없는 바이고, 거처와 봉양이 귀한 사람[121]은 더욱 염려스럽다. 평소에 가장 조심해야 하는 것을 또한 일찍이 겪어서 알고 있는데, 근래에 민간에서 치성하여 왕세자에게까지 전염되었다. 음식을 점점 폐하여 마침내 며칠 만에 병석에 누웠고, 애태우는 마음 특히 심하여 밤새도록 잠을 이루지 못했다. 열성(列聖)이 부지런히 보우하시리니 오로지 아무런 해가 없는 복[122]을 기원하였고, 온 조정이 서로 간절히 근심하였으니 어찌 유질(惟疾)의 염려[123]뿐이겠는가. 다행스럽게도 증세가 지극히 순조로워 약물을 쓰지 않아도 쾌차함을 보게 되었다. 흉터가 저절로 없어져 짧은 시간에 곧바로 증험되었고, 병상이 즉시 안정되어 정신과 기운이 더욱 화평해졌다. 큰 경사가 백성의 송가(頌歌)에 울려 퍼지니 실로 근세에 보기 드문 일이요, 마음이 지극히 즐거우니 지난해 내가 쾌차했던 것보다 더 기쁘다. 이는 참으로 신명의 돌보심 덕분이요 또한 신료들의 기원 덕분이다. 봄기원이 점차 따스하니 온몸

121 거처와……사람 : 궁중의 안락한 생활 속에서 귀하게 자라나 일반 백성들처럼 기질이나 체질이 강하지 못하다는 뜻이다. 맹자(孟子)가 제(齊)나라 왕의 아들을 바라보고서 "거처가 기질을 바꾸고 봉양이 체질을 변화시키니 생활 환경이 얼마나 중요하다고 하겠는가.〔居移氣, 養移體, 大哉居乎.〕"라고 탄식한 말에서 유래하였다. 《孟子 盡心上》

122 아무런……복 : 제왕이나 그와 동격의 신분인 자의 병이 낫게 되는 것을 뜻한다. 주(周)나라 무왕(武王)이 병들었을 때 주공(周公)이 점을 치고 말하기를, "점괘를 보니 왕에게는 아무런 해가 없게 되겠다.〔體王其罔害〕"라고 한 구절에서 온 말이다. 《書經 金縢》

123 유질(惟疾)의 염려 : 자식이 병들까 걱정하는 부모의 마음을 말한다. 《논어》〈위정(爲政)〉에 "부모는 오직 자식이 병들까 그것만을 근심한다.〔父母惟疾之憂.〕"라는 구절에서 온 말이다.

이 날마다 건강해질 것이요, 나라의 운수가 새로워졌으니 만복이 더욱 국본(國本)에게 돈독할 것이다. 몸을 조섭하고 보양하는 방도에 어찌 삼가고 조심함을 잊겠는가. 이제부터는 강독하고 신료들을 접견할 때 동작에 구애가 없을 것이다. 이미 이 일로 종묘에 제사를 올렸고 이어 다시 조정에서 축하를 받았다. 이에 윤음을 널리 펴서 정성을 보이고 사면의 혜택을 크게 내려 이 기쁨을 함께하노라. 아! 길한 상서가 크게 와서 상서로운 기운이 절로 나쁜 병을 소멸시키기 바라며, 종사를 맡김이 더욱 공고해져서 아름다운 노래가 길이 왕세자의 빛나는 덕을 퍼트리기를 기다리노라.

즉위 30주년을 칭경한 뒤에 반포한 교서 을유년(1705, 숙종31)

卽位三十年稱慶後頒教書 乙酉

왕은 다음과 같이 말한다.

과분하게 하늘의 거듭된 복록을 받아 즉위한 지 30년이 되었기에 축하하는 백성의 뜻을 마지못해 따라서 사방에 윤음을 펴노라. 이는 옛 상례(常例)를 준행하는 데서 나온 것이지, 감히 스스로 큰 복을 과시하는 것이 아니다. 생각건대 보잘것없는 부덕한 내가 외람되게도 크나큰 왕업을 계승하였기에 밤낮으로 조심하고 두려워하여 항상 하늘에 기원하여 천명이 영원하기를 바랐고, 깊은 물을 건너는 것처럼 두려워하여 어떻게 하면 왕업을 공고히 하여 길이 이어질까 생각하였다. 성왕이 장구하게 나라를 향유했던 것을 사모하여 반드시 안락을 탐하지 않는데 근본을 두었고,[124] 조종(祖宗)에서 내게 전해준 어렵고 큰 일을 생각하여 감히 편안하려는 생각을 품지 않았다. 어느덧 31년 동안 억조 백성들 위에 의탁하였다. 돌아보건대 국가의 어려움과 근심이 심하여 철류(綴旒)[125]와 같을 뿐만이 아니었는데, 재위 기간이 조금

124 성왕(聖王)이……두었고 : 《서경》〈무일(無逸)〉에 의하면, 은(殷)나라 중종(中宗)은 75년, 고종(高宗)은 59년, 조갑(祖甲)은 33년간 나라를 다스렸다. 이 세 임금은 정치를 잘하여 오랜 기간 재위한 임금으로, 삼종(三宗)이라고 불린다.

125 철류(綴旒) : 매우 위태로움을 나타내는 말이다. 류(旒)는 면류관에 드리우는 펜 구슬을 말하는데, 철류는 그 펜 구슬을 관에 매단 것으로 통상 국가의 형세가 매우 위태로움을 비유한다. 《문선(文選)》 권35 〈책위공구석문(冊魏公九錫文)〉에서 반욱(潘勗)이 "이때의 상황이 철류와 같았다.〔當此之時, 若綴旒然.〕"라고 한 데서 온

많은 것만이 자못 역사에 드문 일이다. 세자가 누차 글을 올려 청하니 그 정성이 찬양에 간절하고, 조정 신하들이 대궐 섬돌에 머리를 조아리며 건의하니 그 뜻이 기쁨에서 나왔다. 날을 아끼는 세자의 효성을 생각하여 위로하고 이에 축수하는 예정도로 그치라고 명하였다. 실로 종묘사직이 말없이 보살펴 준 덕분이니, 어찌 우매한 과인이 신명을 감동시킨 공효 때문이겠는가. 짧은 글을 써서 처음에는 태평성대의 예식을 물리쳤는데, 여론을 어기기 어려워 실로 성조(聖祖)의 옛 전례를 따랐다. 즉위한 지 오래이니 시국을 생각함에 더욱 부끄럽고, 세월은 흘러가니 다스림의 효과를 바람에 더욱 요원하다. 이미 종묘에 공경히 고하고 이어 대정(大庭)에서 하례를 펼쳤다. 비록 겸양하던 처음 뜻과는 어긋나지만 기대하던 뭇사람들의 요청에 거의 부응하였다. 큰 덕을 지닌 자가 반드시 장수하니[126] 감히 성철(聖哲)의 아름다운 복을 말하겠는가. 만년토록 왕노릇 하라니[127] 신민이 일제히 축하함을 알 수 있다. 오랫동안 거행하지 않던 전례를 거행하는 것은 예대(豫大)[128]

말이다.

126 큰……장수하니 : 큰 덕을 지닌 사람은 반드시 그에 걸맞은 장수를 누린다는 뜻으로, 《중용장구》 제17장에 "큰 덕이 있는 사람은 반드시 그 지위를 얻으며, 반드시 그 봉록(俸祿)을 얻으며, 반드시 그 명예를 얻으며, 반드시 그 수명을 얻는다.〔大德, 必得其位, 必得其祿, 必得其名, 必得其壽.〕"라고 하였다.

127 만년토록 왕노릇 하라니 : 신민이 임금에게 천명이 영원하기를 기원하는 말로서, 《서경》 〈재재(梓材)〉에 "만년에 이르도록 왕노릇 하시어 자자손손 영구히 백성을 보호하시기를 바랍니다.〔欲至于萬年惟王, 子子孫孫, 永保民.〕"라고 하였다.

128 예대(豫大) : 기쁨과 즐거움이 크다는 뜻으로, 《주역》 〈예괘(豫卦) 단사(彖辭)〉의 '예(豫)의 시의(時義)가 크도다.〔豫之時義大矣哉〕'라고 한 데서 온 말인데, 궁중 경사의 성대한 의식으로 뜻이 전용(轉用)되었다.

의 볼거리를 위해서가 아니며, 국가의 전례를 비록 거행하지만 어찌 조심하고 두려워하는 생각을 잊겠는가. 아! 사람들이 모두 눈을 씻고 바라보니 나는 실로 부끄러워 얼굴이 붉어진다. 모두 태평성대의 상서를 칭송하고 시절은 바야흐로 따스한 춘삼월이니, 영장(靈長)[129]의 운수를 더욱 넓혀서 팔방과 함께 새로워지리라.

129 영장(靈長) : 국운이 장구히 이어지는 것을 말한다. 《세설신어(世說新語)》〈출면(黜免)〉에 "만약 진나라 왕실이 장구히 이어진다면 명공이 이 조칙을 받들어야 할 것이다.〔若晉室靈長, 明公便宜奉行此詔.〕"라고 하였다.

정순왕후[130] 시책문 무인년(1698, 숙종24)

定順王后謚冊文 戊寅

아름다운 칭호로 공렬을 드러내니 부묘(祔廟)의 성대한 의식을 뒤늦게 행하고, 아름다운 덕이 지존의 짝이 되었으니 이에 그동안 빠뜨렸던 절혜(節惠)[131]의 전례를 거행하였습니다. 비로소 명분과 실상에 걸맞아 실로 귀신과 사람을 위로할 것입니다. 삼가 생각건대, 돈독한 자질로 명망 있는 가문에서 태어나 어린 군주의 빛나는 배필이 되셨습니다. 아름다운 자품이 일찍부터 총명하여 시초의 맑고 밝은 정사를 도왔으며, 왕후의 교화가 은연중에 미더워 내외의 화목에 알맞았습니다. 단종대왕께서 권도(權道)에 통달하여 선양함에 이르러서도 또한 도와서 계획하고 이루었습니다. 태비(太妃)의 높은 이름을 받아 또 아름다운 휘호를 받으시고, 일국의 융숭한 봉양을 누리며 함께 한가로움을 기뻐하였습니다. 불행히도 시변이 자주 일어나 마침내 조정의 의논이 틀어지게 되었습니다. 해가 떨어지고 달이 어두워지니 황도(黃道)와 함께 빛나던 빛을 잃었고, 물도 시름하고 산도 슬퍼하니 창오(蒼梧)[132]를 따르지 못한 애통함이 맺혔습니다. 곤궁함에 처해서도

130 정순왕후(定順王后) : 단종(端宗)의 비이다.

131 절혜(節惠) : 시호(諡號)를 뜻한다. 《예기》 〈표기(表記)〉에 "선왕이 시호로 이름을 높이되 한 가지 선으로써 절취하니, 이름이 행실보다 지나친 것을 수치로 여기기 때문이다.〔先王謚以尊名, 節以壹惠, 恥名之浮於行也.〕"라고 한 데서 온 말이다. 시호을 정할 때에는 여러 가지 선행을 다 들기 어려우므로 가장 큰 것만 요약하여 이름을 높인다는 의미이다

옥 같은 풍도에 흠이 없었으며, 모든 것을 순리에 맡겨 오랫동안 장수하셨습니다.[133] 돌아가신 영혼이 하늘에서 오랫동안 답답하였으니 아름다운 종적이 가려졌고, 종묘의 제사가 오랜 세월 빠트려졌으니 모든 사람들이 함께 슬퍼하였습니다. 생각건대 큰 존호가 어찌 유명(幽明) 간에 차이가 있겠으며, 빠뜨렸던 전례도 혹 오랜 뒤에는 회복될 수 있기에, 옛 제도를 참고하여 저의 작은 정성으로 결단하였습니다. 저 천도(天道)가 반드시 펴짐을 헤아린다면 감히 드러냄을 늦출 수 있겠으며, 우리 종사에 부족함이 없기를 바란다면 마땅히 인정(人情)과 예문(禮文)을 갖추어야 합니다. 이에 왕의 법도를 회복하여 조실(祧室)[134]에 올려 대수(代數)를 차례로 하고, 아울러 왕후의 지위를 성대하게 하여 보책(寶冊)을 올려 시호를 올리니, 흡사 유적(褕翟)[135]이 거듭 빛나는 듯하고 완연히 건곤(乾坤)이 일체가 되신 듯합니다. 생각건대 성조(聖祖 세조)께서 높이 받들던 평소의 뜻이 어찌 빛나지 않겠습니까. 또한 열성조의 오르내리는 밝은 영령이 묵묵히 열어준 것입니다. 진유(眞游)[136]가 여기에 모이니 한(漢)나라 왕릉의 염유(簾帷)[137]가 비로소 새로워졌고, 경광(耿光)[138]이 다시 밝아지니 주(周)나

132 창오(蒼梧) : 순(舜)임금이 남쪽으로 순행하다가 죽어서 장사 지낸 곳으로, 여기서는 단종(端宗)의 죽음을 말한다.

133 모든……장수하셨습니다 : 정순왕후는 82세까지 장수하였다.

134 조실(祧室) : 종묘에서 제사 지내는 대수(代數)가 지난 신주를 모셔 두는 방이다.

135 유적(褕翟) : 고대 왕후의 제복(祭服) 또는 삼부인(三夫人) 및 상공(上公)의 명복(命服)으로, 꿩의 문양을 사용하였기 때문에 붙여진 이름이다.《周禮 天官冢宰 內司服》

136 진유(眞游) : 참된 세계로 돌아가 노닌다는 뜻이다.

라 묘당의 완염(琬琰)[139]이 비로소 빛나게 되었으니, 옛 사실을 생각함에 감개가 더하고 물채(物采)[140]를 진설함에 경건함을 다합니다. 삼가 보내어 운운하니,[141] 부디 깊은 정성을 헤아려 밝게 살피소서. 동사(彤史)[142]에 아름다움이 전해져 2백 년이 지났어도 징험할 수 있고, 요도(瑤圖)[143]에 경사가 넘쳐 천만년토록 쇠하지 않을 것입니다.

137 염유(簾帷) : 주렴과 휘장으로, 왕후(王后)의 거처를 말한다.

138 경광(耿光) : 훌륭한 선조의 밝은 덕을 말한다. 《서경》 〈입정(立政)〉에 "문왕의 경광을 보시고 무왕의 큰 공렬을 드날리소서.〔以覲文王之耿光, 以揚武王之大烈.〕"라고 하였다.

139 완염(琬琰) : 주(周)나라 묘당의 서쪽 행랑에 보관되어 있던 보옥(寶玉)이다. 《서경》 〈고명(顧命)〉에 "옥을 오중(五重)으로 진열하고 보물을 진열하니, 적도(赤刀)와 대훈(大訓)과 홍벽과 완염은 서서(西序)에 있고, 대옥(大玉)과 이옥(夷玉)과 천구(天球)와 하도(河圖)는 동서에 있다."라고 하였다.

140 물채(物采) : 예와 법도에 맞게 쓰이는 사물의 문채를 말한다.

141 삼가 보내어 운운하니 : "삼가 의정부 영의정 유상운(柳尙運)을 보내어 옥책을 받들어 추상하여 존시(尊諡)는 '정순(定順)'으로, 휘호는 '단량 제경(端良齊敬)'으로 하오니〔謹遣臣議政府領議政柳尙運, 奉玉冊追上, 尊謚曰定順, 徽號曰端良齊敬.〕"라는 구절이 생략되었다. 《肅宗實錄 24年 12月 25日》

142 동사(彤史) : 왕후의 훌륭한 덕과 행실이 기록되어 있는 역사책을 말한다. 옛날에 여사(女史)가 궁중의 정령과 후비의 일을 기록할 때 붉은 색깔의 동관(彤管)을 사용하였으므로 이 필기도구로 쓴 역사책을 동사라고 한다.

143 요도(瑤圖) : 왕가의 족보를 말한다.

인현왕후 애책문 신사년(1701, 숙종27)

仁顯王后哀冊文 辛巳

유세차 신사년 8월 14일 기사에 대행왕비께서 창경궁(昌慶宮) 경춘전(景春殿)에서 홍서(薨逝)하셨다. 이 해 겨울 12월 8일 경신에 영좌(靈座)를 조묘(祖廟)에 옮기고, 9일 신유에 명릉(明陵)으로 영구히 옮겨 안장하니, 예(禮)이다. 용찬(龍攢)[144]의 휘장을 거두고 적로(翟輅)[145]가 큰 길에 임하니, 해와 달과 별은 빛을 감추고 슬퍼하며 온갖 신령이 호위하여 달려간다. 깃대에 매단 만사(輓詞)은 청필(淸蹕)[146]인 듯하고 길장(吉仗)은 평상시 의장(儀仗)과 흡사하도다. 우리 주상전하께서 초액(椒掖)[147]에 납시어 남긴 자취를 어루만지고 멀어지는 명정을 생각하며 마음 아파하시고, 영원히 깊은 무덤에 묻힘을 슬퍼하고 훌륭한 경계의 말을 듣지 못함을 애통하게 여기시어, 이에 떳떳한 전례를 상고하여 아름다운 덕음을 칭송하게 하셨다. 그 사(詞)는 다음과

144 용찬(龍攢) : 왕이나 왕후의 영구(靈柩)를 말한다.

145 적로(翟輅) : 꿩 깃털로 장식한 왕후가 타고 다니는 수레인데, 여기서는 인현왕후의 상여를 말한다.

146 청필(淸蹕) : 제왕의 행차에 사람의 통행을 금하고 길을 치우는 것으로, 여기서는 평소 행차할 때의 모습을 말한다.

147 초액(椒掖) : 왕후가 거처하는 궁전을 말한다. 산초(山椒)는 열매가 많이 달리므로 자손의 번성을 기원하는 의미에서 왕비의 궁전을 지을 때 산초 열매를 섞어 벽을 발랐던 데서 기인하였다. 혹은 궁전의 한기(寒氣)를 막고 향을 풍기기 위해 바른 것이라는 설도 있다.

같다.

우러러 옛 다스림을 살펴보건대	仰觀古治
반드시 어진 왕후의 도움 있었으니	必資賢壼
수신제가로 다스림을 이루어	修齊以成
복록을 장구하게 향유하였네	福祚以遠
아, 빛나는 성세의 조정에	於爀熙朝
금중(禁中)이 가장 엄정하였으니	閨闥最正
임사[148]가 대대로 이어져	任姒代繼
임금의 덕에 짝하여 천명을 공고히 하였네	儷德凝命
하늘이 태평의 운세를 돌보아	天眷休運
내조할 분을 내려주시니	聿畀內贊
여흥의 집안이 복을 길러	驪興毓祉
성녀가 탄생하셨네	聖女載誕
꿈속의 달[149]에서 상서가 나타나고	夢月祥著
무너진 사록(沙鹿)[150]에서 경사가 징험되니	崩沙慶驗

148 임사(任姒) : 문왕(文王)의 어머니 태임(太任)과 문왕의 아내 태사(太姒)로, 훌륭한 부덕(婦德)을 지닌 사람들이다.

149 꿈속의 달 : 인현왕후의 어머니 은성부부인(恩城府夫人)이 인현왕후를 임신했을 때 해와 달이 두 어깨에서 떠오르는 꿈을 꾸었다고 한다.《肅宗實錄 27年 11月 23日》

150 무너진 사록(沙鹿) : 사록은 춘추 시대 진(晉)나라에 있던 토산(土山)의 이름이다. 노 희공(魯僖公) 14년에 이 토산이 무너지자, 사관이 점을 치고서 "후세에 성녀(聖女)가 이 땅에서 날 것이다."라고 하였는데, 과연 한 원제(漢元帝)의 왕후가 여기에서 태어났다.《漢書 卷98 元后傳》

내가와 외가가 법도 있는 가문이라[151]	內外法家
행동거지에 집안의 가르침 배였네	動有擩染
아름다운 자질로 일찍부터 총명하여	懿質夙睿
법도의 가르침을 준수하니	循蹈典訓
온유하고 유순하여	柔嘉婉順
참으로 정숙하다 알려졌네	允矣淑聞
납폐의 예로 그 길함을 정하여[152]	文定厥祥
우리 성상의 배필이 되시니	配我宸極
종과 북으로 즐거움 흡족하고[153]	樂洽鍾鼓
아침저녁으로 예가 경건하였네	禮虔晨夕
공경히 양전[154]을 섬겨	祗事兩殿
즐거운 기색[155]으로 모시니	愉色承歡
양전의 사랑을 깊이 얻어	深荷眷愛
효성과 공경을 더욱 다하였네	孝敬彌殫

151 내가와……가문이라 : 인현왕후의 부친은 여양부원군(驪陽府院君) 민유중(閔維重)이고, 어머니는 송준길(宋浚吉)의 딸이다.

152 납폐(納幣)의……정하여 : 왕이 왕비를 맞이하는 예를 말한다. 《시경》 〈대명(大明)〉에서 주(周)나라 문왕이 위수(渭水)에서 태사(太姒)를 맞이하는 것을 읊어 "예로 그 길함을 정하고 위수에서 친히 맞이하였다.〔文定厥祥, 親迎于渭.〕"라고 하였다.

153 종과……흡족하고 : 부부간에 금슬이 좋았다는 말이다. 《시경》 〈관저(關雎)〉에 "요조숙녀를 종과 북으로 즐겁게 하도다.〔窈窕淑女, 鍾鼓樂之.〕"라고 한데서 온 말이다.

154 양전(兩殿) : 대비 명성왕후(明聖王后)와 대왕대비 장렬왕후(莊烈王后)이다.

155 즐거운 기색 : 《예기》 〈제의(祭義)〉에 "부모를 깊이 사랑하는 효자는 반드시 온화한 기운이 있고, 온화한 기운이 있는 자는 반드시 즐거운 기색이 있고 즐거운 기색이 있는 자는 반드시 부드러운 태도가 있다."라고 하였다.

일마다 은밀하게 도움이	隨事密裨
옛 현능한 보좌보다 뛰어났으니	邁古良佐
임금의 덕을 더욱 빛내고	益光乾德
아름다운 교화를 두루 미쳤네	旁達美化
시를 채집하여 살피고[156] 여사(女史)에게 자문하며	陳詩顧史
《여칙》을 널리 보았으니	博觀女則
온화한 기운으로 정도를 행하여	含和履正
패옥 소리 고요하고 정숙하였네	珩珮靚穆
굉연[157]의 가르침이 이루어지고	紘綖敎成
규목[158]의 은혜가 널리 미치니	樛木恩覃

156 시를 채집하여 살피고 : 민간의 시와 노래를 채집하여 그 풍속과 정치의 득실(得失)을 살피는 것이다. 《예기》 〈왕제(王制)〉에, 천자가 제후국을 순수(巡狩)할 적에 "태사에게 민간의 시가를 채집해 올리도록 하여 백성의 풍속을 살핀다.〔命太師陳詩, 以觀民風.〕"라고 하였다.

157 굉연(紘綖) : 면류관을 장식하는 갓끈과 싸개로, 신분이 귀한 부녀자가 근검의 미덕을 갖춘 고사로 쓰인다. 노(魯)나라 공보 문백(公父文伯)이 퇴근하여 어머니를 뵈니 그 어머니 경강(敬姜)이 열심히 방적(紡績)을 하고 있었다. 문백이 "우리 집 주모(主母)께서도 길쌈을 하신단 말입니까?" 하니, 그 어머니가 탄식하며 "노나라가 망하겠구나. 식견이 부족한 어린애에게 관직을 맡겼으니. 옛날에 왕후도 몸소 현담(玄紞)을 짰고 공후(公侯)의 부인은 굉연(紘綖)을 더 만들고 경(卿)의 내자(內子)는 대대(大帶)를 만들고 대부의 명부(命婦)는 제복(祭服)을 완성하고 열사(列士)의 처(妻)는 조복(朝服)을 더 만들고 서사(庶士) 이하가 각각 그 남편의 옷을 지어 입혔다."라고 하였다. 《國語 魯語》

158 규목(樛木) : 가지가 아래로 늘어진 나무를 말하는데, 왕후가 투기하지 않고 후궁들에게 은혜를 베푸는 것을 비유한다. 《시경》 〈규목(樛木)〉에 "남쪽에 규목이 있어 칡덩굴이 의지하고 얽혀 있네.〔南有樛木, 葛藟纍之.〕"라고 한 데서 온 말이다. 이 시는

육궁[159]에 칭송이 드높고 頌騰六宮
이남[160]에 노래가 퍼졌네 詠播二南
몸소 검소하게 생활하고 躬秉儉素
뜻이 겸양에 있었으니 志在沖抑
화려한 장식을 물리치고 屛斥華飾
사사로운 은택을 끊으셨네 杜絶私澤
중도에 어려움을 만났으나 中遘艱屯
옥 같은 풍도에 흠이 없었으니 玉度無缺
근신하고 낮추는 자세로 謹畏貶損
육년을 하루처럼 지내셨네 六年一日
지극한 덕이 더욱 빛나 至德愈彰
보명[161]이 마침내 거듭되고 寶命遂申
육괴[162]가 다시 높아지니 六騩重尊

후비(后妃)의 훌륭한 덕을 읊은 것으로, 규목은 문왕(文王)의 후비를 가리키고, 칡덩굴은 후궁들을 가리킨다.

159 육궁(六宮) : 고대 황후의 침궁(寢宮)으로, 내명부(內命婦)를 가리킨다. 《주례》에 "황후는 정침(正寢)이 하나, 연침(燕寢)이 다섯으로 모두 여섯 개의 궁인데, 부인 이하가 연침에 나뉘어 거처한다."라고 하였다.

160 이남(二南) : 《시경》의 〈주남(周南)〉과 〈소남(召南)〉으로, 여기에 채록된 시는 문왕과 후비의 덕화(德化)를 읊은 것이다.

161 보명(寶命) : 하늘이 내린 보배로운 명으로, 중전의 자리를 말한다. 《서경》〈금등(金縢)〉에 "하늘이 내린 보배로운 명을 실추하지 말아야 우리 선왕들도 또한 길이 의지하여 돌아갈 곳이 있을 것입니다.〔無墜天之降寶命, 我先王亦永有依歸.〕"라고 한 데서 온 말이다.

162 육괴(六騩) : 여섯 필의 괴마(騩馬)로, 왕후의 수레를 가리킨다. 《진서(晉書)》

그 경사가 귀신과 사람에게 흡족하였네　　慶洽神人
세자를 보듬어 길러　　撫育元良
은혜가 명덕황후[163]보다 더했으니　　恩踰明德
궁궐 안의 자애과 효성이　　宮庭慈孝
성대하게 깊고 돈독하였네　　藹然深篤
중위[164]가 엄숙하고 화락하니　　中闈肅雍
통서가 모두 정돈되었고　　統序咸整
비로소 종묘에 알현하니　　廟見始行
그 예가 성대하였네　　禮斯爲盛
한창 젊은 연세에　　芳齡政茂
갑자기 병환에 걸리시니　　美疢遽纏
유편[165]도 재주가 다하여　　兪扁技窮
일 년 넘게 병석에 누웠네　　閱朞沈緜
풍상씨(馮相氏)[166]가 재앙을 고하고　　馮相告祲
헌원성(軒轅星)[167]의 광채가 정기를 잃더니　　軒曜淪精

권19 〈예지 상(禮志上)〉에 "황후는 운모(雲母)를 유화(油畫)한 안거(安車)에 타고 여섯 필의 괴마가 끌었다." 하였다.

163 명덕황후 : 후한(後漢) 명제(明帝)의 후비인 명덕마황후(明德馬皇后)이다. 아들을 두지 못하여 뒷날의 장제(章帝)를 정성을 다해 길러 후에 태후에 봉해졌다. 《後漢書 卷10 明德馬皇后紀》

164 중위(中闈) : 왕후가 거처하는 내궁(內宮)을 말한다.

165 유편(兪扁) : 황제(黃帝) 때의 명의(名醫)인 유부(兪跗)와 주(周)나라 때의 명의인 편작(扁鵲)이다.

166 풍상씨(馮相氏) : 주(周)나라 때의 관직으로, 천문에 관한 일을 담당하였다.

167 헌원성(軒轅星) : 여주(女主)를 상징하는 별자리이다.

지유[168]가 흔들려 끊어지고　地維震騫

표어[169]가 아득히 가버렸네　飆馭渺冥

슬픔이 궁벽한 골짜기까지 미치고　慟遍窮谷

애통함이 높은 하늘에 사무치니　哀徹高穹

온 세상은 자모의 보살핌을 잃었고　緜區失於慈覆

큰 덕화는 그 음공[170]이 없어졌네　大化缺其陰功

아, 슬프도다　嗚呼哀哉

어진 이의 장수를 징험할 수 없고　仁壽無徵

신명의 도움이 끝까지 돌보지 않았네　神祐罔終

어찌 조금 더 수명을 늘려　胡不少延

왕도를 돕게 하지 않았는가　叶相王道

향기로운 전궁은 새벽달 속에 비어있고　蘭宮虛以曉月

누에치던 방은 가을 풀숲에 적막하네　繭館闃其秋草

위유[171]가 거둬지고 수의가 입혀지며　褘褕輟而靈衣

보좌가 바뀌어 세악[172]이 둘러졌네　寶座改而繐幄

낙엽 진 동산 나무엔 서리가 차갑고　苑樹摵摵而霜冷

어두한 전각 주렴엔 바람만 쓸쓸한데　殿簾曖曖而風肅

은하에 오르려니 길이 멀기만 하고　躡銀渚兮路超忽

168 지유(地維) : 대지(大地)의 사방 귀퉁이를 무너지지 않도록 잡아매고 있다는 밧줄이다.

169 표어(飆馭) : 바람을 타고 하늘을 나는 신(神)이 타는 수레이다.

170 음공(陰功) : 뒤에서 돕는 숨은 공이란 의미로, 왕비의 내조를 가리킨다.

171 위유(褘褕) : 왕후의 예복이다.

172 세악(繐幄) : 가늘고 성긴 베로, 만든 영위(靈位) 앞에 치는 휘장이다.

하늘의 옥 계단 찾으려니 구름 아득하네　訪瑤墀兮雲杳邈

아, 슬프도다　嗚呼哀哉

좋은 묏자리 정해지고　吉岡旣卜

장의(葬儀)가 진열되니　廞儀式陳

난새 깃발 바람에 펄럭이고　鸞旐旖旎

신위[173]가 삐걱이네　蜃衛殷轔

깊숙하고 엄숙한 궁궐을 떠나　違丹禁之邃嚴

깊고 어두운 무덤으로 향하니　指玄堂之幽昧

백관은 애도하며 빗줄기 같은 눈물 흘리고　百僚攀慕而雨泣

성상께선 애통해하며 소재[174]에 임하셨네　千乘哀臨乎宵載

아, 슬프도다　嗚呼哀哉

앵봉 기슭에　鶯峰之麓

봉황이 날아오르고 용이 뛰어오르네　鳳騫龍騰

신이 만년토록 보호할 곳이니　神護萬年

세 능침이 나란히 이어졌네　地聯三陵

상설을 우러르니 임하신 듯　瞻象設兮若臨

엄숙한 영각이 이에 빛나네　儼靈閣兮斯煌

승하하신 지 날로 멀어져도　仰眞遊兮日以遠

지극하신 그 은택 잊을 수 없네　耿至澤兮不可忘

173 신위(蜃衛) : 신거(蜃車), 즉 영구(靈柩)를 실은 수레이다. 네 바퀴가 땅에 납작하여 조개 형상같이 되었기 때문에 신거라고 한다. 《周禮 地官 遂師》

174 소재(宵載) : 종묘에 영결을 고하기 위해 한밤중에 영구를 수레에 싣는 것을 말한다.

아, 슬프도다 嗚呼哀哉

조화의 기틀 변화하니 化機推歘

수명의 장단을 누가 주관하는가 脩短孰尸

뭇 생물은 모두 죽은 법이나 衆生同盡

훌륭한 그 명성 끝이 없으리라 令名無涯

도신[175]의 밝은 법도 塗莘喆軌

동사[176]에 그 명성 전해지리라 彤史流聲

제계[177]와 주이[178]의 경계 齊雞周珥

그 아름다움을 거의 이어받았네 庶紹其馨

인현이라는 시호로 지극히 높이고 찬미하니 極崇美於仁顯

전철을 뛰어넘어 밝게 빛나네 超往則而輝炳

아름다운 돌에 새겨 공적을 기록하니 紀貞珉而載烈

천지 사이에 길이 전하리라 際高厚而垂永

아, 슬프도다 嗚呼哀哉

175 도신(塗莘) : 하(夏)나라 우(禹)임금의 비(妃)인 도산씨(塗山氏)와 은(殷)나라 탕(湯)임금의 비인 유신씨(有莘氏)으로, 인현왕후를 비유하였다.

176 동사(彤史) : 114쪽 주142 참조.

177 제계(齊雞) : 제(齊)나라 애공(哀公)이 여색에 빠져 정사에 태만하자, 어진 후비가 정사에 부지런히 힘쓰도록 경계한 시로, 《시경》〈계명(鷄鳴)에 "닭이 이미 울었으니 조정에 신하가 가득합니다.〔雞旣鳴矣, 朝旣盈矣.〕"라고 하였다.

178 주이(周珥) : 주(周)나라 선왕(宣王)이 일찍 자고 늦게 일어나자, 강후(姜后)가 비녀와 귀걸이를 벗고서 대죄하면서 왕에게 말을 전하기를 "첩이 못난 탓에 첩의 음심(淫心)이 나타나 군왕으로 하여금 예모를 잃고 늦게 조회하게 함으로써, 군왕이 여색을 좋아하고 덕을 잊고 있음을 드러낸 꼴이 되었습니다."라고 자책하였다. 이로 인해 선왕이 각성하고 정사에 힘써 중흥주(中興主)라는 이름을 얻게 되었다. 《列女傳 周宣姜后》

장릉[179] 정자각 상량문 기묘년(1699, 숙종25)

莊陵丁字閣上梁文 己卯

감추어진 빛을 드러내어 왕의 법도가 마침내 갖추어지고, 그윽한 능침을 높이 꾸며 침각(寢閣)이 비로소 지어지니, 성인(聖人)을 장사 지낸 아득한 옛 무덤에 영령을 봉안하는 새로운 제도가 빛나네. 온화하고 순수한 우리 단묘(端廟 단종(端宗))께서 실로 아름답고 밝으신 현릉(顯陵 문종(文宗))을 이으셨네. 의친(懿親 세조(世祖))의 보우한 공에 힘입어 왕업이 더욱 공고해졌고, 상고 시대 선양(禪讓)의 미덕을 본받아 겸광(謙光)[180]이 미더워졌네. 상궁(上宮)에서 높은 칭호를 극진히 누리다가[181] 갑자기 동쪽 고을로 멀리 순수(巡狩)하셨네.[182] 선어(仙馭)[183]가 아득히 떠나 월유(月游)[184]에서 옥의(玉衣)를 볼 수 없었고,

179 장릉 : 강원도 영월에 있는 단종(端宗)의 능침이다.

180 겸광(謙光) : 자신을 낮춤으로써 그 지위와 덕이 더욱 높아지고 빛남을 말한다. 《주역》 겸괘(謙卦) 단사(彖辭)에 '겸양할수록 더욱 빛난다.〔謙尊而光〕'라고 한 데서 온 말이다.

181 상궁(上宮)에서……누리다가 : 단종이 수양대군에게 선위하고 상왕(上王)으로 물러난 일을 말한다.

182 동쪽……순수(巡狩)하셨네 : 단종이 노산군(魯山君)으로 강봉(降封)되어 강원도 영월에 유배된 일을 말한다.

183 선어(仙馭) : 신선이 타는 학으로, 사람이 죽으면 학을 타고 간다고 해서 죽음을 의미한다.

184 월유(月游) : 매월 선대 제왕의 의관을 꺼내어 바람을 쐬는 것을 말한다. 한 달에 한 번씩 한 고조(漢高祖)의 능침에 보관된 한 고조의 의관을 꺼내어 법가에 싣고 바람을

신도(神道)가 적막하여 능침에 오랫동안 상설(象設)이 없었네. 월산(越山)은 시름겹듯 푸르고 망제(望帝)의 원통한 새 슬피 울고,[185] 금수(錦水)는 오열하며 흐르고 왕손(王孫)의 꽃다운 풀 무성하네.[186] 누차 능침을 보수하고 경건하게 제사 지냈으나, 존호를 회복하고 이름을 높이는 일이 거행되지 못했네. 아름다운 덕이 인멸되니 영령이 오랫동안 답답하였고, 빠트렸던 전례가 거행되니 천도(天道)는 반드시 펴지는 법이로다. 이에 마침내 신주를 종묘에 올리고 속히 능침을 존숭하였네. 능침이 시원하게 트이니 묘역이 더욱 넓어지고, 빛나는 영전(靈殿)을 세우니 염폐(簾陛)[187]가 엄숙하도다. 만백성이 모두 기뻐하고 반수(般倕)[188]가 일하러 달려오니, 장대하고 화려하게 일신되어 산천이 모습을 바꾸었네. 처음에는 구의산(九疑山)[189]의 외로운 무덤처

쐬며 원묘(原廟)에 나아간 데서 비롯된 일이다.

185 망제(望帝)의……울고 : 망제는 전국 시대 말엽의 촉(蜀)나라 왕 두우(杜宇)로, 억울하게 왕위를 선양한 뒤에 서산(西山)에 들어가 은거하다가 죽었는데, 그의 원통한 넋이 두견새가 되어 돌아와 봄이면 밤낮으로 애절하게 피를 토하며 운다는 전설이 있다. 《華陽國志 卷3 蜀志》

186 왕손(王孫)의……무성하네 : 한(漢)나라 회남소산(淮南小山)의 〈초은사(招隱士)〉에 "왕손이 떠나가 돌아오지 않음이여, 봄풀은 자라서 무성하도다.〔王孫遊兮不歸, 春草生兮萋萋.〕"라는 구절에서 온 말이다. '춘초(春草)', '방초(芳草)' 등은 떠난 사람에 대한 그리움을 상징한다. 《楚辭 卷12 招隱士》

187 염폐(簾陛) : 염폐(廉陛)로, 정자각 앞의 섬돌이다. 염(廉)은 모서리〔側隅〕를 뜻한다.

188 반수(般倕) : 춘추시대 말기에서 전국시대 초기에 살았던 공수반(公輸般)과 순(舜) 임금의 신하였던 수(倕)를 함께 일컫는 말로, 모두 뛰어난 장인이다.

189 구의산(九疑山) : 순(舜)임금을 장사지낸 곳이다. 《사기》 〈오제본기(五帝本紀)〉에 "순 임금이 제위에 오른 지 39년 되던 해에 천하를 순수하다가 창오(蒼梧)의

럼 도성과 떨어져 아득하였는데, 지금 보니 온갖 신령이 와서 조회하고 아름다운 기운이 성대하도다. 이에 긴 들보를 올리고 삼가 좋은 노래를 부르노라.

들보 동쪽에 떡을 던지세	抛梁東
흰 구름 아득하고 영주 봉래와 가깝네	白雲渺渺近瀛蓬
정호의 궁검은 비록 아득하지만[190]	鼎湖弓劍雖綿邈
애도하는 유민은 아직도 슬퍼하네	攀慕遺民尙有恫

들보 서쪽에 떡을 던지세	抛梁西
아득한 도성에는 오색구름 낮게 드리웠네	鳳城迢遞五雲低
현릉[191]의 송백이 첩첩 산에 막혔으나	顯陵松柏千山隔
정령이 노니는 길과 비슷하여 헤매지 않으리라	髣髴神游路不迷

들보 남쪽에 떡을 던지세	抛梁南

들판에서 붕어하니, 강 남쪽의 구의산에 장례지냈다."라고 하였다.

190 정호(鼎湖)의……아득하지만 : 단종이 죽은 뒤로 오랜 세월이 흘렀다는 말이다. 정호의 궁검은 임금의 죽음을 뜻한다. 정호는 하남성(河南省) 형산(荊山) 아래에 있는 지명으로, 황제(黃帝)가 수산(首山)에서 동(銅)을 캐어 형산(荊山)에서 솥〔鼎〕을 만들었다. 솥 만드는 일이 끝나자 용이 하늘에서 내려와 황제를 맞이하였다. 이때 70여 명의 신하와 후궁이 황제를 따라 오르고, 남은 백성도 황제와 함께 하늘에 오르려고 용의 수염을 잡은 순간, 용의 수염이 뽑히면서 황제가 가지고 있던 궁검이 함께 떨어졌다는 고사에서 유래한다. 《史記 卷28 封禪書》

191 현릉(顯陵) : 단종의 부모인 문종(文宗)과 현덕왕후(顯德王后)의 무덤으로, 구리시 인창동에 있다.

태화산 산빛이 하늘 높이 솟았네 大華山色與天參
갈래 나뉘어 멀리 구불구불한 산세를 이루었으니 分支遠作逶迤勢
봉황이 날아오르고 용이 뛰어오르는 기상 머금었네 鳳翥龍騰氣象含

들보 북쪽에 떡을 던지세 抛梁北
구름과 노을 어우러져 금속[192]을 보호하네 雲霞映蔚護金粟
신정[193]이 완연히 지존의 존엄함을 갖추니 神庭宛是面南尊
둘러싼 뭇 산이 북극성 향하는 별과 같네[194] 環擁群山如拱極

들보 위에 떡을 던지세 抛梁上
하늘에서 오르내리는 밝은 영령 우러르네 陟降在天昭可仰
널리 퍼진 성덕이 이백 년간 징험되었으니 肹蠁猶徵二百年
아, 그 명성과 은택 잊을 수 없도다 於戲聲澤不能忘

들보 아래에 떡을 던지세 抛梁下
육신의 사당[195]이 곁에 있네 傍臨俎豆六臣者

192 금속(金粟) : 당 현종(唐玄宗)의 태릉(泰陵)이 위치한 산 이름으로, 왕릉을 말한다. 《大唐新語 厘革》

193 신정(神庭) : 제왕의 혼령에게 제사 지내는 곳을 말한다.

194 북극성……같네 : 원문의 공극(拱極)은 공신(拱辰)으로, 《논어》 〈위정(爲政)〉에 "정치를 하는데 덕으로 하는 것은, 비유하면 북극성이 제자리에 있는데 뭇별들이 그를 향해 도는 것과 같다.〔爲政以德, 譬如北辰居其所, 而衆星拱之.〕"라고 한 데서 온 말이다.

195 육신의 사당 : 사육신의 위패를 봉안하기 위해 1685년에 장릉 곁에 세운 육신사

천추의 만남이 이미 밝게 통하였으니	千秋際會旣昭融
밝은 영혼이 어렴풋이 취가[196]를 모시는 듯하네	英爽依俙陪翠駕

삼가 바라건대, 상량한 뒤에 좋은 언덕이 더욱 견고하고 선침(仙寢)이 길이 편안하기를. 봄가을로 제향을 올림에 의당 마땅하고 의당 흠향하시기를. 해와 달이 빗장과 창문처럼 부지하여[197] 무너지지 않고 이지러지지 않기를. 밝은 감응이 응당 그윽한 무덤까지 통하고, 신명의 돌보심이 나라의 복을 더욱 돕기를.

(六臣祠)이다. 육신사는 이후 1705년에 왕릉 곁에 신하의 사당을 둘 수 없다는 논란으로 인하여 창절사(彰節祠) 개칭되어 옮겨졌다.

196 취가(翠駕) : 취룡가(翠龍駕)로, 임금이 타는 수레를 말한다. 취룡은 전설 속에 나오는 명마의 이름으로, 목천자(穆天子)가 타던 말이라고 한다. 두보(杜甫)의 〈우(雨)〉 시에 "아득 멀리 취룡이 모는 수레가 대부분 다 무산의 대에서 오네.〔冥冥翠龍駕, 多自巫山臺.〕" 하였다.

197 해와……부지하여 : 유령(劉伶)의 〈주덕송(酒德頌)〉에 "해와 달을 빗장과 창문으로 삼는다.〔日月爲扃牖〕"는 구절을 원용하였다.

영릉[198] 정자각 중건 상량문 계미년(1703, 숙종29)

寧陵丁字閣重建上梁文 癸未

선침(仙寢)이 길이 고요하니 하늘에서 오르내리는 영령을 우러르고, 영전(靈殿)이 거듭 새로워지니 머지않아 장대하고 화려한 모습을 보겠도다. 아, 성덕을 지니신 우리 성왕의 능침이여! 황홀하게 신도(神路)가 더욱 고요하고 맑도다. 삼가 생각건대, 효종대왕께서는 행실이 백왕(百王)의 으뜸이고, 자품이 전대의 성왕(聖王)보다 높으셨네. 넓고 크신 규모로 하늘처럼 덮어주고 바다처럼 포용하였고,[199] 시행하는 정사와 계획이 바람이 몰아치고 벼락 치듯이 맹렬하셨네.[200] 재위하신 십 년 동안 산림에서 여러 철인(哲人)을 널리 초치하였고, 백 대에 떳떳이 내세울 말이 있으니 대의(大義)[201]가 해와 달처럼 높이 걸렸네. 좌해(左海)[202]가 한창 풍동(風動)[203]하였는데 중도에 승하하여 하늘이

198 영릉(寧陵) : 효종(孝宗)과 인선왕후(仁宣王后)의 능이다.

199 하늘처럼……포용하였고 : 넓고 큰 임금의 덕을 표현하는 말이다. 송(宋)나라 진관(秦觀)의 《대기주수사상표(代蘄州守謝上表)》에 "큰 덕이 바다처럼 모든 물줄기를 받아들이고 지극한 인이 하늘처럼 덮어준다.〔大德海函, 至仁天覆.〕"고 하였다.

200 바람이……맹렬하셨네 : 명령을 엄중히 시행하거나 일을 매우 용맹스럽게 하는 것을 뜻한다. 한유(韓愈)는 〈조주자사사상표(潮洲刺史謝上表)〉에서 당나라 헌종(憲宗)의 무공(武功)을 찬양하여, "중요한 문제를 처리하시니 벼락이 치고 바람이 몰아치는 듯도 하고 해와 달이 맑게 비추는 듯도 하였습니다.〔關機闔開, 雷厲風飛, 日月淸照.〕"라고 하였다.

201 대의(大義) : 존주양이(尊周攘夷)의 대의이다.

202 좌해(左海) : 해동(海東)과 같은 말로 우리나라를 말한다. 중국에서 보면 우리나

무너졌도다. 과수(渦水)에서 옮겨 봉안하니[204] 황려(黃驪)[205]가 군왕을 장사지낼 곳이라는 예언에 부합하였고, 교릉(橋陵)이 산기슭에 나란하니 금속(金粟)이 선왕의 무덤과 가까웠던 규모와 같았네.[206] 능침에서 높이 떠받들어 제사하니 추모의 슬픔이 아직도 온 누리를 에워싸네. 높고 깊숙한 신각(神閣)에는 매달 출유(出遊) 의식[207] 성대하고, 고요하고 깊숙한 보유(黼帷)에는 시물(時物) 올리는 예가 엄숙하였네. 매번 때마다 부지런히 보수하여 건물은 비록 온전하지만, 오직 들보와 서까래가 손상되어 기울어질까 염려스러웠네. 이에 선왕을 받드는 성상의 염려가 척연하여 속히 길일에 일을 힘쓰도록 명하셨네.

라가 바다의 왼쪽인 동쪽에 있다 하여 이렇게 칭한 것이다.

203 풍동(風動) : 초목이 바람에 쓰러지듯이 민심이 쏠려 좇는 것을 말한다. 《서경》 〈대우모(大禹謨)〉에 순(舜)임금이 우(禹)에게 "나로 하여금 바라는 대로 다스릴 수 있게 하여, 온 천하가 바람에 움직이듯 교화가 퍼지니, 이는 바로 너의 아름다운 공이다.〔俾予從欲以治, 四方風動, 惟乃之休.〕"라고 한 데서 온 말이다.

204 과수(渦水)에서 옮겨 봉안하니 : 과수는 난수(灤水)로, 중국 회하(淮河)의 지류이다. 주 문왕(周文王)의 아버지 왕계(王季)를 과수의 끝에 장사지냈는데 난수(灤水)에 의해 그 무덤이 깎여나가 관이 드러난 고사에서 유래하여 좋지 못한 장지(葬地)를 뜻한다. 효종의 무덤은 처음에는 양주(楊州) 건원릉(健元陵) 경내에 있었으나 석물에 틈이 생겨 더 이상 보수할 수 없게 되자 조성한 지 15년이 지난 1673년에 세종의 영릉(英陵)이 있는 여주(驪州) 홍제동(弘濟洞)으로 이장하였다.

205 황려(黃驪) : 여주(驪州)의 이칭이다.

206 교릉(喬陵)이……같았네 : 교릉은 교릉(橋陵)으로, 당 현종의 아버지 예종(睿宗)의 능이고, 금속(金粟)은 당 현종(唐玄宗)의 태릉(泰陵)이 위치한 산이다. 당 현종이 교릉을 배알하고 금속산에 이르러 용이 서리고 봉황이 나는 듯한 산세를 보고서 자기의 장지(葬地)로 택했다고 한다. 《大唐新語 厘革》 세종의 영릉(英陵)이 효종이 영릉과 같은 묘역에 있음을 말한 것이다.

207 매달 출유(出遊) 의식 : 124쪽 주184 월유(月遊) 참조.

유사(有司)가 공정을 계산하여 모두 옛 제도 그대로 따랐고, 장인이 재능을 다 바쳐 화려한 경관을 더욱 넓혔네. 염폐(簾陛)[208]가 더욱 엄숙하니 진유(眞游)[209]를 바라봄에 옆에 계신 듯하고, 단청이 거듭 빛나니 의장이 엄숙하여 이에 새로워졌도다. 문왕(文王)과 태사(太姒)는 탁자를 함께하여[210] 더불어 높고, 신손(神孫)[211]은 서리를 밟고서 더욱 사모하도다.[212] 울창한 송백(松柏)이 색채를 더하니 아름다운 기운과 상서로운 구름이요, 둘러싸서 보호하는 산천이 광채를 더하니 뛰어오르는 용과 날아오르는 봉황 같네. 이에 감히 좋은 노래를 불러 긴 들보를 올리는 일을 돕도다.

어영차 들보 동쪽에 떡을 던지세	兒郎偉抛梁東
늘 찬란히 빛나는 상서로운 해를 바라보네	每覩暉暉瑞日紅
큰 빛이 사방을 비추던 때를 회상하니	追想大明光四表

208 염폐(簾陛) : 125쪽 주187 참조.

209 진유(眞游) : 참된 세계로 돌아가 노닌다는 말로, 죽음을 뜻한다.

210 문왕(文王)과……함께하여 : 부부 두 사람을 한 몸으로 여겨 한 사람인 것처럼 제사 지내는 것을 말한다. 문왕과 태사는 효종과 인선왕후를 비유한 것이다. 《예기》 〈제통(祭統)〉에 "제사 지낼 장소에 자리를 깔고 탁자 하나를 공동으로 설치한다.〔鋪筵設同几〕"라고 하였는데, 소(疏)에 "사람이 살아 있을 때에는 형체가 다르기 때문에 부부의 탁자를 따로 설치하지만, 죽으면 혼기가 함께 이곳으로 돌아가기 때문에 부부의 탁자를 공동으로 설치한다."라고 하였다.

211 신손(神孫) : 효종의 손자인 숙종(肅宗)을 가리킨다.

212 서리를……사모하도다 : 계절이 바뀜에 따라 감회가 일어 돌아가신 부모를 생각하는 것이다. 《예기》 〈제의(祭義)〉에 "가을에 서리와 이슬이 내릴 때 군자가 그것을 밟으면 반드시 슬픈 마음이 생긴다.〔霜露旣降, 君子履之, 必有悽愴之心.〕"라고 하였다.

빛나는 업적이 하늘까지 이른 듯하네 煌煌業似到天中

들보 서쪽에 떡을 던지세 抛梁西
아득한 도성엔 오색구름 낮게 드리웠네 迢迢京闕五雲低
파산[213]은 어둑하고 선릉은 머나멀지만 坡山晻靄先陵遠
취가[214]는 바람 타고서 헤매지 않으리라 翠駕乘風路不迷

들보 남쪽에 떡을 던지세 抛梁南
전각 밖에는 훈풍 불고 고운 경치 머금었네 閣外薰風麗景含
당시에 백성의 노여움 풀어줌이 순전과 같았으니[215] 解慍當時同舜殿
지금도 그 어진 은택에 온 나라가 흠뻑 젖었네 至今仁澤大東涵

들보 북쪽에 떡을 던지세 抛梁北
큰 강이 띠처럼 도성을 둘러쌌네 大江如帶環京國
정녕 성주가 주(周)나라 높이던 마음[216]처럼 政如聖主尊周心

213 파산(坡山) : 파주(坡州)로, 효종의 부모인 인조(仁祖)와 인열왕후(仁烈王后)의 무덤이 있는 곳이다.

214 취가(翠駕) : 128쪽 주196 참조.

215 전각……같았으니 : 훈풍(薰風)은 초여름에 부는 따뜻한 바람으로, 성군의 교화를 뜻한다. 순(舜)임금이 불렀다는 〈남풍가(南風歌)〉에 "남풍이 훈훈함이여, 우리 백성의 노여움을 풀겠구나.〔南風之薰兮, 可以解吾民之慍兮.〕"라고 하였다. 《孔子家語 辯樂解》

216 성주가……마음 : 효종이 존주양이(尊周攘夷)의 대의(大義)로 북벌 계획을 추진했던 것을 말한다.

밤낮으로 바다를 향해[217] 구비구비 흘러가네　日夜朝宗度百曲

들보 위에 떡을 던지세　抛梁上
운향[218]이 까마득히 천상[219]과 잇닿았네　雲鄕渺渺連天象
용의 수염 아득하여 이미 잡을 수 없으니[220]　龍胡邈矣已難攀
하늘에 있는 선어[221]를 그저 우러를 밖에　仙馭空中但可仰

들보 아래에 떡을 던지세　抛梁下
패옥 찬 성관[222]이 날마다 물 뿌리고 청소하네　玉珮星官日掃灑
온갖 신령이 와서 호위하며 넓은 뜰에서 조회하고　來衛百靈朝曠庭
상서로운 영지가 기둥에 돋아 큰 복을 징험하리라　瑞芝産柱徵純嘏

삼가 바라건대 상량한 뒤에 보어(寶御)가 항상 편안하고 명궁(明宮)

217 바다를 향해 : 원문의 "조종(朝宗)"은 《서경》 〈우공(禹貢)〉에 "강수(江水)와 한수(漢水)가 바다로 모여든다.〔江漢朝宗于海〕"라고 한 데서 온 말로, 모든 물이 바다로 모이는 것처럼 제후들이 천자에게로 향한다는 뜻으로, 명나라에 대한 존모의 뜻을 나타낸다.

218 운향(雲鄕) : 백운향(白雲鄕)으로, 천제가 사는 하늘나라이다. 《장자》 〈천지(天地)〉에 "저 흰 구름을 타고 제향에 이른다.〔乘彼白雲, 至於帝鄕.〕"라고 한 데서 온 말이다.

219 천상(天象) : 일월성신(日月星辰)을 말한다.

220 용의……없으니 : 세상을 떠난 지 오래되었다는 말이다. 황제(黃帝)가 형산(荊山) 아래에서 솥〔鼎〕을 주조하여 완성하자 하늘에서 용이 내려와 수염을 드리우고 맞이하였는데, 신하들이 용의 수염을 부여잡고 매달리니 수염이 뽑혀 떨어지면서 황제의 활과 칼도 함께 떨어졌다. 《史記 卷28 封禪書》

221 선어(仙馭) : 133쪽 주221 참조.

222 성관(星官) : 낭관(郎官)의 미칭으로, 여기서는 침랑(寢郎)을 말한다.

이 길이 우뚝하기를. 능침이 패릉(灞陵)[223]의 제도와 같으니 산악과 더불어 무너지지 않으며, 존명(尊名)이 부릉(阜陵)의 칭호와 부합하니[224] 종묘의 제사를 누려 끊어지지 않기를. 부디 말없는 보살핌을 길이 드리워 왕업이 더욱 이어지기를.

223 패릉(灞陵) : 한 문제(漢文帝)의 능이다. 한 문제의 유언에 따라 산이 생긴 그대로 능을 삼고 다시 새로 큰 능을 짓지 않았으며 검소하게 꾸몄다. 《漢書 孝文帝紀》

224 존명(尊名)이……부합하니 : 부릉(阜陵)은 송 효종(宋孝宗)의 능으로, 묘호(廟號)가 똑같이 효종이다.

만정당집

제11권

序서 記기 識지

說설 跋발 書서後후

서序

이별의 회포와 풍토를 기록하여 종형제들에게 부치는 서문[1]

갑인년(1674, 현종15)

別懷兼紀風土寄諸從序 甲寅

내가 북쪽으로 온 지 이미 며칠이 지났네. 서울에 있는 여러 형제들이 그리워 드디어 근심스레 탄식하며 다음과 같이 말했네. "아, 여기와 서울의 거리가 어찌 수십 백 리만 되겠는가. 적막한 와중에 누가 나의 짝이 되며, 나의 답답한 심정을 누가 달래주겠는가." 곁에 있던 어떤 이가 마음을 풀어주며 말하기를,

"이곳과 서울의 거리는 6~7일을 넘지 않고, 역참으로 날마다 소식이 끊어지지 않으니, 이 지역이 어찌 아득히 먼 변방이라고 하겠습니까. 더구나 그대는 집안의 식구들이 모두 오지 않았습니까. 그러니 아침저녁으로 곁에 있을 터인데, 어찌 울적할 리가 있겠습니까. 이곳은 관령(關嶺)의 중심에 위치한 큰 도회지입니다. 남북으로 조정의 벼슬아치들과 사방으로 돌아다니는 장사치가 날마다 이곳을 거

1 이별의……서문 : 이 글은 작자가 23세 때 함경도 안변(安邊)과 덕원(德源) 등을 유람하며 쓴 글이다.

쳐 가고, 또 동북으로는 큰 바다에 접해있어 평소에 기이한 산수가 많다고 일컬어집니다. 이미 크고 화려한 경관을 충분히 구경하지 않았습니까. 그러니 어찌 적막할 리가 있겠습니까. 이것으로 그대의 짝으로 삼고 그대를 달래기 바랍니다."

라고 하였네. 아, 이 말이 참으로 그럴 듯하지만 사람의 마음을 두루 헤아렸다고 할 수는 없네.

지금 보통 사람의 마음은 익숙한 것을 견디고, 익숙하지 못한 것은 견디지 못하네. 마음으로 좋아하는 것은 따르고, 그렇지 않으면 억지로 할 수는 없네. 이 두 가지는 이 이치가 없다면 그만이지만, 그렇지 않으면 지금 내가 처한 사항이 모두 그러하니, 어찌 내 마음이 울적하고 몹시 슬프지 않겠는가.

아, 과거에 가령 내가 남쪽으로 만 리 떨어진 월(越)[2]지역으로 가고 북쪽으로 수천 리 되는 연계(燕薊)[3]지역으로 가며 이별을 경험하여 익숙했다면 지금의 수백 리 거리는 그저 지척일 뿐이니, 마음을 달래기가 어찌 제방을 쌓아 낙숫물을 막는 것[4]처럼 쉽지 않겠는가. 내가 어릴 적부터 날마다 만나 어울리던 사람은 종형제들뿐이었고, 사는 곳도 남북의 마을로 가까운 거리에 있었기에 끊임없이 왕래하며 몇십 리도

2 월(越) : 춘추 시대에 중국 남방에 있던 국가로, 보통 중국 남쪽 지역을 가리킨다.

3 연계(燕薊) : 옛 연(燕)나라 땅인 유주(幽州)의 계지(薊地), 즉 지금의 북경을 포함한 하북성(河北省) 일대를 가리킨다.

4 제방을……것 : 군자가 도를 즐겨 근심을 잊는 것을 의미한다. 한유(韓愈)의 〈성산시서(盛山詩序)〉를 좋아하는데 "황하 물을 막을 만한 큰 둑을 쌓아 낙숫물을 막듯이 하고〔築河堤以障屋霤〕", "금석 악기를 연주하여 귀뚜라미 소리를 압도하듯이 한다〔奏金石以破蟋蟀之聲〕"라는 말에서 유래하였다.

떨어져 본 적이 없네. 지금 한번 문을 나서 아득히 수백 리 떨어진 곳으로 오니, 큰 고개가 가로 막고 넓은 바다가 지역을 구분짓고 있네. 내가 그제야 천하의 땅 중에 이렇게 먼 곳이 있고, 이렇게 견딜 수 없는 이별이 있음을 비로소 알게 되었네.

이 지역이 어찌 분유[5]이겠는가마는 당(堂)에서는 모친을 모시고 실(室)에는 처자식이 있으니, 나의 집과 다름이 없네. 그러니 어찌 즐겁고 마음에 들어 북쪽 먼 변방지역이라는 사실을 잊지 않겠는가. 그러나 날마다 문을 닫고서 글만 읽을 뿐이니, 늘 적막하여 붕우와 어울리는 즐거움이 없네. 날마다 고을의 글방에 나아가 선비들의 풍속을 살펴보고 관리와 서리들을 만나 풍토를 물어보네. 선비들은 얼굴빛이 검고 봉액[6]을 입지 않았으며, 백성들은 사납고 촌스러우며, 털옷을 입고 오랑캐 말을 하네. 중은 날마다 직접 소송 문서를 작성해주고 자질구레하게 재물과 곡식을 받아먹으려 하네. 내가 그리하여 이곳 백성들이 제법 순박하여 쉽게 교화할 수 있는데, 문명이 전해지지 않아 유독 이렇게 비루하게 된 것인가 하고 몹시 안타까워하였네. 이런 점들은 나의 적막함을 즐겁게 해줄 수 없으니, 이런 상황에서 그대들을 간절히 그리워하지 않고자 한들 되겠는가.

산짐승 고기를 먹고 비린내 나는 생선을 구워먹으니, 귀한 음식에 지금은 점점 배가 부르네. 그러나 나는 평소 나물 반찬에도 마음이

5 분유(枌楡) : 고향 또는 향리를 가리키는 말로, 한(漢) 고조(高祖) 유방(劉邦)이 고향 땅인 풍(豊)에서 느릅나무 두 그루를 심어 토지의 신(神)으로 삼은 데서 온 말이다.

6 봉액(逢掖) : 옛날 선비가 입는 옆이 넓게 트이고 소매가 큰 도포(道袍)의 한 가지이다.

편안했으니, 식사 때를 놓치고 뒤늦게 먹는 음식이 고기처럼 맛있는 것만 못하네.[7] 검푸른 머리에 곱게 화장을 한 기생이 날마다 나의 마음을 빼앗으려 하지만, 나는 본래 담박함을 즐기니, 늘 엄중하게 물리쳐 기름덩어리가 사람 가까이 닿는 것처럼 여기네.[8] 이것이 나의 울적한 마음을 풀어줄 수 없으니, 비록 그대들과 마주하여 술을 마시며 먼 옛날의 일을 토론하며 해가 저물도록 진진하게 담론하던 때를 잊으려 한들 되겠는가.

때때로 고을의 누각에 올라 웅장한 읍내와 성시를 바라보고, 때때로 산에 올라 발해(渤海)와 대막(大漠)[9]을 바라보기도 하니, 우리나라 수백 리 땅이 모두 줄지어 내 눈앞에 있네. 의기양양하게 손으로 해와 달을 가리키고, 바람과 구름을 발아래 두니, 어찌 우매함을 씻어내고 흉금을 발산하여 내 평생의 큰 구경거리를 실컷 보지 않겠는가. 그러나 내가 말을 한들 누가 대답하며, 내가 시를 지은들 누가 화답하겠는가. 이 유람은 다만 황량한 사막의 메마른 볼거리에 지나지 않아 늘 쓸쓸히 돌아왔네. 이와 같으니 과연 이별에 익숙하지 못하네. 그러니 수백

7 식사……못하네 : 옛날 은사 안촉(顔斶)의 '늦게 먹어서 고기와 맞먹게 한다〔晩食當肉〕'는 말에서 온 것으로, 즉 끼니가 지난 뒤에 음식을 먹으면 시장함 때문에 아무리 거친 음식도 고기처럼 맛있게 느껴진다 하여 이른 말이다.

8 기름덩어리가……여기네 : 유여(劉輿)는 진(晉)나라 유곤(劉琨)의 형인데, 동해왕(東海王) 사마월(司馬越)이 그를 부르려 하니, 혹자가 "그는 기름 덩어리와 같아서 가까이하면 사람을 더럽힌다.〔輿猶膩也, 近則汚人.〕"라고 경계한 고사가 전한다. 《晉書 卷62 劉琨列傳 劉輿》

9 대막(大漠) : 흥안령(興安嶺) 서쪽에서 시작하여 흑룡강성(黑龍江省)·찰합이성(察哈爾省)·외몽고(外蒙古)·신강성(新疆省)의 변경에 걸쳐있는 사막을 가리킨다.

리 떨어진 이곳이 어찌 아득히 먼 변방과 다르겠는가. 집과 같지만 함께 유람하는 즐거움을 얻지 못하니, 어찌 어느 때인들 적막하지 않겠는가. 이곳의 음악은 기호에 맞지 않고 함께 유람할 사람이 없으니, 어찌 울적한 마음이 들지 않겠는가. 드디어 다시 생각하여 다음과 같이 말하네.

"비록 내가 이별에 익숙하더라도 지금의 수백 리 떨어진 바다와 고개는 먼 곳이 아니겠는가. 비록 내 성품이 함께 어울리기를 즐기지 않더라도 내가 마음으로 인해 그대들을 몹시 좋아하지 않았는가. 비록 내가 평소에 복잡하고 화려한 곳을 좋아하더라도 이곳 역시 참으로 궁벽한 곳이 아니겠는가.

아, 나는 형제가 없지만 다행히 여러 종형제들이 있고, 다행히 다들 볼만한 행실과 훌륭한 문장을 지니고 있어 모두 내 마음에 맞으니, 내가 이미 그대들을 좋아하여 형제처럼 여기네. 지금 홀로 산과 바다로 둘러싸인 변방에 있어 날마다 그대들과 어울릴 수 없고, 이곳 풍토가 질박하고 비루하여 또 나의 근심을 풀 수가 없네. 앞서 말한 두 가지는 모두 지금 내가 당면한 상황이니, 보통 사람의 마음으로 어쩔 수 없는 것을 내가 어찌 홀로 감당할 수 있겠는가. 내가 날마다 가는 곳은 도성이고, 내가 날마다 들른 곳은 가까운 경기 지역이었으니, 이처럼 먼 길을 올 줄은 알지 못했네. 한창 먼 길을 오느라 피로하여 함께 노닐던 즐거움을 생각할 겨를이 없었고, 이곳에는 선비들이나 시를 읊을 줄 아는 중이 있어 오히려 나의 적막함을 위로해 줄 것이라 생각했네. 그런데 지금은 이 몇 가지를 잃었으니, 그대들을 그리워하는 마음이 내 가슴 속을 넘나들어 그치지 않네. 이렇게 그치지 않으면 나 역시 어떻게 해야 할 줄을 모르겠네.

멧돼지와 사슴과 어울린다는 옛사람의 말[10]은 참으로 억지로 한 말이네. 참으로 억지로 한 말이네. 북쪽 지역의 풍토와 기운은 몹시 나빠 모래 바람과 폭설이 몰아치고, 산으로 둘러싸여 있고 못으로 갈라져 있네. 사방 들판은 대숲과 띠풀로 일렁여 바스락거리는 소리가 끊이지 않네. 평지와 구릉은 모두 황폐하고 초목이 적어 아득히 우북평(右北平)[11] 지역처럼 광활하네. 때때로 고개를 들어 남쪽을 바라보려 하지만 나 역시 망연자실하여 어디서부터 어디를 거쳐 홀연 여기에 오게 되었는지 모르겠으니, 정신이 그 곳으로 달려가고 이어서 흐르는 눈물이 옷을 적시지 않은 적이 없네."

드디어 다시 생각하여 다음과 같이 말하네.

"다만 나의 마음을 위로할 수 있는 것이 있으니, 내가 날이 따뜻해지기를 기다려 지팡이 짚고 동쪽으로 가서 비로봉(毗盧峯)[12] 정상에 올라 서쪽에 있는 그대들을 부를 테니, 그대들이 기꺼이 나를 따라온다면 집 가까이에서 노닐 수 있고 또 바다와 산악의 절경을 낱낱이 볼 수 있을 것이니, 모두 마음대로 경치를 묘사하여 주머니에 담아 더욱 우리의 문장을 드러낼 수 있을 것이네. 수백 리 먼 땅이라도 어찌 따지겠는가. 이로써 그대들을 기다리려 하네."

10 멧돼지……말 : 초야에 묻혀서 지내는 생활을 뜻한다. 《맹자(孟子)》 〈진심 상(盡心上)〉에 "순(舜)이 깊은 산 속에 살 적에, 나무와 돌 사이에 거처하면서 사슴이나 멧돼지와 상종하였으니, 깊은 산 속의 야인(野人)과 다를 바가 없었다."라고 하였다.

11 우북평(右北平) : 요(遼) 지역으로, 궁벽진 변방을 의미한다.

12 비로봉(毗盧峯) : 금강산의 제일봉으로 가장 높으며, 내금강과 외금강을 구분짓는 경계가 된다.

남쪽으로 떠나는 군득[13]에게 주는 짧은 서문 을묘년(1675, 숙종1)

贈君得南行小序 乙卯

옛날에 몽장씨(蒙莊氏)[14]가 마음을 좌치(坐馳)[15]라고 하였는데, 유몽득(劉夢得)이 또 조금 부연하여 말하기를 "좌치가 모든 광경을 부릴 수 있다."[16]라고 하였으니, 이는 식견이 있는 말이다. 마음은 살아있는 물건으로, 지극히 이해하고 집중하면 만 리도 눈 깜빡할 사이에 갈 수 있다.

처음에 내가 부친을 모시고 북쪽 고을에 있고[17] 도성에 있는 너와 이별했을 때는 잠을 이룰 때마다 내 마음이 도성에 있었다. 얼마 뒤에 네가 서호(西湖)에 있다는 소식을 듣고는 밥을 먹을 때마다 내 마음은

13 군득(君得) : 작자의 종제 서종로(徐宗魯, 1658~1684)를 말한다. 본관은 달성(達城)이고, 군득은 그의 자이다.

14 몽장씨(蒙莊氏) : 장자(莊子)를 말한다. 장자가 몽현(蒙縣) 사람이므로 몽장 혹은 몽수(蒙叟)라고 한다.

15 좌치(坐馳) : 《장자》 〈인간세(人間世)〉에 나오는 말로, 억지로 꼼짝 않고 앉아 있으려 노력하지만 외물로 치달리는 잡념이 그치지 않는 것을 가리킨다.

16 유몽득(劉夢得)이……있다 : 유몽득은 당(唐)나라 시인 유우석(劉禹錫)으로, 그의 자가 몽득(夢得)이다. 그는 《동씨무릉집기(董氏武陵集記)》에서 "편언(片言)으로 백 가지 뜻을 밝힐 수 있고, 만경(萬景)을 부려서 좌치(坐馳)할 수 있으니, 시에 뛰어난 사람은 이를 할 수 있다."라고 하였다.

17 내가……있고 : 1674년(숙종즉위)에 작자의 부친 서문상(徐文尙)이 안변 부사(安邊府使)로 나가 있을 때를 말한다.

서호에 있었다. 저 높고 깊은 산과 바다는 성대하게 요동치는 나의 마음을 막은 적이 없으니, 늘 너와 함께 즐겁게 노니는 듯하였다.

근래에 중부(仲父)께서 남쪽 고을의 수령으로 부임하신 지 몇 개월이 지났는데,[18] 네가 사마시에 합격하여 인사를 드리러 가게 되었다. 남쪽은 수백 리 먼 길이기에 내가 처음에는 탄식하며 눈물을 흘렸다. 얼마 뒤에 스스로 다음과 같이 해명하였다.

남쪽이 멀기는 북쪽과 같으며, 큰 산과 넓은 바다가 그 사이를 가로막고 있는 것도 저 북쪽과 같다. 또 내가 옛것을 좋아하면 마음을 노닐어 옛것을 보고, 성인을 사모하면 마음을 노닐어 성인을 만나니, 이미 내 마음을 부리는 데 익숙하다. 네가 한강을 건널 때면 내 마음은 돛배에 펄럭일 것이고, 네가 조령(鳥嶺)[19]에 오를 때면 내 마음은 수레의 끌채에 맴돌 것이다. 또 고을의 경계에 이르러 즐겁게 노닐며 시를 지을 때면 내 마음은 날마다 궤장과 술잔과 책 곁에 있어 어디를 가든 따라가서 함께 할 것이다. 이를 미루어 보면 수백 리는 물론이고, 남쪽으로 월(粤)[20]까지 가고 북쪽으로 연경(燕京)과 대산(岱山)에 이르기까지 나의 정신과 마음이 움직이는 것을 막을 수 없으리라. 이것이 어찌 장씨가 말한 좌치의 뜻에 부합하지 않겠는가. 그러니 마음이 통하는 것과 얼굴로 보는 것은 과연 차이가 있는가 없는가. 드디어 훌쩍

18 중부(仲父)께서……지났는데 : 이 때에 작자의 중부이자, 서종로의 부친인 서문중(徐文重)이 청도 군수(淸道郡守)로 부임하였다.

19 조령(鳥嶺) : 문경새재를 말한다. 경상북도 문경과 충청북도 괴산군 사이에 있는 높은 고개로서 조선 시대에 영남에서 한양을 오갈 때 지나가던 고갯길이다.

20 월(粤) : 중국 남방에 월인(越人)들이 거주하는 곳을 말한다.

우울한 마음을 털어버리고 술잔을 들어 그대와 이별하노라. 그대가 먼 길을 떠남에 내 마음이 움직여 이미 큰 고개의 남쪽에 있으리니, 나는 무엇을 잃은 듯 허망하지만 그대는 가득 싣고 남쪽으로 가리라.

연천 현감 조자직의 유배지로 부치는 서문[21]

寄趙漣川子直謫所序

축수하는 술잔을 올리고 색동옷을 입고 춤을 추며, 날마다 맛있는 음식으로 봉양하고 아침저녁으로 문안 인사를 올리며, 안석과 지팡이를 부축하고 집안에서 기쁜 얼굴로 부모를 대하는 것이 자식의 직분에 즐거운 일이다. 혹여 세상일에 저촉되거나 재앙에 얽혀 자신이 위태롭게 되고 집안에 중대한 걱정을 끼치며, 풍토가 좋지 않은 지방으로 유배되어 고향과 멀리 떨어져 먼 곳에서 부모를 그리워하는 것은 자식의 직분에 불행한 일이다.

비록 그렇지만 은혜와 의리는 간혹 경중이 있어 서로 빼앗기도 하니, 만약 부득이한 경우가 있다면 즐겁다고 해서 한결같이 지키고, 불행하다고 해서 구차히 면할 수가 있겠는가. 비록 그렇지만 자식이 이렇게 자신의 뜻대로 행하려 해도 부모가 원하지 않으면 행할 수가 없고, 부모가 이렇게 자식에게 원해도 자식이 받들지 않으면 역시 불가능하니, 이렇게 부모를 받드는 사람은 현명한 자식이고, 이렇게 자식에게 바라는 사람은 현명한 부모이다.

옛날 사람이 이런 경우를 만나면 그만둘 수 없는 경우에는 우선 자신

21 연천……서문 : 이 글은 연천 현감(漣川縣監)을 역임한 조상우(趙相愚, 1640~1718)에게 보내는 서문이다. 조상우의 본관은 풍양(豐壤), 호는 동강(東岡)이며, 자직은 그의 자이다. 1674년(숙종 즉위년)에 외직으로 나가 연천 현감(漣川縣監)이 되었고, 이듬해 송준길이 추삭(追削)을 당하자 동문과 더불어 상소를 올려 변명을 하다가 처벌을 받고 남평(南平)으로 귀양을 갔다.

의 즐거움을 버리고 억지로 불행을 택하는 경우가 많았다. 이는 반드시 부모가 자식의 뜻을 허락하고, 자식이 부모의 명을 받들었기 때문이니, 그러면 군자는 반드시 부모와 자식이 모두 현명하다고 하였다.

이전에 선정(先正) 동춘(同春) 송 선생(宋先生 송준길(宋浚吉))이 참소를 입고 배척을 당하였는데 삭탈관직에 이를 때까지 그치지 않았다.[22] 조정과 재야의 사대부들이 모두 격분하였으나 감히 행동으로 옮기지는 못하였고, 문인 중에 몇 사람이 분개하여 직언을 하며 상소로 배척하고 변론하였는데, 그 중 한사람이 바로 연천 현감(漣川縣監) 조후(趙侯)이다. 이는 조후가 요청하여 상서(尙書) 노선생(老先生)[23]이 허락한 것이다. 드디어 당시의 금기를 크게 저촉하여 남쪽으로 유배되었다. 이때 함께 상소를 올려 쫓겨난 사람들[24]은 모두 연로한 부모가 있었는데, 집에서 각각 수십 리, 수백 리 떨어진 곳으로 유배를 갔으니, 미천한 사람들조차 듣고서 오히려 눈물을 흘렸다.

내가 당시에 부모님의 병환을 간호하느라 길에 나가 볼 겨를이 없어 홀로 문을 닫고 크게 슬퍼하였는데, 어떤 사람이 나에게 말하기를 "조

22 동춘(同春)……않았다 : 1674년(현종15)에 있었던 갑인예송에서 현종이 남인 측이 주장한 예론을 옳다고 판정함에 따라 허적(許積), 허목(許穆), 윤휴(尹鑴) 등의 남인 측 인사들이 대거 등용되어 숙종 초년까지 정권을 이어갔으며, 송시열, 김수항 등의 서인 측 인사들은 조정에서 축출되어 덕원(德源), 영암(靈巖) 등지로 유배되고 이미 사망한 송준길은 관작을 삭탈당하였다. 《肅宗實錄 1年 1月 10日》《承政院日記 肅宗 1年 12月 4日》

23 상서(尙書) 노선생(老先生) : 판서를 지낸 조상우의 부친 조형(趙珩)을 말한다.

24 함께……사람들 : 송준길(宋浚吉)이 관작을 추탈 당하자, 조상우와 동문이었던 안상억(安相億), 고회(高晦), 홍득우(洪得禹), 안세징(安世徵) 등과 함께 변무소(辨誣疏)를 올렸다가 유배를 갔다. 《肅宗實錄 1年 12月 27日》

후는 연로하신 부모님이 있지 않습니까. 지금 고을 수령으로 부모를 봉양하던 일을 버리고 돌아가신 스승 때문에 죄를 얻어 유배를 갔으니, 자신을 위해 너무 경솔히 처신한 것이 아닙니까."라고 하기에 내가 "전혀 그렇지 않습니다."라고 하였다.

어떤 사람이 "아, 일은 가능함을 보고 행동하는 것을 귀하게 여기니, 지금 비록 백 통의 상소를 올리더라도 필시 일을 이루기 어렵다는 것은 어리석은 아이도 알고 있습니다. 조후는 불가능한지 알면서도 억지로 한 것이 아닙니까."라고 하기에, 내가 "전혀 그렇지 않습니다."라고 하였다.

아, 내가 이에 차마 말을 할 수가 없어 드디어 정도에 어긋나는 말을 가지고 다음과 같이 말하였다.

"은혜와 의리는 본디 다르니, 때때로 서로 경중이 있어 서로 빼앗기도 합니다. 조후가 어찌 우선 자신의 즐거움을 버리고 억지로 불행에 나아가지 않을 수 있겠습니까. 조후가 자신의 뜻대로 행하려고 하니 상서공이 허락하였고, 상서공이 허락하여 조후가 이를 따라 거행하였습니다. 행하려고 해도 허락하지 않고 허락해도 뜻을 받들지 않았다면 누가 상서공을 두고 잘 가르쳤다고 하고, 누가 조후를 두고 현명하다고 하겠습니까.

조후는 마음으로 어찌 '마음에는 차마하지 못하는 일이 있고, 의리상 사양할 수 없는 일이 있으니, 부모의 뜻을 받들어 내 마음이 편안한 데로 나아간다면 이는 축수하는 술잔을 올리고 색동옷을 입고 춤을 추며, 집안에서 기쁜 얼굴로 부모를 대하는 것과 같다.'라고 생각하지 않았겠습니까. 상서공은 마음으로 어찌 '마음에는 차마하지 못하는 일이 있고, 의리상 사양할 수 없는 일이 있으니, 차라리 너의 뜻대로 하여 비록 풍토가 나쁜 지역으로 귀양을 가더라도 이는 조석으로 나를 문안하는 일과 같지 않겠느냐. 죄를 지어도 나에게는 영광스런 일이니, 어찌 내가 근심을 하겠느냐.'라고 생각하지 않았겠습니까.

그리하여 조후의 현명함이 날마다 천하에 퍼지고, 상서공의 가르침이 더불어 빛나게 되었으니, 세상의 군자들이 반드시 현명한 부자지간이라고 할 것입니다. 또 이익과 손해, 성공과 패배를 따지는 말이 생기자 천하의 의리가 어두워졌습니다. 일이 의리에 부합하면 오직 스스로 할 수 있는 일을 다할 뿐이니, 성공과 실패는 하늘에 달린 것입니다. 지금 우리 임금은 아주 현명하니, 만일 '나의 말이 필시 무익할 것이다.'라고 하면서 꾹 참고서 드디어 그만둔다면 어찌 옳겠습니까." 내 말을 들은 사람이 말하기를, "좋습니다. 그리고 조후가 나가서는 화려한 수레를 타고 노닐고 들어와서는 편안한 집에 있었는데, 지금 바다를 건너가 무식한 백성과 함께 어울리고 초가집에서 함께 지내니, 괴로움이 없을 수 있겠습니까."

라고 하였다. 내가 대답하기를,

"지금의 유배는 조후가 스스로 선택하였으니, 자신이 선택하고 뒤이어 괴롭게 여기는 것은 부녀자와 어린아이도 하지 않는데, 더구나 현명한 조후가 그럴 리가 있겠습니까. 군자는 외부에서 닥쳐오는 상황에 어느 경우에도 만족하지 않는 때가 없으니, 조후는 반드시 편안히 지낼 것입니다. 장기가 있는 풍토에 둘러싸여도 청량한 곳처럼 편안히 여기고, 마음에 맞는 자리처럼 순응할 것이니, 이것이 어찌 조후에게 근심이 되겠습니까.

그러나 필시 여전히 늘 마음에 걸리는 일이 있을 것입니다. 큰 강의 남쪽 지역은 도성에서 아주 멀어 편지가 한 달에 한두 번 정도 이르니, 높은 곳에 올라 떠다니는 구름을 보면 그림자를 돌아보고 눈물이 옷을 적실 것입니다.[25] 한번 추위를 만나면 '부모님께서는 옷에 탈이 없으실까.'라며 걱정하고, 한번 굶주리면 '부모님께서는 식사는 잘 하실까.'라며 걱정할 것입니다. 이는 사람의 이치상 견딜 수 없는 것이니, 저 사람이 유독 어떤 마음이겠습니까. 비록 그렇지만 장주(莊周)가 '어떻게 할 수 없다는 것을 알고서는 마음을 편안히 하고 천명을 따른다.'[26]라고 말하지 않았습니까. 군자는 어떻게 할 수 없는 일에 대해 역시 편안히 여길 뿐입니다. 또 노선생이 강녕하고 식사를 잘하여 정신이 쇠퇴하지 않았고, 집안에서 곁에서 모시는 자식들이 여전히 많으니, 조후는 여기에서 역시 조금 위로를 받을 수 있을 것입니다."

라고 하니, 이 말을 들은 사람이 그렇다고 하였다.

얼마 후에 조후가 남쪽으로 유배를 가고 난 뒤 보내 온 편지에 "그대의 시문을 얻어 위로받기를 원한다."라고 하였는데, 편지를 자세히 읽어보니, 과연 말뜻에 생기가 넘치고 유배를 당한 사람의 괴로운 말은

25 그림자를……것입니다 : 어머니의 은혜 혹은 어머니를 비유한 말로, 당(唐)나라 시인 맹교(孟郊)의 〈유자음(遊子吟)〉 시에, "자애로운 어머니 손에 쥔 실은, 길 떠날 아들의 옷을 짓는 것이라오. 떠나기에 앞서 꼼꼼히 꿰매신 것은, 행여 더디 돌아올까 염려해서이네. 한 치 되는 풀의 마음 가지고서, 삼춘의 햇별 같은 어머니 은혜 보답키 어려워라."라고 한 데서 온 말이다.

26 장주(莊周)가……따른다 : 《장자》 〈인간세(人間世)〉에 "어떻게 할 수 없다는 것을 알고서 마음을 편안히 하고 천명을 따르는 것이야말로 덕의 지극함이다."라는 말이 나온다.

없었다. 다만 부모님에 대한 그리움은 마음에 응어리져서 풀리지 않았다. 내가 드디어 이전에 말했던 은혜와 의리가 서로 빼앗는다는 말과 부모와 자식이 모두 현명하다는 말을 기록하여 삼가 전하고, 또 뒤에 말했던 '마음을 편안히 하고 천명을 따른다.'는 내용을 들어 위로한다. 이어 또 탄식하여 천지신명에게 그대를 잘 부지해주기를 고한다.

> "아, 저 하늘은 과연 정함이 있는 것인가, 없는 것인가. 정함이 없으면 그만이지만, 정함이 있다면 사람의 힘으로 하늘을 해치는 것은 다만 잠시일 뿐이다. 나는 결국 하늘이 반드시 사람을 이길 때를 기다리고, 나는 해와 달이 다시 빛을 발하여 따뜻한 봄빛이 비추기를 기다리노라."

《잡고》에 대한 자서
雜稿自敍

나는 성품이 나태함을 즐기는 데다 우울증을 앓아 부지런히 독서에 힘을 쓰지 못하였다. 책을 읽을 때에는 한 편을 다 읽은 적이 없고 의문이 들거나 막히는 곳이 있으면 번번이 책을 덮어버리고 애써 이해하려고 하지 않았다. 이 때문에 문필을 업으로 삼은 지 거의 십수 년이지만 그 속을 돌아보면 장두(杖杜)와 별 차이가 없다.[27] 간혹 사람들과 응수하거나 회포를 저술한 것이 어느 정도 있으면 대충 가려서 기록하여 정리하려고 하였다. 어떤 사람이 곁에서 조롱하며 말하기를,

> "정리하는 것은 보배로 여길 만하기 때문이며, 보배로 여기는 것은 후세에 전할 만하기 때문인데, 지금 그대는 쓸쓸한 벌레소리 같은 마음을 얻기에 급급하니 어찌 엮어서 기록하려는 것입니까."

라고 하니, 나는 부끄러워 대답을 할 수가 없었다. 그 사람이 또 해명하기를,

> "지금 부유한 장사치 집에 화제(火齊)[28]와 한 자 되는 옥이 가득하면 반드시 단단히 밀봉하여 보관할 것이며, 가난한 사람은 해진 빗자루

27 장두(杖杜)와……없다 : 글자를 분별하지 못할 정도로 무식하다는 뜻이다. 당(唐)나라 이임보(李林甫)가 이부(吏部)의 인재 선발을 맡았을 때, 선인(選人) 엄형(嚴逈)의 판어(判語) 중에 '체두(杕杜)'라는 두 글자가 있었는데, 이임보가 '체(杕)' 자를 몰라 이부 시랑(吏部侍郎) 위척(韋陟)에게 "장두(杖杜)는 무슨 뜻이냐?"라고 물었는데, 그 후로 이임보를 '장두재상'이라 불렀다. 《舊唐書 卷106 李林甫列傳》

28 화제(火齊) : 화제주(火齊珠)의 준말로 보주(寶珠)의 일종이다.

를 한 치의 금처럼 보배로 간직하여[29] 오히려 잃어버릴까 염려하니, 물건은 진실로 차이가 있지만 역시 각자가 보물로 여기는 것입니다."

라고 하였다. 나는 그의 말에 일리가 있음을 깊이 깨닫고 드디어 웃고서 기록하였다.

얼마 후에 눈을 치켜뜨고 객에게 으스대며 말하기를,

"저 부유한 장사치는 하늘과 귀신이 주었겠습니까. 가까이는 점포에서부터 멀리는 파사국(波斯國)[30]에 이르기까지 원금과 이자를 잘 부지런히 불렸을 뿐입니다. 부지런히 노력하는데 근본을 두고, 차츰 쌓아서 이룩한다면 비록 가난한 사람이라도 스스로의 노력이 어떠한가에 달려있지 않겠습니까."

라고 하니, 그 사람이 옳다고 하였다.

29 해진……간직하여 : 자기의 물건이면 아무리 하찮은 것이라도 대단히 소중하게 여기는 것을 뜻한다. 위 문제(魏文帝) 조비(曹丕)가 지은 〈전론(典論)〉의 "'집에서 쓰던 몽당비를 천 금의 가치가 있는 것처럼 애지중지한다.〔家有弊帚, 享之千金.〕'라는 속담이 있는데, 이는 자기 분수를 모르는 데에서 나온 것이다."라는 말에서 유래한 것이다.《文選 卷52》

30 파사국(波斯國) : 이란의 옛 이름으로, 아시아의 서부에 위치해 있다.

통신사 부사로 일본으로 가는 교리 이계심을 전송하는 서문[31] 임술년(1682, 숙종8)

送李校理季心以通信副价赴日本序 壬戌

내가 일곱 살 겨울에 일본의 새로운 관백(關白)이 세습하여 자리에 올라 사자를 보내어 우호를 다지고 우리 사자를 불러 맹약을 따르기를 청하였다. 조정에서는 회답하는 사신을 보내어 우호관계를 끊지 않기로 논의하여 드디어 당시의 인재 중에 먼 나라로 사신을 보낼 만한 인물을 널리 구하였다. 종사관을 선발하는데 이르러서는 조정에서 논의하는 사람들이 모두 시독 이계심(李季心)을 말하였다. 얼마 뒤에 부사로 뽑힌 자가 품계가 올라서 다시 선발하게 되었는데, 조정에서 또 모두 시독 이계심을 말하였다. 이에 이군이 큰 배를 수리하고 하사받은 금으로 사계절 옷을 꾸렸다.

이듬해 여름에 이르러 행차가 곧 출발하게 되었는데, 지나가던 어떤 사람이 나에게 말하기를,

"우리 성상께서 날마다 금화전(金華殿)의 법연(法筵)[32]에 참가하는데, 이 시독의 논설이 민첩하고 풍부하여 능력 있는 강관이라고

31 통신사……서문 : 이 글은 임술년(1682, 숙종8)에 통신사(通信使) 부사로 일본으로 떠나는 이언강(李彦綱, 1648~1716)을 위해 지은 서문이다. 이언강의 본관은 전주(全州)이며, 자는 계심(季心)이다.

32 금화전(金華殿)의 법연(法筵) : 경연을 말한다. 금화전은 한나라 때 미앙궁(未央宮) 안에 있던 궁전으로, 성제(成帝)가 일찍이 이곳에서 《상서》와 《논어》 등의 강론을 들었다. 후대에는 이로 인하여 경연이나 서연을 뜻하는 말로 쓰였다.

칭찬하였습니다. 그런데 어찌 사람이 없어서 지금 만 리 외국에 사신으로 나가니, 성조에서 사람을 부리는 적절함을 잃은 것이 아니겠습니까."

라고 하였다. 내가 대답하기를,

"전혀 그렇지 않습니다. 그 경중에 차이가 있습니다. 그러나 임금 가까운 반열에 있는 사람을 한때 거두어 멀리 있는 사람들로 하여금 위엄을 두렵게 여기고 덕을 받게 하여 우리나라의 광영을 더욱 빛내 정려(鼎呂)[33]를 무겁게 하는 것이 우리 조정의 뜻입니다."

라고 하였다. 그 사람이 말하기를,

"그렇지만 저 일본은 우리의 원수이니, 우리나라에서 오랑캐로 다스리고 기미책(羈縻策)[34]을 쓰고 있습니다. 우호를 통한 지가 지금 80여 년인데 그 사이에 사신이 갈 때는 매번 10여 년이 지나서야 한 번 갔습니다. 그러므로 그들의 산천과 강역, 나라의 실정과 풍속이 우리에게 익숙하지 않습니다. 더군다나 근래에는 그 나라의 변란이 그치지 않아 사정을 헤아릴 수 없다고 합니다. 또 저들은 교묘히 태도를 바꾸고 속임수가 많기가 여러 오랑캐들보다 훨씬 심하니, 실로 신의와 예법으로 움직이기 힘든 점이 있습니다. 천하의 일은 생각이 미치는 것은 쉬우나. 생각을 벗어나는 것은 대응하기 어렵습니다. 만일 일상과 다른 변고를 만나도 정도를 지키고 흔들리지 않으

33 정려(鼎呂) : 구정(九鼎)과 대려(大呂)를 말한다. 구정은 하(夏)나라 우(禹) 임금이 주조한 솥으로 국가의 권위를 상징하는 보배이며, 대려는 주(周)나라 종묘의 큰 종인데, 둘 다 매우 무거운 것으로 국가와 왕권(王權)을 상징한다.

34 기미책(羈縻策) : 적국과의 관계를 적당히 유지하여 전쟁을 피하는 방법을 말한다.

며 기미를 엿보고 잘 대처하는 것은 명석하고 통달한 재주를 지닌 군자가 아니면 불가능합니다. 더구나 사신가는 일을 담당하고 이웃 나라를 빙문하는 중요한 일이야 더 말할 나위가 있겠습니까. 저 흉폭하고 무도한 자들이 혹 사단을 바꾸면 이군이 어떻게 응대할 수 있겠습니까."

라고 하였다. 내가 대답하기를,

"이군은 고서를 읽어서 옛날에 여러 나라 사이에 사신이 오고간 때에 사신의 일을 잘 수행한 정교(鄭僑)[35]와 초자문(楚子文)[36]의 풍도를 익히 들어 알고 있습니다. 또 기민하고 훤히 일을 잘 이해하니, 반드시 또 변화에 임하여 잘 대응하고 의리를 헤아려 행동하여 임금의 명을 욕보이거나 오랑캐의 분노를 도발하지 않을 것이며, 조정에서 맡긴 중대한 임무를 저버리는 않을 것입니다. 혹 불행히 큰 변고를

35 정교(鄭僑) : 춘추 시대 때 정(鄭)나라의 대부(大夫)로 있으면서 40여 년간 국정을 장악하였던 공손교(公孫僑)인데, 본명보다 자산(子產)이라는 자(字)로 더 알려졌으므로 흔히 정자산(鄭子產)이라고 불린다. 외국에 사신 가서나 외국의 빈객을 접대할 적에 응대(應對)를 잘하기로 이름이 높았다.

36 초자문(楚子文) : 자문은 초(楚)나라의 어진 정승 투누오도(鬪穀於菟)의 자(字)이다. 성왕(成王)을 섬겨 영윤(令尹)이 되었기 때문에 영윤 자문(令尹子文)으로도 불린다. 자문의 손자 잠윤(箴尹) 극황(克黃)이 제(齊)나라에 사신으로 갔다가 돌아오다가 송(宋)나라에 이르러 초나라에 반란이 일어났다는 소식을 들었다. 그러자 좌우에 있는 사람이 들어가면 멸족의 화를 입게 되니 들어가서는 안 된다고 하니, 극황이 말하기를, "임금의 명령을 버린다면 누가 나를 받아 주겠는가. 임금은 하늘과 같으니, 하늘을 피해 도망할 수 있겠는가." 하고는, 마침내 돌아가 복명(復命)한 뒤 스스로 구속되기를 청하였다. 그러자 초왕은 자문이 초나라를 다스린 공을 생각하여 "자문에게 후손이 없다면 어떻게 선행을 권면할 수 있겠는가." 하고, 그를 용서하고 복관(復官)시켜 주었다. 《春秋左氏傳 宣公4年》

만나더라도 한나라의 부절[37]이 이군에게 있으니, 벌써 일신의 안위는 잊어버렸을 것입니다."

라고 하였다. 그 사람이 말하기를,

"그렇습니다. 그대는 이군과 친하니, 지금 이군이 지금 떠나는데 당부할 말이 있습니까?"

라고 하니, 내가 대답하기를,

"이번 행차에 나는 진실로 이군에게 논란할 것이 없습니다. 왜냐하면 사신의 직임은 묻고 의논하는데 힘쓰니, 외국에 가는 사신도 그러합니다. 지금 우리나라의 해안 방비가 허술하고 국경에 근심이 많은데, 주상께서 과감히 남쪽을 돌아보시어 바닷가의 군사들은 창을 베고 자며 경계를 대비하고 있습니다. 지금 이군이 두루 잘 알고 있으니, 그 곳에 가서 교섭하는 사이에 어찌 저들의 군사력이 강한지 약한지와 우호가 진실인지 거짓인지를 엿보아 역관의 말 이외에 은미한 점을 살피지 못하겠습니까. 남을 응대하는 사람은 반드시 자기를 바로하고 엄하게 단속한 뒤에야 그 풍모와 지조가 먼 나라 사람들에게 존중을 받을 수 있습니다.

섬나라 오랑캐 나라는 거북이와 무소뿔과 구슬과 조개가 생산되어 천하에 이름이 났고, 또 명검이 많아 좋은 물건은 이따금 천금이나 합니다. 그런 곳에서 청렴한 사람은 드물지만 지금 이군은 고아하고 깨끗한 선비입니다. 더구나 우리나라에서 사신을 갔던 사람들

37 한(漢)나라의 부절 : 사신의 임무를 뜻한다. 한 나라 소무(蘇武)가 무제(武帝) 때에 중랑장(中郎將)으로서 흉노에게 사신 갔다가 억류를 당하여 19년 동안 한 나라 부절을 가지고 있었다. 《漢書》〈蘇武傳〉

중에 아래위로 수백 년 사이에 포은(圃隱)[38]과 추포(秋浦)[39] 같은 선정(先正)의 맑은 풍모는 여전히 일본에서 빛나고 있습니다. 이군은 평소 충분히 듣고 흠모하였으니, 어찌 사양하고 받는 의리를 엄격히 지키고 또 이어서 역관을 단속하여 전대를 텅 비게 하고[40] 울림석(鬱林石)[41]을 배에 싣고 오지 않겠습니까. 옛사람들은 사신을 갈 때에 위엄과 말과 모습을 더욱 무겁게 하고 번번이 길흉과 승패를 점쳤습니다. 더군다나 저들은 반드시 공손한 자세로 큰 조정의 빛을 다투어 바라볼 것입니다. 지금 이군은 평소에 고아하고 삼가니, 어찌 말 한 마디와 한 걸음을 장중하여 순순히 법도를 따르지 않겠습니까.

38 포은(圃隱) : 정몽주(鄭夢周)를 가리킨다. 정몽주는 1377년(우왕3)에 일본에 사신으로 가서 교린(交隣)의 이해를 개진하여 사명을 다하고 돌아왔을 뿐만 아니라, 왜구에게 잡혀갔던 고려 백성 수백 명을 귀국시켰는데, 사신으로 가 있는 동안 사신다운 풍채가 있어서 일본 사람들이 몹시 존경하였다고 한다.

39 추포(秋浦) : 황신(黃愼, 1562~1617)으로, 본관은 창원(昌原), 자는 사숙(思叔)이다. 1596년(선조29)에 통신사로 일본에 다녀왔다. 1598년(선조31)에 〈청토대마도소(請討對馬島疏)〉를 올려 일본에 사신으로 다녀오면서 본 대마도의 형세를 나열하고, 대마도를 토벌해서 후환을 없애야 함을 역설하였다. 《秋浦集 秋浦先生集序》

40 전대를……하고 : 월탁(越橐)은 월나라의 전대라는 뜻으로, 사신에게 주는 선물을 뜻한다. 한(漢)나라 육가(陸賈)가 남월(南越)에 사신으로 갔을 때 월왕 위타(尉他)가 그를 무척 좋아한 나머지 몇 달 동안 함께 술을 마시며 즐거워하다가, 귀환할 무렵에는 그의 행장에 천금의 가치가 있는 보물을 싸서 선물했던 고사가 전한다. 《史記 卷97 陸賈列傳》

41 울림석(鬱林石) : 당(唐)의 육구몽(陸龜蒙)이 사는 집의 대문 밖에는 울림석(鬱林石)이라는 큰 돌이 있었는데, 그것은 육구몽의 조상 육적(陸績)이 울림 태수로 있다가 그만두고 돌아올 때 가져갈 물품이 하나도 없어 행장이 텅 빈 탓에 배가 너무 가벼워서 바다를 건널 수가 없었기 때문에 배의 무게를 유지하기 위하여 싣고 온 돌이라고 한다. 《新唐書 卷196 隱逸列傳 陸龜蒙》

문장은 나라를 빛내는 것이라고 하는데, 저들은 더욱 문장을 중시하니, 우리나라 사신들 중에 전후로 그 나라에 간 사람들은 반드시 혀를 차면서 붓을 휘둘러 응수하여 글을 바라는 사람이 줄을 서서 사가도록 만들었는데 모두 흡족하여 갔으니, 그들이 우리 문명에 탄복한지 오래되었습니다. 지금 이군이 박식하고 문장이 뛰어나며 빨리 짓는데 더욱 뛰어나니, 어찌 선배들을 이어 그 글재주를 발휘하여 천 리 떨어진 일본의 물고기와 초목을 시에 담아내지 않겠습니까. 이 몇 가지는 내가 이군에게 논란할 것이 없습니다.

비록 그렇지만, 이군은 모친이 집에 계시는데 이제 안부를 묻지 못하고 큰 바다를 건너갑니다. 그가 돌아오려면 빨라도 계절이 바뀔 것이니, 장차 마음이 어떻겠습니까. 내가 들으니 장주(莊周)가 말하기를 '군자는 어떻게 할 수 없는 일에 마음을 편안히 하고 천명을 따른다.'[42]라고 하였습니다. 더구나 이군의 모친은 아직 나이가 많지 않고, 집에 있으면서 곁에서 모시는 자식들이 날마다 색동옷을 입고 기쁘게 해드리니, 이군이 이를 어찌 조금 위안으로 삼지 않겠습니까."

라고 하였다. 그 사람이 말하기를 "그렇습니다."라고 하였다.

얼마 뒤에 이군이 나에게 편지를 보내 말하기를 "내가 사신을 가는데, 그대가 전송하는 말이 없어서는 안 될 것입니다."라고 하였다. 내가 우울증이 있어 긴 글을 지어 사신 길을 장대하게 할 수 없기에, 다만

42 장주(莊周)가……따른다 : 《장자》 〈인간세(人間世)〉에 "어떻게 할 수 없다는 것을 알고서 마음을 편안히 하고 천명을 따르는 것이야말로 덕의 지극함이다.〔知其無可奈何而安之若命, 德之至也.〕"라는 말이 나온다.

어떤 사람의 논란에 대답한 내용을 서술하여 그의 사신 길을 전송한다. 출발할 때에 또 함께 술과 음식을 마시며 전송하고 탄식하며 눈물을 흘리고 거듭 당부하기를,

"내가 지리지를 살펴보니, 일본의 서남쪽 경계는 민월(閩越)과 곧장 통하는데 바닷길은 수천 리에 불과할 정도로 가깝네. 또 듣기로 그들의 풍속은 시장에서 교환하는 것을 즐거워하여 바람을 타고 노를 저어 오는 상선이 연이어 끊이지 않으니, 중원에서 듣는 소식이 반드시 우리보다는 상세할 것이네. 이군은 시험삼아 물어보게. 전남(滇南)과 광주(廣州)의 고개와 바다 사이에는 과연 명나라의 제사를 이어 중국의 정통을 잇고 있는 한 무리의 군사들이 있는가. 지금 어떤 사람이 기이하고 남다른 광경을 보면 오히려 신기하다고 말할 것이며, 높은 산과 머나먼 바다를 유람해도 그 유람을 말할 것이네. 더군다나 하늘을 가리는 산처럼 큰 배에 오르고, 하늘에 드리운 구름과 같은 큰 돛을 달고서 부상[43]을 건너 미려[44]로 나아가 일월을 헤치고 어룡(魚龍)을 꾸짖고 훨훨 바람을 타고 한만(汗漫)[45]을 뛰어넘는

43 부상(扶桑) : 동해 바다 해 뜨는 곳에 있다는 신목(神木)으로, 여기서는 동방(東方)에 있는 일본을 가리킨다.

44 미려(尾閭) : 고대 전설상에 바닷물이 쉴 새 없이 빠져나간다고 하는 바다 밑의 큰 구멍으로, 동쪽 대해(大海) 속에 있다고 한다. 《장자》 〈추수(秋水)〉에, "천하의 물 가운데 바다보다 큰 것이 없으니, 온갖 하천의 물이 바다로 흘러드는 것이 언제 그칠지 알 수 없지만 바다가 가득 차지 않으며, 미려로 바닷물이 빠져나가는 것이 언제 그칠지 알 수 없지만 바다가 줄어들지 않는다."라고 한 데서 온 말이다. 미려가 유구국이 있는 동남쪽 바다에 있다고 한다.

45 한만(汗漫) : 신선처럼 속세를 초월하여 한가롭게 노니는 것을 뜻한다. 옛날 진(秦)나라 노오(盧敖)가 북해(北海)에서 노닐다가 선인(仙人)인 약사(若士)를 만나 함

듯하며 훌쩍 뗏목을 타고 은하수 나루터를 묻는 듯하여 한번 눈을 돌리면 동남쪽 바다 밖의 거대하고 기이한 광경을 본다면 그 유람을 어찌 말로 다하겠는가. 아, 참으로 천고에 없는 천하의 큰 볼거리가 될 것이네. 이군은 잘 다녀오시게."

라고 하였다.

께 벗으로 노닐자고 청하자, 약사가 "나는 구해(九垓) 밖에서 한만(汗漫)과 만날 약속이 되어 있으니 오래 머물러 있을 수가 없다."라고 하고는 곧바로 구름 속으로 들어가 보이지 않았다는 이야기에서 유래하였다. 《淮南子 道應訓》

동지 뒤에 매화를 구경하고 지은 시에 대한 서문 경오년(1690, 숙종16)

至後觀梅詩序 庚午

나의 아우 지재(志齋) 이동보(李同甫 이희조(李喜朝))군은 전원에서 고요하게 수양하는데, 그의 한가롭고 담박하며 고아한 풍모는 지금 세상 사람이 아닌 화정(和靖)[46]과 신교(神交)를 맺었다. 화단에는 난초를, 울타리에는 국화를 많이 심었고, 성품이 매화를 더욱 몹시 좋아하여 고목 그루터기 하나를 서실 안에 두고 길렀는데, 법도에 맞게 기르자 섣달이 되기 전에 꽃이 활짝 피었다. 그 때 도촌(陶村 정유성(鄭維城))과 적곡(赤谷 김익렴(金益廉)) 두 사백(詞伯)이 듣고는 기뻐하여 하루를 즐기기로 약속하여 함께 말을 타고 영지산(靈芝山)[47]으로 동보를 찾아 왔다. 두 사백을 모시고 따라온 군자들 몇 사람이 있었는데, 모두 고상하고 시를 잘 지었다. 나도 같은 동네에 살았기에 가서 모임에 참여하였다.

46 화정(和靖) : 서호처사(西湖處士)로 불린 북송의 임포(林逋)를 가리킨다. 서호는 고산(孤山)에 은거하여 20년 동안 성시(城市)에 발을 들여놓지 않았으며 행서와 시에 능하였는데 특히 매화시가 유명하다. 장가를 들지 않아 처자 없이 매화를 심고 학을 기르며 즐기니, 당시에 '매처학자(梅妻鶴子)'라고 하였다. 《宋史 卷457 林逋列傳》

47 영지산(靈芝山) : 경기도 양주(楊州)에 있는 영지동(靈芝洞)을 말한다. 이희조의 부친 이단상(李端相)이 말년에 강학하던 곳이다. 1675년(숙종1) 이희조는 스승 송시열(宋時烈)을 비롯한 노론의 주요 인물들이 몰락하자, 부친의 생전의 뜻을 받들어 이곳에 집을 짓고 온 가족을 데리고 옮겨 갔다.

두 공은 이 해 중양절에 지금 따라온 몇 사람과 함께 동보가 새로 지은 이른바 '용산정(龍山亭)'에 올랐고, 얼마 뒤에 또 앞 강에 배를 띄워 술을 마시고 시를 지었으니, 승경지를 골라 노는 즐거움은 백대를 경시할 정도였다. 지금의 매화 구경은 그때부터 이미 손꼽아 기다렸는데, 마을에서 구경하던 사람들이 지금까지 칭송하고 부러워하며 신선의 모임이라고 한다.

그때 싸락눈이 내려 산봉우리를 살짝 덮고, 그윽한 시내가 숲 사이로 흘러나와 졸졸 물소리가 들리고, 검은 학이 뜰에 있었으며, 밝은 달빛이 문에 비쳤다. 매화가 또 그윽하고 아름답게 향기를 풍겨 방 안이 봄날 같았는데, 술잔 위에 떠 있고 자리에 훨훨 날리는 것은 모두 매화였다. 깨끗한 모습이 마치 고결한 은사와 함께 바위 골짜기 사이에서 한가롭게 지내며 마음이 빙옥처럼 깨끗해지고 바람에 날리는 이슬을 들이마시는 듯하였다. 붉은 얼굴빛에 백발의 두 공은 풍류가 빛나 말을 하고 놀이를 하면 모두 시를 이루었다. 따라온 몇 사람은 즐비하게 자리에 앉아 즐거워하면서도 조용하였고, 악기를 연주하지 않아도 조화를 이루었고, 옷을 벗지 않아도 초탈하였다. 시를 읊으며 토론을 하는데 세속적인 말이 조금도 없었다.

병야(丙夜)[48]에 이르자 적곡공이 술을 더 마시지 못하여 여러 손님들에게 인사를 하고 견여(肩輿)를 타고 먼저 돌아갔다. 다음날 도촌공이 다시 몇 사람과 함께 찾아와 부용사(芙蓉榭)에서 잔치를 열었다. 매화를 감상하는 흥취는 비록 전날 밤보다는 못했지만, 술과 안주는 더욱

48 병야(丙夜) : 삼경(三更), 즉 밤 11시에서 새벽 1시 사이에 해당되는 시각을 말한다. 병소(丙宵)라고도 한다.

풍족하였다. 또 맑은 노래로 술자리의 흥취를 돋우게 하여 시골 사람들을 기쁘게 하니, 너무나도 호방하여 황홀한 심정이 마치 권세가의 집에 올라 후청(侯鯖)[49]을 먹는 듯하였다. 이는 사과와 배가 맛이 다른 것처럼 각자 산림의 즐거움을 버리지 않은 것이니, 이에 메마른 볼거리로 돌아감을 면할 수 있었다. 적곡이 드디어 7언의 〈매화가(梅花歌)〉 1편을 지어 그 일을 기록하니, 도촌과 몇 사람이 모두 따라서 차운하였다. 이에 내가 흡족하게 웃으며 나아가 여러 군자들에게 말하기를,

"지금 매화를 보니 참으로 즐겁습니다만 두 공은 사물에 즐거움을 담았을 뿐입니다. 즐거운 이유로 말하자면 매화가 필요 없으니, 여러 공들은 아십니까? 중세 사대부들 중에 조정에서 배척을 받고 재야로 돌아간 사람이 있었는데, 우울한 심정을 얼굴빛에 드러낸 사람은 비천하여 논할 것이 없거니와, 외면을 가볍게 여긴다고 조금 일컬어지는 사람도 자신의 유감(流坎)과 화고(華槁)[50]에 초연하여 즐거워한 사람이 드물었습니다. 지금 두 공은 태평성대를 만나 지위가 높은 대부의 반열에 올랐고, 세상에서 입을 모아 문장가의 스승이라고 합니다. 지금 한창 우리나라의 성대한 업적을 돕다가 하루아침

49 후청(侯鯖) : 오후청(五侯鯖)의 준말이다. 고기와 생선을 합쳐서 만든 요리를 청(鯖)이라고 하는데, 서한 성제(成帝) 때 누호(樓護)가 왕씨(王氏) 가문의 다섯 제후들이 준 진귀한 반찬을 한데 합쳐서 요리를 만들고는 오후청이라고 칭했다는 고사가 전한다. 《西京雜記 卷2》

50 유감(流坎)과 화고(華槁) : 자신이 처한 환경을 의미한다. '유감'은 흐름과 구덩이라는 뜻이며, '화고'는 화려함과 메마름이라는 뜻이다. 유감은 가의(賈誼)의 〈복조부(鵩鳥賦)〉에 "흐름을 타면 가고, 구덩이를 만나면 그친다.〔乘流則逝, 得坎則止.〕"라고 한 데서 유래하였다.

에 견책을 받고 초야에 은거하거나 불우하게 은거지에서 떠도니, 그 좌절이 무척 심합니다. 그런데 그 기미가 얼굴빛과 말에 드러나지 않을 뿐만이 아니라, 도리어 수레를 걸어 놓는 것[51]을 지극한 즐거움으로 삼고 벼슬을 쓸모없는 물건으로 여기며 기쁜 마음으로 본성을 기르고, 구름과 달 아래 너울너울 춤추며, 날마다 배도(裴度)의 녹야당(綠野堂)[52]과 백거이(白居易)의 향산사(香山社)[53] 고사를 찾습니다. 이 때문에 고아한 풍모와 여운이 무성하게 마을을 덮고 시를 지으면 산천과 초목이 모두 기운을 토해내었습니다.

동보 역시 이천 석의 태수 관직에 올라 곧장 관직을 버리고 돌아와서 몹시 마음에 들어하니, 그의 자취는 병만용(邴曼容)[54]과 도팽택

51 수레를……것 : 벼슬을 그만두고 집에서 쉬는 것을 말한다. 한나라 때 설광덕(薛廣德)이 연로하여 벼슬을 내놓고 고향으로 돌아갈 적에 황제가 그에게 안거(安車)를 하사하였는데, 고향으로 돌아와 이를 매달아 두고 자손 후대에 전한 데에서 유래하였다. 《漢書 卷71 薛廣德傳》

52 배도(裴度)의 녹야당(綠野堂) : 당(唐)나라 명재상 배도(裴度)를 가리킨다. 그의 별장이 녹야당(綠野堂)이므로 이렇게 부르는 것이다. 그는 헌종(憲宗) 때 회서(淮西)에서 반란을 일으킨 오원제(吳元濟)의 도당을 평정하여 큰 전공을 세웠다. 《古文眞寶後集 平淮西碑》

53 백거이(白居易)의 향산사(香山社) : 당나라 백거이(白居易)가 무종(武宗) 연간에 태자 소부(太子少傅) 벼슬을 그만두고 형부 상서(刑部尙書)로 치사(致仕)하여 향산(香山)의 승려 여만(如滿)과 향화사를 결성, 수행하며 자호를 향산거사(香山居士)라 하였다. 향화사(香火社)라고도 하는데, 고사(高士)의 은거지를 뜻한다. 《舊唐書 卷166 白居易傳》

54 병만용(邴曼容) : 만용(曼容)은 한나라 병단(邴丹)의 자(字)이다. 병단은 항상 뜻을 기르고 덕을 닦는 것에 치중하여 벼슬살이를 할 때에 600석 이상의 자리에는 결코 있으려 하지 않다가 왕망(王莽)이 집권하자 곧바로 사직하고 고향으로 내려갔다. 《漢書

(陶彭澤)[55]과 유사합니다. 비록 제가 변변치 못하지만 전야에서 분수를 지키며 감히 관직을 잃고 얻는 것을 기쁨과 슬픔으로 여기지 않고, 오직 여러 어르신들 뒤에 붙어서 시와 술이 있는 모임에 참여하는 것을 기뻐하니, 지금의 놀이가 어찌 즐거운 이유가 마음속에 가득하고, 매화를 보는 것은 그 한 가지 즐거움이 아니겠습니까. 풀 하나, 돌 하나도 경우에 따라 흥취를 이루는데, 매화는 말할 나위가 있겠습니까."

라고 하니, 몇 사람이 그렇다고 하였다. 내가 말하기를,

"매화는 식물 중에서도 운치가 빼어나고 격조가 높습니다. 하물며 음기가 쌓여 만물이 시드는 때에 푸른 혜초도 죽고 계수나무도 죽는데 유독 꼿꼿이 우뚝하게 여러 꽃보다 앞서 피니, 향기롭고 고결한 지조와 굳센 절개는 거의 풍진 세상의 물건이 아닙니다. 아, 추위가 오고 나서야 매화의 진가를 알 수 있습니다. 지금 두 공의 즐거움을 반드시 여기에 담아 즐겁게 읊조리며 스스로 그만 두지 못하는 것은 만년의 절개가 비슷하여 묵묵히 서로 감응하는 바가 있기 때문이 아니겠습니까. 우리 당의 여러 군자들이 그 즐거움을 변치 말아 그 향기를 맡고 그 지조를 함께하여 두 어른과 닮기를 청합니다."

라고 하니, 몇 사람이 좋다고 하였다.

卷72 兩龔傳》

55 도팽택(陶彭澤) : 팽택 영(彭澤令)을 지낸 동진(東晉)의 처사 도잠(陶潛)을 가리킨다. 그가 팽택 영으로 있을 때, 군(郡)의 독우(督郵)가 순시하러 나오게 되자 아전이 도잠에게 의관을 갖추고 독우를 뵈어야 한다고 하였다. 도잠이 탄식하며 말하기를, "내 어찌 녹봉 닷 말을 위하여 향리의 소인에게 허리를 굽히겠는가." 하고, 전원으로 돌아가면서 〈귀거래사〉를 지었다.

얼마 뒤에 동보가 매화를 보고 지은 여러 시를 모아 한 편으로 묶어서 나에게 서문을 써달라고 하였다. 내가 솜씨가 없어 문장을 잘 짓지 못하지만, 긴 글을 다듬어 드디어 그 말을 기록하여 그의 요청에 답한다. 이해는 실로 숭정 후 기사년(1689, 숙종15)이며, 놀이는 동지 나흘 뒤에 있었다. 함께 놀았던 사람은 적곡의 아우 김 아무개 군, 적곡의 손자 김인백(金仁伯) 군, 나 노망(魯望 서종태)과 동보(同甫), 동보의 아우 낙군(樂君)이다.

아우 이인로[56]에게 주는 소서 신미년(1691, 숙종17) 봄

贈李弟仁老小序 辛未春

중표(中表)[57] 아우 전성(全城 전의(全義)) 이인로는 자질이 민첩하고 학문을 좋아하여 약관의 나이에 이미 문장이 뛰어나 동년배들을 탄복시켰으며, 취향이 소탈하여 자잘한 격식에 얽매여 겉치레를 하지 않았다. 늘 술에 조금 취하면 관을 삐딱하게 쓰고 시를 읊었는데, 한 번 시를 지으면 수십 편에 이르렀으며 자유분방하여 당할 수가 없었다. 또 도가의 여러 서적에 해박하여 밤낮으로 부지런히 그치지 않고 그 말뜻을 깊이 음미하였다. 나는 그가 일찍 깨달은 것을 기뻐하고, 또 그의 취향이 초탈함을 기뻐하여 날마다 불러 기쁘게 즐기며 감히 나이가 많다는 이유로 형님 행세를 하지 않았다. 이번에 바다를 건너 부모님을 뵈러 가게 되었는데, 떠나는 날이 다가오자 여러 차례 방문하여 "한 마디 말씀하여 경계하고 권면해주십시오."라고 하였다. 내가 글을 잘 짓지 못한다고 사양했으나 그의 뜻이 더욱 간곡하여 드디어 스스로 다음과 같이 생각하였다.

"내가 인로에게 만일 해줄 말이 있다면 어떤 말이든 해주지 못하겠는가. 그러나 나는 이미 도와 기예에 서툴러 모두 터득한 것이 없으니, 무슨 말로 경계하고 권면할 수 있겠는가. 비록 말을 해준들 인로가

56 이인로(李仁老) : 이덕수(李德壽, 1673~1744)를 말한다. 본관은 전의(全義), 자는 인로(仁老), 호는 서당(西堂), 벽계(蘗溪)이다.

57 중표(中表) : 내외종 사촌 형제를 말한다.

경청하도록 만들 수 있겠는가. 문장으로 권면하려고 하니, 인로의 문장은 이미 날마다 크게 발전하고 있고, 옛사람에 뜻을 두라고 권면하려고 하니, 인로의 기운은 이미 우뚝하고 마음대로 내달려 막을 수가 없다. 그가 여정 길에 지나게 될 큰 바다의 넓고 진귀한 광경을 기술하여 시를 지어 주려고 하니, 나는 평소에 여기에 익숙하지 못하고, 또 힘을 다해 보아도 필시 쓸데없고 과장된 진부한 말을 벗어나지 못할 것이니, 무익하여 할 필요가 없다. 그만둘 수 없다면 한마디 말을 하여 인로가 이미 잘 하는 것을 바탕으로 그의 진보를 더욱 권면할 수 있으리라.

지금 인로는 잡서를 많이 읽으니, 역시 그 지류를 섭렵하여 먼저 취향을 넓히고 장차 요약하여 중도(中道)로 나아가려는 뜻이 아니겠는가. 노장과 불교의 현묘하고 공허한 뜻은 비천하여 논할 것이 없고, 참동(參同)과 내단(內丹)[58]의 학문은 옛날 현인이 사모한 적이 있다. 그 뜻이 은미하니, 이것이 어찌 진실로 마음을 기울이고 존경해서 그런 것이겠는가. 대체로 제가(諸家) 중에 수준이 낮은 것은 마음을 다하기에 부족하고, 심오한 것은 모두 우리 유학의 실마리에서 벗어나지 않는다. 또 듣기로 선배중에 젊을 때에 여기에 물들어 그 해독을 입은 자가 있는데 결국 비록 한 번 되돌려 씻어내려 했지만 벗어나기 쉽지 않았으니 매우 경계해야할 일이다.

58 참동(參同)과 내단(內丹) : 《주역참동계(周易參同契)》를 말한다. 동한(東漢) 위백양(魏伯陽)의 저술로 3권으로 되어 있다. 도교(道敎)의 내단기공(內丹氣功)에 대한 중요한 경전(經典)이다. 연단(煉丹)을 논술한 최초의 문헌으로 그래서 '만고의 단경(丹經)의 왕(王)'이라고도 한다.

인로는 본디 시를 즐겨 자유분방하니, 차근차근 법도에 맞추거나 화려하게 말을 꾸며 고결한 체 한 적이 없다. 마주하면 흉금이 환히 보였다. 그러나 간혹 지나치게 소략하고 질탕하여 절제하고 굳건한 모양새가 부족하였다. 젊은 날의 지기가 그 때문에 저절로 넘쳐흘렀으니, 이는 배양해야 할 것이고, 흔들어서는 안 된다. 그러나 기질이 치우친 것이 아니라고 말할 수는 없으니, 옥조(玉藻)의 구용(九容)[59]처럼 늘 살피고 점검하여 힘차고 준수하고 명랑한 기운을 조용히 법도 안에서 기른다면 어찌 좋지 않겠는가.

인로의 문학은 이미 찬란하게 성취하였다. 그의 뜻은 문예를 하는 선비로 그치려는 것인가. 아니면 일찍 근본과 말단, 화려함과 실제의 분별을 명확히 하여 이보다 나아가기를 바라는 것인가. 시문은 보잘 것 없는 것이니, 비록 많은 공을 들이고 정력을 다하여 문장으로 크게 드러낸다 하더라도 몸과 마음에 무슨 도움이 있겠는가. 선비가 할 만한 일이 다만 여기에 그치겠는가. 나는 늙고 지쳐 뜻과 힘이 강하지 못해 지금 스스로 포기하는 결과를 면하지 못했지만, 인로처럼 재주가 있고 인로처럼 뜻이 높은 사람이 만일 조자환(曹子桓)이 과장한 한 마디[60]에 속아 문장을 아주 중대하게 본다면 어찌 몹시

59 옥조(玉藻)의 구용(九容) : 옛날 군자가 수신하는 아홉 가지 몸가짐으로, "발은 무겁게, 손은 공손하게, 눈은 바르게, 입은 신중하게, 말소리는 고요하게, 머리는 똑바르게, 숨소리는 고르게, 설 때는 의젓하게, 낯빛은 단정하게 한다."라는 것이다. 《禮記 玉藻》

60 조자환(曹子桓)이……마디 : 조자환은 위 문제(魏文帝)인 조비(曹丕)를 말한다. 조비는 "문장이야말로 나라를 경륜하는 큰 사업이요, 영원히 썩어 없어지지 않을 성대한 일이다. 연수도 때가 되면 다하고 영락도 자기 몸에 그치나니, 반드시 일정한 기한이

애석하지 않겠는가. 인로는 더욱 분발하여 면려하기를 바란다."

아, 인로의 부친 시독공(侍讀公)[61]은 나의 숙부로, 평소에 스승처럼 믿었고 친구처럼 친하게 지냈는데, 불행하게도 충직함으로 인해 조정에서 견책을 받아 섬으로 유배를 간 지 지금 삼년이 지났다.[62] 인로가 몇 개월 동안 서울에 와서 머물다가 백운(白雲)을 바라보고는[63] 촌초(寸草)의 마음[64]이 일어나고 호기(岵屺)의 생각[65]이 날마다 꿈에 어른거렸다. 지금 그가 문안하러 가는 길에 바람과 파도가 높고 교룡과 악어가 출몰할 터인데, 한 번 만 리를 바라봄에 아득하여 어디가 끝인지 알 수 없을 것이니, 어찌 너무나 위험하지 않겠는가. 그러나 신명이

있게 마련인 이 두 가지보다는, 무궁히 전할 수 있는 문장이 훨씬 낫다고 할 수 있다."라고 하였다. 《文選 卷52 典論 論文》

61 시독공(侍讀公) : 이덕수의 부친 이징명(李徵明, 1648~1699)을 말한다.

62 불행하게도……지났다 : 이징명은 기사년(1689)에 환국(換局)으로 남해로 유배되었다가 갑술년(1694)에 희빈 장씨가 쫓겨나자 귀양에서 풀려 돌아왔다. 《肅宗實錄 12年 7月 6日 · 20年 4月 12日》

63 백운(白雲)을 바라보고는 : 고향에 계신 어버이를 그리워하는 마음이다. 당(唐)나라 적인걸(狄仁傑)이 병주 법조(幷州法曹)로 부임하였을 때 그의 부모가 남쪽 하양(河陽) 땅에 있었는데, 그는 그곳 병주에 위치한 태항산(太行山)에 올라가 남쪽 하늘에 흰 구름〔白雲〕이 외로이 떠가는 것을 보며, "나의 어버이가 저 구름 아래 계신다."라고 하고, 한참 동안 흐느끼다가 그 구름이 옮겨간 뒤에야 그 자리를 떴다는 고사에서 유래하였다. 《新唐書 卷115 狄仁傑列傳》

64 촌초(寸草)의 마음 : 부모의 은혜를 말한다. 당나라 맹교(孟郊)의 〈유자음(游子吟)〉에 "누가 촌초의 마음이 삼춘의 빛에 보답한다고 말하겠는가?〔誰言寸草心, 報得三春暉.〕"라고 한 데서 유래하였다.

65 호기(岵屺)의 생각 : 고향 떠난 아들이 부모를 그리워하는 것이다. 《시경》〈척호(陟岵)〉에 "초목 우거진 저 산에 올라 고향땅 바라보며 아버님 생각하네……초목도 없는 저 산에 올라 고향땅 바라보며 어머님 생각하네."라고 하였다.

이미 그의 효심에 감동하였으니, 바다의 귀신들이 모두 도와줄 것이다. 그러므로 내가 인로를 위해 걱정하지 않고, 다만 경계하고 면려하는 말을 거듭하는 것이다.

《가림세고》[66] 서문 갑신년(1730, 숙종34)

嘉林世稿序 甲申

과거 급제는 세가(世家)에서 문헌을 전수하는데 큰일은 아니지만, 장원급제하여 많은 선비들의 으뜸이 되는 것은 비유하자면 단상에 올라 맹약을 주관하는 것과 같다. 또 하물며 몇 대를 거치며 대대로 장원급제를 하는 경우는 역사에서도 더욱 보기 드무니 그 일이 더욱 어렵고 그 영광이 특별히 성대하다. 만약 그런 경우가 있다면 어찌 문명(文明)의 기운이 처음부터 길게 뻗어 나와 근원이 깊고 흐름이 길어 대대로 그 아름다움이 모여서 그렇게 된 것이 아니겠는가.

우리나라의 고사는 진사에 장원하는 것을 중시하여 가려 뽑는 것을 반드시 공정하게 하는데, 가문과 명망이 있는 사람을 선택하여 한결같이 여론을 따르니, 사마시(司馬試 소과(小科))가 비록 책명(策名)[67]과는

66 가림세고(嘉林世稿) : 가림은 임천의 옛 지명으로, 조희일(趙希逸, 1575~1638)이 편찬한 책이다. 조희일의 본관은 임천(林川), 자는 이숙(怡叔), 호는 죽음(竹陰)·팔봉(八峰)이다. 부친은 승지 조원(趙瑗)이다. 1601년(선조34) 진사시에 장원으로 급제하고, 1602년(선조35) 별시 문과에 급제하고, 1608년(광해군 즉위년) 문과중시에 또 급제하였다. 가림세고는 1704년에 조희일(趙希逸)이 자신의 과작(科作), 부친 조원(趙瑗)의 시(詩), 아들 조석형(趙錫馨)의 시(詩), 조원(趙瑗)의 부실(副室) 옥봉(玉峯)의 시(詩)를 모아 편찬하였다.

67 책명(策名) : 신하된 자를 기록한 간책(簡策)에다 이름을 기입한다는 말이다. 대책명위지(策名委質)라고도 하는데 이는 《춘추좌씨전》 희공(僖公) 23년 기사에 보이는 말이다. 그 주(注)에 "옛사람들은 벼슬할 때에 죽간(竹簡)에다 자기의 이름을 써서 임금에게 바침으로써 신하의 절의를 다할 것을 밝혔다."라고 하였다. 본문에서는 대과

다르지만 세상에서 더욱 영광으로 여긴다.

근세에 가림 조씨(嘉林趙氏) 집안은 4대가 진사에 장원을 차지하였는데, 이는 우리나라가 개국한 이래로 없던 일이니, 어찌 성대한 일이 아니겠는가. 승지 운강공(雲江公 조원(趙瑗))이 진사에 장원한 것은 가정(嘉靖) 갑자년(1564, 명종19)이고, 참판 죽음공(竹陰公 조희일(趙希逸))이 진사에 장원한 것은 만력 신축년(1601, 선조34)이니, 이어 모두 문과에 급제하였다.

운강공은 명성이 성대하여 벼슬길이 갈수록 열려 점차 크게 쓰이려 하였으나, 당인(黨人)에게 가로막혔고 또 오래 살지 못하여 높은 벼슬자리에 오르지 못하였다. 죽음공의 문장은 당시에 명망이 있어 세상에서 문장의 대가(大家)를 논할 때 공이 반드시 수십 년 동안 두세 명 안에 꼽혔다. 그러나 승진은 오히려 더디었고 또 삼관(三館)[68]의 문형에는 오르지 못하여 논하는 자들이 안타까워하였다. 세마 수헌공(水軒公 조석형(趙錫馨))이 진사시에 장원한 것은 우리 인조(仁祖)가 중흥한 초기인 갑자년(1624, 인조2)이다. 끝내 불우하게도 문과에 급제하지 못했으며, 또 뜻이 고상하여 벼슬하기를 달가워하지 않고 문장을 즐겨 고아한 운치를 간직한 채 생을 마쳤다.

가림 조씨 집안은 우리나라에서 문장을 중시하고 인재를 존중하는 때를 만나 대대로 문단을 좌지우지하였다. 시문을 겨루는 곳에서 수많은 선비들을 압도하여 출중하게 연이어 장원을 차지하니, 마치 집안에 전하는 오래된 물건과도 같았다. 지금까지 선비들이 모두 그 문장을

(大科)를 의미한다.

68 삼관(三館) : 홍문관, 예문관, 교서관을 말한다.

모범으로 삼아 누구나 암송하며, 또 그 명성이 빛나고 성대하게 남은 빛이 있다. 비록 현달하고 곤궁함에 조금 차이가 있으나, 논하는 자들은 여기에서 역시 세가의 문헌을 징험할 수 있을 것이다. 만일 문명의 기운이 후손에게 전해져 상서로움을 기르고 대대로 아름다움을 세습하지 않았다면 어찌 이렇게 될 수 있겠는가. 더구나 가림 조씨 집안은 대대로 충성하고 효도하는 명성과 행실을 지켜 가법을 말하는 자들이 항상 이야기하니, 어찌 다만 문장에만 그치겠는가.

다만 애석한 것은 수헌공의 맏아들 군수공(郡守公 조경망(趙景望))이 일찍 문아(文雅)로 명성이 나서 진사시에 높은 성적으로 합격하였는데, 사람들은 장원에 오를 것이라 생각했으나 제 4등으로 합격하였으니, 세상 사람들이 모두 안타까워하였다. 다행히 지금 강서 현령(江西縣令) 정만(正萬) 정이(定而)가 금상 신유년(1681, 숙종7)에 진사에 장원으로 합격하여 당대의 기대를 저버리지 않고 집안의 명성을 잘 이었으니, 또 어찌 그리 성대한가. 조군이 지금 비록 문과에 급제하지 못하고 외직을 전전하고 있지만, 그 집안의 문명의 기운이 어찌 끝내 침울하게 끝나도록 하겠는가. 생각건대 결국 더욱 크게 명성을 떨치리라.

조 사군이 강서 현령으로 재직하면서 운강공 이하 3대 장원을 차지한 공들의 시(詩)와 과제(科製) 여러 편을 한 책으로 묶어 목판에 새겨서 《가림세고》라고 이름을 붙였다. 죽음공의 문집이 이미 세상에 전하기에 수록한 것은 다만 과거 문장뿐이다.

아, 죽음공의 시부(詩賦)는 뛰어나고 아름다워 진실로 논할 것도 없고, 운강공과 수헌공 두 분의 시는 풍격이 높고 빼어나 각각 아름다움을 다하였으니, 보는 자들은 절로 알 수 있으리라. 조 사군은 내가 집안끼리 세교가 있다는 이유를 들어 글을 지어달라고 부탁하였다. 내가 글을 잘 짓지 못한다는 이유로 사양하였으나 더욱 부지런히 청하였다. 드디어 삼가 그 일을 써서 책 말미에 기록하노라.

인제 현령[69]을 이별하는 소서
別麟蹄明宰小敍

삼종형 중거씨(仲車氏)가 형조 정랑으로 있다가 인제 현령으로 나가게 되었으니, 벼슬로 보면 좌천된 것이다. 함께 종유하던 대부와 선비들이 모두 말하기를,

"아무개가 회인 현감(懷仁縣監)으로 있을 때, 정치를 잘하고 은혜가 두루 미쳐 다스림이 성대하였다. 조정에 들어와서는 형조 정랑이 되어 송사를 공정하게 처리하여 관장이 칭찬하였다. 지금은 오랫동안 같은 벼슬자리에 머물렀다 외직으로 나가는 것이기에 군수 자리를 얻어야 하는데, 아무개는 물러나 겸양을 지키며 조금도 기다리지 않고, 인제 현령 자리를 구하여 떠났다. 저 인제는 산골짜기에 있는 조그만 고을로 회인과 다를 것이 없는데 아무개가 또 수령으로 부임하였으니, 역시 좌절을 당하여 품은 재주를 펼치지 못하는 것이 아닌가."

라고 하였다.

내가 그 말을 듣고는 다음과 같이 말하였다.

"그렇지 않다. 우리 형은 자신의 뜻을 얻었다. 형은 화락하고 화평하며 또 일에 민첩하다. 젊어서 학문을 쌓아 시문을 공부하여 명성이 있어 집안사람들이 형이 크게 될 것이라 기대하였다. 만일 한번 급제

69 인제 현령(麟蹄縣令) : 서종적(徐宗積, 1651~1724)을 말한다. 본관은 달성(達城), 자는 중거(仲車)이다.

하여 벼슬길에 나아갔다면 어느 자리인들 마땅하지 않겠는가. 그러나 머리를 숙이고 벼슬에 종사하였다. 벼슬에 나아간 것이 비록 가난 때문이지만, 그의 뜻은 백리의 고을을 안정시켜 임금에게 보답하고 명문가의 분의(分義)를 실추시키지 않고자 하는 것이다. 가령 형이 조금 기다렸다가 이름난 군(郡)을 얻는다 하더라도 물품을 풍족하게 제공받고 성대한 호위를 받는 데에 불과하니, 형이 어찌 이런 것을 즐기겠는가. 형이 비록 정신이 쇠하지 않아 여전히 고을의 어려운 일을 처리할 수 있지만, 나는 늙었고 형은 나보다 한 살이 많으니 한창 때와 비교하면 그 때만 못하다는 것을 알 수 있다. 지금은 우리들이 어찌 정력을 아껴 기를 때가 아니겠는가.

인제현은 풍속이 순후하고 일이 간략하며, 백성들의 생업이 어렵다. 그런데 근래에 거듭 기근이 들어 피폐해졌으니, 형이 반드시 부역을 공평히 하고 폐단을 바로잡는 일을 급선무로 하여 봄볕처럼 따뜻하게 보살펴 주어 태평성대로 이끌 것이다. 또 고을의 자제들을 나오게 하여 잘 인도하여 선비들의 풍속을 맑게 할 것이다. 만일 먼 산골이 흥기되고 권면된다면 그의 직분을 잘 수행하였다고 할 수 있으니, 위로 나라의 은혜에 조금이나마 보답할 것이다. 군현의 크기에 관계없이 형이 여기에서 그 다스림을 더욱 자유자재로 펼칠 것이다.

내가 또 앉아서 형이 관직생활에서 누리는 흥취를 생각해 보건대, 아침에 일어나 관아의 일을 볼 때면 산의 사슴이 관청 뜰에 있을 것이고, 푸른 숲 기운이 책상 앞에 가득할 것이며, 관인(官印)이 담긴 상자에는 이끼가 생겨날 것이다. 때때로 나가서 산수와 시내를 거닐면 은거하는 즐거움이 있는 듯하여 관직에 매인 줄도 모를 것이다. 또 단약을 만들어 노쇠한 얼굴이 점차 젊어질 것이니, 저 번거로운 일을 다스리느라 고생하는 사람과 비교하면 득실이 어떠한가. 훗날 마주하면 내가 손을 잡고서 형에게 경하할 것이다."

기記

각상헌 기문

覺爽軒記

을축년(1685, 숙종11)에 금성에 있을 때 지은 것이다.

내가 부모의 봉양을 위해 조정에 요청하여 외람되이 이 고을을 다스리게 되었는데, 관아는 협소하고 고을은 산골짜기에 있는 데다 누추하며, 즐거이 노닐고 뜻을 즐길 수 있는 연못과 누각의 그윽하고 아름다운 경관이 없었다. 얼마 뒤에 침소의 서편에 '각상헌' 이라는 곳을 얻어 드디어 평소 거처하는 공간으로 삼아 때때로 그곳에서 공문서를 처리하였다. 또 그곳이 안채와 바깥채의 사이에 위치하여 한가한 날에는 비록 집무실에 나가지 않더라도 빈객을 맞아 술상을 차렸고, 어떤 일로 인해 찾아오는 백성도 그곳으로 오라고 하여 일을 처리하였으니, 조용히 누워서 쉬기에 알맞은 곳이고, 또 정무를 보기에도 무방하였다.

이곳은 전임 현령인 윤이건(尹以健)[70]씨가 땅을 넓혀 새로 지은 곳이

70 윤이건(尹以健) : 1640~1694. 본관은 남원(南原), 자는 체원(軆元), 호는 일소재(一笑齋)이다.

다. 이전에 윤공이 편지를 보내와 처음 이곳을 지은 노고를 서술하고 올라서 보이는 경치를 자랑하며 나에게 기문을 지어달라고 하였다. 나는 '각상'이라는 뜻이 과연 어디에 해당하는지 자세히 몰라 우선 답장을 보내지 못했다. 이제 보니 그 지세가 높고 트여있으며, 건물이 깨끗하고 가지런하다. 집은 겨우 몇 칸 뿐이고, 또 사치스럽게 단청을 하거나 문양을 새기지 않았지만, 맑고 원대하며 그윽하고 넓은 경관이 거의 산꼭대기와 물가에 있는 높고 넓은 누각과 비슷하다. 옆으로는 숲을 끼고 있고 아래로는 비바람을 굽어보아 흰 빛과 푸른색이 어우러져 아침저녁으로 풍경이 갖가지로 변하고, 좌우에 산들이 애쓰지 않아도 훤히 보여 건물 아래로 모든 모습을 드러낸다. 금성의 마을과 동네와 김매는 사람, 길가는 사람, 노래 부르는 사람을 모두 앉아서 헤아릴 수 있다. 늘 각건을 쓰고 편안히 앉아 옷깃을 풀고 읊조리면 사방 산의 상쾌한 기운이 내가 앉은 자리로 다가와 절로 기운이 맑고 정신이 상쾌하여 관직에 얽매이고 공무에 힘든 처지를 전혀 모르겠으니, 건물에 이름을 붙인 뜻이 아마도 여기에 있을 것이다.

또 윤공이 베풀었던 정치를 더욱 잘 알고 곁에서 백성들이 칭송하는 말을 들은 뒤에 비로소 그 의미가 높고 밝으며 여유롭게 쉴 수 있는 곳이며 시야가 막히지 않고 기운이 번잡하지 않은 점만을 전적으로 가리키는 것은 아니라는 사실을 알게 되었다. 아마도 "탐천의 물을 마셔도 시원함을 느낀다."[71]라는 옛사람의 말에서 취한 것이리라.

71 탐천(貪泉)의……느낀다 : 누구든지 광주(廣州) 땅 탐천(貪泉)의 샘물을 마시면 탐욕이 생긴다고 하지만, 자신의 마음만 곧고 결백하다면 그 물을 마셔도 상쾌함을 느낄 것이라는 뜻이다. 광주에 있는 탐천이라는 샘은 누구든지 이 샘물을 마시면 욕심을

내가 듣기로 윤공이 이 고을을 다스릴 때에 엄한 형벌로 백성을 다스리고 나서 또 봄볕 같은 은혜를 베풀었다. 묵은 폐단을 제거하고 폐정을 진작시켜 도망친 백성 중에 돌아오지 않은 사람이 없었고, 농사를 짓는 사람들도 모두 예법을 알았다고 하니, 이는 모두 윤공의 덕택이다. 훌륭한 정치에 대한 소문이 조정에까지 들렸고, 백성들도 기뻐하며 춤을 추었는데, 윤공이 갑자기 질병으로 인해 사직하고 돌아갔다. 그러나 이것은 치적이니, 오히려 윤공의 미덕을 다하기에는 부족하다.

듣기로 윤공은 관직에 있을 때 청렴하였고, 고을의 수입은 평소에 넉넉하지 않았지만 사적인 부역을 많이 덜어주어 창고가 가득 찼으며, 윤공이 돌아갈 때 만일 배를 타고 갔다면 거의 울림의 돌[72]만 싣고 갔을 것이라 한다. 이 사실로 미루어 보자면 이 고을에는 본디 탐천이 없으나, 만일 있어서 윤공으로 하여금 한 번 마시게 했다면 그 마음이 더욱 맑아져서 더러움에 물들지 않았을 것이 분명하다. 그렇다면 '각상'은 윤공의 실제 기록이다. 이미 이것으로 자신을 신칙하고, 또 부지런히 이 건물에 편액을 달아서 뒤에 오는 사람들을 면려하고자 하였으니, 그 뜻이 부지런하지 않은가.

아, 사대부가 조정에서 벼슬할 때의 원칙으로는 반드시 청렴결백을 근본으로 삼는다. 고을의 수령은 직접 돈과 곡식을 처리하니, 더욱 삼가야 한다. 지금 넉넉한 물건이 가까이 있어 번번이 쉽게 몸을 더럽히니, 비유하자면 모두 탐천과 같다. 어떤 사람이 여기에서 다만 대번에 천금을 생각하지 않을 뿐 아니라 그 뜻이 또 더욱 상쾌하다면 이

부리게 된다 해서 붙여진 이름이다. 《古文眞寶後集 卷2 滕王閣序》

72 울림(鬱林)의 돌 : 158쪽 주41 참조.

사람은 진실로 빙벽(氷蘗)[73]과 같으니 논할 것도 없거니와, 비록 이보다 못한 사람이라도 어찌 이 뜻을 돌아보고 생각하여 스스로 신칙하기를 어떻게 하는가에 달려 있지 않겠는가. 이제야 이렇게 글을 써서 윤공에게 답장을 한다. 윤공이 비록 겸양하며 자임하지 않았으나, "'각상'이란 이름을 붙인 것은 본디 건물이 좋아서이지만, 경계의 뜻을 담은 것도 나의 뜻이오."라고 하였다. 내가 드디어 이 이야기로 기문을 지어서 벽에다 붙여 우리 당(黨)의 여러 군자들로서 이 고을에 부임하는 자와 함께 권면하기를 청하노라. 때는 숭정(崇禎) 후 을축년(1685, 숙종11) 5월이니, 달성 서종태 노망보가 기문을 짓노라.

73 빙벽(氷蘗) : 얼음과 황벽나무라는 뜻으로, 춥고 괴로운 가운데에서도 굳게 절조를 지키며 청백하게 사는 것을 비유할 때 쓰는 말이다. 즉 청빈하다는 명성을 말한다.

만정당 기문 기사년(1689, 숙종15)

晩靜堂記 己巳

나는 우둔하고 학문이 모자라 실로 세상에 도움이 될 만한 자질이 없는데, 어리석게도 스스로 헤아리지 못하여 잘못 조정에 올라 명예와 이익의 길에 빠져 흔들린 지가 거의 십여 년이다. 지금은 다행히도 조정에서 쫓겨나 산모퉁이와 적막한 강가에서 편안히 지냈다. 아마도 하늘처럼 신령한 성상 덕택에 이로 말미암아 몸과 마음을 조섭하여 노년에 휴양하여 미복(迷復)[74]의 공을 얻는다면, 이 역시 시종일관 낳고 기르는 우리 성상의 큰 은택이 아니겠는가. 드디어 거처하는 산속 집 곁의 작은 공간에다 건물 하나를 지어 '만정(晩靜)'이라고 이름을 붙였다. 그 뜻은 과연 무엇인가. 이는 실제를 기록한 것이며, 또 미래에 기대하는 바가 있기 때문이다.

내 나이는 지금 서른여덟으로, 이미 세상일을 많이 겪었고, 마음도 지쳤다. 이제 곧 노년으로 접어드는데 비로소 조용한 곳으로 왔으니, 이는 실제 기록이다. 그러나 사람의 병통은 늘 움직이는 곳이 많아 세상일이 흔들어서 빼앗기 쉬워 걱정이니, 나 역시 어찌 하루가 가기 전에 변하지 않는다고 장담할 수 있겠는가. 그러므로 이것으로 스스로 경계하고 맹세하노니, 그 뜻은 늙어갈수록 더욱 고요해지기를 바라는 것이다. 이것이 내가 기대하는 것이다.

74 미복(迷復) : 도(道)를 잃어 다시 돌아올 곳이 없음을 말한다. 《주역》〈복괘(復卦)〉상육(上六)에 "돌아오는 길을 잃었으니 흉하다.〔迷復, 凶.〕"라고 하였다.

고요한 즐거움은 어떠한가. 깊은 곳에 은거해 살며 말소리와 그림자를 거두고 초연히 몸은 관직 생활을 벗어나고 문에는 시끄러운 수레 소리가 끊어지고, 멀리 구름 달과 함께 살며, 담박하게 물고기와 새와 어울리니, 이는 산에 거처한 뒤로 고요하게 살고 있는 대략적인 상황이다. 늘 산에 있는 집의 문을 닫고 길을 쓸지도 않아 하루가 한 해 같은데, 숲이 고요하여 모든 소리가 사라지고 여러 산이 집을 둘러싸서 상쾌한 기운이 자리에 있다. 술을 조금 마시고 시를 읊조려 그윽한 근심을 없애기도 하고, 안석에 기대어 맑은 향을 피우고 서적에 마음을 쏟기도 하니, 고요하기는 깊은 못과 같고 공허하고 정숙한 것은 보루와 같다. 문은 닫혀 있어 사람이 없고, 장막은 열린 채 그대로 있다. 비록 밤낮의 고요함이 그 단서가 같지 않지만 그 즐거움은 무궁하여 사람으로 하여금 일찍 얻지 못하고 늦게 얻은 것을 몹시 후회하게 만드니, 지난날 시장과 조정에서 분주하게 다니며 몸과 마음을 피폐하게 했던 일을 돌이켜보면 문득 두려워져 온몸이 땀으로 젖는다.

지금부터 마음은 더욱 고요해지고 몸은 더욱 여유로워지며 형체는 더욱 살지고 정신은 더욱 왕성해지며, 자취는 날마다 숨겨지고 흥취는 날마다 높아지리라. 혹시 조물주가 나를 장수하게 해 준다면 칠십에서 팔십까지 살고 팔십에서 상유(桑榆)에까지 이르러[75] 영원히 산속을 지

75 상유(桑榆)에까지 이르러 : 인생의 노년기를 잘 마무리한다는 뜻이다. 상유는 지는 해의 그림자가 뽕나무와 느릅나무 끝에 걸려 있다는 말로, 서방의 해 지는 곳 또는 인생의 노년기를 의미한다. 반대로 해가 뜨는 곳을 동우(東隅)라고 한다. 후한(後漢)의 장군 풍이(馮異)가 적미병(赤眉兵)과 싸울 때, 처음에는 패주했다가 나중에 적을 격파하자, 광무제(光武帝)가 "동우에는 잃었으나 상유에 수습하였다.〔失之東隅, 收之桑榆.〕"라고 했던 고사가 전한다.《後漢書 卷47 馮異列傳》

키고 즐기면서 지금의 고요한 생활을 바꾸지 않는 것이 바로 나의 뜻이니, 산악의 신령이 모두 허락하리라.

한 가지 할 말이 있다. 내가 비록 유학을 아는 사람은 아니지만, 예전에 듣기로 학문을 하면서 고요함에 너무 힘을 기울이면 이단의 허무하고 공허한 영역으로 떨어지기가 쉽다고 하니, 힘을 기울이는 영역이 털끝만큼도 차이가 없어야 한다. 다만 일반적으로 학문의 득력처를 보자면 결국 고요함만 한 것이 없으니, 주자(周子)의 주정설(主靜說)[76]이 진실로 이유가 있다. 지금 내가 말하는 고요함은 다만 자연에서 편안히 쉬는 고요함이지, 여기에 비견하는 것은 아니다. 그러나 역시 어찌 천하의 일체 사물을 버린 뒤에 비로소 고요함을 얻는다고 하겠는가. 장 남헌(張南軒)이 말하기를 "모름지기 고요함으로써 움직임의 근본을 함양하고, 움직임을 살펴 고요함을 보존한 바를 보아서 움직임과 고요함이 서로 필요하고 본체와 작용이 떨어지지 않은 뒤에야 물샐 틈이 없어진다."[77]라고 하였는데, 주자(朱子)가 이 말을 깊이 취하였으니, 역시 아울러 이것으로 스스로 힘쓰고자 한다.

기사년(1689, 숙종15) 겨울에 풍양(豐壤)의 전사(田舍)로 돌아와

76 주자(周子)의 주정설(主靜說) : 허망한 생각을 버리고 마음을 안정시킴을 주로 하는 것이다. 주돈이(周敦頤)의 수양법으로 그의 〈태극도설(太極圖說)〉에 '성인은 중·정·인·의로 정하되 정을 주로 하여 사람의 극을 세운 것이다.〔聖人定之以中正仁義, 而主靜 立人極焉.〕'라고 하였다.

77 장 남헌(張南軒)이……없어진다 : 장남헌(1133~1180)은 남송(南宋)의 도학자로, 이름은 식(栻)이고, 자는 경부(敬夫)·흠부(欽夫)·낙재(樂齋), 호는 남헌(南軒)이며, 장준(張浚)의 아들이다. 이 말은 장남헌이 주자에게 보낸 편지에서 한 말이다.

처음 초당을 짓고 드디어 '만정당'이라고 이름을 붙이고, 이 기문을 써서 벽에 붙였다가 지금 새로운 종이로 바꾸어 이곳에 옮겨 붙였다.

기문에서 영원히 산속을 지키겠다는 말로 맹세했지만, 5년 뒤에 발을 굳게 붙이지 못하여 다시 세상으로 나왔다가 그대로 매몰되어 다시 예전에 살던 집으로 돌아가지 못하였으니, 늘 산림을 바라보면 얼굴이 붉어지고 부끄럽다. 지금 헤아려보니 어느덧 이십여 년이 흘러 나의 머리털은 엉성해지고 기력은 다하였으며, 이미 벼슬을 그만두었다. 거처하는 집을 비록 이곳으로 옮겼지만 그 뜻은 한결같으니, 지금은 이전에 했던 말을 실천할 수가 있을 것이다. 경인년(1710, 숙종36) 가을에 쓰다.

범옹 홍공[78]의 《분산도》 기문 정해년(1707, 숙종33)
泛翁洪公墳山圖記 丁亥

효자가 선대를 받드는 생각은 끝이 없으니, 묫자리를 택하여 안장한 뒤에 비석에다 사적을 새겨 아름다운 행실을 빛나게 한다. 또 무덤에 묘지명을 묻어 먼 훗날을 위한 계책을 세우니, 무덤을 위하여 드러내어 찬양하고 영원히 견고하게 할 바탕이 갖추어진다. 그러나 그 생각에 여전히 끝이 없으니, 또 상세한 산천의 위치를 기재하여 책에다 기록하여 후손들에게 전해주어 먼 훗날에도 살펴보고 그 장소를 알 수 있게 한다. 그러니 비록 비석이 때때로 부서지고 골짜기가 때때로 묻히고 변하더라도 어찌 분명히 알아보지 못할 근심이 있겠는가.

고(故) 예조 참의 범옹 홍공의 옷과 신발이 묻힌 곳은 양주(楊州) 치소 동쪽 옛 풍양현 현창리(縣倉里) 묘향(卯向)의 언덕이다. 아들 목사공 사중씨(士中氏 홍만선(洪萬選))와 지헌군 사길(士吉 홍만적(洪萬迪)) 이 밤낮으로 힘을 다하여 다시 이 언덕을 묫자리로 골라 묘역을 만들고 비석을 세워 공의 행적을 새겨 넣고 손수 소나무와 가래나무를 심고서 그 아래에 제전(祭田)을 구입하였으니, 묘도(墓道)에 관한 크고 작은 일이 모두 갖추어졌다. 또 공의 분산도(墳山圖)를 가지고 와서 나에게 기문을 지어 달라고 부탁하니, 이는 공의 문집에 실어서 영원히 후손들에게 보이기 위함이다. 아, 그들이 선대를 받드는 생각이 참으로 끝이

78 범옹(泛翁) 홍공(洪公) : 홍주국(洪柱國, 1623~1680)을 말한다. 본관은 풍산(豐山), 자는 국경(國卿), 호는 범옹(泛翁)·죽리(竹里)이다.

없다.

내가 예전에 공의 묘소에 절하고 그곳의 산천을 살펴보았는데, 숲이 울창하고 풍기가 서려 있어 길한 곳임을 알았다. 지금 그 분산도를 살펴보니, 양주의 동쪽에 주엽산(注葉山)이 있는데, 산 아래에 광릉(光陵)이 있다. 그 산의 한 줄기가 남쪽으로 십여 리를 뻗어 백현(柏峴)이 된다. 백현에서 남쪽으로 수백 보 떨어진 거리에 산 하나가 솟아 있으니 이름이 성산(城山)으로, 옛날 성터가 있는 곳이다. 성산에서 해방(亥方)을 등지고 동쪽으로 내려와 남쪽으로 몇 굽이 돌아가면 소석봉(小石峰)이 있으며, 또 동쪽으로 몇 굽이 꺾으면 금성봉(金星峰)이 서 있는데, 그 곳에 묫자리가 있다. 묫자리를 잡은 언덕은 바로 한 지역의 중앙을 차지하고 있으며, 동쪽으로 멀리 떨어진 곳에 천마산(天磨山)과 보통산(普通山) 등이 울창하게 하늘로 솟아 있고, 괘라현(掛蘿峴)이 그 사이에 있다.

북쪽으로 가까이에 천첩산(泉岾山)이 있고, 산에 귀한 묫자리가 있는데 소나무와 회나무가 울창하다. 곁에는 구리봉(九理峰)이 있어 좌측 산기슭의 낮은 곳을 가리고 있다. 태조 대왕의 행궁이 있던 옛터가 동북으로 2리쯤 되는 곳에 있는데, 지금까지 어기(御氣)가 시내와 언덕 사이에 보이는 듯하다. 요연평(蓼連坪)의 너른 들판이 동쪽으로 5리쯤 되는 거리에 있고 큰 길이 지나가는데 바로 가평(嘉平)과 포천(抱川)으로 가는 길이다.

큰 시내가 북쪽에서 굽이 돌아 묫자리가 있는 산으로 오고, 흘러서 남쪽으로 내려가 왕산탄(王山灘)이 된다. 골짜기를 벗어나 조금 남쪽으로 백 보쯤 가면 층층 절벽이 강을 내려보고 있는데, 온갖 나무가 울창하며 '징심석(澄心石)'이란 세 글자가 바위에 새겨져 있다. 몇 개의 언덕을 넘어 동남쪽으로 2리 되는 곳에 쌍수역촌(雙樹驛村)이 있다. 묘 옆 동북쪽으로 백여 보 되는 곳이 현창(縣倉)인데, 서북쪽으로 고을의 치소와는 30리 떨어져 있고, 서쪽으로 도성 동문과는 45리 떨어져 있다. 비갈은 묘소 동남쪽 31보 되는 곳에 세워져 있다. 병사(丙舍)는 동쪽으로 90보 되는 곳에 있으며 '영사(永思)'라고 편액을 하였는데, 목사공 형제가 머물러 거처하는 곳이다. 범옹공은 고상한 선비로 조정에 진출하여 문단의 중망을 받았는데, 수명과 지위가 그의 덕에 미치지 못하였지만 유집이 영원토록 전해질 터이니, 이 기문도 함께 따라서 사라지지 않으리라.

정해년(1707, 숙종33) 11월에 쓰다.

부용당 중수기

芙蓉堂重修記

관찰사의 감영은 반드시 한 도의 도회지에 위치하여 지역이 넓고 물산도 풍부하니, 그곳에는 반드시 누대와 연못의 경관을 두어 그 승경지를 꾸며 이곳에서 빈객을 접대하고 휴식을 취한다. 특별히 명성이 난 곳은 원주(原州)의 부평각(浮萍閣)과 함흥(咸興)의 관풍정(觀風亭)이다.

해주(海州)는 관찰사가 근무하는 감영이자 바닷가 변방의 도회지이다. 아름다운 산천과 넓은 강역, 넉넉한 수산물과 재화 및 수많은 배와 수레, 백성이 예전부터 그러하여 은연중에 나라의 요충지가 되었다. 이 때문에 관찰사는 반드시 조정에서 재능과 명망이 있는 사람이 부임하고, 판관 역시 선발을 거친다.

해주 객관의 서쪽에 '부용당(芙蓉堂)'이라 편액을 한 곳이 있는데, 가정(嘉靖) 병술년(1526, 중종21)에 지은 것이다. 이후 백여 년 사이에 여러 차례 변고를 겪었지만, 여전히 불타거나 훼손되지 않고 우뚝이 서 있었다. 효종 말년 기해년(1659, 효종10)에 목사 나성두(羅星斗) 공이 그 기둥과 처마가 오래되어 무너진 것을 보고 수리할 계획을 세웠다. 고(故) 참판 정만화(鄭萬和) 공이 당시에 황해도 관찰사로 있었는데, 소식을 듣고는 기뻐하여 그 일을 도와주니, 부용당 건물이 드디어 환히 새로워지고, 또 선정(先正)이 기문을 지었다.[79]

79 선정(先正)이 기문(記文)을 지었다 : 선정(先正)은 우암(尤菴) 송시열(宋時烈)

지금 다시 50여 년이 지나 조정에서 목사를 바꾸어 판관을 관찰사 다음 가는 책임자로 삼은 지 몇 년이 지났는데,[80] 조명정(趙命禎) 군이 선발되어 부임했다. 조군은 시례(詩禮)의 가르침[81]을 받은 데다 한창 나이에 재주가 넉넉하여 고을을 다스린 지 겨우 한해 만에 정사가 잘 되고 은혜를 두루 베풀었다. 한가할 때에는 여사로 무너진 곳을 많이 보수하였다. 당시에 부용당에 다시 무너진 곳이 많아 그대로 수리할 수 없자, 관찰사 정시선(鄭是先) 공이 개탄하면서 중수하려고 마음을 먹고는 조군과 논의하였다. 드디어 조군에게 맡겨 속히 일을 도모하고, 기해년의 고사처럼 또 공사비용을 보조하였다.

정공은 고(故) 관찰공의 손자이다. 관찰공이 황해도를 다스릴 때에 어린 나이로 모시고 있었는데, 진장문(陳長文)이 태구(太丘)의 수레에 탔던 것처럼[82] 수리하는 일을 직접 눈으로 보았다. 지금 재주와 명망으

을 말한다. 1660년에 부용당이 다시 건립되자, 송시열이 〈부용당기〉를 지었다. 이 기문은《송자대전(宋子大全)》 140권에 실려 있다.

80 지금……지났는데 : 이 무렵에는 황해도 관찰사가 해주 목사를 겸임하여 판관이 해주의 실질적인 책임자였다.

81 시례(詩禮)의 가르침 : 가정교육 또는 가학(家學)을 뜻한다. 공자의 아들 이(鯉)가 뜰에서 공자 앞을 빠른 걸음으로 지나다가 공자로부터 시(詩)와 예(禮)를 배웠느냐는 질문을 받고 또 그것을 왜 배워야 하는지에 대해 듣고서 물러나와 시와 예를 배웠던 일에서 유래한 말이다.《論語 季氏》

82 진장문(陳長文)이……것처럼 : 조부의 곁을 따르던 손자 같다는 말이다. 진장문은 후한(後漢) 때 사람 진군(陳群)으로, 장문은 그의 자(字)이다. 태구는 태구 현장(太丘縣長)을 지낸 진식(陳寔)으로, 진군의 조부가 진식이다. 진식(陳寔)이 일찍이 순숙(荀淑)의 집을 방문했는데, 그가 본래 가난하여 노복(奴僕)이 없었으므로, 장자(長子) 진기(陳紀)에게 수레를 몰게 하고 차자 진심(陳諶)에게는 지팡이를 갖고 뒤에서 따르게 하고 손자 진군(陳羣)은 아직 어려서 수레에 앉힌 채로 순숙의 집을 들어 간 일이

로 조정의 특별한 간택을 받아 조부를 뒤이어 관찰사가 되었다. 옛날의 일을 생각하면 감회가 더욱 깊으니, 그가 이 부용당을 새로 짓는 일을 예의주시하는 것은 절로 그만둘 수가 없다. 몇 개월이 지나지 않아 공사가 끝났는데, 규모는 비록 예전 그대로였지만 처마가 더욱 높고 단청은 더욱 환해져서 해주 사람들이 기뻐하며 다시 보았으니, 큰 고을의 아름다운 정자와 연못에 잘 어울렸다.

지금부터 사신과 손님들이 와서 머무를 때에 만일 이곳에서 색다른 경관을 얻어 먼 곳을 바라보며 맑고 상쾌함을 즐긴다면, 모두 여정의 피로를 잊을 수 있을 것이다. 관찰공과 판관군이 정무를 보는 여가에 때때로 함께 이곳에서 편안히 쉬니, 다만 정신을 편안히 하고 시를 읊조리는 장소일 뿐만이 아니다. 이에 조용하고 여유 있을 때에 백성들의 근심과 정사를 자세히 논의한다면 반드시 지향하는 바가 잘 맞아 더욱 좋은 계책을 얻을 것이니, 그렇게 된다면 이 부용당이 어찌 다만 높고 구경하는 곳에 그치겠는가.

아, 시사가 어려워 군사와 백성들이 마음을 졸이고 있으니, 큰 고을에서 백성을 자식처럼 돌보는 임무를 맡은 사람은 필시 휴식하고 시를 읊으며 감상할 겨를이 없고, 아래에 언급한 정무를 논의하는 일에서 얻는 점이 있을 것이다. 내가 생각하기에 관찰공은 선대의 아름다움을 잘 계승하였으니 그 일이 또 기이하며, 조군은 칼을 자유자재로 다루듯 정치를 잘 하여 폐정을 보완하였으니, 모두 부러워하고 기뻐할 만하기에 드디어 그 대략을 기록하여 조군의 요청에 답한다.

이어 생각하기를, 내가 아직 이 부용당을 보지는 못하였으나 일찍이

있다. 《世說新語 德行》

부용당의 승경을 들었다. 푸른 연못이 주위를 두르고 높은 버드나무가 에워싸고 있는데, 부용당은 연못의 중앙에 있다. 건물이 깊숙한 곳에 자리 잡고 있어, 멀리 고을의 여러 승경이 있다. 용수산(龍首山)과 수양산(首陽山) 등이 몇 리 사이에 나란히 솟아 있어 산기운이 연못의 수면에 비치어 한여름이면 수많은 연꽃이 비단처럼 아름답게 핀다. 달밤에 작은 배를 타고 그 사이를 떠다니면 바람이 솔솔 불어 향기가 온몸에 스며드니 사람으로 하여금 현포(玄圃)[83]에 와 있는 듯한 느낌이 들도록 만든다고 한다. 내가 노쇠하고 또 병이 들어 한번 가서 유람을 할 수 없으니, 글을 쓰노라면 서글피 마음만 그곳을 향할 뿐이다.

83 현포(玄圃) : 신선이 산다고 알려진 곳으로, 옥의 산지인 곤륜산 정상에 있다고 한다.

지識

서실에 대한 짧은 기록 계축년(1673, 현종14)
書室小識 癸丑

달성자(達城子)[84]가 서실에다 '노(魯)' 자(字)를 넣어 편액을 달고 나서 드디어 글을 지어 풀이하여 벽에 붙인다.

총명하고 재주 있고 말을 잘 하는 것을 내가 어찌 바라지 않겠는가. 그러나 억지로 한다고 되는 일이 아니니, 어찌 성품에 가까운 것을 따라 힘쓰기 쉬운 것만 하겠는가. 나는 민첩하지 못하고 기운이 거칠고 재주가 없어 무능하여 한 가지 기예도 남만 못하니, 이는 아주 노둔한 것이다. 그러나 노둔하기만 하면 어찌 볼 것이 있겠는가. 반드시 노둔함을 노둔함으로 인정하여 노둔하지 않은데 이르기를 구할 뿐이다.

옛날 공자(孔子)의 문하에서 증자(曾子)가 유독 노둔하다고 일컬어졌는데, 결국 공자의 도통을 전한 사람은 언어에 뛰어났던 제자도 아니고, 문학에 뛰어났던 제자도 아니며, 오직 질박하고 노둔했던 증자의 문인이었다. 저 총명하고 재주 있고 말을 잘하는 무리들 중에 근접한 사람이 누가 있는가. 가만히 생각해 본 뒤에 그 이유를 알았다.

84 달성자(達城子) : 작자인 서종태로, 자신의 본관이 달성이기 때문에 말한 것이다.

공자의 제자 중에 민첩했던 자유(子游), 자하(子夏), 유약(有若), 염구(冉求), 자공(子貢)은 재주가 뛰어나고 식견이 밝아 찬란하여 볼만하였다. 그러나 수렴하여 실천하는데 부족하여 천근한 것을 싫어하고 고원한 데에 힘쓰는 폐단이 없을 수가 없었다. 오직 증자만이 질박하고 참되며 순수하고 독실하였기 때문에 남이 한 번 하면 자신은 백번을 하여 결국 깊고 긴밀하며 견고한 성과를 얻을 수 있었다. 정자(程子)가 이른바 "결국 노둔함으로 터득하였다.[85]"라는 말이 이것이다. 그의 노둔함이 어찌 그가 학문을 진보시키는 바탕이 되지 않았겠는가.

옛날에 주자(朱子)가 병산서당(屛山書堂)에 있을 때에 몇 명의 병사들에게 김을 매라고 하였는데, 유독 병사 하나가 잡초를 뿌리 채 뽑아서 김을 맨 양이 적었으니, 여러 생도들이 모두 비웃으며 이 병사를 노둔하다고 하였다. 그러자 주자가 말하기를 "아니다. 다른 병사들이 김을 맨 곳을 자세히 보니, 잡초가 모두 완전히 제거되지 않았다." 라고 하고는 드디어 생도들을 경계하여 이를 공부하는 방법으로 삼게 하였다.

아, 이는 진실로 좋은 비유이다. 이 일로 지금 세상에 징험해보면 기민하고 영특한 선비들은 이따금씩 배움에 허술한 점이 있으니, 독실하게 성취하려면 반드시 질박하고 노둔한 사람이라야 가능하다. 그러니 노둔함을 쉽게 여길 수 있겠는가. 더구나 나는 어리석고 습성이

85 결국 노둔함으로 터득하였다 : 《논어》 〈선진(先進)〉에 "증삼은 노둔하다.〔參也魯〕"라는 공자의 평이 있는데, 이에 대해 정호(程顥)는 《근사록》 〈위학(爲學)〉에서 "증삼은 노둔하기 때문에 마침내 도를 얻었다.〔參也竟以魯得之〕"라고 하였다. 학덕을 이루는 데에는 노둔함이 관건이라는 말이다.

몹시 산만하여 안정을 찾지 못하니, 이는 민첩함과 노둔함을 모두 잃은 것이다. 어찌 성품에 가까운 것에 힘써서 삼가 성현의 노둔함에 의지하지 않을 수 있겠는가. 이것을 지(識)로 삼는다.

설 說

수졸설 신해년(1671, 현종12)

守拙說 辛亥

내 자질은 아주 보잘 것 없지는 않지만 재주와 성품이 오활하고 졸렬한 데다 손재주는 더욱 서툴고 변변치 못하다. 늘 몹시 쉬운 일을 만나도 오히려 또 아득히 알지 못하여 다만 수고스레 여러 번 묻기만 하고 결국에는 반드시 망치지 않으면 그르친다. 이 때문에 보는 자들이 비루하게 여기고 비웃어 일을 맡긴 적이 없으니, 반드시 "이 일은 그대가 할 수 있는 아니다."라고 한다. 나 역시 근심하고 깊이 부끄러워하며 삼가 스스로 분발하기를 "비둘기는 둥지를 잘 짓지 못하니,[86] 졸렬함을 말할 때는 반드시 비둘기를 일컫는다. 그러나 저 비둘기도 오히려 제 집을 지을 수 있으니, 졸렬함이 어찌 나보다 낫지 않겠는가."라고 하였다. 그리하여 나도 졸렬하다는 이유로 스스로 포기하고 힘쓰지

86 비둘기는……못하니 : 《시경》 〈작소(鵲巢)〉에 "까치에게 둥지가 있는데, 비둘기가 그곳에서 사네.〔維鵲有巢, 維鳩居之.〕"라고 했다. 주희는 《집전》에서 "까치는 둥지를 잘 지어서 둥지가 가장 튼튼하다. 그러나 비둘기는 본성이 졸렬하여 둥지를 짓지 못하는데, 간혹 까치가 만들어 놓은 둥지를 차지하기도 한다."라고 설명했다.

않았다.

한번은 몽장(蒙莊)의 책[87]을 보면서 "재주가 있는 사람은 수고롭게 되고, 지혜로운 사람은 근심하게 된다."[88]는 구절을 읽고 얼마 뒤에 기사(機事)와 기심(機心)에 관한 이야기[89]를 보고는 더욱 마음이 놓여 스스로 기뻐하여 드디어 마음속으로 다음과 같이 생각하였다.

'나의 졸렬함은 좋은 것이다. 나의 졸렬함이 어찌 나에게 이로움이 되지 않겠는가. 나는 아주 졸렬하여 말이 어눌하기는 해도 더듬지는 않으니, 성현의 글을 읽을 수 있다. 몸이 둔하지만 마비되지는 않았으니, 부모를 위해 수고할 수 있다. 손과 발이 비록 이익을 가지고 올 수는 없지만, 내 집을 지키고 내입에 풀칠하는데 무슨 문제가 있겠는가. 지혜가 비록 민첩하지는 못하지만, 내 처자를 양육하는데 무슨 해가 되겠는가. 그러니 나의 졸렬함은 좋은 것이다.'

아, 세상에서는 원래 화려한 글을 주워 모으고 입으로 아름다운 말을 꾸며 당세에 잘 보이려고 하는 사람이 있으니, 이는 글에 교묘한 사람이다. 복건을 쓰고 넓은 띠를 차고서 한가로이 도덕을 말하며 가식적으로 겉모습만 꾸미는 사람은 행실에 교묘한 사람이다. 유순한 목소리와 아첨하는 얼굴빛으로 기회를 틈타 연줄을 대어 귀신도 간혹 그의 모습

87 몽장(蒙莊)의 책 : 장주(莊周)가 지은 《장자》를 가리킨 것으로, 장주가 몽현(蒙縣) 사람이기 때문에 이렇게 표현한 것이다.

88 재주가……된다 : 《장자》 〈열어구(列御寇)〉에 나오는 말이다.

89 기사(機事)와……이야기 : 길고를 이용하면 쉬운 줄을 알면서도 굳이 우물 속으로 들어가 어렵게 항아리에 물을 퍼 담아 밭에 물을 주면서 "기계가 있으면 기교를 부리는 일이 있게 마련이고, 그런 일이 있으면 기교 부리는 마음이 생기게 마련이다." 하고, 자공(子貢)의 권유를 뿌리친 한음 장인(漢陰丈人)의 이야기를 말한다. 《莊子 天地》

을 완전히 살피지 못하니, 이는 관직에 교묘한 사람이다. 시세를 살피고 남을 따라서 베푸는 데는 인색하고 받아들이는 것만 이익으로 여기면서도 아주 작은 양이라도 빠지거나 어긋날까 두려워하여 하루라도 편안히 있지 못하는 사람은 경영에 교묘한 사람이다. 교묘한 자들은 과감히 행동하면서 스스로 잘하는 일이라고 여긴다. 정말로 졸렬한 사람은 비록 억지로 해보려고 한들 그렇게 될 수 있겠는가. 아, 나의 졸렬함이 어찌 나에게 이익이 되지 않겠는가.

옛날에 소장공(蘇長公)이 형체와 지혜를 제거하려 하였고[90] 또 자식들이 어리석고 노둔해지기를 원하였으며,[91] 유자후(柳子厚)는 솜씨가 교묘해지기를 원하였다.[92] 참으로 지혜로운 자라면 어찌 굳이 억지로 없앨 필요가 있겠으며, 참으로 졸렬한 자라면 비록 바란들 무슨 도움이 되겠는가. 이는 비록 세상의 변화를 겪어 마음에 격동되는 점이 있어서

90 소장공(蘇長公)이……하였고 : 소식(蘇軾)이 유면(劉沔)에게 보낸 편지에, "저의 곤궁함은 본래 문자 때문이었습니다. 그리하여 형체를 도려내고 지혜를 제거하여내어 크게 달라지기를 원하였으나 될 수 없었습니다.〔軾窮困, 本坐文字, 蓋願刳形去智而不可得者.〕"라고 말한 내용이 보인다. 《東坡全集 卷76 答劉沔都曹書》

91 자식들이……원하였으며 : 소식의 시에 "자식 키우는 사람마다 총명하기를 바란다만, 나는 총명 때문에 일생을 그르친 사람이라. 바라건대 내 아이가 바보스럽고 어리숙하여, 하나도 다치지 않고 공경이 되었으면.〔人皆養子望聰明, 我被聰明誤一生. 惟願孩兒愚且魯, 無災無難到公卿.〕"이라는 내용이 나온다. 《蘇東坡詩集 卷22 洗兒戲作》

92 유자후(柳子厚)는……원하였다 : 걸교는 칠월 칠석날 밤에 부녀자들이 과일과 떡을 차려 놓고 직녀와 견우에게 바느질 솜씨가 좋아지게 해 달라고 빌던 풍속 이름인데, 당(唐)나라 유종원(柳宗元)이 하인들이 걸교(乞巧)하는 것을 보고 자신의 신세를 한탄하며 자신의 졸렬한 것을 버리고 솜씨를 발휘할 수 있게 하여 달라고 하며 〈걸교문(乞巧文)〉을 지은 일을 말한다.

말한 것이지만, 모두 거스르고 억지로 하려는 뜻을 면하지 못하니, 너무 수고롭지 않은가. 나는 이와 달라 본래 성품을 따라서 지킬 뿐이다. 드디어 글을 지어 내 뜻을 보인다.

치포설

治圃說

어릴 때 지은 것이다.

나는 본래 성품이 모종을 심는 일을 즐기니, 늘 전야에 나가서 밭을 갈거나 김을 매는 사람을 보면 그때마다 기뻐하며 속히 달려가서 함께 하고 싶었지만 그렇게 할 수가 없었다. 하루는 우연히 서실의 동쪽 담장 아래를 지나다가 토양이 두텁고 기름진 곳을 보고는 드디어 삽을 잡고서 개간하였다. 이랑과 두둑은 모두 지형을 따라 만들었는데, 완성하는데 하루도 걸리지 않았다. 더러운 것을 걷어내고 잡초를 제거하고 또 나무를 심어 사방에 울타리를 쳤다. 씨를 뿌리려고 할 적에 어떤 사람이 곁에서 권하기를,

"아무 꽃은 화려하여 완상할 만하고, 아무 풀은 진귀하여 구경할 만하니, 그대는 밭에다 가득 심어 황폐해지지 않도록 하기를 바랍니다."

하였다. 내가 웃으며 사양하기를,

"화려한 것은 나의 눈을 사치스럽게 하고, 진귀한 것은 나의 눈을 즐겁게 하지만, 화려하면서도 실속이 있습니까. 내가 화려하고 진귀한 것을 좋아하지 않는 것은 아니지만, 화려함만 숭상하고 실제에 힘쓰지 않는 일을 지금 세상 사람들이 분분히 따르고 있으니, 나는 세속과 달리 내가 좋아하는 것을 따르겠소."

하였다.

이에 노복들에게 물어서 구획을 지어 지대가 높은 곳은 밭으로 만들

고, 낮은 곳은 논으로 만들어 하루가 지나고 난 뒤 파종을 하였다. 심은 작물은 벼 4묘(畝), 조 2이랑, 들깨 1이랑이며, 콩은 여러 이랑의 밭두둑에 줄지어 심고 따로 구별하지는 않았다. 그리고 목면 2이랑, 박 몇 뿌리, 동과 5뿌리, 오이 2이랑, 겨자 1이랑도 심으니, 모두 10여 종이었다. 이랑의 넓이는 겨우 몇 걸음 정도였는데 언덕에 접하기도 하고, 도랑을 같이 하기도 하며, 따로 있기도 하고 엇갈리기도 하였다. 또 토란과 부추, 마늘 같은 것을 그 주위에 둘러 심기도 하였다. 당시 오랫동안 비가 내리지 않았는데, 며칠이 지나 큰 비가 내렸으며 따뜻한 바람이 때맞추어 불어 줄기가 견고해지고 잎이 넓어졌으며, 가래질과 호미질을 하지 않아도 모두 무성하게 잘 자랐다.

내가 몹시 기뻐하여 술잔을 잡고 밭 옆에 앉아서 도연명(陶淵明)의 원소시(園蔬詩)[93]를 읊으며, 무공(無功)이 동고(東皐)에서 즐거워하던 일[94]을 상상하니, 마음이 맞아 마치 지금의 일 같았다. 또 우러러 탄식하였다.

"고대에는 모든 사람들이 농사지었고, 군자가 농사를 짓지 않은 것은 중고(中古) 때부터이다. 나와 같은 사람은 학문과 공업이 지리멸렬

93 원소시(園蔬詩) : 도잠의 〈독산해경(讀山海經)〉으로, 전원에서 농사지으며 틈틈이 독서하는 즐거움을 읊은 시인데, 그 시에 "흔연히 봄술 따라 마시며 내 동산 가운데의 채소 뜯어 안주로 삼네.〔欣然酌春酒, 摘我園中蔬.〕"라고 하였다.

94 무공(無功)이……일 : 무공은 당(唐)나라 왕적(王績)으로, 무공은 그의 자이다. 왕적이 하수(河水) 가에 밭 16경(頃)이 있었는데, 노비 몇 사람에게 기장을 심게 하였다. 그래서 봄가을로 술을 빚게 하고, 오리와 기러기를 기르고 약초를 모종하여 자공(自供)을 삼았다. 북산 동고(北山東皐)에 노닐었는데, 자호를 동고자(東皐子)라고 하였다.《劉昫唐書》

하고 보잘 것 없는데도 선비라는 호칭을 훔친 채 농민, 공민, 상민처럼 일하지 않으니, 천하의 게으른 백성이다. 그러나 또 편안히 앉아서 날마다 배불리 먹으니, 하는 일 없이 밥을 먹는 것이 심하다. 나의 밭이 아주 작아 비록 버려진 볏단과 흘린 이삭으로 먹고 살 수 없지만,[95] 우선 작게나마 마당에서 시험해보아 그 뜻을 담았으니, 이는 훗날 10묘 되는 넓은 농토의 시작이 될 것이다."

돌아와서 그 말을 기록한다.

95 남은……없지만 : 《시경》 〈소아(小雅) 대전(大田)〉에 "저기에는 버려진 볏단이 있고 여기에는 버려진 이삭이 있으니 이것은 과부의 이익이로다.〔彼有遺秉, 此有滯穗, 伊寡婦之利.〕"라고 한 데서 나온 말이다. 원래는 풍족하여 다 취하지 않고 의지할 데 없는 빈궁한 백성에게까지 은혜를 끼친다는 뜻인데, 여기서는 수확량이 적어 끼닛거리도 없다는 의미로 인용하였다.

발 跋

적곡[96]의 《풍악록》 뒤에 붙이는 발문

跋赤谷楓嶽錄後

근세에 모곤(茅坤)[97]이 말하기를 "태사공〔사마천〕의 문장은 형상의 묘사에 뛰어나 형가(荊軻)와 섭정(聶政)의 열전[98]을 읽으면 사람에게 강개한 마음이 들도록 하여 연(燕)나라와 조(趙)나라의 슬픈 노래의 감정[99]을 느끼게 하고, 이광(李廣)[100] 등의 열전을 읽으면 곧 전투를 잘하

96 적곡(赤谷) : 김익렴(金益廉 1622～1694)을 말한다. 자는 원명(遠明), 호는 본관은 광산(光山), 적곡은 그의 호이다.

97 모곤(茅坤) : 1512～1601. 명나라 후기의 문신이자 문인으로 호가 녹문(鹿門), 자가 순보(順甫)이다. 가정(嘉靖) 17년(1538) 진사시에 급제하고 벼슬이 광서 근비첨사(廣西近備僉事)에 이르렀다. 고문에 뛰어났으며 당·송의 문장을 좋아하여 《당송팔대가문초》를 편찬하였다

98 형가(荊軻)와 섭정(聶政)의 열전 : 형가(荊軻)는 전국 시대 제(齊)나라의 협객으로 연(燕)나라 태자 단(丹)을 위해 진 시황을 죽이려다 피살되었고, 섭정(聶政)은 전국 시대 때 엄중자(嚴仲子)를 위해 연나라 재상 협루(俠累)를 암살하고 자결하였다. 《史記 卷86 刺客列傳》

99 연(燕)나라와……감정 : 옛날 중국의 연(燕)나라와 조(趙)나라 땅에는 백절불굴의 기개를 지니고 비분강개하는 사람들이 많았는데, 특히 연나라 태자 단(丹)을 위해

고 싶도록 만든다."라고 하였다. 그의 말이 참으로 의미가 있으니, 이는 조물주가 만물을 만들어 내는 것과 비슷하지 않은가.

문장에는 두 가지 도(道)가 없으니, 사실을 기록하는 것과 사물을 읊는 것은 관건이 동일하다. 예컨대 이사(二謝)[101]의 여러 유람시와 손작(孫綽)의 〈천태부(天台賦)〉[102]는 읽을 때마다 오월(吳越) 동남 지역의 산과 바다의 여러 승경을 손으로 가리키듯이 선명히 묘사하여 정신이 성대히 물 흐르듯 흘러가 황홀히 마치 직접 그 사이를 왕래하는 듯한 느낌이 드니, 문장의 길고 짧음이 비록 다르지만 형상을 잘 묘사하기는 마찬가지다.

지금 적곡(赤谷) 김공(金公)이 풍악산을 유람한 기록을 보니, 시와 기문(記文)과 부(賦)가 경색을 핍진하게 묘사하여 십주(十洲)와 삼도(三島)[103]의 생기가 있다. 내산(內山)을 읊은 작품은 기이하고 화려하

진 시황을 죽이려고 자객 형가(荊軻)가 떠나면서 부른 〈역수한풍(易水寒風)〉의 비장한 노래가 유명하다. 《戰國策 燕策3》

100 이광(李廣) : 한나라 때의 장수 이광(李廣)을 말한다. 《사기》 〈이장군열전(李將軍列傳)〉에 "이광이 우북평에 있을 때 흉노가 그것을 듣고, '한나라의 비장군(飛將軍)'이라 부르며 수년 동안 그를 피하여 감히 우북평에 들어가지 못했다."라고 되어 있다.

101 이사(二謝) : 남조(南朝) 시대 송(宋)나라의 시인인 사영운(謝靈運)과 제(齊)나라의 사조(謝朓)를 가리킨다.

102 손작(孫綽)의 천태부(天台賦) : 동진(東晉)의 손작(孫綽)이 '천태부(天台賦)'를 지었는데 문장이 매우 아름다워 사람들이 이 글을 땅에 던지면 반드시 쇠와 돌 소리가 날 것이라고 하였다. 《晉書 卷56 孫綽傳》

103 십주(十洲)와 삼도(三島) : 도교에서 말하는 바닷속 선경(仙境)으로, 십주는 조주(祖洲)·영주(瀛洲)·현주(玄洲)·염주(炎洲)·장주(長洲)·원주(元洲)·유주(流洲)·생주(生洲)·봉린주(鳳麟洲)·취굴주(聚窟洲)이고, 삼도는 봉래(蓬萊)·방장(方丈)·영주(瀛洲)이다.

며 빼어나고, 외산(外山)을 읊은 것은 드넓고 웅장하며, 바다를 바라보고 배를 타며 지은 것은 드넓고 아득하여 끝이 없다. 자유분방하고 호탕하여 한 번에 모든 물길을 쏟아내는 듯한 것은 만폭동(萬瀑洞)과 백천동(百川洞)을 읊은 작품이고, 그윽하고 고요하여 근원이 쌓여 끝없이 흐르는 듯한 것은 구룡연(九龍淵)과 여러 연못을 읊은 작품이다. 신선과 부처의 영험하고 기이한 흔적을 드러낸 것은 소리가 영롱하고 기괴하며, 비로봉(毗盧峯)과 중향성(衆香城)의 빼어난 경치를 칭송한 것은 말이 우뚝하고 높아 그 자세한 모습을 이루 다 헤아릴 수가 없다. 대체로 이 책을 한 번 읽으면 사람으로 하여금 옷을 걷고 발을 담그고 싶은 마음이 들도록 하여 신령하고 빼어난 기운, 구름과 노을빛이 미간과 입술 사이에 가득하여 모두 제목대로 잘 표현해내어 과거에 유람했던 사람이 그 장소를 분명히 구분할 수 있으니, 풍악의 초상화라고 해도 괜찮다. 묘사한 솜씨를 비록 감히 태사공에게 대뜸 견줄 수는 없지만, 이사 및 손작 등 여러 사람과 비교한다면 이따금씩 더 나은 점이 있다.

아, 공은 이 재주에 있어 남보다 훨씬 뛰어나 신묘한 지경에 이르렀다고 할 수 있다. 세상에서 풍악산을 상상하는 사람은 이 책을 들고 와유(臥遊)하면 충분하니, 어찌 굳이 신발과 지팡이를 손질하여 멀리까지 가서 실제로 구경할 필요가 있겠는가.

이어 생각하기를, 공은 일찍 조정에서 벼슬하여 문아(文雅)로 효종임금에게 깊은 인정을 받아 조만간 경(卿)의 반열에 오를 뻔 했는데, 불행히도 당시에 곤액을 당하여 늙기도 전에 고향집으로 물러난 지 지금 수십 년이 되었다. 화려한 문장 솜씨로 외교문서를 윤색하거나 임금을 빛낸 문장은 절반도 못 되고, 산꼭대기와 물가를 묘사한 것이

열에 일곱 여덟이니, 어찌 안타깝지 않겠는가. 만약 공이 형가(亨嘉)의 기회를 만나[104] 관각에 있으면서 그 일을 끝까지 하였다면 아름다운 덕을 형용하여 우리나라의 성대함을 울린 글이 필시 더욱 빛났을 것이다. 그러나 유독 장수하고 편안함을 누리는 복을 주고 또 유람을 다닐 수 있는 건강한 신체도 주어 단지 뛰어난 글 솜씨로 이름난 산을 화려하게 묘사하게 하였으니, 어쩌면 그 사이에 하늘의 뜻이 있는 듯하나 이는 쉽게 논할 수가 없다. 공이 나를 비루하게 여기지 않아 이 책을 꺼내 보여주고는 나에게 발문을 지으라고 하니, 내가 실제 예전에 가본 사람이기에 그저 형상을 잘 묘사한 점을 논하여 공에게 돌려준다.

104 형가(亨嘉)의 기회 : 훌륭한 인물들이 일시에 성대하게 모이는 것을 말한다. 《주역》 〈건괘(乾卦) 문언(文言)〉에 "형은 훌륭한 사람들의 모임이다.〔亨者 嘉之會也〕" 라고 한 데서 온 말이다.

《해악창수집》[105]에 대한 발문

海嶽唱酬集跋

사람이 벼랑이나 계곡에 오르거나 섬이나 물가에 가서 사물을 시로 읊으면 쉬이 아름다운 경치를 그려낼 수 있으니, 이는 경관이 작아 나의 기운이 수렴할 수 있기 때문이다. 드넓고 광대한 산과 바다의 승경으로 말하자면 비록 옛날의 유명한 문장가라도 이따금씩 겨우 한두 마디 뛰어난 구절을 얻고 그치는 경우가 있으니, 어찌 경관이 더욱 커질수록 기운을 더욱 빼앗기고, 시를 짓는 능력은 한계가 있지만 사물의 형태는 무궁하여 공교롭게 묘사하기가 저절로 어려워져 그런 것이 아니겠는가.

지금 이동보(李同甫 이희조(李喜朝)) 군과 그의 아우 낙군(樂君 이하조(李賀朝))은 영지산(靈芝山) 속에 있는데, 날마다 산꼭대기와 물가를 노닐며 그때마다 시를 짓는데 모두 아름다우니, 이는 오히려 일상적인 일일 뿐이다. 그러다가 그들이 함께 풍악산에 들어가서 내산과 외산을 두루 보고 동쪽으로 발해까지 갔다가 돌아왔다. 내가 그들이 수창한 시집을 꺼내어 읽어보니, 기운이 맑고 음절이 호탕하였다. 크고 아름다

105 해악창수집 : 강원도 평강 현감(平康縣監)으로 있던 이희조(李喜朝)가 그의 아우 이하조(李賀朝)를 대동하고 사창(社倉)의 곡물을 풀어 통천(通川), 흡곡(歙谷), 안변(安邊), 고성(高城) 등지의 백성을 구제하기 위해 보름 동안 각 고을을 순행하던 길에 금강산의 여러 명승지와 동해의 총석(叢石)을 두루 유람하였는데, 이때 그의 아우와 서로 주고받은 시를 모아 엮은 기행시집이다. 이희조는 70수, 이하조는 83수로 도합 153수로 이루어졌다고 한다. 《芝村集 卷19 海山唱酬錄序》

우며 웅장하고 빼어난 산과 바다는 신령이 사는 곳이고 조물주가 숨겨 둔 곳이니, 사람을 놀랍고 두렵게 만든다. 바람과 구름 및 파도가 갑자기 온갖 형상으로 변하여 단지 마음으로 이해할 수 있으나 입으로 말할 수 없는 점을 모두 내몰아 붓 끝에 가두어 마음껏 녹여내니, 묘사하여 닮지 않은 것이 없다.

아, 두 군은 여위어서 몸이 옷을 감당하지 못하고, 몹시 문약하지만 갑자기 천하의 웅장하고 기이한 광경을 만나 압도당하지 않았다. 그들이 지은 시는 하늘의 교묘함을 엿보고 만물의 모습을 빼앗아 분발하고 치솟아 서로 각축을 벌이는 것 같으니, 여기서 다만 그들의 시 짓는 솜씨를 볼 수 있을 뿐 아니라, 그들의 기운이 충만함을 알 수 있다. 또 동보는 글짓기를 달가워하지 않으니, 지금 군이 부지런히 힘을 쓰지 않았겠지만, 그 말이 더욱 단정하고 과장이 없어 마치 고아한 인물과 장엄한 선비가 띠를 드리우고 옥을 차고서 조용히 법도에 따라 움직이는 것과 같으니, 기운을 기른 것이 또 절로 남달라 겉으로 나타나 시로 드러난 것이 아니겠는가. 옛사람은 겨우 뛰어난 한두 마디 어구를 얻었는데, 여기에 수록된 작품은 모두 말한 내용이 볼만하여 더욱 뛰어나니, 이 점이 이미 기이하다. 더구나 한 집안 형제의 시가 모두 이처럼 아름다우니, 어찌 더욱 어려운 일이 아니겠는가.

그렇지만 이른바 '기(氣)'라는 것을 기르는 방법을 더욱 잘 안다면 가슴과 안목이 더욱 따라서 모두 커질 것이니, 옛날에 우리 부자께서 어찌 대악(岱嶽)에 올라 천하가 작다고 말하지 않았던가.[106] 마음에

106 우리……않았던가 : 공자가, 동산(東山)에 올라가서는 노(魯)나라가 작다고 여기고 태산(泰山)에 올라가서는 천하가 작다고 여겼던 일을 가리킨다. 《孟子 盡心上》

둔 적 없는 구운몽(九雲夢)[107] 같은 것은 논할 필요가 없다. 두 군은 더욱 노력해야 할 것이다.

107 구운몽(九雲夢) : 가슴속이 매우 드넓음을 뜻한다. 한(漢)나라 사마상여(司馬相如)의 〈상림부(上林賦)〉에, "초(楚)나라에 사방이 900리나 되는 운몽택(雲夢澤)이 있는데, 운몽택 같은 것 8,9개를 삼켜도 가슴속에 조금도 장애를 느끼지 않는다."라고 하였다. 《漢書 卷57 司馬相如列傳》

《달성지장》에 대한 발문 을유년(1705, 숙종31)

達城誌狀跋 乙酉

삼가 생각하건대 우리 달성 서씨의 집안의 가풍은 질박하여 선대로부터 꾸미고 과장하는 일에 겨를이 없었다. 심지어 종족을 거두고 덕을 기록하는 일처럼 그만두어서는 안 되는 것도 빠뜨리고 제대로 갖추지 못한 경우가 많다.

지금 우리 중부(仲父) 의정공(議政公 서문중(徐文重))과 종인들과 의논하여 이미 달성 서씨의 족보를 간행하였으니, 삼백 년 사이에 친가와 외가, 본계와 방계의 수많은 사람과 촌수가 먼 사람들까지 모두 거두어 수록하였다. 얼마 뒤에 우리 계부 도헌공(都憲公 서문유(徐文裕))이 전라도 관찰사로 나갔는데, 또 상의하여 흩어지고 사라져 겨우 남아 있는 사가(四佳) 문충공(文忠公 서거정(徐居正))의 문집 십여 권을 판각하여 간행하니, 문단에 빠진 일이 지금에야 비로소 거행되었다. 얼마 후 또 약봉(藥峰) 충숙공(忠肅公 서성(徐渻))의 유고 두 권을 이어 간행하였다. 충숙공은 한창 나이에 문학에 박식하였는데, 조정에 나간 이후로 어려움이 많은 세상을 만나 나라의 기둥을 짊어졌다. 그 공적은 다만 정치와 나라를 위한 계책의 영역에만 드러났고 문학에 관한 일을 맡아서 아름다운 문장으로 드러낸 적이 없지만, 저술한 소차와 장계, 논사와 기타 논찬한 글이 아주 많다. 그러나 평소에 이미 수습하여 남겨두지 않았고, 또 여러 차례 도적의 난리를 겪어 모두 잃어버리고 지금 남아있는 시문 약간 편을 편린 속에서 수습하였으니, 이것으로 공의 전모를 알기에는 부족하다. 그러나 길이 우리 후손들로 하여금 정신의 운용과 남기신 말씀을 받들어 완미하게 할 수 있으니, 이는 수십 년 이래로 미처 하지 못한 일로, 아주 다행스럽다.

공이 또 우리 종족이 벼슬에 나아간 지가 오래되었고 기록할 만한 분들은 고려 때부터 시작되지만, 먼 선조의 묘도문자는 전하지 않고, 조선에 들어온 뒤로 간혹 비석과 묘지가 남아 있는 분들이 제법 있으니, 모아서 책으로 만들면 선대의 덕행을 기재하여 후손들에게 분명히 보일 수 있을 것이라 생각하였다. 드디어 안주공(安州公 서미성(徐彌性))의 묘표(墓表)에 뒤이어 새긴 음기(陰記)부터 근세에 이르기까지 각 집안의 비지문(碑誌文)을 취하여 세대 순으로 순서를 정하고 한 권의 책으로 엮어 《달성지장》이라고 이름하였다. 비록 항렬이 앞서더라도 기록된 글이 없으면 우선 빼놓았다. 이를 판각하는 공역은 관찰사공이 마음을 다해 경영하여 몇 개월 사이에 차례대로 완성하였다. 지금부터 우리 종족이 친족을 거두고 덕을 기록하는 일은 더 이상 유감이 없을 것이다.

아, 우리 선조 때부터 높은 지위에 올라 덕과 공열로 드러나서 이미 기상(旂常)[108]에 기록되고 국가의 역사책에 실려 있는 분은 본디 논할 것이 없다. 만일 관직이 높지 않거나 혹 선비로 불우하게 일생을 마친 분의 경우에는 비록 그 재주와 공업이 세상에 드러나지 않았지만, 순수하고 진실하며 후덕하여 가훈을 지키며 법도를 삼가 모두 선조들의 충효의 풍도를 잃지 않았다는 점을 이 책을 보면 징험할 수 있을 것이

108 기상(旂常) : 교룡을 그린 깃발을 기(旂)라 하고, 일월을 그린 깃발을 상(常)이라고 하는데, 모두 왕후(王侯)를 상징하는 깃발이다. 옛날 공신의 업적을 여기에 기록하였다고 한다. 《周禮 春官宗伯 司常》

다. 후손된 자들은 각각 생각하고 공경히 면려하여 영원히 모범으로 삼아 오늘 의정공이 후손들에게 부지런하고 간절히 전하는 뜻을 받들지 않아서야 되겠는가. 의정공의 명을 받들어 공경히 발문을 짓는다. 때는 황명(皇明) 숭정(崇禎) 갑신 후 61년 을유년(1705, 숙종31) 4월, 숭정대부 행 의정부좌참찬 겸 지경연춘추관사 세자좌빈객 종태는 삼가 기록한다.

어새첩에 대한 발문 임진년(1712, 숙종38)

御璽帖跋 壬辰

승문원에 보관된 전고(典故)와 사대(事大)에 관한 옛 문서는 난리를 거치면서 모두 일실되었으며, 다만 십여 권만 소장되어 있다. 가져다 보니 만력 을미년(1595, 선조28)에 본국에서 요동 도사(遼東都司)에게 이첩하는 자문의 잘려나간 종이로 책을 장황(粧績)한 것이 있었다. 자문 끝 부분에 어보가 찍혀있는데, 붉은 색이 빛나고 전서(篆書)가 밝고 반듯하였으나 어보의 여섯 글자 중에 아래 두 글자와 어압(御押)은 잘려나가 남아 있지 않았다. 자문에 어보를 찍었으니, 이는 정사한 정본이다. 혹여 어떤 일로 인해 다른 본으로 바꾸었거나 혹은 중지하고 이첩하지 않은 것인데, 승정원의 서리가 조심할 줄 몰라 책을 장황하는데 사용한 것이리라.

아, 우리나라의 옥새와 어보는 홍무(洪武) 연간[109]에 우리나라가 천운에 응하여 개국하여 천자에게 명을 청하자, 고황제(高皇帝)[110]가 국호를 내려주고서 이어 내려준 왕의 옥새이다. 우리 열성조 이백여 년을 지나 숭정(崇禎) 병자년(1636, 인조14)에 난리를 만나 천하가 뒤집혀 어보를 드디어 온전히 지키지 못하였으니, 이 한 가지 일은 역시 우리 동방의 신하와 백성들이 통탄하여 가슴 아프게 여기는 일이다. 아, 말하려고 하면 눈물과 콧물이 나온다. 지금에는 중국의 문물과 의장

109 홍무(洪武) 연간 : 명나라 태조의 연호로, 1368~1398년 사이이다.

110 고황제(高皇帝) : 명(明)나라 태조 주원장(朱元璋)을 말한다.

가운데 총애로 하사해주어 은택을 입은 물건으로 더 이상 남아 있는 것이 거의 없다. 중요한 어보의 경우에는 비록 조정에 있는 관원들조차 옛날의 제도를 볼 길이 없는데, 지금 글자의 획이 희미하게 옛 종이에 남아 있어서 공경히 보게 되었으니, 지난 세월을 생각하며 상심하는 마음에 어찌 어루만지며 흐르는 눈물을 감당할 수 있겠는가.

그 당시에 큰 도적이 나라에 있어 군사의 일이 아주 급하여 우리나라에 온 여러 군문에 급히 보내는 외교문서가 밤낮으로 번잡하게 왕래했으니, 이 자문은 그 중에 하나이다. 우리 선조(宣祖)께서 지극히 정성스럽고 큰 의리로 중국을 감동시키자, 황제가 위엄을 떨쳐 오랑캐를 쓸어버려 결국 찬란히 중흥의 성대한 공렬을 이루었다. 수천 리에 이르는 우리나라에서 아래로 하찮은 미물과 초목에 이르기까지 백 년 동안 은택을 받았으니, 어느 것인들 명나라의 은혜가 아니겠는가. 서쪽을 바라보니 천지가 아득하고 동방의 해와 별이 어두워졌으니, 오히려 어찌 차마 말할 수 있겠는가. 드디어 삼가 그 종이를 가져다 장인을 불러 작은 첩으로 장황하여 보배로 간직하니, 길이 훼손하거나 잃어버리지 않기를 바라며 하천(下泉)의 뜻[111]을 담는다.

아, 밝은 하늘이 계시니 어찌 끝내 우리 황제의 종통을 끊어버리겠는가. 명나라의 후손 중에 하강(夏康)[112]과 한광(漢光)[113]과 같은 자들이

111 하천(下泉)의 뜻 : 망한 왕조를 그리워한다는 뜻인데, 여기서는 명나라의 멸망을 애상한다는 뜻으로 쓰였다. 풍천은 《시경》 〈비풍(匪風)〉과 〈하천(下泉)〉을 가리키는데, 모두 제후의 대부가 주나라 왕실이 쇠미해진 것을 탄식해 읊은 시이다.

112 하강(夏康) : 중국 하(夏)나라 때 우(禹)의 자손이다.

113 한광(漢光) : 후한(後漢)의 광무제(光武帝)를 말한다.

있어 다시 옛 달력을 이어서 문득 중화의 일월이 하늘에 뜬다면 홍무 연간과 영락(永樂) 연간[114] 때처럼 우리나라가 필시 먼저 옥새를 하사받아 다시 아름다운 옛날의 제도를 볼 수 있을 것이다. 내가 나이가 들었지만 아직도 그렇게 되기를 바란다.

지난번에 정승 이이명(李頤命) 공이 승문원의 옛 기록에서 어보가 찍힌 자문(咨文)을 얻었는데 어보 여섯 글자와 어압(御押)이 모두 온전하였다. 이는 더욱 기이하고 귀한 것이라 이공이 첩으로 만들고 서문을 지었다. 내가 발견한 것은 비록 결락된 부분이 있어 안타깝지만 찾아낸 것을 아주 다행스런 일이라 여겨 이공을 통해 임금께 아뢰었다. 때는 숭정 후 임진년(1712, 숙종38) 어느 날, 명나라 유민 해동의 서종태가 손을 모으고 삼가 기록하노라.

114 영락(永樂) 연간 : 영락은 명(明)나라 성조(成祖)의 연호로 1403년~1424년 사이이다.

《삼수헌고》에 대한 발문

三秀軒稿跋

위의 《삼수헌고(三秀軒稿)》 한 편은 연안 이낙보(李樂甫 이하조(李賀朝))가 지은 것이다. 세상에 남은 문장이 간행되는 경우는 반드시 그 사람이 문예가 성대할 뿐만 아니라, 겸하여 명예와 지위가 현달한 자이다. 문장은 절로 정해진 가치가 있으니, 실제 마음에 축적된 것이 있다면 어찌 외면적인 것이 있어야 중요하겠는가. 옛날부터 몸은 재야에 있어도 유집(遺集)이 후세에 전하여 백대에 빛을 남긴 사람을 어찌 이루 다 셀 수 있겠는가. 이자(李子)는 성대하게 뛰어난 문장이 있었는데 물러나 빛을 감추어 문예로 이름나는 것을 부끄럽게 여겼다. 또 나이가 마흔도 되지 못하였으니 그 문장이 세상에 빛을 드러낸 적이 없다. 그러나 사우들에게 깊이 추앙과 인정을 받아 그의 명성이 평소 이미 성대하였다. 일찍 과거 공부를 그만두고 출세를 하찮게 여겼으니, 관직의 현달 여부는 논할 것이 못된다.

이자는 약관이 되기 전에 문장이 뛰어나 붓을 잡으면 곧장 완성하였고, 얼마 후 또 시서와 학문의 공부에 침잠하여 절차탁마하여 행실을 부지런히 가다듬었다. 문장을 지을 적에는 도리에 근거하여 분명하고 통창하여 법도가 있었으며, 시 역시 마음을 읊어 음조가 전아하여 독실하게 시인의 운치가 있었으니, 그가 다다른 경지를 논하자면 어찌 지위가 높고 문단에서 명성을 날린 사람에게 대번에 양보할 수 있겠는가. 후세에 빛을 드리울 것이니 저 외면적인 조건 덕택에 중시 받은 사람과 비교하면 누가 영원히 전해지고 누가 영원히 전해지지 않을지 모르겠다. 안타까운 것은 그가 절로 세상을 멀리하여 산룡(山龍)과 보불(黼黻)에 힘을 쓰지 않아 대아(大雅)로 나라를 빛내지 못하고[115] 또 오래 살지 못하여 천부적인 자질을 더욱 끝까지 발휘하지 못한 점이다.

우리 월사(月沙) 문충공(文忠公 이정귀(李廷龜)) 선생의 문집은 국가의 전장(典章)이 되고, 백주(白洲) 문정공(文靖公 이명한(李明漢))의 문집은 관각의 모범이 되며, 정관재 선생(靜觀齋先生 이단상(李端相))의 문집은 유림의 모범이 되니, 이분들이 이자의 3대이며, 그들의 문집이 세상에 널리 전한다. 지금 이자의 작은 유고가 또 세상에 전하여 4대가 문집이 있다. 장고씨(掌故氏)[116]의 기록에 이런 것이 있는가, 없는가. 성대하도다.

이자가 세상을 떠난 지 지금 10여 년이 지났는데, 백씨(伯氏) 동보(同甫 이희조(李喜朝))가 애달피 여기고 그가 속에 쌓인 정채를 드러낸 문장이 사라지는 것을 걱정하여 그의 유고를 가져다 장인에게 활자로 인쇄하라고 명을 내리니, 친구들이 도와 한 달을 넘겨 완성하였다. 문집 속에 있는 여러 작품들을 보니, 대부분 평소에 즐겁게 웃으며 수창하던 시들이라 늘 책을 어루만지며 눈물을 흘렸다. 동보가 나에게

115 산룡(山龍)과……못하고 : 임금을 보좌하며 나라를 위한 문장을 쓰지 않았다는 뜻이다. 산룡(山龍)'은 산과 용의 문양이고, '보불(黼黻)'은 예복(禮服)에 놓은 수(繡)로, 보(黼)는 손잡이가 없는 도기(陶器) 모양이며, 불(黻)은 '기(己)' 자 두 개를 서로 반대로 한 것이다. 순(舜) 임금이 일찍이 우(禹)에게 이르기를 "내가 해와 달과 별과 산과 용과 꿩을 무늬로 만들고, 종묘의 술그릇과 물풀과 불과 흰쌀과 보와 불을 수놓아서 다섯 가지 채색을 다섯 가지 빛깔로 물들여 옷을 만들고자 하거든, 그대는 그것을 밝게 만들라."고 했던 데서 온 말이다. 《書經 益稷》

116 장고씨(掌故氏) : 나라의 고실(故實)이나 관례, 예악 따위를 관장하는 벼슬아치를 가리킨다.

발문을 써 달라고 부탁을 하였는데, 이 정승이 이미 서문을 썼고[117] 몹시 자세히 칭찬하였으니, 내가 다시 덧붙일 말이 없다. 이자를 생각해도 볼 수 없으니, 그저 몇 마디 말을 그의 문집에 남겨 나의 슬픈 마음을 서술한다. 임진년(1712, 숙종38) 9월 1일 외종형 만정산인 서종태 노망은 기록하노라.

117 이……썼고 : 이 정승은 《삼수헌고(三秀軒稿)》의 서문을 쓴 이이명(李頤命, 1658~1722)을 말한다. 이이명의 본관은 전주(全州), 자는 지인(智仁) 또는 양숙(養叔), 호는 소재(疎齋)이다.

서후 書後

《엄산집》[118]을 읽고 계축년(1673, 현종14)

讀弇山集 癸丑

처음에 내가 《엄산집》을 읽고는 좋다고 여겨 "아, 웅장하고 넓구나. 선진(先秦)과 한(漢)나라의 문장이 없어진 지 이미 수백 수천 년이 되었다. 그런데 지금 차츰 남은 소리를 얻어 때때로 비슷한 점이 있으니, 예봉이 움직이는 곳에서는 기이하고 빼어난 모습이 나타나 절로 사람으로 하여금 뛸 듯이 기쁘게 만드니, 저 원미(元美)는 도대체 어떤 사람이기에 문장이 이처럼 아름다운 것인가."라고 하였다. 이어 며칠 동안 읽어 보고 말하기를 "이미 웅장하고 넓으니, 자신이 나아간 역량에 따라 글을 지었다면 오히려 증공(曾鞏)과 왕안석(王安石) 등 몇 사람에게도 대번에 양보하지 않았을 터인데, 옛 문장을 전부 따르고자 하여 말을 할 때마다 일체 평범한 것을 없애버리고 상투적인 것을 벗어났다. 이 때문에 혹은 지나치게 과장되거나 생경하며, 혹은 글자와 구절을 늘어놓아 편벽되어 전아하지 않고, 법식에만 구속되어

118 엄산집(弇山集) : 명나라 후기의 문신이자 시인인 왕세정(王世貞, 1526~1590)의 문집으로, 자는 원미(元美)이고, 엄주는 그의 호이다.

명백하고 전아한 한 마디 말을 찾아보려 해도 전혀 없다."라고 하였다.

아, 문장이 옛날로 돌아갈 수 없는 것은 역시 시대에 따른 풍기(風氣)의 오르내림에 관계되니, 여기에는 부득이한 점이 있다. 그런데 저 엄주산인 등 몇 사람은 선진시대에 태어나지 않았고, 또 양한(兩漢)시대에 태어나지도 않았다. 천 수백 년 뒤에 태어나서 갑자기 천 수백 년을 거슬러 올라가 단번에 그 법도를 나란히 하고자 하였으니, 이는 어렵지 않겠는가. 만일 노력해서 할 수 있는 일이라면 원미 등 몇 사람에 앞서서 한유(韓愈), 유종원(柳宗元), 구양수(歐陽修), 소식(蘇軾) 등 몇 사람이 있었으니, 필시 이미 그 일을 하였을 것이다. 어찌 한유, 유종원이 절로 한유, 유종원이 되고 구양수, 소식이 절로 구양수 소식이 되어 일찍이 선진 양한의 문장에 힘을 기울이지 않았는가. 그들의 문기(文氣)와 필력(筆力)이 끝내 옛것을 전부 따를 수 없었는데 진부하고 평범한 언어를 전부 제거하는데 힘썼으니, 그 형세가 기이하고 편벽된 한 가지 길로 나가지 않을 수 없었을 따름이다.

문장의 체재가 비록 한결같이 뜻을 전달하는 것을 위주로 할 수는 없지만, 파도에 비유하자면 어지러운 파도가 일어나 각기 그 형세가 있는 것과 같고, 또 음악에 비유하자면 빠른 것과 느슨한 것이 있지만 나름대로의 절조를 갖추고 있는 것과 같아 읽으면 혼후하여 일창삼탄(一唱三歎)[119]의 소리가 있다. 어찌 이처럼 서툴게 억지로 꾸민 흔적이

119 일창삼탄(一唱三歎) : 한 사람이 노래를 선창하면 세 사람이 화답한다는 뜻으로, 시문이 매우 뛰어남을 뜻한다. 《예기》 〈악기(樂記)〉에 "청묘(淸廟)의 슬(瑟)은 붉은 현(絃)으로 되어 있고 소리가 느릿하여서 한 사람이 선창하면 세 사람이 화답하여 여음(餘音)이 있다." 하였다.

있고 삭막하게 본래의 참된 모습을 잃어버린 것과 같겠는가. 게다가 스스로 믿는 것이 너무 거만하여 억지로 이기(理氣)를 풀이하려고 하였으니, 차기(箚記) 등의 글에는 어수선하고 바르지 못한 말이 많다. 양명학(陽明學)을 참으로 심성(心性)을 이해한 학문으로 성인이 전하지 않은 실마리를 이었다고 여겨 관민(關閩)의 현자들[120]을 몹시 헐뜯었으니, 방자하고 논란을 좋아하는 행태가 이와 같았다. 아마도 마음이 편협하고 기운을 자부하는 문장가의 습성에서 나온 것이리라.

소리와 기운이 거세고 지나친 말로 자부하는 점으로 보면 마치 손수 황무지를 헤치고 백대를 뒤흔들어 《춘추좌씨전》, 《국어》, 《한서》, 《사기》의 법도를 모두 회복하고 당나라 이후의 문장은 모두 문단 아래로 치워버릴 듯하였다. 그러나 그 귀결점을 살펴보면 핵심적인 정신은 송나라 문인들의 범위를 벗어나지 않았고, 또 진나라와 남조 송나라 《세설신어》의 유려한 말을 더욱 좋아하였으니, 또 어찌 그리도 사리에 어긋나는 것인가. 그러나 북지자(北地子)[121]를 이어 더욱 떨쳐 크게 일으켜 원(元)나라 말기의 비루함을 씻어버려 우리 명(明)나라의 쇠퇴한 문기(文氣)를 일으켰으니, 그 공로는 위대하다.

120 관민(關閩)의 현자들 : 관민은 관중(關中)과 민중(閩中)으로, 송(宋)나라 때 이학(理學)이 흥성했던 곳이다. 관중은 장안(長安) 일대로 횡거(橫渠) 장재(張載)가 살았고 민중은 복건성으로 회암(晦庵) 주희(朱熹)가 살았다.

121 북지자(北地子) : 명나라 중기의 문인이자 문신인 이몽양(李夢陽, 1473~1530)이다. 북지는 본래 현 감숙성(甘肅省)·영하성(寧夏省)·내몽고 서부 지역을 범연히 일컫는 말인데, 이몽양이 섬서(陝西) 경양(慶陽) 사람이므로 이렇게 칭한 것이다. 이몽양은 자가 헌길(獻吉), 호가 공동(空同)으로 명나라 초기의 화려하고 현실적 감각을 중시하는 풍조에 반대하여, 진(秦)·한(漢) 시대의 고문과 이백(李白)·두보(杜甫)의 시로 돌아가야 한다는 고문주의를 주창하였다.

우린(于鱗)[122]으로 말하자면 내가 역시 할 말이 있다. 그의 글을 읽는 사람들이 처음에 그의 난삽한 글을 보고 누군들 몹시 놀라 기이하게 여기며 은미하고 오묘하다고 말하지 않겠는가. 그러나 천천히 풀이해 보면 단지 겉으로 현혹시켰을 뿐이다. 문장을 짓는 것이 이처럼 수고롭고 또 편벽하되, 마땅히 절로 드러나 절로 알게 될 것이다. 그러니 어찌 후세에 전하겠는가. 아, 그 마음 씀이 꽉 막혔도다.

지금 하나의 기물을 얻어 사람들에게 소리치기를 "이것은 은나라의 이(彝)이고, 이것은 하나라의 대(敦)이다."라고 한다면, 비록 흙으로 만든 다른 평범한 물건과 같지는 않겠지만 누가 따라서 그것을 과연 은나라와 하나라의 보물로 알겠는가. 설령 과연 은나라와 하나라의 보물이라 하더라도 심하게 손상되었다면 음식을 담아 손님을 대접하는 자리에 내놓을 수 있겠는가. 곡식을 담아서 사당에 올릴 수 있겠는가.

대체로 홍치(弘治) 연간과 가정(嘉靖) 연간의 여러 사람들 가운데 백안(伯安)[123]은 웅장하지만 방자하였고, 헌길(獻吉)[124]은 거대하지만 허술하였으며, 중묵(仲默)[125]은 아름답지만 가벼웠으며, 녹문(鹿門)[126]

122 우린(于鱗) : 명(明)나라 때의 시인 이반룡(李攀龍, 1514~1570)의 일을 말한 것이다. 그의 자는 우린(于鱗), 호는 창명(滄溟)이다.

123 백안(伯安) : 왕수인(王守仁, 1472~1528)을 말한다. 자는 백안(伯安), 호는 양명(陽明)이다. 절강성(浙江省) 여요(餘姚) 출신의 학자로 양명학(陽明學)의 시조이다.

124 헌길(獻吉) : 이몽양(李夢陽)이다.

125 중묵(仲默) : 명나라 중기의 문신이자 저명한 시인인 하경명(何景明, 1483~1521)이다. 1502년(홍치15)에 진사시에 급제하고 섬서 제학부사(陜西提學副使)등을 역임하였다. 전칠자 중의 한 사람으로 고문사파를 주도하였다.

126 녹문(鹿門) : 모곤(茅坤, 1512~1601)을 말한다. 녹문은 그의 호이고 자는 순보

은 화려하기는 했지만 유약하였으며, 형천(荊川)[127]은 넉넉하기는 했지만 쓸데없는 말이 많았다. 그러나 엄산은 여러 사람들의 장점을 두루 갖추어 더욱 뛰어난 자라고 하겠다.

(順甫)이다. 가정(嘉靖) 17년(1538) 진사시에 급제하고 벼슬이 광서 근비첨사(廣西近備僉事)에 이르렀다. 고문에 뛰어났으며 당·송의 문장을 좋아하여《당송팔대가문초(唐宋八大家文鈔)》를 편찬하였다.

127 형천(荊川) : 명나라 후기의 문신이자 학자인 당순지(唐順之, 1507~1560)의 호로 자는 응덕(應德)이다. 가정 8년(1529) 진사시에 장원으로 급제하고 벼슬이 봉양순무(鳳陽巡撫)에 이르렀다. 양명학자로 명성이 높았으며 글은 달의(達意)의 표현을 중시하고 당·송의 문장을 높이 평가하였다.

《양명집》 뒤에 쓰다 기미년(1679, 숙종5)

書陽明集後 己未

왕백안(王伯安 왕양명(王陽明))이 말하기를 "말이 더욱 상세할수록 도가 더욱 어두워지고, 이치를 분석하는 것이 더욱 정밀해질수록 학문이 더욱 지리해진다."라고 하였다. 또 말하기를 "기억하고 암송하고 문장을 꾸미는 습성은 그 폐단의 유래가 있으니, 말이 너무 자세하고 분석이 너무 정밀한 데서 생긴 잘못이 아니겠는가."[128]라고 하였다. 이 말은 주자(朱子) 문하 후학의 폐단을 지적하여 이 기이하고 고원하고 격분하고 괴이한 논의를 한 것이다. 비록 마음에 격동된 점이 있어서 말한 것이지만, 성인의 학문을 어지럽히고 후세를 그르친 것이 참으로 심하다. 어찌 분변하지 않을 수 있겠는가.

온전한 도의 본체는 비록 지극히 광대하고 무궁하지만 그 사이에 있는 이치와 의리의 자세한 곡절은 털끝만큼도 차이가 있을 수 없다. 이 때문에 옛 성현들은 '지극히 넓고 큰 것을 끝까지 추구한다'고 하고서 또 '은미한 것을 완전히 파악한다'[129]고 말하였다. '만물을 발육시켜 그 높은 도의 경지가 하늘에까지 닿았다'고 말하고서 또 '반드시 예의

128 말이……아니겠는가 : 《왕문성전집(王文成全書)》 7권 〈별담감천서(別湛甘泉序)〉에 보인다.

129 지극히……파악한다 : 《중용장구》 제27장에 "군자는 덕성을 존숭하고 학문을 연구한다. 넓고 큰 것을 끝까지 추구하면서도 정밀하고 은미한 것을 완전히 파악하고, 높고 밝은 최고의 경지를 이루면서도 중용의 길을 걷는다. 옛것을 익히면서 새것을 알고, 돈후한 자세를 견지하며 예를 숭상한다."라는 말이 나온다.

(禮儀)가 삼백(三百)이고, 위의(威儀)가 삼천(三千)이다'[130]라고 말하였다. '관유(寬裕)와 중정(中正)'을 말하고서 또 반드시 '조리 있고 세밀한 관찰력은 분별할 수가 있다'[131]고 말하였다. '의리를 정밀히 탐구하여 신묘한 경지에 이른다'[132]고 하였으며, '널리 배우고 상세히 말한다'[133]고 하였다. 만세에 걸쳐 덕을 닦고 도를 응집하는 요체를 보여준 것이니, 그 가르침이 이를 넘어서지 않는다. 그런데 의리에 대해 정밀하고 자세하게 말한 것을 학문하는 병통으로 여겼으니 실로 편벽된 견해이다. 하물며 주자가 살던 당대에는 그렇게 말할 수밖에 없었다.

주자(周子)와 정자(程子) 여러 선생이 세상을 떠나고 백년이 지나지 않아 은미한 말이 점차 어두워지고 이단의 설이 번갈아 일어났다. 예컨대 유작(游酢)와 양시(楊時)[134] 등 여러 군자의 논설조차도 왕왕 허무하고 현묘한 지경에 빠져 스승의 가르침을 잃고 말았으니, 나머지 사람

130 만물을……이다 : 《중용장구(中庸章句)》 제27장에 "위대하다, 성인의 도여. 물이 넘쳐흐르듯 끝없이 만물을 발육시켜 그 높은 도의 경지가 하늘에까지 닿았도다. 크고 넉넉하도다 예의가 3백 가지요, 위의가 3천 가지로다."라는 말이 나온다.

131 관유(寬裕)와……있다 : 《중용장구》 제31장의 내용으로, 아래의 네 구절은 "관유와 온유는 천하를 포용할 수가 있으며, 강인함과 꿋꿋함은 자신의 신념을 굳게 지킬 수가 있으며, 엄숙함과 중정한 자세는 공경할 수 있으며, 조리 있고 세밀한 관찰력은 분별할 수가 있다."라는 것을 말한다.

132 의리를……이른다 : 《주역》 〈계사전 하(繫辭傳下)〉에 "의를 정밀히 하여 신묘한 경지에 들어감은 씀을 지극히 하기 위해서요, 씀을 이롭게 하여 몸을 편안히 함은 덕을 높이기 위해서이다."라고 하였다.

133 널리……말한다 : 《맹자》 〈이루 하(離婁下)〉에 "널리 배우고 상세하게 말하는 것은, 장차 돌이켜 집약해서 말하고자 함이다."라는 구절이 있다.

134 유초(游酢)와 양시(楊時) : 송나라 정자의 문인으로, 사양좌(謝良佐), 여대림(呂大臨)과 함께 '정문 사선생(程門四先生)'으로 일컬어지는 인물이다.

들이야 말할 것이 있겠는가.

여희철(呂希哲)[135]과 장구성(張九成)[136] 등 여러 공들의 남은 물줄기가 넘쳐흘러 퍼지고 스며들어 순희(淳熙 송나라 효종의 연호) 연간 강서(江西)의 여러 사람들[137]에 이르러 극에 달하였다. 혹 관중(管仲)과 안자(晏子)를 높여 성인의 문하와 동일하게 여겼으며, 한나라와 당나라를 높여 삼대에 견주었다. 혹 덕성을 높이는 데만 치우치게 힘써 학문을 묻고 강독하는 일을 공허한 말로 여겼다. 이치를 말할 때에는 일상적인 것을 버리고 성명(性命)을 먼저 내세웠다. 학문을 논할 때에는 간단하고 빠른 것을 즐거워하고, 구속되는 것을 싫어하였다. 경전을 말할 때에는 자기의 뜻에 맞추어 경전의 뜻을 잘라내고 각자 다른 뜻을 표방하여 새로운 것을 구하기에 힘썼다. 평범하고 천근한 것을 반드시 끌어다 고명하게 만들고 쉬운 것은 반드시 천착하여 심오하게 만들었으며, 눈썹을 치켜뜨고 눈을 부라리며 방자하게 말하고 마구 꾸짖으며, 이치에 어긋나고 위태로우며 온갖 변괴를 부려 이루 말할 수 없을 정도

135 여희철(呂希哲) : 1039~1116. 자는 원명(原明), 봉호(封號)는 형공(滎公)이다. 송나라 수주(壽州) 사람으로 여공저(呂公著)의 아들이다. 어려서 초천지(焦千之), 석개(石介), 호원(胡瑗)에게 수학하고, 후에 다시 정호(程顥), 정이(程頤), 장재(張載)에게 수학하였다

136 장구성(張九成) : 1092~1159. 자는 자소(子韶), 호는 횡포거사(橫浦居士) 또는 무구거사(無垢居士)이다. 양시(楊時, 1053~1135)의 제자로 경학을 깊이 연구하여 훈해(訓解)한 것이 많다.

137 강서(江西)의 여러 사람들 : 강서학파를 말한다. 강서는 중국의 땅 이름인데, 육상산(陸象山)이 그곳에 살았으므로 그의 학파를 강서학(江西學)이라고도 한다. 육상산은 육구연(陸九淵, 1139~1192)으로, 자는 자정(子靜), 호는 존재(存齋), 상산은 그의 호이다.

로 어지러웠다.

비록 남헌(南軒)[138]과 동래(東萊)[139]같은 두 선생이 경전을 해석한 학설조차도 간혹 역시 중도에 맞고 올바른 의리를 얻지 못한 것이 있었으며, 그 유폐가 없을 수 없었다. 이와 같은 상황이 그치지 않았으니, 어찌 경전의 이치가 어두워지고 선비들의 학문이 어그러져 인의가 막히고 사람이 사람답지 않은 지경에 이르지 않을 수 있었겠는가.

선생이 이 때문에 개탄하고 근심하여 육경(六經) 이하부터 낙관(洛關)[140]의 여러 서적에 이르기까지 그 의리와 의미에 대해 힘써 여러 사람들과 모두 논변하여 서찰을 주고받으며 토론하여 반드시 지극히 마땅한 결과를 얻은 뒤에 그만두었으니, 비록 힘이 약하고 비방이 쌓여도 돌아볼 겨를이 없었다.

후세를 깨우치기 부족하다고 여겨 또 장구(章句)와 전주(傳注)를 지어서 정밀히 분석하고 여러 차례 수정하여 평생의 마음과 힘을 다 쏟아 성인 말씀의 정수를 다 밝히고, 여러 사람의 말을 모아 절충하여 백세의 표준을 정하였다. 이로부터 상하 수백 수천 년간 여러 성현들의

138 남헌(南軒) : 중국 남송 사람인 장식(張栻, 1133~1180)의 호이다. 자는 흠부(欽夫)·경부(敬夫), 시호는 선(宣)이다. 위국공(魏國公) 장준(張浚)의 아들로 주희·여조겸(呂祖謙)과 함께 '동남삼현(東南三賢)'으로 불린다.

139 동래(東萊) : 여조겸(呂祖謙, 1137~1181)의 호이다. 그의 자는 백공(伯恭)이며 세상에서 동래선생(東萊先生)이라 불렀다. 금화(金華) 사람으로 주희(朱熹), 장식(張栻)과 함께 당시에 동남삼현(東南三賢)으로 일컬어졌다. 학문의 경향이 경사(經史)에 치중하였고 절강학파(浙江學派)를 열었다.

140 낙관(洛關) : 염락관민(濂洛關閩)의 준말이다. 염계(濂溪)의 주돈이(周敦頤), 낙양(洛陽)의 정자(程子), 관중(關中)의 장재(張載), 민중(閩中)의 주자를 통칭한 것으로, 곧 송대의 성리학을 뜻한다.

글이 크게는 의리의 대의부터 작게는 장구의 음과 구두에 이르기까지 깊은 것은 깊어지고 얕은 것은 얕아졌으며, 고원한 것은 고원해지고 쉽고 천근한 것은 쉽고 천근해졌다. 명백하고 적절하며 정대하고 순수하여 강령을 끌어다 각각 그 뜻을 다하여 마치 하늘의 해와 달이 세세한 미물까지 다 비추는 것처럼 환해졌다.

아, 이 이치는 성현이 입언하고 가르침을 남겨 드러내어 밝혔기에 대소(大小)와 정추(精粗)가 애초에 다르지 않았다. 수백 년 후에 태어나서 어찌 구두를 끊지 못하면서 그 뜻을 이해하는 자가 있겠는가. 또 어찌 그 뜻을 이해하지 못하고서 심오하고 은미한 도리를 터득하는 자가 있겠는가. 말이 상세하지 않으면 그 뜻을 밝힐 수가 없고, 분석이 정밀하지 않으면 온축된 것을 드러낼 수 없으니, 상세하고 정밀하게 한 뒤에야 올바른 학문이 밝아지고, 사악한 학설이 그칠 수 있다. 이 때문에 일찍이 말하기를 "두루뭉실한 것을 즐기고 분석을 꺼리며, 고원하고 오묘한 것을 좋아하고 세미한 것을 소략히 하는데, 이것이 오늘날 학문하는 폐단이다."라고 하였다. 또 말하기를 "사특함과 거짓이 번갈아 들끓어 선비들이 비루한 견문에 빠졌으니, 만일 통렬히 분석하여 사정(邪正)과 진위를 분명히 가리지 않는다면 학자들이 장차 무엇을 따르고 나아갈 곳을 알겠는가."라고 하였으니, 이것이 선생의 뜻이다. 몸소 중대한 사도(斯道)를 맡아 계왕계래(繼往開來)[141]의 책임이 모두

141 계왕계래(繼往開來) : 지난 성인의 뒤를 잇고 앞으로 올 후학을 열어주는 학문의 공을 말한다. 주자(朱子)가 〈중용장구서(中庸章句序)〉에서 공자의 덕을 찬양하면서 "지나간 성인을 잇고 후세에 올 학자를 열어 준 것은 그 공이 도리어 요순(堯舜)보다도 나은 점이 있다.〔繼往聖開來學, 其功反有賢於堯舜者.〕"라고 한 데서 온 말이다.

선생에게 있었으니, 선생이 그만둘 수 있었겠는가.

내가 일찍이 다음과 같이 생각하였다. 도학은 명나라가 비록 송나라만 못하지만, 사대부가 다투어 이단의 학문을 숭상한 것도 송나라만 못하다. 주자(周子)와 정자 이후로 만일 주자(朱子)가 집대성하여 정도를 수호한 공이 없었다면 나는 이단의 설이 침투하는 재앙이 비단 강서(江西)의 돈오(頓悟)에만 있을 뿐만이 아니며, 또 오늘날처럼 천하의 절반을 들어 서로 맞서는 정도에 그치지 않았을까 두렵다. 그러므로 일찍이 개인적인 마음에 주자의 공로는 공자가 육경을 산삭하여 기술한 것, 맹자가 양주(楊朱)와 묵적(墨翟)을 물리친 것과 천년의 세월을 넘어 같은 범주의 일이라 여겼으니, 이 말이 어찌 지나치겠는가.

선생이 만년에 늘 도문학(道問學) 한쪽의 공부가 우세하다는 점을 스스로 깨우치고 반성한 뒤 또 학자들을 깊이 경계하였으니, 그 뜻이 은미하다. 그런데 후학들이 혹 그의 가르침을 깊이 이해하지 못하여 가정(嘉靖) 연간 이후 글 뜻에 얽매인 말단적인 학문은 진실로 폐단이 없을 수 없었다. 그러나 이는 진실로 사람이 스스로 잘 배우지 못한 과오이니, 어찌 선생의 가르침이 이 폐단을 열었다고 하겠는가. 그 공로는 바로 말을 상세히 하고 정밀히 한 데 있으나 지금은 도리어 잘못이라고 여긴다. 이는 강에 빠져 죽은 자가 성인이 배와 노를 만든 공로를 탓하는 것과 같으니, 어찌 심한 잘못이 아니겠는가.

백안이 주자의 학문을 공격할 적에 비록 힘을 다하여 현란하고 장황하게 하였지만, 요약하자면 큰 뜻은 이 몇 마디 말에서 벗어나지 않는다. 천하의 올바른 학문을 해치고 천고에 화를 남긴 것이 실로 홍수와 맹수[142]의 폐해보다 적지 않다. 그런데 늘 그의 말을 보면 주자의 학문을 홍수와 맹수에 비유하였으니, 그때마다 웃음이 나고 이어 책을 덮고 탄식을 하게 된다. 기타 논의하고 해설한 부분에 이따금씩 절로 뛰어나 남을 감동시키는 점이 있으나, 학문의 근원과 종지가 이처럼 어그러져 뒤섞였으니 다른 부분을 어찌 논하겠는가. 우연히 《양명집》을 보다가 마음에 느낀 점을 위와 같이 기록한다.

142 홍수와 맹수 : 태평한 시대 이전의 혼란함을 가리키는 것으로, 《맹자》 〈등문공상(滕文公上)〉에 "요(堯)의 시대에 천하가 아직 평정되지 못하여 홍수가 멋대로 흘러서 천하에 범람하였다. 초목이 무성하고 금수가 번식하여서 오곡이 익지 못하고 금수가 사람을 위협하여 금수의 발자국으로 생긴 길이 중국에 교차하였는데, 요가 홀로 이를 근심하여 순(舜)을 들어 통치를 펴게 하였다."라고 하였다.

이인로[143]의 죽은 아내 최 유인의 지명 뒤에 쓰다
書李仁老亡室崔孺人誌銘後

전의(全義) 이인로에게는 어진 아내가 있으니, 최 유인이다. 세상을 떠난 뒤에 장사를 지내려고 하면서 인로가 직접 묘지(墓誌)를 지었는데, 행적이 핵심적이면서 자세하였다. 문장에 독실한 슬픔이 드러나 읽어보면 사람으로 하여금 감동하여 눈물이 흐르게 만들기 충분하다. 나는 인로에게 중표(中表)[144]가 되므로, 일찍이 유인의 훌륭한 행실을 익히 들었고, 또 인로는 평소에 과장된 글을 짓는 것을 즐기지 않았으니, 그가 지나친 말을 하지 않았음을 징험할 수 있다. 인로가 나에게 글을 지어 그의 슬픔을 위로해 달라고 청하였는데, 아, 그의 문장은 마음에서 나온 것이라 덧붙일 수 있는 말이 없다.

묘지를 살펴보니 유인은 열 살 되던 해에 연이어 부모의 상을 당하자, 성인처럼 곡을 하고 발을 굴렀으며 죽을 때까지 어린아이가 부모를 사모하듯 하루같이 하였으니, 아, 유인은 효성스러운 사람이다. 친속들이 모일 때마다 부인들은 대부분 기쁘게 웃고 즐겼는데, 유인은 홀로 하루 종일 단정하게 아무 말 없이 있었으니, 아, 유인은 조용한 사람이다. 유인은 열다섯 살에 시집을 왔는데, 시집을 오자마자 집안의 살림을 주관하여 위로는 제사를 받들고 아래로는 하인들을 돌보면서 질서정연하여 모두 조리가 있었으니, 아, 유인은 지혜롭고 민첩한 사람이다.

143 이인로(李仁老) : 이덕수(李德壽, 1673~1744)를 말한다. 168쪽 주56 참조.

144 중표(中表) : 내외종 관계에 있는 사람을 가리킨다.

유인은 일찍 여인의 법도를 익혀 책을 좋아할 줄 알았고, 비록 많은 분량의 책이라도 한두 번 읽으면 곧 암송하여 잊지 않았다. 옛 사람이 당면했던 의리상 의심스럽고 어려운 부분에 대해서는 논의와 분석이 탁월하여 남을 감동시키기도 하였으니, 아, 유인은 재주 있고 통달한 사람이다.

인로가 일을 처리할 적에 조금이라도 이치에 마땅하지 않은 점이 있으면 유인이 반드시 의리로 독실하게 경계하였다. 인로가 화를 내도 조금도 동요하지 않고 천천히 말하기를 "제가 말을 하지 않으면 누가 말을 하겠어요."라고 하였다. 아, 이는 더욱 계명(雞鳴)의 풍모[145]가 가득하니, 이 아름다움을 오래도록 미루어 나갔다면 유인은 덕요(德耀)가 되어서 인로를 백란(伯鸞)으로 만들었을 것이며,[146] 적부인(翟夫人)이 되어서 인로를 연명(淵明)으로 만들었을 것이다.[147] 어찌 훌륭하

145 계명(雞鳴)의 풍모 : 《시경》 〈제풍(齊風) 계명(鷄鳴)〉에 "'새벽닭이 이미 울었으니 조정에 이미 신하들이 가득할 것입니다.' 하였는데, 닭이 운 것이 아니라 파리의 소리로다.〔雞既鳴矣, 朝既盈矣, 匪雞則鳴, 蒼蠅之聲.〕"라 한데서 온 말로, 왕비가 늘 조심하고 경계하여 군주로 하여금 일찍 일어나 정사에 힘쓰기를 권면하는 것을 말한다.

146 덕요(德耀)가……것이며 : 남편의 뜻을 잘 받들어 훌륭한 인물로 만들었을 것이라는 의미이다. 덕요는 후한(後漢) 때 양홍(梁鴻)의 아내인 맹광(孟光)의 자로, 현부(賢婦)를 상징한다. 백란(伯鸞)은 양홍의 자이다. 맹광은 본디 부유한 집안 출신이었으나 남편의 뜻을 따라 화려한 의복을 벗어던지고 가시나무로 만든 비녀를 착용하는 등 검소하게 생활하며 함께 패릉산(覇陵山)에 은둔하며 지냈다. 맹광은 남편을 지극히 존경하여 밥을 지어 남편에게 올릴 때마다 밥상을 자기 이마의 높이까지 들어 올렸다 한다.《後漢書 卷113 逸民列傳 梁鴻》

147 적부인(翟夫人)이……것이다 : 남편의 뜻을 잘 받들어 훌륭한 인물로 만들었을 것이라는 의미이다. 적부인은 진(晉)나라 도잠(陶潛)의 아내 적씨(翟氏)로, 남편인 도잠의 뜻을 잘 받들어 숨어 사는 가난한 생활을 편안히 여기며 손수 나무를 해서 밥을

지 않겠는가.

내가 지금 세상을 살펴보니 부인이 효도하고 공경하는 기풍은 거의 듣기가 힘든 실정이다. 사대부 집안의 젊은 부인들이 마음을 두는 것은 오직 장식하는 비녀와 귀고리 및 현란한 의복이며, 심한 경우에는 가산을 경영하고 재산을 모으는데 급급하여 부자가 되는데 힘쓰고 생계를 꾸리니 풍속이 야박해져 개탄스러울 뿐이다. 그러나 유인은 몸가짐이 고결하고 행실이 순정하며 담박하여 달리 남들을 따라 즐기는 것이 없었다. 집안에서는 효도와 우애를 충실히 쌓고 어른들을 섬기며 유순하여 게을리 하지 않았고, 또 사적인 자리에서도 실추하지 않아 남편을 잘 보좌한 것이 이와 같았다.

유인이 세상을 떠났을 때 나이가 스물이었다. 하늘이 좀 더 오래 살게 해주어 더욱 아름다운 행실을 이루게 했다면 유순하고 훌륭한 행실이 반드시 찬란히 세상의 모범이 되었을 것이다. 이러한 아름다움을 지니고서도 복을 받지 못하고 원통함을 품은 채 세상을 떠나고, 후사가 없어 대를 잇지 못했으니, 하늘의 도를 어디서 징험할 수 있겠는가. 오직 인로의 문장이 더욱 크게 발전하여 결국 빛나서 후세에 전한다면 유인의 아름다움 역시 따라서 무궁히 전해지리라.

짓는 수고를 마다하지 않았다. 백거이(白居易)의 〈증내시(贈內詩)〉에 "도잠은 생산을 경영하지 않아서 책씨가 손수 나무 해다 밥 지었다.〔陶潛不營生, 翟氏自爨薪.〕"라고 하였다.

《나근계집》[148]

羅近溪集

그 논의가 간혹 높고 밝으며 이치를 깨우친 부분이 없지 않으나 대체로 신령하고 허탄한 데에서 나온 주장이다. 보고 있으면 불경을 보는 것과 비슷하여 정자(程子)와 주자(朱子) 문하 법문(法門)의 평이하고 실제적인 길과는 완전히 어긋난다.

148 나근계집(羅近溪集) : 나유덕(羅惟德)의 문집을 말한다. 나유덕은 명(明)나라 때 학자로, 이름은 여방(汝芳), 자가 유덕(惟德), 호는 근계(近溪)이다. 벼슬은 태호지현(太湖知縣)·영국지부(寧國知府)를 거쳐 포정사 참정(布政使參政)에 이르렀다. 《明史 卷283 儒林列傳 二 王畿羅汝芳》

《전목재집》[149]

錢牧齋集

목재는 남의 장수를 비는 글〔壽序〕과 당(堂)에 붙이는 기문〔堂記〕 등의 일상적인 글에 번번이 천하의 일을 거론하여 건노(建奴)[150]와 틈적(闖賊)[151]이 나라의 근심이라 말하면서 팔에 불끈 힘을 주고 질타하여 목소리를 높이기를 그치지 않았으니, 이는 마음에 쌓인 것이 절로 붓을 따라 겉으로 넘쳐 드러난 것이다.

갑신년(1644, 숭정17) 봄에 연경이 위태로워 함락되려 할 때 목재는 저 멀리 오(吳)나라 지역 장강(長江)의 남쪽에 있었는데, 그가 지은 글에서 3월에 지은 것이다 틈적의 머리를 고가(槀街)[152]에 매달게 될 것이

149 전목재집(錢牧齋集) : 전겸익(錢謙益, 1582~1664)의 문집이다. 명말청초(明末淸初)의 문인으로, 목재는 그의 호이고, 자는 수지(受之)이다. 처세에는 절조가 결여된 면이 있었으나 박학다재하고 시문에 뛰어나 붓끝에 막힘이 없었으며, 명대 문단의 주류인 전·후칠자를 비판하고 송대의 문장을 높이 평가하였다.

150 건노(建奴) : 청나라를 말한다. 건은 건주위(建州衛)를 말하는데, 명나라 성조(成祖)가 여진족(女眞族)의 근거지였던 길림(吉林) 부근과 목릉하(穆陵河) 유역에 설치한 것으로 청나라가 발원한 곳이다.

151 틈적(闖賊) : 이자성(李自成, 1606~1645)을 말한다. 명말(明末) 농민 반란의 지도자이다. 처음에는 역졸(驛卒)이었는데 연수(延綏)의 기근을 기화로 봉기하여, 틈왕(闖王)으로 자칭하였다. 1644년 명조(明朝)를 멸망시켰으나 이듬해 오삼계(吳三桂)를 선도(先導)로 하는 청군(淸軍)에게 패하여 죽었다. 《明史 卷309 流賊列傳 李自成》

152 고가(槀街) : 원래 한(漢)나라 장안성(長安城) 남문 안에 있던 거리 이름이다. 당시 제이(諸夷)의 관사(館舍)가 여기에 모여 있었는데, 죄인을 참수하면 머리를 이 거리에 매달아 사람들에게 보였다고 한다. 여기서는 사람들이 붐비는 저잣거리를 말한

라고 말하였으니, 문인이 현실에 우활하기가 심하다. 그러나 일을 만나 사물을 읊고, 당시의 일에 분개한 것은 두보(杜甫)의 유풍이니, 그의 충정은 지극하다. 계사년(1713, 숙종39) 3월에 쓰다.

한유(韓愈)의 엄정하고 간략함〔嚴簡〕은 논할 것도 없고, 송나라의 구양수(歐陽修), 왕안석(王安石), 증공(曾鞏) 여러 공들은 남을 논할 때나 남을 칭찬할 때나 남의 묘문(墓文)을 지을 적에 너무 지나친 말을 하지 않았고 모두 적절히 헤아려 사실과 조금도 어긋남이 없었다. 그러나 명(明)나라 사람들은 오로지 과장을 일삼아 본래 실제보다 지나치게 사람을 칭찬하였으니, 보고 있으면 조롱하는 듯하다. 왕세정(王世貞)이 가장 심한데, 전겸익(錢謙益)이 매우 비슷하다.

문장에 파란이 있으며, 붓을 마음대로 놀려 문장을 완성하였고, 또 묘사를 잘하여 사정(事情)을 곡진하게 드러냈으니, 명나라 말엽에 문장의 지극한 폐단을 바로잡으려던 대가이다. 그러나 붓을 놀리는 것이 지나쳐 고문(古文)의 진부한 말이나 온전한 구절을 도용하는 것을 즐기고, 또 기이하고 험벽하며 괴이한 말을 많이 사용하였으니, 모범으로 삼을 수가 없다. 또 일생의 취향은 이반룡(李攀龍), 이몽양과 왕세정(王世貞)을 배척하는데 힘썼기 때문에 당순지(唐順之)와 귀유광(歸有光)을 추켜세운 것은 진실로 마땅하지만, 이동양을 높인 것은 지나치다. 이동양을 지나치게 숭상하였고, 원종도(袁中道) 무리의 섬약한 문장도 싫어할 몰랐으니, 그 견해가 편협하다.

다. 《漢書 卷70 段會宗傳》

사람의 좋은 점을 논할 때에는 번번이 도덕이라고 칭찬하고 남의 시에 대한 서문을 써줄 때에는 모두 풍아(風雅 시경)로 귀결시켜 전혀 법도에 따라 재단하지 않았으니, 이는 구양수와 증공 등 여러 문인들에게도 없던 일이다. 이런 글을 사람들이 보게 한다면 다만 조어(造語)와 문사(文辭)를 감상할 뿐 저절로 그 말을 믿을 수가 없으니, 문장이 비록 아름답더라도 어찌 후세에게 믿음을 줄 수 있겠는가. 그렇다면 거의 엄주산인의 들뜨고 화려한 문장과 다름이 없을 것이다. 대체로 명나라 문인들의 습성은 과장하고 아첨하는 것을 매우 숭상하였으니, 대부분 이를 벗어나지 못한다.

목재가 좨주(祭酒) 풍몽정(馮夢禎)의 지명(誌銘)에서 말하기를 "그의 집안은 마(麻)를 손질하여 부를 일으켰고, 부친과 조부는 모두 글을 몰랐다."라고 하였다. 이런 말은 지금 세상에서 남의 묘지명을 쓰는 사람이라면 반드시 쓰지 않을 것이고, 그렇게 쓰더라도 본가(本家)에서 사양할 것이다. 명나라는 오히려 질박하고 진실하여 옛날에 가까웠다.

《온릉십경첩》

溫陵十景帖

내가 연경의 객관에 머물고 있을 때, 이 《온릉십경첩》을 팔러 온 사람이 있었는데, 드디어 헐값을 주고 샀다. 제지(題識)를 보니 채응징(蔡應徵)의 그림이었다. 채응징이 사람이 어떤 사람인지는 모르지만, 비록 반드시 화원(畫苑)의 명가는 아니라 하더라도 그의 그림 솜씨는 섬세하면서도 고원하고 담박하면서도 교묘하여 결국 법도를 벗어난 우리나라 세속적인 그림보다는 훨씬 좋다. 산에 있는 집의 깨끗한 안석에 기대어 때때로 펼쳐보고 감상하면 반드시 속세를 떠나고 싶은 나의 생각을 보탤 것이니, 가지고 돌아가 우리 아이들에게 보여주려고 한다.

갑신년(1704, 숙종30) 2월에 만정산인은 기록하노라.

《속자치통감》

續資治通鑑

정월 정사일에 송나라 영종(英宗)이 승하하자, 신종(神宗)이 그날 황제의 자리에 올랐고, 무오일에 대 사면령을 내렸다. 2월에 상씨(向氏)를 황후로 세웠으니 태자비에서 황후로 책봉한 것이다. 2월에 신종의 탄생일을 동천절(同天節 황제의 생일)로 삼았는데, 모두 영종의 능을 만들기 전에 할 수 있는 일이 아니었다. 이 당시에는 천하가 평안하여 황제가 붕어한 날에 곧바로 후사가 즉위하는 예(禮)를 행했으니, 송나라의 제도가 이와 같았다. 그러나 천하에 어찌 이런 이치가 있는가. 부모의 상을 처음 당하여 가슴을 치며 통곡하는 절차는 황제나 일반 백성이나 똑같으니, 어찌 차마 이러한 때에 곤룡포를 입고 황제의 자리에 오를 수 있는가. 결코 인정상 할 수 있는 일이 아니다. 인정은 곧 하늘의 이치와 같으니, 비록 주나라 강왕(康王)의 일[153]도 반드시 성인의 제도는 아닐 것이다. 다음날 사면령을 내린 것도 역시 큰 잘못이다.

153 주나라 강왕(康王)의 일 : 주 성왕(周成王)이 죽자 강왕이 상복(喪服)을 입었다가 다시 길복(吉服)으로 갈아입고 즉위식을 거행하여 군신(群臣)의 하례를 받은 다음 다시 상복으로 갈아입었다. 이 일에 대해 소식(蘇軾)은, 성왕이 죽어 장례도 치르기 전에 군신(君臣)이 모두 길복을 입는 것은 예(禮)가 아니고, 변례라고 할 수도 없으며, 삼년상 기간 중에 상복을 벗고 길복을 입는 것은 어느 때이든 타당하지 않으니 주공(周公)이 살아 있었다면 필시 이렇게 하지는 않았을 것이라고 하였다. 《書經集傳 康王之誥》

《미불보진재첩》[154]

米芾寶晉齋帖

미불(米芾)의 글씨는 법도에 얽매인 적이 없으니, 운치가 넘쳐나고 기이한 모습이 마구 생겨난다. 이따금씩 독수리가 날갯짓을 하는 듯하고 올챙이가 꿈틀대는 듯하여 감상하면 정신이 상쾌해진다. 그러나 깊이 있고 묵직한 맛은 안공(顔公)[155]만 못하고, 빼어나고 오묘한 맛은 파옹(坡翁)[156]보다 못하여 그저 일종의 기이한 작품에 지나지 않으니 어찌 진(晉)나라 사람의 경지를 논하겠는가.

정해년(1707, 숙종33) 가을에 쓰다.

154 미불보진재첩(米芾寶晉齋帖) : 송(宋)나라 때 시(詩)·서(書)·화(畫)가 모두 뛰어났던 미불(米芾)의 서재인 보진재(寶晉齋)에서 소장하고 있던 서첩을 말하는 것으로 보인다. 보진재에는 진대(晉代)의 법첩(法帖)들을 많이 소장하고 있었기 때문에 이렇게 이름한 것이라 한다.

155 안공(顔公) : 당나라의 명필인 안진경(顔眞卿)을 말한다. 현종(玄宗) 때의 명신으로 왕희지의 필법을 배웠으나, 난세를 충렬로 일관한 강직한 정신을 반영하여 생명감 넘치는 독특한 서풍(書風)을 창조하였다.

156 파옹(坡翁) : 북송 때의 시인이자 서예가인 소동파(蘇東坡, 1037~1101)를 말한다. 자는 자첨(子瞻), 호는 동파거사(東坡居士)·파공(坡公)·파선(坡仙), 이름은 식(軾)이다. 당송팔대가(唐宋八大家)의 한 사람이다.

《가묘비첩》

家廟碑帖

내가 연경의 객관에 머물 때에 이 노공(魯公)[157]의 글씨 2첩(帖)을 구하였으니, 바로 공의 친필 〈가묘비(家廟碑)〉[158]이다. 글자체가 더욱 근엄하고 법도가 갖추어져 공의 다른 글씨에 비해 더욱 아름다우니, 글씨를 잘 모르는 사람도 보배로 여겨 공경할 줄 알게 만든다. 다만 이 서첩의 '거소찬(據所撰)' 이하의 글자체는 조금 다른 듯하니, 내가 몰라서 그런 것인가. 때는 갑신년(1704, 숙종30) 2월이다.

157 노공(魯公) : 안진경(顔眞卿, 709~784)을 말한다. 당 현종(唐玄宗) 때의 정치가이며 서예가로 우세남(虞世南)·구양순(歐陽詢)·저수량(褚遂良) 등과 함께 당사대가(唐四大家)로 불렸다. 자는 청신(淸臣)이며, 노군공(魯郡公)에 봉해졌으므로 노공(魯公) 또는 안노공(顔魯公) 등으로 불린다.

158 가묘비(家廟碑) : 안씨가묘비(安氏家廟碑)를 말하는 것으로 보인다. 안씨 가묘비는 안진경이 72세 때인 노년에 쓴 작품으로, 그는 자신의 가문에 대한 기록으로 더욱 더 신경을 쓴 작품이며, 안근례비(安勤禮碑)와 더불어 안진경 해서(楷書)의 2대 걸작 가운데 하나이다.

《진서산집》[159]

眞西山集

극도로 주자(朱子)를 존숭하였으나, 역시 "상산 선생[160]이 대도(大道)를 천명하였다"고 말하기도 하였으며, 양간(楊簡)[161] 공과 원섭(袁燮)[162] 공을 과도하게 칭찬하기도 하였다. 선생은 자질이 본래 온순하여 선배들을 몹시 존경하고 사모할 줄 알았으며 기치를 세우고 편을 가르는 것을 일삼지 않았다. 그러나 우열을 명백히 가리는 뜻에 흠이 있는 듯하다. 또 묘도문자에는 지나치게 칭찬한 부분이 있는 듯하여 구양수(歐陽修)와 왕안석(王安石)의 간략함과는 같지 않다.

갑오년(1714, 숙종40) 겨울밤에 책을 보다가 삼가 견해를 기록하다.

159 진서산집(眞西山集) : 진덕수(眞德秀, 1178~1235)의 문집을 말한다. 송나라 건녕부(建寧府) 포성(浦城) 사람으로, 자는 경원(景元) 또는 희원(希元)인데, 나중에 경희(景希)로 고쳐 불렀다. 호는 서산(西山)이고, 시호는 문충(文忠)이다. 주자학파(朱子學派)의 학자이다.

160 상산선생(象山先生) : 육구연(陸九淵, 1139~1193)을 가리킨다. 중국 남송(南宋)의 철학자로, 자정은 자이며 상산은 그의 호이다. 육구연의 사상은 3세기 이후 명나라의 성리학자 왕수인(王守仁)에 의해 완성되었고, 따라서 이들을 통틀어 육왕학파(陸王學派)라고 불러 정주학파(程朱學派)와 구별하였다.

161 양간(楊簡) : 송나라 명주(明州) 자계(慈谿) 사람으로, 시호는 문원(文元)이며, 육구연(陸九淵)의 제자로 심학을 발전시켜 자호선생(慈湖先生)이라 불리었다.

162 원섭(袁燮) : 송나라 경원부(慶元府) 은현(鄞縣) 사람으로, 자는 화숙(和叔)이다. 육구연(陸九淵)의 제자이다.

《황명명신록》
皇明名臣錄

어사(御史) 고반룡(高攀龍)[163]

만력(萬曆) 연간에 양명(陽明 왕수인(王守仁))과 근계(近溪 나여방(羅汝芳))의 학문이 동남 지역에서 더욱 성행하여 사람들이 일제히 휩쓸렸는데, 공은 그 곳에 있으면서 논설과 견식이 뭇사람을 벗어난 것이 이와 같았다. 공은 명성과 절개가 있는 뛰어난 인물이었으나 평소에 그다지 학술로 드러나지 않았으니, 그의 학문이 과연 어떠한지 알 수 없다. 어떻게 하면 그의 문집을 구입하여 읽을 수 있을까.

병술년(1706, 숙종32) 동짓달 밤에 쓰다.

163 고반룡(高攀龍) : 자는 존지(存之), 호는 경일(景逸)로 명나라 무석(無錫) 사람이다. 만력(萬曆) 때의 진사로서 행인(行人)을 제수 받고, 뒤에 좌도어사(左都御史)에 올랐다.

학용

學庸

제목에 쓴 '학용' 두 글자는 선조(宣祖) 임금의 어필로 짧은 글씨에서도 오히려 은하수가 하늘을 밝게 비추며 운행하는 모습[164]을 우러러 볼 수 있다. 삼가 생각건대 이 책은 필시 평소에 선조 임금께서 손에 들고 늘 읽던 책은 아닐 것이다. 아마도 하사하실 때 우연히 직접 써서 내려주신 것이리라. 증조부이신 부마 부군(駙馬府君)[165]이 하사를 받고 나서 갑자년(1624, 인조2)과 정묘년(1627, 인조5)과 병자년(1636, 인조14)의 난리를 거치며 집안에 소장한 서적들이 사라져 거의 남아 있는 것이 없으나 이 '학용' 이라고 어필로 쓴 두 권의 책은 다행히 온전히 보전되어 훼손되지 않았다. 조부 증 찬성공(贊成公 서정리(徐貞履))과 부친 증 의정공(議政公 서문상(徐文尙))이 모두 보물로 여겨 보관하였으니, 훗날 자손들도 공경히 지켜 감히 잃어버리지 않도록 하라.

164 은하수가……모습 : 《시경》 〈운한(雲漢)〉에 "밝은 저 운한이여, 빛이 하늘을 따라 돌도다.〔倬彼雲漢, 昭回于天.〕" 하였는데, 운한은 아름다운 문장을 형용한 말로, 임금의 필묵(筆墨)을 가리킨다.

165 부마 부군(駙馬府君) : 서종태의 증조부인 달성위(達城尉) 서경주(徐景霌, 1579~1643)를 말한다. 본관은 달성(達城), 자는 자순(子順), 호는 송강(松岡)이다. 선조의 딸인 정신옹주(貞愼翁主)와 혼인하였다.

《동파화죽족》

東坡畫竹簇

이 한 장의 대나무 그림은 집안에서 옛날부터 소장한 것이다. 내가 어릴 때에 이는 소동파(蘇東坡 소식(蘇軾))의 필적이라고 들었는데, 증명할 수 있는 도장이나 기록이 없다. 어쩌면 예전에는 있었는데 그림을 잘라내면서 남기지 않은 것인가. 근세에 중국에서 건너온 물건 중에 명가(名家)의 글씨와 그림이라고 일컫는 것들은 비록 표지(標識)가 온전하더라도 태반이 가짜이다. 더구나 이 그림은 표지까지도 없어졌으니 무엇을 상고하여 믿을 수 있겠는가. 내가 평소에 대나무 그림의 오묘한 맛을 알지 못하여 그 진위를 구분할 수는 없지만, 자연스럽고 빼어난 자태가 붓과 종이 사이에 넘쳐나는 것을 보면 필시 평범한 솜씨는 아니다. 우선 장정(裝幀)을 하여 축(軸)으로 만들어 남겨두니, 죽은 문호주(文湖州)[166]를 살려내어 분별하지 못하는 것이 안타깝다.

임진년(1712, 숙종38) 여름 노망(魯望)은 기록하노라.

166 문호주(文湖州) : 문동(文同, 1018~1079)으로, 자는 여가(與可), 호는 소소거사(笑笑居士), 소소(笑笑) 선생, 석실(石室) 선생 등이다. 1078년 호주에 부임하게 되어 문호주라 불렸으나 임지에 도착하기 전에 죽었다. 소식 형제의 고종사촌 형으로, 시문과 서화에 이름이 났다.

《도원도》[167]

桃源圖

이는 명(明)나라 사람 고병겸(顧秉謙)[168]의 그림이다. 비록 명가(名家)라고는 하나 신선 세계의 실제 정경을 제대로 묘사하지 못한 것 같으니 어째서인가. 복사꽃은 산꼭대기에 있어서는 안 된다. 어부가 우연히 복사꽃이 점점이 냇물에 떠내려 온 것을 보고 산을 넘고 숲을 지나 깊숙이 들어가니, 홀연히 인가의 연기가 피어오르고 촌락이 흩여져 있으며, 뽕나무와 삼나무가 울창하다. 닭과 개가 골목에 있고, 주인과 손님이 놀라 서로 읍을 하며 말을 하는데 의복이 전혀 다르고, 어린 아이들이 어지럽게 몰려든다. 이와 같은 풍경이 완전히 생략되어 상상할 수가 없다. 화려하게 꾸민 다리와 배도 어울리지 않는다.

167 도원도(桃源圖) : 중국 진나라 때의 유명한 시인 도연명(陶淵明)이 지은 《도화원기(桃花源記)》에서 유래된 이상향인 도화원을 그린 그림이다.

168 고병겸(顧秉謙) : 1550~1632. 호(號)는 익암(益庵)으로, 이부 상서(吏部尚書), 건극전태학사(建極殿大學士) 등의 관직을 역임하였다.

만정당집

제12권

雜著 잡저

詔 조

銘 명

書牘 서독

論 논

贊 찬

頌 송

奏 주

箴 잠

策問 책문

잡저 雜著

잡언
雜言

하루는 내가 우연히 교외의 들판으로 나갔는데, 길에서 해진 베옷을 입은 유생이 여유 있는 모습을 한 장자(長者)와 함께 앉아서 얘기를 나누는 것을 보았다. 내가 마침 몹시 피곤하여 그 곁에 말을 풀어놓고 그 장자가 해진 베옷을 입은 유생에게 물어보는 것을 들었다. 그 장자가 말하기를,

"그대의 안색이 불안하니 깊이 근심하는 것이 있는 것 같네."

하였다. 해진 베옷을 입은 유생이 말하기를,

"저는 무상(舞象)[1] 이후로 부지런히 문사를 공부하였습니다. 비록 감히 문사에 능한 이와 나란히 달릴 수는 없지만, 시류배와 비교해서는 많이 양보하고 싶지 않습니다. 그런데 과거시험을 볼 때마다 낙방

1 무상(舞象) : 15세 이상의 소년을 뜻한다. 《예기》〈내칙(內則)〉에 "13세에는 음악을 배우고 시를 외우고 작(勺)에 맞춰 춤을 추며, 15세에는 상(象)에 맞춰 춤을 추고 활쏘기와 말 타기를 배운다.〔十有三年學樂, 誦詩, 舞勺, 成童舞象, 學射御.〕"라는 한 데서 나온 말이다.

하여 그 곤궁하고 낙척함이 심하였습니다. 그러나 이것은 저의 운명이니 어찌 대번에 이것 때문에 스스로 걱정하겠습니까. 마음속에 깊은 근심이 있어 이 때문에 저도 모르게 밖으로 드러나 저의 안색을 침울하게 만든 것입니다."

하였다. 장자가 말하기를,

"그대는 그 걱정을 한번 말해보시게."

하였다. 해진 베옷을 입은 유생이 말하기를,

"저의 두 부모님은 건강하게 살아계시고 저의 자식들은 늘어진 수염을 가지고 놀며 즐겁게 지내고 있습니다. 게다가 친족들이 매우 성대하여 시마복(緦麻服)을 입는 친족 관계 이상이 거의 수십에서 백 명입니다. 이러한 즐거움을 얻는 사람은 참으로 드무니 저는 근심이 없다고 할 만합니다. 그러나 저는 유독 친형제가 없으니 이 때문에 매번 저의 마음이 슬퍼집니다."

하였다. 장자가 말하기를,

"형제가 인륜의 지친(至親)이지만 그대의 집은 부모님이 모두 살아계시네. 천하에는 또 형제가 없는 자가 많거늘 그대는 어찌하여 유독 이처럼 지나치게 근심하고 슬퍼하는 것인가. 나는 본래 형제가 많아서 그것이 슬퍼할 만한 일인지 깊이 알지 못하니, 그대가 그 사정을 말해보시게."

하였다. 해진 베옷을 입은 유생이 고민하다가 잠시 후에 말하기를,

"자식이 부모님을 모시는 즐거움이 어찌 형제의 유무에 따라 더하고 덜함이 있겠습니까. 그러나 아침저녁으로 가정에서는 형체가 하나이고 자취는 외로워 일찍이 웃고 즐기며 왁자지껄 소리를 낸 적이 없어 부모님의 마음을 즐겁게 해드리지 못했습니다. 일 때문에 집을

나가기라도 하면 이내 집안이 적막하여 부모의 노고를 대신 짊어질 자가 달리 없습니다. 이러한 때에 어찌 저의 마음이 편할 수가 있겠습니까. 이뿐 만이 아닙니다. 친족이 오더라도 하루도 되지 않아 번번이 돌아가고 이따금 친하게 지내는 이가 방문해도 다만 사랑채를 쓸어내고 담소만 나누고 말 뿐이니 이것이 어찌 여러 날 저를 위로할 수 있겠습니까. 이 때문에 항상 한가롭게 있으면서 문을 닫고 들어앉아 턱을 괴고 근심하다가 잠이 드니 비록 웃으며 회포를 펼치고 싶지만 어렵습니다. 매번 남들이 형제들과 함께 살면서 즐거워하는 것을 보면 마음속으로 몹시 부러워하다가 집에 돌아와 번번이 체화시(棣華詩)[2]를 노래하는데 저도 모르는 사이에 눈물이 줄줄 흘러내립니다."

하였다. 장자가 듣고 몹시 서글퍼하며 말하기를,

"그대의 마음이 참으로 서글프구나. 내가 해줄 얘기가 있으니 이것을 말하여 그대의 근심을 풀어주겠네. 멀고 가까운 친척이 오랫동안 머무르지 않는 것은 그대를 멀리해서가 아니라 형세가 그러해서이고, 붕우가 친밀하게 대하지 않는 것은 그대를 하찮게 여겨서가 아니라 형세가 그러해서이다. 이는 그대가 어찌할 수가 없다네. 그대에겐 나이가 그대와 같고 뜻이 그대와 같은 종형제들이 몇 명 있지 않은가?"

하니, 그가 대답하기를,

2 체화시(棣華詩) : 《시경》 〈상체(常棣)〉를 가리키는데, 형제의 우애를 노래한 시이다. "상체나무 꽃이여 환하게 활짝 피었구나. 무릇 지금의 사람 중에는 형제만한 이가 없도다.〔常棣之花, 鄂不韡韡. 凡今之人, 莫如兄弟.〕"라고 한 데서 나온 말이다.

"그러합니다만 다른 집에 살아서 함께 모여 즐겁게 지내는 일은 항상 적습니다. 여러 날 만나지 못할 때면 그때마다 울적한 마음이 들곤 합니다. 그러나 이들이 어찌 친밀한 친형제만 하겠습니까."

하였다. 장자가 말하기를,

"그렇긴 하지만 그대는 어찌 이리도 마음이 협소한가. 옛날 자하씨(子夏氏)가 '사해(四海) 안의 사람들이 모두 형제이다.'[3]라고 하였네. 저 자하씨는 사해 안의 사람을 형제로 삼았는데, 하물며 종형제는 사해 안의 사람보다 오히려 낫지 않겠으며, 먼 친척보다 오히려 낫지 않겠는가. 형제는 같은 기운에서 나누어졌고, 같은 기운에서 나뉘진데서 또 나뉘어져 종형제가 되니, 비록 같은 기운이 몇 등급 내려갔지만 또한 골육의 지친이네. 친하기가 이와 같은데 하물며 나이도 같고 뜻도 같은 경우는 어떠하겠는가. 그대는 어째서 여러 종형제를 형제로 삼지 않고 형제가 적다는〔終鮮〕 탄식을 지나치게 안은 채 이처럼 근심을 심하게 견디지 못하는 것인가. 다른 집에 살면서 자주 모이지 않는 것 또한 형세가 그러해서이네. 만약 그 정의(情誼)를 친밀하게 하고 그 즐거움을 화락하게 하여 때때로 불러 모아 여럿이 모여 서로 이끌며 즐겁게 노닐면서 기쁜 일을 함께 기뻐하고 허물을 경계한다면, 그대의 마음이 즐겁고 너그러워져서 친형제가 없는 것을 잊을 수 있지 않겠는가. 부모님의 기쁨을 돕는

3 사해……형제이다 : 《논어》 〈안연(顔淵)〉에 사마우(司馬牛)가 형제가 없는 것을 한탄하는 말에 자하(子夏)가 대답하기를 "나는 들으니 죽고 사는 것은 운명이 있고, 부귀는 하늘에 달려있다고 하였다. 군자가 공경하고 잃음이 없으며, 남과 더불어 지냄에 공손하고 예가 있으면 사해 안의 사람들이 모두 형제이니, 군자가 어찌 형제가 없음을 걱정하겠는가."라고 하였다.

일이라면 이 뿐만이 아니니 장차 그대의 자손을 번성시키는 것이 좋을 것이네."

하였다. 이에 해진 베옷을 입은 유생은 얼굴에 가득했던 걱정스런 기색이 조금 풀어져 잃었다가 얻은 것처럼 확연히 깨닫고는 웃으며 사례하고 돌아갔다.

나는 이 대화를 듣고 잠시 후 마침내 감격하여 눈물을 흘리며 말하기를,

"천하에 나와 똑같은 일[4]이 있고 또한 나와 똑같은 마음을 지닌 이가 있구나."

하였다. 돌아와 그 대화를 기록하여 때때로 살펴보며 스스로 마음을 달랬다.

4 나와 똑같은 일 : 저자도 친형제가 없었다.

고을의 학교를 중수하고 동재와 서재를 새로 완성하였다. 환안(還安)[5]한 뒤에 이어서 제생들과 모여 주자가 훈계한 말 두 조목과 〈숙흥야매잠〉을 각기 종이 하나에 써서 방의 벽에 붙여서 제생들이 보면서 성찰하게 하였다. 중수하고 새로 만든 공사는 이전의 수령 이후(李侯) 자삼(子三)[6] 시절부터 시작하여 올 가을에 이르러 완공되었다

정묘년(1687, 숙종13)

州學重修東西廡新成還安後仍與諸生會以朱子訓辭二條及夙興夜寐箴各書一紙付于堂壁使諸生觀省修刱之役蓋自前政李侯子三時始事至今秋功訖也 丁卯

이천(利川)에 있을 때[7]이다.

〈동안현유학자(同安縣論學者)〉[8]에서 운운한 것은《주자대전(朱子大全)》제74권에 보인다.

위의 글은 자주자(子朱子 주희)가 동안현 주부(同安縣主簿)로 있을

5 환안(還安) : 다른 데로 옮겼던 신주를 제자리로 도로 모시는 것을 뜻한다.

6 이후(李侯) 자삼(子三) : 이여(李畬, 1645~1718)를 가리킨다. 그의 자는 자삼(子三)이고, 1686년(숙종12) 6월에 이천 부사(利川府使)에 제수되었다.

7 이천(利川)에 있을 때 : 저자는 1686년(숙종12) 12월에 이천 부사(利川府使)에 제수되었다.

8 동안현유학자(同安縣論學者) : 이 글은 동안현(同安縣)의 배우는 사람들이 과거공부에만 전념하는 것을 비판하면서, 옛사람의 자기를 위하는 학문을 진정으로 안다면 그만두고 싶어도 그만둘 수 없다는 공자(孔子)의 말을 인용하여 충고하고 일깨워 준 것이다.

적에 지은 것이다.

삼가 살펴보건대, 고을에서 훌륭한 인재를 추천하여 선발하는 제도가 폐기된 이후로 후세에 초야의 선비가 출사하는 길이 대부분 과거시험을 통하는 것이었으니, 뜻이 있는 선비도 간혹 뜻을 낮추어 나아갔다. 그렇다면 오늘날의 선비가 과거공부에 매진하여 과거에 응시하는 것을 면하는 못하는 것은 비록 그 형세가 그렇게 만든 것이나, 과거시험 외에 별도로 높은 경지의 본분(本分)과 대사(大事)가 있음을 알지 못하고서 한결같이 이해와 득실의 사이에 미혹되어 부화하고 표절하는 글에 매진한다면, 심성(心性)을 망치고 지업(志業)을 빼앗겨 그 폐해가 이루다 말할 수 없을 정도이다. 종신토록 심력(心力)을 헛되이 사용하여 끝내는 군자에게 버림받은 자들이 넘쳐나니, 이것이 주자(朱子)가 이 밝은 가르침을 내걸어 제생들이 과거공부 외에 고인의 위기지학(爲己之學)이 있음을 알고 거기에 힘을 쓰게 한 것이다.

오늘날 학교를 세워 인재를 가르치고 기르는 정사가 이미 날로 느슨하고 폐기되어, 봉액(縫掖)과 장보(章甫)를 갖춰 입고 학사에서 종유하며 함께 강학하는 제군들은 그 공부하는 것이 문장을 지어 과거시험에 합격하기를 힘쓰는 도구에 불과할 뿐이다. 지금 이 훈계를 봄에 근심이 깊고 간절하여 절로 감발을 일으키니, 제군들이 척연히 깊이 반성하고서 분발하기를 생각하지 않을 수 있겠는가.

이른바 고인의 학문은 또한 별도로 특별하게 행하기 어려운 일이 아니고, 단지 집에서는 조상을 받들고 부형을 섬기고 처자식을 보살피며, 밖에서는 윗사람을 공경하고 친족에게 돈독하고 벗을 사귀는 것에서부터 심지어 음식과 남녀 사이의 일, 기거와 휴식 등의 일상생활의 일과 독서하고 농사지으며 가산을 경영하고 남을 구제하며 법령을 조심하고 조세를 성실히 납부하는 등의 일에 이르기까지 어느 것 하나도 학문이 아닌 것이 없다. 여기에는 모두 그렇게 된 이치와 그렇게 해야 하는 법칙이 있으니, 학문을 한다는 것은 단지 그것이 모두 이치에 부합하여 하늘이 부여한 사물의 법칙을 잃지 않기를 구하는 것뿐이다.

그러나 반드시 먼저 앎을 지극히 하고〔致知〕 선을 밝게 알고〔明善〕 난 다음에야 자신의 마음과 식견이 환해져 그 이치의 소재를 알게 되어 자신의 몸에 돌이켜 실천할 수 있는 것이다. 이 앎을 지극히 하고 선을 밝게 아는 것의 요체는 또 반드시 독서하고 강학하여 여러 이치들을 널리 살피는 것을 급선무로 삼아야 한다. 과거시험의 득실은 한때의 영달과 곤궁에 불과하지만, 학문을 하고 학문을 하지 않음은 판이하게 나뉘어져서 어떤 이는 성현의 경지에 이르고 어떤 이는 금수로 전락하니, 아! 그 경중이 어떠한가.

내가 참으로 불민하지만 수령의 직임을 맡아 제생들과 종유한 것이 이제 반년이 되었다. 지금 사당의 모습이 거듭 새로워지고 선비들이 일신하여 또한 이 지역 사학(士學)이 새롭게 시작하니, 삼가 감히 주자가 제생들에게 기대한 것을 나도 기대하는 바이다. 바라건대 제군들은 이 가르침을 깊이 새겨서 비록 간간이 과거공부에 힘을 쓰더라도 실질적인 학문에 더욱 뜻을 독실하게 하여 안팎과 주객의 순서를 잃지 않는다면 매우 다행이겠다.

〈독서지요(讀書之要)〉[9]에서 운운한 것은 《주자대전》 같은 권에 보인다.

오른쪽 글은 주자가 지은 것이다.

삼가 살펴보건대, 주자의 이 말씀은 독서하고 이치를 궁구하는 방법에 대해 지극하게 밝혀 놓은 것이다. 옛날 윤화정(尹和靖 윤돈(尹焞))의 문인이 자신의 스승을 칭송하면서 "육경의 가르침을 자신의 말처럼 외웁니다."라고 하였고, 주자 또한 말하기를 "이와 같은 연후에야 독서인이라 말할 수 있다."라고 하였으니,[10] 아! 이 뜻을 깊이 새겨 스스로 힘쓰지 않아서야 되겠는가. 혹 빨리 읽기만 하고 차분히 사색하는 공부가 없으며, 혹 책을 눈앞에 두고서 마음은 몸 밖으로 떠나 버리면 비록 날마다 수천수만의 말을 외운들 성현의 가르침에서 무엇을 얻어 심신에 보탬이 되겠는가. 바라건대 제군들과 함께 경계하고자 한다.

〈숙흥야매잠(夙興夜寐箴)〉[11]

9 독서지요(讀書之要) : 이 글은 독서의 요체를 밝힌 것이다. 그 요지는 먼저 숙독하고 그 말이 나의 입에서 나오는 것처럼 하도록 하며, 이를 계속 자세히 생각하여 그 뜻이 나의 마음에서 나오는 것처럼 하도록 하는 것이다.

10 옛날……하였으니 : 주희(朱熹)의 〈범문숙에게 답하다〔答范文叔〕〉에 "윤화정(尹和靖)의 문인이 그 스승을 칭송하기를 '위대하도다, 성인의 교훈이 담긴 육경의 글을 귀로 들으면 곧 마음으로 이해하여 마치 자신의 말처럼 외우신다.'라고 하니, 모름지기 이러한 경지에 이르러야 비로소 독서인이라 말할 수 있다."라고 하였다.

11 숙흥야매잠(夙興夜寐箴) : 송(宋)나라 진백(陳柏)이 지은 잠언(箴言)으로, 장(章)마다 4구씩 13장으로 되어 있다. 진백의 자(字)는 무경(茂卿)으로 천태(天台)에 거하면서 남당(南塘) 선생으로 일컬어졌다. 〈숙흥야매잠〉은 본디 《시경》 〈소완(小宛)〉의 "아침 일찍 일어나고 밤늦게 잠자서 널 낳으신 부모님 욕되게 하지 말라.〔夙興夜寐, 無忝爾所生.〕"에서 인용한 것으로, 아침 일찍 일어나고 밤늦게 자며 부지런히 학문을 닦고 신심(身心)을 수양하는 내용을 담고 있다.

위의 글은 남당(南塘) 진무경(陳茂卿 진백(陳柏))이 지은 것이다.

삼가 살펴보건대, 이 잠(箴)에서 학문을 논함이 그 조목과 순서가 매우 상세하다. 퇴계선생(退溪先生)이 또 배우는 자가 힘써야 할 부분과 때를 구분하였으니,[12] 논하고 설명한 것이 더욱 정밀하다. 대개 아침부터 밤까지 움직이고 고요히 하면서〔動靜〕 마음을 보존하고 일에 응하는 사이에 주재하고 근본이 되는 것이 반드시 '경(敬)' 한 글자이고, 잠 가운데 "엄숙하고 단정히 한다"는 말과 "둘로 셋으로 하지 말라"[13]는 말이 바로 공부의 시작점이다. 바라건대 제군들은 보고 성찰하여 힘쓸지어다.

12 퇴계선생(退溪先生)……구분하여 : 퇴계(退溪) 이황(李滉)이 진백(陳柏)의 〈숙흥야매잠(夙興夜寐箴)〉에 의거하여 저술한 〈숙흥야매잠도(夙興夜寐箴圖)〉를 가리킨다.

13 엄숙하고……말라 : 〈숙흥야매잠〉에서 "엄숙히 정돈하고 마음을 비워 한결같이 고요히 하라.〔嚴肅整齊, 虛明靜一.〕"라고 한 것과 "고요할 때 보존하고 움직일 때 살피며, 마음을 둘로 셋으로 분산시키지 말라.〔靜存動察, 勿貳勿參.〕"라고 한 것을 가리킨다.

동주[14]의 서원에 있는 제생들에게 권유하는 글 기사년(1689, 숙종15)

東州學舍勸諭諸生文 己巳

이 고을은 옛날 영서(嶺西)의 도회지라 일컬어졌고, 게다가 경사(京師)와 매우 가까워 풍교를 입음이 응당 다른 고을보다 앞선다. 그런데 옛날부터 문풍이 황폐하고 비루한 탓에 현송(絃誦)의 가르침[15]이 밝게 펼쳐지지 않아 고을 학교에서 사우들이 강학하는 풍속이 전혀 없었고, 또 고을의 벼슬아치나 덕이 높은 군자가 가르치고 인도하여 고을의 후생들을 흥기키시고 분발시킴이 드물었다. 이 때문에 선비들의 향방이 길을 잃고 유학을 내세울 것이 없어져 오늘날에 이르러 더욱 적막해졌으니, 그렇다면 풍속이 날로 경박해지고 예양(禮讓)이 날로 무너진 것도 오로지 여기에서 기인한다.

성조(聖朝)의 문치(文治) 삼백 년 동안 서울과 경기는 말할 것도 없거니와 삼남 지방의 경우 멀리 떨어진 작은 고을까지도 선비들이 모두 시서를 공부할 줄 알았다. 이를 통하여 조정에 출사하여 명성을 드날리거나 혹은 은거하여 학문을 닦아 학식을 배양하고 문재(文才)를 축적하는 자들이 성대하게 이어졌다. 본도는 비록 이보다 조금 못하지

14 동주(東州) : 강원도 철원을 가리킨다.

15 현송(絃誦)의 가르침 : 옛날 《시경》을 배울 적에 거문고, 비파 등 현악기에 맞추어 노래로 불렀는데 이를 현가(絃歌)라고 한다. 그리고 악기의 반주 없이 낭독하는 것을 송(誦)이라고 하는데, 이 둘을 합하여 현송이라고 칭한다. 곧 수업하고 송독하는 것을 말한다.

만 근방의 큰 고을은 선비의 학문이 자못 훌륭하여 과거에 급제하는 자들이 끊이지 않았다. 하늘이 인재를 내는 것과 땅의 풍기(風氣)는 본디 피차에 넉넉하고 부족한 차이가 없다. 더구나 이 고을은 산천이 웅장하니, 어찌 그 맑고 영특한 기운이 모여서 단지 좋은 재목을 이루는데 그칠 뿐이겠는가. 또 온 고을의 군자들이 비록 세상에 빛나는 명문가들이 서로 이어받아 가르침에 젖어드는 소득이 있는 것에 비할 바는 아니지만, 모두 대대로 이 고을에 살며 유학으로 가업을 계승하여 그 사이에는 또한 대대로 벼슬한 집안의 후손들이 많다. 만약 스스로 분발하여 이름난 사대부가 되고자 한다면 누가 막을 수 있겠는가. 이 몇 가지가 모두 저들에게 크게 뒤지지 않건만, 이 유학의 성대함이 아득히 미치지 못하는 것은 어찌 매우 부끄러워 할 일이 아니겠는가. 이는 다만 고을의 풍습이 점점 물들고 따라 익혀서 선비들의 향방이 점점 비루해져 그렇게 된 것일 뿐만이 아니다. 이 고을을 다스리는 자들이 아마도 일찍이 급선무를 알아 학교를 일으키고 풍속을 아름답게 만드는 것을 일삼지 않아서 이러한 지경에 이르게 된 것이니 참으로 그 책임에 대해 할 말이 없을 듯하다.

나는 어리석어 학문을 알지 못하여 비록 감히 선배들에게 비할 바는 아니지만, 이 고을을 다스린[16] 이후로 삼가 여기에 뜻을 두어 공무의 여가에 고을의 군자들과 자주 모여서 경서자사(經書子史)와 같은 책에 대해 견문한 것을 강학하여 서로 유익하게 할 작정이었다. 문옹(文翁)이 촉군(蜀郡)에서 행한 교화와 자후(子厚)가 유주(柳州)에서 행한 가르침[17]을 비록 보잘 것 없는 내가 감히 기대할 바는 아니었지만, 서로

16 이 고을을 다스린 : 1688년(숙종14)에 저자는 철원 부사(鐵原府使)가 되었다.

권면하고 힘써서 그대들의 학문이 나아갈 바를 알고 귀의할 바를 더욱 얻는 것을 볼 수 있기를 바랐다. 그러나 수개월 있으면서 여기에 미칠 겨를이 없었고 지금 또 벼슬을 그만두고 돌아가게 되었기에 그간에 품었던 간절한 뜻을 감히 모두 말한다. 바라건대 군자들은 지금부터 모두 우리 고을이 외지고 비루함을 몹시 부끄럽게 여겨 더욱 분발하여 마음을 갈고닦을지어다. 항상 다음과 같이 말했다.

"사람은 오직 뜻을 세우지 않음을 근심하니 만약 훌륭한 일을 하고자 한다면 지금의 자신이 어찌 무턱대고 고인보다 못하겠는가. 궁벽한 고을에 살아 훌륭한 스승의 도움을 받을 수 없는 자는 더욱 부지런히 노력하여 남이 한 번에 능하면 자신은 백 번을 해야[18] 하지 않겠는가. 평소 부모에게 효도하고 형제에게 우애하는 여가에 각기 스스로 유학에 크게 힘을 써야 하니, 부형의 가르침과 사우의 권면이 혹 여기에서 벗어남이 없을 것이다. 어려서는 이로써 나아갈 바를 정하고 장성해서는 이로써 학업에 매진한다면 예속이 절로 순수하고 아름다워져서 거칠고 사나운 민심을 크게 변혁시킬 수 있고 문교(文教)가 성행하여 찬란하게 추로(鄒魯)[19]의 칭송이 있을 것이니, 이것이 어찌 단지 한때 입신양명의 바탕이 될 뿐이겠는가. 경전에 정통하며

17 문옹(文翁)이……가르침 : 한(漢)나라의 문옹(文翁)과 당(唐)나라의 유종원(柳宗元)이 각기 촉군 태수(蜀郡太守)와 유주 자사(柳州刺史)를 지내면서 그곳의 문풍(文風)을 진작시킨 일을 가리킨다.

18 남이……해야 : 《중용장구》 제20장에 "남이 한 번에 능하거든 나는 백 번을 하며, 남이 열 번에 능하거든 나는 천 번을 하여야 한다."라고 하였다.

19 추로(鄒魯) : 맹자의 출생지인 추(鄒)와 공자의 출생지인 노(魯)를 병칭한 것으로, 예의와 문명이 성대한 지역을 가리킬 때 추로지향(鄒魯之鄉)이라고 한다.

학식이 넓고 품행이 단정하며 또 여기서 진보하여 현인과 성인이 되기를 바라는 것 또한 장차 이를 통하여 얻을 것이니, 어찌 아름답지 않은가.

비록 그러하나 이는 모두 그대들이 유학에 흥기하기를 바라서 말한 것일 뿐이다. 우리 유학은 또 높은 경지의 본분(本分)과 대사(大事)가 따로 있으니 바로 고인의 위기지학(爲己之學)이 이것이요, 문장을 짓는 것은 단지 그 찌꺼기일 뿐이다. 독서가 학문을 위한 것이지만 그 근본은 전적으로 독서에만 있지 않고, 과거 급제가 입신양명을 위해서지만 그 중대함은 애초에 과거 급제하는 데 있지 않다. 이른바 근본이라는 것은 마음을 다스리는 것이고, 이른바 중대하다는 것은 훌륭한 이름을 남겨 천하에 그 어버이를 현양하는 것이다. 그러나 이른바 올바른 학문이란 별도로 행하기 어려운 일이 아니라, 단지 부모를 사랑하고 어른을 공경하며 친속에게 돈독하고 벗에게 신의를 지키며, 음식과 남녀 사이의 일이나 기거하며 생활하는 일을 조심하는 것부터 독서하고 농사지으며 남을 구제하며 법령을 조심하는 등의 일에 이르기까지 무릇 일상생활의 모든 일에 있어서 반드시 그렇게 되는 이치를 구하고 모두 당연한 법칙에 맞도록 하는 것이니 어느 것 하나도 학문이 아닌 것이 없다. 그 대체는 널리 학문을 닦고 예로써 단속하며, 경(敬)을 위주로 하고 이치를 궁구하며, 앎을 지극히 하고 힘써 행하며, 덕성을 높이고 학문을 말미암는 것이니, 이 모든 것에 번갈아 힘을 다하고 치우치거나 폐해서는 안 된다. 공부하는 조목과 순서는 사서(四書)와 정주(程朱 정자와 주자)의 여러 글에 잘 갖추어져 있다.

또한 바라건대 그대들은 이를 깊이 성찰하여 비록 어쩔 수 없이 간간이 과거공부를 하더라도 올바른 학문에 더욱 다시 뜻을 독실히 하여 이 마음을 빼앗겨 과거급제의 득실에 미혹되는 지경에 이르지 않는다면 비단 문장지사(文章之士)가 즐비한 고을이 될 뿐만 아니라, 장차 온 고을에 성대한 도학(道學)을 열어서 세상에 논하는 자들이 삼남보다 앞서서 반드시 철원(鐵原)을 으뜸으로 삼을 것이니, 이 어찌 성조의 교화에 보탬이 되고 고을의 크나큰 영광이 되지 않겠는가. 나는 그러한 소식을 귀를 기울여 듣고자 한다."

숭정(崇禎) 후 기사년(1689, 숙종15) 3월에 삼가 쓰다.

아이들에게 보여주는 글

示諸兒書

인가(人家)의 무덤이 세대가 조금 멀어진 후에 지켜지지 못하는 경우가 많은 것은 비단 후손들이 쇠미해진 데서 연유할 뿐만 아니라, 또한 묘소에 딸린 전지(田地)와 노복이 적은데 후손들이 또 다시 나누어 취하고서 선영을 중요하게 여길 줄 모르기 때문이다. 장단(長湍)의 묘소에 딸린 전지는 원래 적으니 응당 나누어서는 안 된다. 노복의 경우 지금은 늙고 어린 남녀 십여 명뿐이지만, 장래에 아이를 혹 많이 낳는다면 그 수가 조금 많아질 것이다. 우리 자손들은 훗날 비록 지극히 가난하게 살더라도 이 노복들은 전부 제사를 주관하는 집안에 귀속시키고 절대로 나누어 가질 생각을 해서 안 되니 이를 영원히 법식으로 삼아야 할 것이다. 제사를 주관하는 집 또한 노복들을 데려와 부리지 말고, 그곳에서 태어난 사람들은 남녀에 상관없이 모두 묘소 아래나 묘소의 근방에 살게 하여 전적으로 제사지내고 묘소를 지키는 일을 중시하게 해야 한다. 자손들 가운데 선영 안과 근방에 안장한 집들은 서로 상의하여 한두 명을 골라 묘지기로 지정하되 또한 이를 법식으로 삼아 이들을 나누거나 부리지 말아야 한다.

장단의 선영 안에 갈라진 언덕이 줄지어 있는 곳에는 안장하기에 적당한 곳이 많으니 종가와 지자(支子)의 집을 막론하고 아이들이 모두 훗날 안장될 곳으로 삼는 것이 참으로 나의 깊은 바람이다. 신도(神道)가 아득하여 알 수 없다면 그만이지만, 혹 신령이 지각이 있다면 어찌 몹시 즐거워하지 않겠는가. 다만 나머지 언덕은 모두 한쪽으로 기울어지고 좁아서 풍수가들이 길하지 못하다고 하고 범범하게 보아도 그러한데, 아이들이 훗날 어디에 안장될지 모르겠다. 안산(案山 묏자리 맞은편의 산)의 근처와 안산 밖이 비록 안장하기에 좋은 땅으로 적합하지는 않지만 심하게 문제될 것이 없다고 한다면 아이들이 서로 따라서 안장되는 것이 좋을 것이다. 이렇게 하면 선영을 지키고 보호하는 일이 또한 크게 편해질 것이니, 땅속에 있는 나를 위로할 뿐만이 아니다.

풍덕군(豐德郡)의 봉곡(鳳谷) 근처에서 근래 언덕 하나를 찾았다. 이곳이 장단 선영과 비록 멀지는 않지만 또 독립된 기슭이라 흠이 있다고 말하는 풍수가 있으니, 어떨지 모르겠다만 인사 조금 편할 것이다.

장단의 선영은 산줄기가 매우 적고 정혈(正穴)이 서쪽으로 치우쳐 있다. 두세 개의 작은 언덕에 비록 옛 무덤이 있지만 또한 짧고 좁으며 치우치고 기울어져서 맺힌 곳이 되지는 못한다. 그러나 범범하게 보기로는 옛 산의 안쪽으로 자손들이 따라서 묻히는 것이 괜찮을 것 같은데, 이곳을 살펴본 지관(地官)이 대번에 방위가 올바르지 않아 몹시 해로우니 어린아이의 무덤으로도 써서는 안 된다고 하니, 과연 어떨지 모르겠다. 산이 다하여 더 이상 안장할 만한 곳이 없고 또 근방에 안장하기에 괜찮은 곳을 얻기 어려우니 오랫동안 선영을 지킬 방도가 매우 염려스럽다. 정혈에 장사지낸 선조는 이미 4대까지이고 죽은 아들[20]의 무덤은 또 산기슭에 있으니 이는 5대이다. 하나의 언덕 안에 무덤들이 너무 많아 지기(地氣)가 많이 빠져나갔으니, 비단 지관이 매우 해가 된다고 말할 뿐만 아니라, 누차 토석을 옮기는 공사가 어찌 신도(神道)에 매우 미안하지 않겠느냐. 그러나 혈도(穴道)가 이미 길고 넉넉하니, 매번 보건대 인가의 선영이 이처럼 혈도가 길면 여러 세대에 걸쳐 무덤을 쓰는 경우가 또한 많았다. 정부자(程夫子)가 논한 바 소목(昭穆)으로 입장(入葬)하는 제도는 일찍이 여기에 얽매이지 않았으니,[21] 어찌 순리가 아니겠느냐. 지관이 말한 이치는 응당 별도로 논해야 한다.

내 생각에는, 내가 죽은 후에 선친의 묘소 아래와 죽은 아들의 무덤 뒤의 수십 보 사이에 나를 안장한다면 땅속이 이 세상과 같아서 나의 애통한 마음을 위로할 수 있을 것이다. 이는 내가 평소에 마음을 정한 것이다. 다만 죽은 아들의 묏자리를 정할 때에 집안사람들의 논의가 자못 여러 번 무덤을 쓰는 것은 미안하다고 하였는데, 훗날 집안사람들의 논의가 어떠할지, 지관들 또한 어떻게 생각할지 모르겠다. 만약 심하게 미안한 일이 아니라고 한다면 내 말에 따라 결정하는 것이 좋겠다.

혹여 분명하게 길흉에 관계된다고 한다면 나의 마음이 비록 간절하지만 또한 어찌하겠느냐. 이곳에 무덤을 쓰는 것이 혹 부득이하다면 백호(白虎) 언덕이 차선이니, 손자의 무덤 앞뒤를 묏자리로 정하는 것이 마땅하다. 지관에게 널리 자문하고 시행하여라. 지관은 으레 백호

20 죽은 아들 : 요절한 저자의 장남 서명륜(徐命倫)을 가리킨다.

21 정부자(程夫子)가……않았으니 : 정자(程子)는 그 자신의 대에서부터 소목(昭穆)에 따라 혈(穴)을 정하였으며, 지관(地官)을 별도로 쓰지 않고 오색 비단을 열흘간 묻었다가 그 색의 명암을 보고 지기(地氣)의 선악을 알았다고 한다. 《二程文集 卷11 伊川文集 葬說》

언덕에는 안장해서 안 된다고 말하지만, 인가에서 계장(繼葬)[22]하는 경우를 보았다. 게다가 정혈과 청룡(靑龍) 언덕 사이에 조금 깊은 비탈진 곳이 있으니 해가 될 게 없다면 비록 맺힌 곳은 아니지만 내 무덤으로 삼기에 매우 편할 것이다. 다만 일찍이 지관에게 물어보니 모두 불가하다고 하였는데 과연 어떠할지 모르겠다. 나는 지관의 말을 전혀 알지 못하지만 아마도 길한 곳이 아니면 곧 흉하고 해가 되기 때문일 것이다. 다만 무덤으로 쓸 곳에 앉아서 보면 형세가 고르고 가지런하여 한곳으로 모이는 형상이 있는 듯하여 정혈과 다르지 않으니 서쪽의 치우쳐있는 작은 언덕들보다는 나을 것이다.

죽은 아들을 장사 지낼 때 처음에 정혈의 근방 서쪽 작은 언덕에 일을 시작했는데, 최두명(崔斗明)이 매우 흠이 있다고 하여 마침내 다른 곳으로 옮겨 정하였다. 일찍이 들으니, 임대(任臺)가 보고서 정혈의 아래 서쪽으로 치우친 곳을 계장(繼葬)할 땅으로 삼아 표지를 세우기까지 했다고 하니, 이때에 이르러 믿을 만하다고 조금 생각하였다. 그러나 이치로 미루어보자면 혈세(穴勢)가 여기에 이르렀으니 나머지 기운은 어떠하겠느냐. 게다가 광중의 흙 색깔이 좋지 않아 검으면서도 자잘한 구멍이 있어 장맛비를 만나면 땅이 축축하게 젖으니, 이는 반드시 내수(內水)가 있지 않더라도 장맛비에 땅이 침수되어 그렇게 된 것이다. 기일에 임박하여 옮기는 것이 어려웠기에 그대로 장례를 행하였는데, 그 후에 들으니 땅을 본 자들이 수환(水患)이 염려된다고 말했다고 한다. 항상 근심하면서도 시행하기 어렵기에 그대로 두었으

22 계장(繼葬) : 조상의 묘지 아래에 자손을 장사지내는 것을 뜻한다.

니, 훗날 혹 믿을 만한 사람의 말을 듣는다면 이장할 작정이다. 다만 내가 알지 못하여 결정하지 못했으니, 응당 더욱 상세하게 살펴야 할 것이다.

묘소에 제사를 설행하는 것은 가묘(家廟)와는 다르다. 비록 세대가 이미 멀어져 예법상 어쩔 수 없이 제사를 폐기하더라도 자손들이 사력(事力)이 있으면 한 해에 두 번 혹은 한 번 제사를 지내는 것이 예법의 뜻이 문제가 없을 것이니, 주자(朱子) 또한 이러한 말을 하였다.[23] 장단에 증조부, 조부, 선친 3대의 내외를 모신 묘소는 비록 백 년이 지난 뒤에 제사를 그만 지내고 묘소를 다른 곳으로 이장하더라도 나의 자손들은 종가에서 그 제사를 주관할 적에 함께 힘쓰고 합의하기를 영원히 법식으로 삼아, 매년 봄가을로 두 번 제사지내거나 혹은 가을에 날을 택해 한 번 제사지내어 오늘날의 내 마음을 깊이 헤아려라. 제수는 굳이 성대하게 차리지 말고, 내 무덤에는 하지 말라.

너희들은 이곳저곳 다닐 적에 나루터에 바람이 부는데 혹 이미 배에 먼저 오른 행인이 많아서 보기에 자못 건너기 위험하면 비록 긴급한 일이 있더라도 가던 길을 멈추어야 하니, 절대로 따라 들어가지 말고 물러나 기다려라. 혹 돌아오거나 혹 마을 여관에 묵으면서 반드시 안

23 주자(朱子)……하였다 : 주희(朱熹)의 〈왕상서에게 답하며 가묘를 논하다〔答汪尙書論家廟〕〉에 "묘제(墓祭)의 예법은 정씨(程氏)도 옛날에는 없던 것이지만 단지 풍속을 따라 할 뿐이라고 했습니다. 그러므로 의리에 해가 되지 않으면 다만 사시(四時)의 제사로 간단하게 지내는 것이 옳습니다."라고 하였다.

전을 구하는 방도를 생각해야 한다. 만약 한밤에 길을 갈 때 도적이나 맹수가 염려되는 점이 있을 듯하면 또한 빨리 가려고 경솔하게 나가지 말고 혹 길을 멈추고 머물러 반드시 조심하고 두려워하기를 생각하여라. 대저 위험한 곳을 조금이라도 지날 적에는 요행을 바라는 마음을 경계하여 항상 "부모님이 남겨주신 신체를 움직임에 어찌 감히 신중하지 않겠는가."[24]라는 가르침을 마음에 새기는 것이 좋겠다. 이 세상에 어떤 일이든 그렇지 않겠느냐. 이를 미루어 행동함이 좋을 것이다.

작은 일 때문에 묘소 아래에 사는 사람에게 원망과 미움을 사서 선영이 변고를 당하는 경우가 세상에 종종 있다. 근세에는 백성의 사나움이 심한지라 더욱 더 일마다 깊이 경계하지 않을 수 없으니, 작게는 석물(石物)을 자르고 파괴하고 크게는 선영을 불태운다. 자손들이 미약하여 기세가 없어도 백성들로 하여금 두렵고 꺼리게 만들 수 있으니, 나무하고 꼴 베는 것을 금지하는 한 가지 일도 간혹 이러한 화를 초래한다. 이 때문에 나는 평소 왕래하며 나무꾼과 목동을 엄하게 금지하면서도 한 사람도 경솔하게 매질한 적이 없다.

봉분이 무너지는 일은, 처음에 몇 조각 상처 나고 떨어진 떼를 즉시 보수하지 않고서 세월을 보내다가 그렇게 된 것이다. 제사를 폐하지 않은 선영은 비록 끝내 보수하지 않을 우려는 없지만, 왕래하는 자손들이 명절 제사 때마다 자세히 살피고 두루 보살펴 새로운 떼 한두

24 부모님이……않겠는가 : 《예기》 〈제의(祭義)〉에, 증자(曾子)가 효(孝)에 대하여 제자인 공명의(公明儀)에게 말한 내용에 보인다.

조각을 정밀하게 취하여 상처 나거나 흠이 난 곳을 보수하기를 절대 나태하게 하지 말라. 이러한 뜻을 재실의 벽에 써서 영원히 법식으로 삼아 몸소 실행하기 바란다. 약간 보수하는 일은 굳이 무덤에 다 고사(告辭)할 것 없다.

묘도(墓道)를 화려하게 꾸미는 것은 후세의 예법이니, 정도를 넘어 부화하고 사치스럽게 하는 것은 진실로 마땅하지 않다. 그러나 자식들의 끝없는 마음을 다시 베풀 곳이 없기에 비석을 세워 현양하는 것 외에 의물(儀物)처럼 비록 그다지 중요하지 않은 것도 설치하여 아름답게 꾸미고자 하니, 이는 또한 인지상정에 그만둘 수 없는 것이다. 어찌 보기 아름답게 하려는 것뿐이겠는가. 산과 골짜기도 오히려 뒤바뀌는데, 어찌 무덤이 무궁하게 훼손되지 않을 리가 있겠느냐. 그러나 세대가 아주 멀어진 후에 훼손되고 무너져 나무꾼과 목동이 찾아올 때라도 시골 사람들이 오히려 성대하게 조성한 무덤에 대해선 두려워하고 꺼리는 바가 있을 것이니, 이점에 있어서는 의물이 혹 도움이 될 수 있다.

산소에 비치된 두 개의 표석(表石)은 아직 다듬고 정비하지 못했으나 품질은 자못 견고하고 미끄럽다. 송도(松都)를 다스릴 적[25]에 조부와 선친의 표석을 세우기 위해 금천(金川)[26]에서 힘들게 마련한 것인

25 송도(松都)를 다스릴 적 : 저자는 1695년(숙종21)에 개성 유수(開城留守)가 되었다.

26 금천(金川) : 본서 권3에 〈이틀 동안 금천의 말올촌에 머무르며 선대의 산소를 찾다가 찾지 못하고 도중에 짓다〔兩日留金川末兀村求索先代葬山不得途中吟成〕〉라는 시가 있는 것을 참고하면, 장단(長湍) 외에 저자 선대의 산소가 있었던 곳으로 추정

데, 어느 때에나 이 일을 이루게 될지 모르겠다. 선친의 무덤에 지금 세워져 있는 표석은 당초에 온양(溫陽) 옛 선영에 있던 표석을 고치고 다듬어 만든 것이니 다만 한때의 계획일 뿐이다. 조부 무덤의 표석은 중부(仲父) 의정공(議政公 서문중(徐文重))이 도와준 것이다. 임술년(1682, 숙종8)에 전면을 새긴 다음 중부의 말씀을 받들어 내가 감히 음기(陰記)를 지어 어느덧 완성하였다. 다만 중부가 지은 묘지(墓誌)에 근거하여 지문에 없는 것을 감히 언급할 수 없었기에 평소의 아름다운 덕을 빠짐없이 서술하지 못했는데, 이후 너무 소략했음을 깊이 깨닫고는 매번 몹시 두려워하며 후회하였다. 자손이 기록하는 바는 응당 예문(禮文)대로 하여 단지 생몰과 이력만 기록하고 다른 것은 감히 논술할 수 없다. 그러나 옛 현인 가운데 이를 기록한 사람이 있어 이미 미덕과 선을 거론하였으니, 그렇다면 또한 조금 갖추어 서술하여 그 마음을 다하지 않을 수 없다. 이 때문에 그때부터 이미 개찬하여 새로운 비석으로 바꾸려고 계획했었다. 계부(季父) 또한 일찍이 표석의 기록이 제대로 갖추어지지 않았다고 말씀하셨다. 조부 무덤의 음기(陰記) 문자는 응당 개술하여 평소 보고들은 아름다운 일을 첨가해야 하고, 선친 무덤의 음기는 지문을 조금 절록하여 완성해야 한다. 죽은 아들의 무덤은 또한 작은 표석에 그 아이의 아름다운 행실을 기록하여 나의 애통한 마음을 풀고자 하는데, 또한 지문[27]을 산삭하여 짓고 비석은 응당 집안에 비치되어 있는 너른 돌 호조에서 사온 것이다 을 사용해야 한다.

된다.

27 지문 : 본서 권15에 〈죽은 아들의 묘지〔亡兒墓誌〕〉가 수록되어 있다.

죽은 손자의 무덤 또한 작은 비석을 세워 표지(標識)하려고 한다. 돌은 철원(鐵原)에서 구해 와서 이미 다듬어놓았지만 품질이 나쁘니, 산소에 있는 몇 척의 돌을 대략 다듬어 그 생몰연대 및 부친과 조부의 이름을 써서 훗날 누구의 무덤인지 알 수 없는 지경에 이르지 않게 하는 것이 좋겠다. 그 아이가 기대할 만한 점이 있었던 터라, 경진년(1700, 숙종26) 봄에 안장할 때에 내가 몇 줄을 기록하여 무덤 안에 묻었다. -사기(沙器)에 썼다.-

차기록

箚記錄

내가 학성(鶴城 안변(安邊))에 있을 적에[28] 한가한 날이면 독서하였는데, 다 읽고 나면 할 일이 없었기에 마침내 무료한 때에 알고 있는 한두 가지 내용을 작은 종이에 차례대로 기록하여 훗날에 볼거리로 마련하였다. 또한 쉬이 끝내지 못하여 -세 글자 빠짐- 제목으로 삼았다.

《한서》를 살펴보건대 곡영(谷永)이 글을 올려 성제(成帝)에게 간절하게 간언한[29] 것은 왕씨(王氏)가 암암리에 자신을 도와주고 있음을 알았기 때문이다. 소인이 간사한 계책을 꾀하여 명성을 속여서 취한 것이 이와 같았다. 내가 이 때문에,

"곡영의 충성은 소인의 충성이요, 치초(郗超)의 효성[30]은 소인의 효

28 내가……적에 : 저자는 1674년(현종15)에 함경도 안변(安邊), 덕원(德源) 등을 유람하면서 잠시 머물렀는데, 이때 그의 부친 서문상(徐文尙)이 안변 부사(安邊府使)로 재직 중이었다.

29 곡영(谷永)의……간언한 : 곡영은 한 성제(漢成帝) 때 사람으로 역서(易書)에 밝아서 재이(災異)를 잘 말했다. 성제가 19세에 즉위하여 친정(親政)의 능력이 없자 외구(外舅)인 왕봉(王鳳)이 정사를 도왔는데, 왕봉이 죽은 뒤에도 왕음(王音)·왕상(王商)·왕근(王根) 등이 차례로 권력을 쥐었으며, 왕근이 죽은 뒤에는 그 조카 왕망(王莽)이 끝내는 황제의 자리까지 찬탈했다. 곡영은 광록대부(光祿大夫)로 있으면서 성제를 모시는 동안에 집권자인 왕씨들에게 아부하기 위하여 여러 차례 상소를 올리면서 왕씨들의 잘못에 대해서는 한 번도 말하지 않고 오로지 임금의 잘못을 들추어내고 왕씨들을 두둔하는 상소만을 올렸다. 《漢書 卷85 谷永傳》

성이요, 당경(唐庚)의 직간[31]은 소인의 직간이다."
라고 말하는 것이니, 비록 죄를 얻는데 이르더라도 반드시 장차 구원해주었기 때문이다.

조성왕(曹成王)[32]의 비문 가운데 벽자(僻字)로 전쟁의 공을 서술한 부분은 전적으로 양웅(揚雄)이 흉노의 조서를 물리치라고 간언한 것[33]을 모방한 것이다. 또 '한 고을의 자사가 된다면 그 은덕이 모두에게 끼칠 수 없다〔剌一州不能咸〕'고 할 때의 '함(咸)' 자는 《법언(法言)》의 말에서 나온 것이다.[34] 선배들이 글자를 사용할 때 반드시 근거를 두는 것

30 치초(郗超)의 효성 : 치초는 동진(東晉) 사람으로, 아버지는 치음(郗愔)이고 할아버지는 치감(郗鑒)이다. 일찍이 명신으로서 진나라를 잘 섬겼으나 모반을 꾀하려는 마음을 품고 있던 환온(桓溫)의 참모가 되어 여러 가지 일을 계획하여 군주를 폐립하였다. 치초는 반역을 꾀할 때 부친이 알지 못하게 하였다.《晉書 卷67 郗超列傳》

31 당경(唐庚)의 직간 : 당경은 송(宋)나라 사람으로 미주(眉州) 단릉(丹稜) 출신이며 자(字)는 자서(子西)이다. 소식(蘇軾)과 동향이고 문채와 풍류를 겸하였기 때문에 당시에 소동파(小東坡)라고 불렸다. 당경은 재상 장상영(張商英)의 추천으로 경기상평(京畿常平)을 지냈고, 장상영이 재상의 자리에서 쫓겨나자 당경은 오랫동안 혜주(惠州)에 좌천되어 있었다. 다만 여기서 언급한 직간의 내용은 미상이다.

32 조성왕(曹成王) : 당(唐)나라 이고(李皐)를 가리킨다. 자(字)는 자란(子蘭)이다. 온주 장사(溫州長史), 형주 자사(衡州刺史), 공부 상서(工部尙書) 등을 지냈다. 당나라 종실로서, 조성왕(曹成王)에 봉해졌다.

33 양웅(揚雄)이……것 : 양웅(揚雄)의 〈간불수선우조서(諫不受單于朝書)〉를 가리킨다.

34 또……것이다 : 한유(韓愈)의 〈송육흡주시서(送陸歙州詩序)〉에 "한 고을의 자사가 된다면 그 은덕은 한 고을에만 끼치고 모두에게 끼칠 수 없다.〔剌一州, 則專而不能咸.〕"라는 내용이 나온다. 한편 양웅(揚雄)의 《법언(法言)》〈중려(重黎)〉에 "시황제에 즉위한 지 3년이 되자 천하가 모두 통일되었다.〔迄始皇三載而咸〕"라고 하였다.

이 이와 같다.

반연(班掾 반고(班固))이 열전(列傳)에 찬(贊)을 지을 적에 가의(賈誼), 사마천(司馬遷), 장량(張良), 동방삭(東方朔) 등의 찬(贊)은 글이 극도로 허술하여 그 기상을 잘 묘사하지 못했다. 사마천(司馬遷)의 경우는 반고가 일찍이 폄하하고 얕잡아보았기 때문일 것이다.

《한서》〈외척전(外戚傳)〉를 살펴보건대, 선제(宣帝)[35]가 미천했을 때에 장하(張賀)가 손녀를 선제에게 시집보내려고 하자 그의 아우 장안세(張安世)[36]가 노하여 말하기를,

> "증손은 위 태자(衛太子)의 후손이니, 다행히 서인(庶人)으로 관청에서 녹봉이나 받아 생활하면 족할 것입니다. 다시는 손녀를 주는 일을 말하지 마십시오."

라고 하였으니, 당시에 소제(昭帝)가 이미 태자의 자리에 있었기 때문

35 선제(宣帝) : 전한(前漢)의 제10대 황제로 7대 황제인 무제(武帝)의 증손이다. 아버지는 사황손(史皇孫)이고 할아버지가 위태자(衛太子)이다. 무제 말기에 황제에게 저주를 걸었다는 누명을 쓰게 된 위태자(衛太子)가 궁지에 몰린 나머지 궁에서 군사를 일으켰고, 결국 태자는 도망갔다가 자살하게 된다. 무제는 어린 아들 유불릉(劉弗陵)을 태자로 세웠고 즉위하여 8대 소제(昭帝)가 되었다. 소제는 오래지 않아 세상을 떠났고, 아들이 없는 소제 대신 창읍왕(昌邑王) 유박(劉髆)이 즉위했다가 불과 27일 만에 쫓겨나고 만다. 그 후에 나라를 물려받은 사람이 유병기(劉病已)로, 즉위하여 선제(宣帝)가 된다.

36 장안세(張安世) : 한 소제(漢昭帝)가 죽은 뒤에 대장군 곽광(霍光)과 함께 창읍왕(昌邑王)을 세웠다가 폐하고 한 선제(漢宣帝)를 옹립하는 계책을 구상하였다. 7대에 걸쳐 시종을 지낸 일로 권문귀족의 대명사로도 불린다.

이다. 장안세의 말이 비록 화를 조심하는 뜻에서 나온 것이지만, 그 말은 지나치게 경박하였다. 그러나 선제가 그 뒤로 장안세를 지극히 높이고 총애하여 신하들이 감히 바랄 수 없을 정도였으니, 선제가 일찍이 이런 말이 있었음을 듣지 못해서일 것이다. 그렇지 않다면 의심이 많고 각박한 선제의 성품으로 반드시 이처럼 조그마한 틈도 없이 그를 총애하는 지경에 이르지 않았을 것이다.

계곡(谿谷 장유(張維))의 〈유자후(柳子厚)가 죽어서 귀신이 된 것에 대한 논의〔柳子厚死而爲神論〕〉[37]는 전적으로 엄주(弇州 왕세정(王世貞))의 문의(文意)에서 나오고, 또한 그곳의 문자를 사용하였다. 도습하는 부끄러움을 《계곡집(谿谷集)》도 벗어나지 못하였으니, 하물며 다른 작가는 어떠하겠는가.

《요산당기(堯山堂記)》[38]의 주석을 살펴보건대, 명(明)나라 의황제(毅皇帝)가 스스로 즉위하여 황제라 칭하고 절제 없이 순유(巡遊)한 일은 대부분 정사(正史)에 기록되어 있지 않은 것들이다. 당시에 바로잡고 구제한 한두 명 대신의 공이 없었다면, 내 생각에는 함부로 넘보고 일어나는 자들이 비단 신호(宸濠)[39]와 같은 종척(宗戚)뿐만이 아니었

37 유자후(柳子厚)가……논의 : 장유(張維)의 《계곡집(谿谷集)》 권3에 〈유종원이 죽어서 귀신이 된 것에 관한 논의〔柳宗元死而爲神論〕〉라는 제목으로 수록되어 있다.

38 요산당기(堯山堂記) : 명(明)나라 장일규(蔣一葵)가 저술한 역대문인 평론집이다.

39 신호(宸濠) : 명 태조(明太祖) 주원장(朱元璋)의 5세손으로, 홍치(弘治) 12년(1499) 영왕(寧王)에 봉해졌다. 무종(武宗) 정덕(正德) 14년(1519)에 무종이 황음무도(荒淫無道)하다는 것을 구실로 삼아 반란을 일으켰으나, 실패하여 서인으로 강등되

을 듯하니, 사직이 망하지 않은 것이 요행일 뿐이다.

소장공(蘇長公 소식(蘇軾))이 여공(呂恭)-여온(呂溫)의 아우-을 배척하며 말하기를

"사군자 가운에 어느 누가 기꺼이 배연령(裴延齡)[40]의 사위가 되려고 하겠는가."

라고 하였다.[41]

논한 것은 옳지만 소장공이 장자후(章子厚)[42]와 처음에 친밀했던 것은 어째서인가? 사람은 본디 남을 책망하는 것에는 밝다.

왕엄주(王弇州 왕세정(王世貞))는 정자(程子)가 친민장(親民章)을 해석한 것은 경전을 믿지 않아서이고, 주자(朱子)가 격물장(格物章)을 보충한 것은 천루하여 스스로 헤아리지 못했기 때문이라고 하였다. 게다가 송(宋)나라 유자 여러 현인들에 대해 기롱하고 헐뜯는 말이 많으니, 그의 거만한 습성을 상상할 수 있다. 문사에만 그치고 만 자는

고 곧 복주(伏誅)되었다.

40 배연령(裴延齡) : 당(唐)나라 덕종(唐德宗) 때의 간신이다. 군주에게 아첨하고 무함하기를 잘하여 어진 신하들을 많이 쫓아내었다.

41 소장공(蘇長公)이……하였다 : 일찍이 유종원(柳宗元)이 여온(呂溫)의 아우 여공(呂恭)을 칭찬하면서, 그가 남들과 비교될 수 없을 만큼 어질며 호방하고, 여공의 아내는 배연령(裴延齡)의 딸이라고 말하였는데, 이에 대해 소식(蘇軾)이 "사군자 가운데 누가 기꺼이 배연령의 사위가 되려 하겠는가."라고 하여 여공을 비난한 바 있다.

42 장자후(章子厚) : 송(宋)나라 철종(哲宗) 때의 간신 장돈(章惇)으로, 왕안석(王安石)의 장인이다. 왕안석의 신법(新法)을 반대하는 사마광(司馬光), 문언박(文彦博), 여공저(呂公著), 범순인(范純仁) 등을 조정에서 축출하였다.

무식함이 이와 같다.

명나라 가정(嘉靖)·융경(隆慶) 연간의 제공들은 "고문사(古文辭)를 지어 송(宋)나라와 원(元)나라의 비루함을 한번 씻어냈다."고 스스로 말하였지만, 실제로는 옛것을 잃고 또 지금의 것도 잃었으니 문장의 혼후한 진면목이 절대로 아니다.

성현의 말은 대저 실제로 평이하여 알기 쉬우면서도 지극한 이치의 마땅함이 아닌 게 없다. 이 때문에 정밀하고 적절함이 뼈에 닿으니, "여자와 소인은 기르기가 어렵다."[43] 등의 말에서 볼 수 있다.

시는 율시(律詩)에 이르러 그 법도가 지극히 엄격하니, 압운(押韻)의 경우 '지(支)'와 '미(微)'와 '경(庚)'과 '청(靑)' 등의 운목(韻目) 외에 혼용할 수 없음이 오래되었다. 왕엄주(王弇州)가 유자성(劉子成)을 전송하는 시에서 '낭(郞)' 자를 수구(首句)에 압운하고 나머지 구에서는 모두 '강(江)' 자 운을 사용하였으니, 이 노인이 과연 무엇에 근거하여 그렇게 했는지 모르겠다.

이우린(李于鱗 이반룡(李攀龍))의 시는 우뚝하여 생기가 있으며 시어 또한 대부분 참신하다. 송원(宋元) 이후 위약한 시에 쉽게 싫증난 이들이 본다면 누군들 몹시 기뻐하고 흠모하지 않겠는가. 그러나 생경한

43 여자(女子)와……어렵다 : 《논어》 〈양화(陽貨)〉에 "공자(孔子)께서 말씀하셨다. '여자(女子)와 소인(小人)은 기르기가 어려우니, 가까이 하면 불손하고 멀리 하면 원망한다.'" 하였다.

표현으로 과시하고 현혹하는 데만 온통 힘써서 전아하고 유창하여 성정(性情)에서 흘러나온 진실함이 전혀 없으니, 도징군(陶徵君 도잠(陶潛))과 위좌사(韋左司 위응물(韋應物))가 본다면 과연 어떻게 생각할지 모르겠다. 엄주(弇山)가 이우린의 시를 칭찬하며 심지어는 "소중히 여길 만하니 감히 의론할 수 없다."라고 했으니, 이는 지나치게 미혹된 것이리라.

문장가가 참신한 데 힘쓰는 것이 비록 진부함을 씻어내어 떨쳐 일어나는 하나의 기괄(機括)[44]이지만, 이것이 일찍이 병통이 되지 않은 적이 없었다. 순자(荀子), 양웅(揚雄), 한문공(韓文公 한유(韓愈))이 성(性)을 말함[45]에 각기 기치를 세워 같지 않은 것은 아마도 이러한 병통 때문일 것이다.

엄주(弇州)는 경황제(景皇帝)가 영종(英宗)을 다시 왕위에 세우지 않은 것[46]을 이치의 당연함으로 여기고 태자를 교체한 것은 형세가 본디

44 기괄(機括) : 쇠뇌의 시위를 거는 곳〔弩牙〕과 화살의 시위를 메우는 부분〔箭括〕을 말하는데, 곧 사물의 매우 중요한 부분을 뜻한다.

45 순자(荀子)……말함 : 사람의 성(性)이 본래부터 선하다는 맹자(孟子)의 성선설(性善說)에 대해서, 순자(荀子)는 사람의 성은 본래부터 악하다는 성악설(性惡說)을 주장하였다. 양웅(揚雄)은 성에는 선과 악이 섞여 있다는 성선악혼합설(性善惡混合說)을 주장하였다. 한유(韓愈)는 성삼품설(性三品說)을 주장하였는데, 원성(原性)에서 사람의 성을, 선만 있고 악이 없는 상품(上品)과, 교육 여하에 따라 상품이나 하품이 될 수 있는 중품(中品)과, 악뿐이어서 교육으로도 변화시킬 수 없는 하품(下品)으로 나누었다.

46 경황제(景皇帝)가……것 : 명(明)나라 영종(英宗)이 어린 나이로 황제가 되었는

그러했다고 여겼으니, 이는 그의 학식이 크게 그릇된 부분이다.

양웅(揚雄)이 지은 《법언(法言)》의 문자는 하나같이 《논어》를 모방하여 지었는데, 결국은 기이하고자 했으나 기이하지 못한 꼴이었다. 주자(朱子)는 "음절을 조금 변화시킨 〈장양부(長楊賦)〉와 〈우렵부(羽獵賦)〉이다."라고 일컬었다.[47] 때때로 아이들의 웃음거리도 되지 못한 점이 있으니, 이 노인은 머리가 세어 적막해지자 격물치지와 성의정심이 과연 어떤 일인지도 알지 못한 채 억지로 이처럼 일을 알지 못하는 어리석은 아이 같은 짓을 한 것이다. 이는 중엄(仲淹 왕통(王通))의 《중설(中說)》[48]이 참람된 것보다 심한 듯하다. 그런데 사마온공(司馬溫公 사마광(司馬光))이 그를 자주 칭찬하여 크게 견득(見得)한 부분이

데, 정통(正統) 14년(1449)에 와랄(瓦剌)의 귀족인 야선(也先)이 군사를 거느리고 명나라를 침입하였다. 그러자 영종이 이를 정벌하기 위해 출정하였다가 토목보(土木堡)에서 포로가 되었다. 이에 황태후가 영종의 동생인 경제(景帝)로 하여금 국사를 다스리게 하니, 경제는 영종을 상황(上皇)으로 추대하고 자신이 황제가 되었다. 영종은 그 뒤에 오랑캐의 군영에 1년 동안 머물러 있다가 돌아왔는데, 경제는 영종을 남궁(南宮)에 유폐시킨 다음 이미 세워놓았던 영종의 태자를 교체하였다. 경제가 병이 들자 신하들에 의해 영종은 다시 황제 자리에 복위되었다.《明史 卷10 英宗前紀, 卷11 景帝本紀, 卷12 英宗後紀》

47 주자(朱子)는……일컬었다 : 주희(朱熹)의 〈신당서 예문지를 읽고〔讀唐志〕〉에, "양웅(揚雄)의 《태현경(太玄經)》과 《법언(法言)》은 또한 〈장양부(長楊賦)〉, 〈교렵부(羽獵賦)〉 등의 부류를 조금 그 음절을 변화시킨 것으로 처음부터 실제로 도를 밝히고 학문을 강론하기 위해 지은 것이 아니었다."라고 하였다.

48 중엄(仲淹)의 중설(中說) : 중엄(仲淹)은 수(隋)나라 학자 왕통(王通)의 자(字)이다. 그의 저서 가운데 《문중자(文中子)》라고도 칭해지는 《중설(中說)》은 《논어》의 체제를 모방했다 해서 많은 비판을 받았다.

있다고 한 것은 어째서인가.

재아(宰我)의 상기(喪期)를 줄이는 것에 대한 물음[49]은 그 무식함을 말할 것도 없지만, 의심이 있으면 반드시 묻는 뜻에서 나온 것이니 그의 우직함을 볼 수 있다. 오늘날 사람들은 비록 의심이 있더라도 필시 묻지 않고 필시 이처럼 숨김이 없지 않을 것이니, 고금의 사람들이 문질(文質)이 변화된 것을 여기에서 살펴볼 수 있다.

옛날에는 남겨진 경서가 모두 잔결되어 도학이 밝아지지 않았다. 그러나 순수하고 순수하지는 못하더라도 왕왕 도학의 실질을 얻은 자들이 있었으니 양한(兩漢)의 유현(儒賢) 같은 이들이다. 오늘날에 와서는 도학을 표창하고 풀이하는 근세의 유현들이 미세한 부분까지 남김없이 분석하여 학문의 경로를 보인 것이 법칙과 같은 정도뿐이 아니고, 유관(儒冠)을 쓴 자들이 모두 성의정심의 차제를 알고 있으니, 거의 집집마다 시서를 배우게 되어 도학이 크게 밝아졌다고 이를 만하다. 그러나 그러한 사람을 구해보면 모두 대충 노력하여 실질은 적어

49 재아(宰我)의……물음 : 《논어》 〈양화(陽貨)〉에 보인다. 재아(宰我)가 말하였다. "삼년상은 기년(期年)만 하더라도 너무 오래다고 할 것입니다. 군자(君子)가 3년 동안 예를 행하지 않으면 예가 반드시 무너지고, 3년 동안 음악을 익히지 않으면 음악이 반드시 무너질 것입니다. 묵은 곡식이 다 없어지고 새 곡식이 오르며, 불씨 만드는 나무도 바뀌어지니, 1년이면 그칠 만한 것입니다."라고 공자에게 물었다. 공자가 대답을 한 후에, 재아가 밖으로 나가자 공자가 말하기를 "재아(宰我)의 인(仁)하지 못함이여! 자식이 태어나서 3년이 지난 뒤에야 부모의 품을 벗어나게 된다. 삼년상은 온천하의 공통된 상(喪)이니, 재여는 3년의 사랑이 그 부모에게 있었는가."라고 하였다.

세상을 통틀어도 보기 드문 것은 어째서인가. 이는 모두 실공(實功)과 실견(實見)이 없기 때문이다.

금석(金石)에 사람의 덕을 새긴 것이 진실하지 않으면 어찌 볼 만하겠는가. 그래서 고인은 반드시 신중히 하여 표현하는 말에 모두 뜻을 두고 조금도 구차하지 않았다. 왕형공(王荊公 왕안석(王安石))의 문집을 살펴보건대, 왕형공이 전공보(錢公輔) 학사를 위해 그 부모의 명(銘)을 지었는데, 공보가 마음에 들지 않는 부분이 있어서 왕형공에게 다시 부탁하여 수정하려고 하였다. 왕형공이 편지를 보내 대답하기를,

> "비루한 저의 글에 절로 뜻이 있어 고칠 수 없으니, 응당 돌려주십시오. 족하의 뜻처럼 할 수 있는 자를 구하여 맡기시오."

하였다.

그가 부화(附和)하여 구차하게 사람을 따르지 않는 것이 이와 같았고, 구양공(歐陽公 구양수(歐陽修)) 또한 일찍이 이와 같은 일이 있었다. 근세에 이르러선 남의 명(銘)을 짓는 자는 번번이 그 아름다움을 지나치게 하여 무덤의 주인에게 아부하고, 명을 구하는 자 또한 힘써 도모하여 자신의 뜻에 맞지 않는 것이 하나도 없어야만 그치니, 아! 옛날의 도를 어찌 다시 볼 수 있겠는가.

당 신요(唐神堯 당 고조(唐高祖))가 분진(汾晉)에서 군사를 일으켰을 적에 이건성(李建成), 이원길(李元吉), 초애왕(楚哀王 이지운(李智雲))[50]

50 이건성(李建成)……초애왕(楚哀王) : 이건성(李建成)은 당 고조의 장남, 이원길(李元吉)은 4남, 초애왕 이지운(李智雲)은 5남이다.

이 모두 하동(河東)에 구류되어 돌아오지 못했다. 이건성과 이원길이 결국 샛길로 도망쳐서 돌아오고 초애왕은 어려서 도망치지 못하여 옥리에게 죽임을 당했다. 소장공(蘇長公)이 이르기를, "태종(太宗)[51]이 신요(神堯)를 다그쳐 군사를 일으킬 때 거병을 조금 늦추어 신요의 여러 자식들이 돌아오기를 기다리지 않은 것은 태종이 몰래 여러 아우들을 제거하려는 계책 때문이었다."라고 하였다. 아! 사람을 논척함이 어찌 이리도 심한가. 태종이 훗날 비록 죄가 있었으나 당시엔 일찍이 형제들과 원한이 있지 않았느니, 잔혹하게 해를 입히고 교묘하게 술책을 부림이 어찌 이처럼 심했겠는가. 그 결과를 가지고 그 시작까지 싸잡아 의심하는 것이 어찌 옳겠는가.

소장공(蘇長公)의 사부(詞賦)가 비록 분방하고 여유가 있으며 통창하지만, 말이 번다하고 표현이 속된 것이 반고(班固)와 양웅(揚雄)의 본색이 전혀 아니다. 혹 이들을 계속해서 모방하여 배우는 것을 달갑게 여기지 않아서인가? 괴이하다.

우리 조정이 나라를 세운 기틀, 규모, 기상은 대저 조송(趙宋)과 비슷하다.

51 태종(太宗) : 당 태종(唐太宗) 이세민(李世民)으로 당 고조의 차남이다. 당 고조가 장남인 이건성을 태자로 세웠는데, 이건성은 아우인 이세민이 자신의 자리를 넘볼까 염려하여 미리 제거하려 하자, 이세민은 군사를 동원하여 현무문(玄武門)으로 들어가 이건성과 이원길을 죽이고 태자에 올랐다.

사마공(司馬公 사마광(司馬光))이 이미 정통을 위(魏)나라에게 주고 또 〈위론(魏論)〉에서 말하기를,

"위씨(魏氏)는 도적의 손에서 천하를 취한 것이지, 한(漢)나라에서 취한 것이 아니다."

하였다.

이는 모두 분별할 필요 없이 자명한 것인데, 사마공은 정통을 주고 빼앗는 문제에 실수하였다. 사마공의 순정한 학술로도 오히려 이러한 실수가 있으니, 하물며 그 아래 수준의 사람은 어떠하겠는가. 이는 그가 중요한 부분을 봄에 있어 부족함이 있었기 때문이다. 이 때문에 군자는 이치를 밝히는 것을 귀하게 여겨 반드시 조금씩 조금씩 쌓아가는 공부를 지극히 하는 것이다.

동파(東坡)는 무후(武侯 제갈량(諸葛亮))가 유장(劉璋)을 취한 것이 조조(曹操)와 다를 바가 없다고 논하였으니,[52] 이는 천하의 득실을 전혀 알지 못한 것이다. 유장이 촉(蜀) 땅을 근거지로 삼았을 적에 일찍이 종실 국가에 뜻을 두지 않았으니 원(袁 원소(袁紹)와 원술(袁術))과 여(呂 여포(呂布))와 다를 바가 거의 없었다. 선주(先主 유비(劉備))가 그곳을 취한 것이 어찌 일찍이 그 땅을 탐해서이겠는가. 유장의 경우는 땅을

52 동파(東坡)는……논하였으니 : 제갈량(諸葛亮)은 건안(建安) 6년(201)에 유장(劉璋)의 청으로 장로(張魯)를 방어하러 익주(益州)에 간 유비(劉備)와 합세하여 유장을 습격하고 내쫓았다. 이를 두고 소식(蘇軾)은 〈제갈량론(諸葛亮論)〉에서 "유장(劉璋)이 호의로 선주(先主)를 맞이하였는데, 촉(蜀)에 이른 지 몇 개월이 되지 않아 공명(孔明)은 유장의 목을 조르고 등을 쳐서 나라를 빼앗으니, 이는 조조(曹操)와 다를 바가 거의 없는 것이다."라고 하였다.

떼어 점거하여 나라를 잊은 하나의 혼미한 종인(宗人) 이고, 선주의 경우는 이곳을 발판삼아 나라를 계속 이어갈 수 있으니, 이에 대하여 어찌 권도로 변통함이 없어서야 되겠는가. 내가 이 때문에 "선주가 취한 것이 아니라, 곧 한(漢)나라가 주벌한 것이다."라고 말하는 것이니, 변론하지 않을 수 없기 때문이다.

동파(東坡)가 한위공(韓魏公 한기(韓琦))에게 올린 글에서, 선을 들어도 기뻐하지 않고 악을 보아도 성내지 않는 것을 칭찬하여 옛날 대신의 풍모라고 하였다.[53] 그런데 〈책별(策別)〉에서 시무를 논함에 이르러서는 당시 사람들이 선을 들어도 기뻐하지 않고 악을 보아도 성내지 않는 것을 스스로 넓고 깊어서 헤아릴 수 없는 큰 도량으로 여기는 것에 대하여 그 습속을 바로잡을 수 없다고 하였다.[54] 어찌 이렇게 앞뒤의 말이 다른 것인가.

옛날 제오륜(第五倫)은 자식과 조카의 병을 걱정하는데 차이가 없을 수 없는 것을 가지고 사심이라고 여겼다.[55] 나는 이것이 과연 사적인

53 선을……하였다 : 소식(蘇軾)의 〈韓太尉에게 올린 글〔上韓太尉書〕〉에 "삼가 길거리에서 그 용모를 바라보니, 너그러워 널리 포용해서 악을 보아도 성내지 않고 선을 들어도 기뻐하지 않으니, 어찌 옛날의 이른바 대신(大臣)이란 자가 아니겠습니까."라고 하였다.

54 당시……하였다 : 소식(蘇軾)의 〈책략 네 번째〔策略四〕〉에 "후세의 군자들은 반드시 말하기를 '칭찬해도 권면되지 않고 비난해도 의기가 저상되지 않으며, 선을 들어도 기뻐하지 않고 악을 보아도 성내지 않아야 이것이 측량할 수 없는 큰 도량이다.'라고 하니, 너무 지나치지 않습니까."라고 하였다.

감정이 치우친 것이지만 또한 천리의 자연스러움에서 나온 것이라 생각한다.

북한 유씨(北漢劉氏)는 목숨을 바쳐 성을 지켰는데, 오월 전왕(吳越錢王)은 명령을 기다리지 않고 부고(府庫)를 봉하여 관리를 청하였다. 오월 전왕에 대해 하늘을 두려워하고 백성을 사랑하였다고 말한다면 괜찮지만, 천하의 대의는 북한 유씨를 올바르게 여겨야 한다.[56]

삼가 생각건대 사(私)라는 것은 천하의 악덕(惡德)이면서 또한 천리(天理)에 있어서 없을 수 없는 것이다. 자식은 아버지를 위해 숨겨주니 순(舜)임금은 몰래 업고 도망하였으며,[57] 부자(夫子)는 소공(昭公)

55 제오륜(第五倫)은……여겼다 : 제오륜은 후한(後漢) 때 사람으로 사공(司空) 벼슬을 지냈으며 공정하기로 소문이 났다. 일찍이 어떤 사람이 그에게 "공 같은 사람도 사심(私心)이 있느냐?"라고 물었는데, 그는 "조카가 병들었을 때는 하룻밤에 열 번이나 가 보았지만 잠을 편히 잤고, 아들이 병들었을 때는 한 번도 가보지 않았지만 밤새 잠을 못 이루었다."라고 하였다. 《小學 善行》

56 천하의……한다 : 소식(蘇軾)은 북한 유씨(北漢劉氏)처럼 송(宋)나라에 항거하지 않고 곧바로 귀순한 오월 전왕(吳越錢王)을 매우 칭찬하였는데, 그는 〈표충관비(表忠觀碑)〉에서 "황송(皇宋)이 천명을 받자 사방에 참람하게 난을 일으킨 자들이 차례로 평정되었습니다.……하동(河東)의 유씨(劉氏)는 백 번 싸우며 죽음으로 지켜 왕사(王師)에 항거해서 해골이 쌓여 성이 되고 피가 흘러 못이 되어서 천하의 힘을 다하고서야 겨우 이겼습니다. 그런데 홀로 오월(吳越)은 조정의 명령을 기다리지 않고, 부고(府庫)를 봉하고 군현의 호구를 적어서 조정에 관리를 청하여 나라 버리기를 여관방을 떠나듯이 하였으니, 조정에 공이 있음이 매우 큽니다."라고 하였다. 그러나 저자는 이러한 소식의 주장에 반박하여, 자신의 나라를 위해 목숨을 바친 북한 유씨의 행위가 의리에 합당하다고 한 것이다.

57 순(舜)임금은……도망하였으며 : 도응(桃應)이 맹자(孟子)에게 가정으로 "순

의 과오를 숨기고 《춘추》를 지을 적에 또한 그 나라의 찬탈하고 시해한 악행을 숨겼으니, 이는 모두 동일한 의리이다. 어찌 사(私)라고 말할 수 있겠는가.

나대경(羅大經)은 왕중선(王仲宣 왕찬(王粲))[58]이 손(孫 손권(孫權))과 원(袁 원소(袁紹))에게 의탁하지 않고 유표(劉表)에게 귀의한 것을 한(漢)나라에 충성을 바친 것이라고 하였는데, 이는 그러하지 않은 듯하다. 왕중선은 유종(劉琮)에게 조조(曹操)에게 항복하라고 권하였고, 또한 진사왕(陳思王 조식(曹植)) 무리와 함께 허창(許昌)과 업(鄴) 사이에서 의기양양하게 왕래하며 조조의 문하에 한 걸음 다가가는 것을 부끄러워할 줄 몰랐다. 빼어나고 호탕한 성품으로 찬탈한 나라의 작록을 구하지 않은 점을 기개가 있다고 한다면 괜찮을 듯하다.

(舜)임금이 천자가 되고 고요(皐陶)가 법관이 되었을 때 고수(瞽瞍)가 살인을 했다면 순임금이 어떻게 처리했겠습니까"라고 물었는데, 맹자가 대답하기를 "순임금은 천하를 헌신짝처럼 버려 몰래 업고 도망하여 바닷가를 따라 거처하면서 종신토록 흔연히 즐거워하면서 천하를 잊었을 것이다."라고 하였다. 《孟子 盡心上》

58 왕중선(王仲宣) : 삼국시대 위(魏)나라 산양(山陽) 사람 왕찬(王粲)이다. 후한 헌제(後漢獻帝)가 서쪽으로 피신할 때 따라서 장안(長安)으로 갔다가 그곳이 혼란하자 형주 자사(荊州刺史) 유표(劉表)에게 의지하여 15년 동안 지낸 뒤에, 조조(曹操)에게 돌아갔다.

논 論

한 선제가 문제보다 우월하다는 것에 대한 논 신유년(1681, 숙종7) 월과

漢宣帝優於文帝論 辛酉月課

옛날의 제왕 가운데 능히 잘 다스린 자는 그 이전에 반드시 누적된 것이 있어 그 기틀이 되었기 때문입니다. 그러므로 한 시대 정치의 공적을 이루는 것이 어렵지만 백세토록 편안함을 누릴 계책을 드리우는 것이 더욱 어렵습니다. 또한 조종(祖宗)의 시대에는 형정과 법술에 더러 갖추지 못한 점이 있더라도 그 규모가 이미 박대하고 굉원하여 후세에 넉넉히 드리울 수 있었습니다. 대를 이은 군주에 이르러 이전에 이룬 것을 받들고 의지하여 더욱 수식한다면, 갖추어지지 않았던 형정이 날로 더욱 닦여지고 주밀하지 않았던 법술이 날로 더욱 엄격해져 찬란하게 태평성대라 일컬어지지만, 간혹 국가의 원기(元氣)가 이로 말미암아 삭막하여 열어지고, 계책의 공과 효험이 끝내 관대하고 굉원한 다스림보다 못한 경우가 많습니다. 이 때문에 성왕(成王)과 강왕(康王)의 시대에 천하에 형벌을 버려두고 사용하지 않아 태평성대를 이루었지만, 이는 문왕(文王)과 무왕(武王)의 교화가 그 근본이 되어서입니다. 선왕(宣王)의 중흥이 상종(商宗 상나라 고종(高宗))과 하강(夏康 하나라 소강(少康))과 더불어 모두 위대한 공렬로 칭송되지만, 이는 성왕과 강왕의 은택이 그 기틀이 되어서입니. 더군다나 한 시대의 풍렬(風烈)과 사공(事功)을 자세히 살펴본다면 성왕과 강왕은 끝내 문왕과 무왕에 미치지 못하고, 선왕 또한 성왕과 강왕만 못합니다. 이런데도 "대를 이어 형정과 법술을 닦아 밝아진 것이 조종의 관대한 규모보다 우월하다."고 칭한다면, 저는 믿지 못하겠습니다. 동경(東京 후한(後漢))의 최식(崔寔)이 〈정론(政論)〉을 저술하여 한(漢)나라의 정치를 차례로 논하여,

"선제(宣帝)가 문제(文帝)보다 우월하다."

하였습니다. 그 말이 비록 시대의 폐단을 바로잡으려는 뜻에서 나온 것이지만 말이 너무 치우치니, 이에 대해 논하겠습니다.

제가 살펴보건대 문제는 지닌 덕이 관후하며 겸손하고 어질며 검소하여 참으로 불세출의 군주입니다. 그의 다스림은 일찍이 각박하게 하여 일 만들기를 좋아한 적이 없고 거짓으로 꾸며 명예를 추구한 적이 없습니다. 일체의 사사로운 공리(功利)에는 급급하지 않고 한 세상을 화육(化育)함에 풍류가 돈독하였으며 사해를 풍요롭게 함에 은택이 널리 미쳤습니다. 후원(後元 한 문제의 연호) 연간에 천하가 평온하였으니, 그 성음과 용모는 온화하였으며 기상은 너그러워 옹용자득(雍容自得)하게 여유가 있었습니다. 그 풍렬(風烈)이 발양한 것은 후인들을 열어주고 도운 것이 깊었습니다. 이 때문에 저는 삼가 일찍이 생각하기를, 서경(西京 전한(前漢)) 4백 년의 정신이 비록 고제(高帝)로부터 시작되었으나 실제로는 문제의 배양과 인도를 통해서 더욱 창대해졌다고 생각했습니다.

선제와 같은 경우는 총명한 자질을 타고나고 잘 다스리려는 뜻에

간절하여 법리(法理)를 중용하면서도 한편으로 백성을 사랑하는 것을 중시하였으니, 또한 한(漢)나라의 밝은 군주라 말할 만하며 사관(史官)이 중흥이라고 칭찬한 것이 마땅합니다. 비록 그렇지만 법률을 높이고 인정(仁政)을 뒤로하며 관리의 재능을 높이 사고 유학은 하찮게 여겨, 각박하게 살피는 데 지나쳐 너그럽고 온화한 풍도가 쇠해지고 법령을 엄하게 지키는 데 급박하여 편안하게 하고 고무시키는[59] 교화가 가로막혔습니다. 다스림의 지향이 대체로 법술로 천하를 통제하는 것이기 때문에 비록 천하 사람들이 교화를 입어 법도를 따르고 백관들이 갈고닦아 직무를 받들어 한 시대의 태평성대를 이루게 하였으나, 서경의 광대한 풍모와 순박한 교화가 이때부터 날로 쇠락하고 깎여졌습니다. 역사에서 선제의 정치를 칭하여 "명실(名實)을 치밀하게 밝힌 데서 말미암았다."고 하는데, 그 다스림의 효과가 참으로 치밀하게 밝힌 데서 기인하였지만, 그 폐단 또한 어찌 너무 지나치게 자세히 밝힌 데서 기인하지 않았겠습니까. 비록 그러하나 이것이 어찌 문제의 계책과 공렬이 열어준 것이 아니겠습니까. 그 덕화(德化)가 널리 미친 데서 말미암아 오늘의 형정(刑政)이 행해질 수 있었고, 그 물자가 풍부하고 백성이 많은 데서 말미암아 오늘의 태평함이 힘입을 수 있었던 것입니다. 융적(戎狄)이 복종한 것은 죽이지 않고 살려준 문제의 남은 위엄이 있었기 때문이고, 제도가 닦여지고 밝아진 것은 문덕(文德)을 크게 펼친 문제의 남긴 교화가 있었기 때문입니다.

59 편안하게 하고 고무시키는 : 《논어》 〈자장(子張)〉에 "편안하게 해줌에 사람들이 따라오고, 고무시킴에 사람들이 화기로워진다.〔綏之斯來, 動之斯和.〕"라고, 공자를 찬양한 자공(子貢)의 말이 나온다.

선제의 다스림은 순풍의 기세에서 얻은 것이니, 그렇다면 문제가 되는 것은 어렵고 선제가 되는 것은 쉽습니다. 선제는 엄격하기만 하여 너그럽지 못했지만, 문제는 너그러우면서도 위의가 그 사이에 펼쳐지지 않은 적이 없습니다. 제가 이 때문에 "한 시대 정치의 공적을 이루는 것이 어렵지만 백세토록 편안함을 누릴 계책을 드리우는 것이 더욱 어렵다."라고 한 것이며, 제가 이 때문에 "대를 이어 법술을 주밀하게 닦은 것은 끝내 조종의 관대한 규모보다 못한 점이 있다."고 한 것이니, 최식의 논의가 잘못된 것이 아니겠습니까.

이를 미루어 일찍이 문제와 선제의 시대를 살펴보건대, 문제는 백금(百金)을 아껴서 노대(露臺)를 짓지 않았는데,[60] 역사에서 선제를 칭하여 "자못 궁실을 정비하고 꾸몄다."고 하였습니다. 문제는 천리마를 받지 않았는데,[61] 역사에서 선제를 칭하여 "촉(蜀)나라에 사신을 보내 금마(金馬)와 벽계(碧雞)의 신물(神物)을 구했다."라고 하였습니다. 문제는 금전(金錢)과 궤장(几杖)을 내려 각각 뇌물 받은 신하를 부끄럽게 만들고 사나운 번진의 장수를 우대하여 전적으로 그들의 잘못을

60 백금(百金)을……않았는데 : 한(漢)나라 문제(文帝)가 노대(露臺)를 짓고자 도목수를 불렀는데 백금(百金)이 필요하다고 하였다. 문제는 "백금은 일반 백성 열 가구의 재산에 해당한다. 내가 선제(先帝)의 궁실(宮室)을 받들면서 늘 이를 두려워하고 부끄러워하는데, 어찌 노대를 지을 수 있으랴" 하고는 그만두었다. 《史記 孝文本紀》

61 천리마를……않았는데 : 한(漢)나라 문제 때 어떤 사람이 천리마를 바쳤더니, 문제가 말하기를 "앞에는 천자의 깃발인 난기(鸞旗)가 있고, 뒤에는 예비로 따라오는 속거(屬車)가 있어서 즐거운 일로 떠나는 길행(吉行)은 매일 50리, 군대가 출정하는 사행(師行)은 매일 30리를 가는데, 내가 천리마를 타고 홀로 먼저 어디로 갈 것인가." 라고 하고서 명령을 내려 천리마를 받지 못하게 하였다는 고사가 있다. 《漢書 卷64 賈捐之傳》

덮어주려고 노력하였는데, 선제 시절에는 합관요(蓋寬饒)와 양운(楊惲)의 무리가 대부분 죄가 아닌데 죽임을 당하였습니다. 문제 시절에는 조정에 너그럽고 온화한 선비가 많았는데, 선제가 등용한 신하는 거의 모두 형법을 가혹하게 적용하는 관리로 법률로 엄히 다스려 그 백성을 옥죄었습니다. 문제는 외척이라고 해서 두광국(竇廣國)[62]을 재상으로 삼지 않았는데, 선제 시절에는 허사(許史)[63]의 친속들이 존귀해지고 횡포를 부렸습니다. 이로써 보건대 그 정사의 좋고 나쁨이 어찌 삼십 리 차이로만 따지겠습니까.

비록 그렇지만, 문제는 삼대(三代)와의 거리가 멀지 않고 훌륭한 정사를 펼칠 만한 기회를 만나고도 정술(政術)을 선택함이 정밀하지 않아 제왕의 학문을 밝히지 못하여 선왕의 예악을 인멸시켜 더욱 회복하지 못하는 지경에 이르게 하였고, 선제는 군주의 통치술을 잡고 위의와 기강을 장악하여 깨끗하게 씻어내고 진작시켜 천하에 위미하고 무너지는 정사가 없도록 하였으니, 이는 문제가 잘못하고 선제가 잘한 것입니다. 후대의 왕들이 무엇을 귀감으로 삼겠습니까? 문제를 모범으로 삼되 그가 잘못한 것을 경계하고, 선제의 폐단을 귀감으로 삼되 그가 잘한 점을 취한다면, 훌륭한 다스림을 거의 이룰 수 있을 것입니다.

62 두광국(竇廣國) : 두광국은 한(漢)나라 문제(文帝)의 비(妃)인 두 황후(竇皇后)의 동생으로 자(字)는 소군(小君)이다.

63 허사(許史) : 한(漢)나라의 외척이었던 허씨(許氏)와 사씨(史氏)를 말하는데, 선제(宣帝) 때 함께 위세를 떨쳤다. 선제의 황후이며 원제(元帝)의 어미인 허씨의 일족과 선제의 조모인 사양제(史良娣)의 일족을 총칭하는 말이다.

주奏

본조에서 세공(歲貢)으로 금은의 기명(器皿)을 바치는 것을 면해주기를 청하는 주문을 의작하다 을축년(1685, 숙종11) 월과

擬本朝請免歲貢金銀器皿奏 乙丑月課

조선 국왕은, 우리나라가 매년 바치는 공물에 토산물이 아닌 것이 있기에 줄이거나 면제하여 원방 사람에게 은혜를 내리기를 청하기 위하여 삼가 주문을 올립니다.

삼가 살펴보건대, 아랫사람이 윗사람에게 공물을 바치는 것은 그 의리가 지엄하여 변방의 사체(事體)는 이를 받들어 섬기는 것을 공경으로 여기니, 진실로 감히 사적인 편의를 돌아보아 번번이 번거롭게 청할 수 없습니다. 그러나 만약 국력이 감당하지 못하여 공물을 바치는 의식에 장차 흠이 생겨 필시 큰 조정에 죄를 얻음을 면치 못할 처지인데도 오히려 장차 형적(形跡)을 혐의하여 숨기고 침묵하여 차별 없이 똑같이 사랑하는 어진 정치에서 스스로 벗어난다면 이 또한 충심으로 윗사람을 섬기는 도리가 아닙니다. 이에 감히 몽매함을 무릅쓰고 번거롭게 아뢰어 처분을 기다립니다.

우리나라는 바다에 기대어 있는 가난한 나라입니다. 토지가 척박하고 비루하며 산천이 낮고 협소한 탓에 주옥(珠玉)이나 귀패(龜貝)같은 특이한 산물은 본래부터 천하의 보물이 될 만한 게 없습니다. 금은의 재화에 이르러서는 산에서 나온 것이나 여기저기 분포되어 있는 것을 막론하고 나라 안에 있는 것이 본래 토산물이 아닙니다. 하늘이 사물을 낼 적에 반드시 중화와 오랑캐를 차별하여 넉넉하게 주거나 부족하게 주지 않았을 것이니, 이는 또한 정화(精華)를 보장(寶藏)하는 기운이 혹 한쪽에만 모여서 그러한 것이 아니겠습니까. 나라 안에서 유통하여 사용하는 물건은 다만 상선(商船)을 통해 얻는 한 가지 방법만 있을 뿐이니, 본디 매우 영세하고 귀합니다. 이는 진(晉)나라가 남쪽 초(楚) 땅의 재목을 사용하고 진(秦)나라에 서쪽 촉(蜀) 땅의 단청이 있는 것과 같습니다. 그런데 무슨 영문인지 우리나라에서 바치는 특산물 속에 금은의 기명(器皿)이 이미 법식이 되어 매년 정례화 되어있습니다. 매번 공물을 바칠 때마다 수량을 채우기 매우 어려워 나라가 이 때문에 피폐해지고 백성은 이 때문에 곤궁해져 결국에는 반드시 모두 고갈되어 이어나가기 어려워 변방 나라의 직책을 무너뜨리는 지경에 이를 것이니, 신은 실로 두렵습니다.

신이 듣건대, 삼대(三代)의 제도에 토질에 맞추어 공물을 내게[64] 하였습니다. 〈우공(禹貢)〉 한 편의 글을 살펴보면, 양주(揚州)에서 바치는 공물은 상아와 가죽, 깃과 털이고, 옹주(雍州)에서 바치는 공물은 구림(球琳)과 낭간(琅玕)이었습니다. 이는 적합한 토산물을 공물로 바치게 한 것이니, 만약 양주에게 구림을 요구하고 옹주에게 상아와 가죽

64 토질에……내게 : 《서경》 〈우공(禹貢)〉 서(序)에 "우(禹)임금은 구주(九州)를 구별하여 산을 따라 냇물을 깊이 파고 토질에 맞추어 공물(貢物)을 내게 하였다.〔禹別九州, 隨山濬川, 任土作貢.〕"라고 하였다.

을 요구한다면, 이는 산에 사는 사람에게 물고기나 자라로 예를 행하라고[65] 요구하는 것과 같지 않겠습니까.

우리나라는 선신(先臣) 강헌왕(康獻王 태조 이성계)이 나라를 세운 이래로 지성으로 대국을 섬기고 제후의 법도를 공손히 따라 옥백(玉帛)과 양전(壤典)[66]을 광주리에 담아서 바치는 일이 이어졌습니다. 더군다나 우리의 황조(皇朝)는 먼 곳의 물건을 보배로 여기지 않아 주(周)나라 임금이 금을 요구하는 명령이 일찍이 동쪽의 노(魯)나라에 이른 적이 없었으니, 우리나라 군신들은 참으로 이미 우러러보며 성스런 천자의 위의와 덕을 흠복하고 있습니다. 만약 관계되는 것이 절실하지 않고 자력(資力)으로 마련할 수 있다면, 참으로 어찌 감히 경솔하게 우러러 호소하여 죄를 초래하겠습니까. 삼가 바라건대, 황상께서는 이러한 사실을 굽어 살피시어 보살피는 은혜를 특별히 내리시어 속히 해당 부서에 명하여 본국에서 토산품으로 바치는 금은의 기물 일종을 모두 줄이거나 없애어 보잘것없는 토산물로 세공(歲貢)을 바칠 수 있게 함으로써 소국을 보살피는 은혜를 넓히고 먼 변방의 소망을 흔쾌히 들어주신다면, 매우 다행스러움을 금할 수 없을 것입니다. 삼가 주문을 써서 아뢰옵니다.

65 산에……행하라고 : 《예기》 〈예기(禮器)〉에 "하늘이 내지 않고 땅이 기르지 않으면 군자는 예로 삼지 않으며 귀신은 흠향하지 않으니, 산에 있으면서 물고기나 자라를 가지고 예를 행하고, 못에 있으면서 사슴이나 돼지를 가지고 예를 행하는 것을 군자는 '예를 알지 못한다.'라고 말하는 것이다."라고 하였다.

66 옥백(玉帛)과 양전(壤典) : 옥백은 제후가 천자에게 조회하러 갈 때 가지고 가는 폐백(幣帛)이고, 양전은 양존(壤奠)과 같은 말로 제후가 공물로 바치는 토산물이다.

조 詔

당나라가 신라왕을 칭찬하는[67] 조서를 의작하다 신해년(1671, 현종12)

擬唐褒新羅王詔 辛亥

월상씨(越裳氏)가 여러 번 통역을 거친 것[68]은 다만 -세 글자 빠짐- 정성에 연유한 것이고, 진 문후(晉文侯)가 어려움을 이겨낸 것[69]은 대개

67 당나라가 신라왕을 칭찬하는 : 《삼국사기(三國史記)》 9권 〈신라본기(新羅本紀)〉 경덕왕(景德王) 15년조에 다음과 같은 내용이 보인다. 임금이 당 현종(唐玄宗)이 촉(蜀) 땅에 있다는 말을 듣고 그에게 사신을 보냈다. 사신은 양자강을 거슬러 올라가 성도(成都)에 이르러 조공하였다. 현종은 5언 십운시(十韻詩)를 직접 지어 임금에게 보내며 말하기를 "신라 임금이 해마다 조공을 잘하고 예·악 및 대의명분을 훌륭하게 실행에 옮기므로 시 한 수를 지어 주노라."라고 하였다.

68 월상씨(越裳氏)가……것 : 월상씨는 남만(南蠻)의 나라 이름이다. 주공(周公)이 성왕(成王)을 대신하여 섭정하던 때에 천하가 태평해지자, 월상씨가 여러 번 통역을 거치면서 주공을 찾아와 꿩을 바치며 말하기를 "우리나라의 노인들이 말하기를 '하늘이 오래도록 거센 비바람을 내리지 않고, 바다에도 파도가 일지 않은 지 지금 3년이 되었으니, 아마도 중국에 성인이 있는 듯한데, 왜 가서 조회하지 않느냐.' 하므로 왔습니다."라고 했다는 고사가 있다. 《韓詩外傳 卷5》

69 진 문후가(晉文侯)가……것 : 주 평왕(周平王)이 동천(東遷)한 이후에 진 문후(晉文侯)와 정 무공(鄭武公)만이 어려움을 이겨내며 주나라 왕실을 도왔다.

주(周)나라 임금을 높이는 의리에서 나온 것이다. 중국에 성군(聖君)이 있던 때에 또한 내복(內服)의 나라가 우환을 함께 나누던 법도가 어찌 한 모퉁이 잠총(蠶叢 촉(蜀))에서 깊이 이로(泥露)의 탄식[70]을 발할 때에 만 리 큰 바다에서 멀리 풍파의 위험을 무릅쓰고 온 것만 하겠는가. 생각건대 신라왕은 바다 동쪽에 치우쳐 살면서 길이 황조(皇朝)를 섬겼다. 팔조목(八條目)의 유교(遺教)[71]로 백성은 추로(鄒魯)[72]의 유풍이 있고, 천 리에 봉해준 강역은 땅이 발해(渤海), 태산(泰山) 지역과 이어졌다. 주(周)나라 왕실의 울타리가 되었으니 이미 유한(維翰)[73]의 공이 많고, 순(舜)임금의 조정에서 양전(壤典)[74]을 잡았으니 어찌 뒤늦게 도착한 죄[75]를 범했겠는가. 생각건대 너희 나라가 대국을 섬기는 직무를 다한 것이지, 내가 먼 변방을 보살피는 인자함을 널리 베풀어서가 아니다.

70 이로(泥露)의 탄식 : 《시경》 〈패풍(邶風) 식미(式微)〉에 "임금이라는 이유가 아니라면, 어찌 이슬 가운데 있으리오.〔微君之故, 胡爲乎中露.〕"라고 하고, 또 "임금의 몸이 아니라면, 어찌 진흙 속에 있으리오.〔微君之躬, 胡爲乎泥中.〕"라고 한 데서 나온 말로, 군주가 남의 나라에 얹혀 지내는 처지를 탄식하는 것이다. 여기서는 당 현종(唐玄宗)이 촉(蜀) 땅에 피난해 있다는 사실을 비유한 것이다.

71 팔조목(八條目)의 유교(遺教) : 기자(箕子)가 조선으로 와서 제정한 여덟 조목의 금법(禁法)을 가리킨다.

72 추로(鄒魯) : 263쪽 주19 참조.

73 유한(維翰) : 나라의 기둥이 되는 중신(重臣)을 뜻한다.

74 양전(壤典) : 297쪽 주66 참조.

75 뒤늦게 도착한 죄 : 옛날 우(禹)임금이 회계산(會稽山)에서 천하의 제후들을 불러 모아 대회(大會)를 열었는데, 그때 왕망씨(汪芒氏)의 군주인 방풍(防風)이 뒤늦게 도착하자 우임금이 그를 복주(伏誅)했다는 고사가 전한다. 《國語 魯語下》

지난날 짐의 계책이 포상(苞桑)의 경계[76]를 잃어 혼란한 시절[77]을 만났다. 군대 앞 초목에 바람이 불어[78] 교외 성루의 전쟁 먼지 참담하였고, 검각(劍閣) 밖에서 풍상을 겪어[79] 운대(雲臺 황궁)의 선장(仙仗 황제의 의장(儀仗))이 적막하였다. 하북(河北)의 의로운 선비들은 이미 한(漢)나라를 사모하는 마음이 없었고,[80] 산동(山東)의 제후들은 존주(尊周)의 의리를 알지 못하였다. 촉도(蜀道)는 하늘에 오르는 것보다 험난하니[81] 어찌 먼 길 오는 사람이 있겠으며, 장안(長安)이 해 주변[82]에서 멀리 떨어지니 오랫동안 강산의 사자(使者)가 끊어졌다.[83] 오직

76 포상(苞桑)의 경계 : 미리 예방하여 안전을 도모한다는 의미이다. 《주역》 〈비괘(否卦)〉에 "비색함을 그치게 하는지라 대인의 길함이니, 망할까 망할까 하고 두려워하여야 총생하는 뽕나무에 매어 놓은 듯 튼튼해지리라.〔休否 大人吉, 其亡其亡, 繫于苞桑.〕"라고 한 데서 나온 말이다.

77 혼란한 시절 : 당(唐)나라 현종(玄宗)이 안녹산(安祿山)의 난을 당한 것을 가리킨다.

78 군대……불어 : 두보(杜甫)의 〈세병행(洗兵行)〉 시에 "삼 년 동안 피리 소리 속에 〈관산월〉 들려오고, 만국의 군대 앞에 초목의 바람이 부노라.〔三年笛裡關山月 萬國兵前草木風〕"라고 한 데서 나온 말이다.

79 검각(劍閣)……겪어 : 당나라 현종이 안녹산의 난을 당하여 검각(劒閣)을 넘어서 촉(蜀) 땅으로 피난한 것을 가리킨다.

80 하북(河北)의……없었고 : 안녹산의 난리 때, 하북(河北)의 군현들이 모두 일시에 항복하자, 당 현종이 "하북 24군(郡)에 한 사람의 의사(義士)도 없는가."라고 탄식했다고 한다. 《資治通鑑 卷217 唐紀》

81 촉도(蜀道)는……험난하니 : 이백(李白)의 〈촉도난(蜀道難)〉에 "아, 위태롭고도 높도다! 촉도의 험난함은, 푸른 하늘에 오르기보다 더 어렵다네.〔噫噓嚱, 危乎高哉. 蜀道之難, 難於上青天.〕"라고 한 데서 나온 말이다.

82 해 주변 : 원문의 일변(日邊)은 경사(京師)의 부근이나 황제의 곁을 뜻한다.

83 강산(江山)의 사자(使者)가 끊어졌다 : 두보(杜甫)의 〈증좌복야정국공엄공무(贈

저 삼한(三韓)의 변방만이 험난하고 평탄함을 가리지 않고 지조를 지켰다. 존주양이(尊周攘夷)의 풍도를 삼가 사모하여 제(齊)나라 왕이 홀로 천자에게 조회한 것[84]을 생각하였으며, 이에 과연 분문(奔問)[85]의 예를 바쳐 한(漢)나라 사신처럼 8월의 뗏목을 탔다.[86] 노를 저어 큰 바다를 건너 부상(扶桑)[87]에서 출발하여 석목(析木)[88]에 당도하였으며, 옥백(玉帛)이 머나먼 땅에서 휘황찬란하여 〈담로(湛露)〉를 노래

左僕射鄭國公嚴公武)〉에 "촉(蜀) 땅 강산에서 오는 상황(上皇)의 사자가 없어, 가고가 울리는 속에서 황상(皇上)의 심정이 응어리져 있네.〔江山少使者, 笳鼓凝皇情.〕"라고 한 데서 나온 말이다. 이 시에서 상황은 안녹산의 난을 당하여 서촉(西蜀)으로 파천(播遷)한 현종(玄宗)을 가리키고, 황상은 현종의 아들 숙종(肅宗)을 가리킨다.

84 제(齊)나라……것 : 주(周)나라가 쇠약해진 말기에 제후들이 천자에게 조회하는 이가 없었는데, 제나라 위왕(威王)이 홀로 주나라에 조회하였다.

85 분문(奔問) : 난리를 당한 임금에게 달려가서 문후(問候)하는 것을 말한다. 주(周)나라 양왕(襄王)이 난리를 피해 정(鄭)나라 시골 마을인 범(氾)에 머물면서 노(魯)나라에 그 사실을 알리자, 장문중(臧文仲)이 "천자께서 도성 밖의 땅에서 먼지를 뒤집어쓰고 계시니, 어찌 감히 달려가서 관수에게 문후하지 않을 수 있겠습니까.〔天子蒙塵于外 敢不奔問官守〕"라고 대답한 고사에서 유래하였다.《春秋左氏傳 僖公24年》

86 한(漢)나라……탔다 : 두보(杜甫)의 〈추흥(秋興) 8수〉 가운데 둘째 수에 "잔나비 울음소리 세 번에 진실로 눈물을 흘리고, 사명을 받들어 8월의 뗏목을 타지는 못하였네.〔聽猿實下三聲淚, 奉使虛隨八月槎.〕"라고 하였고, 장화(張華)의《박물지(博物志)》에 "근세에 어떤 사람이 바닷가에 살았다. 해마다 8월이면 어김없이 뗏목이 오는 것을 보고 양식을 배에 싣고 열흘 남짓 가서 홀연히 한 곳에 이른다."라는 말이 나온다.

87 부상(扶桑) : 동쪽에 있는 우리나라를 뜻한다. 부상은 동해에 있다고 전해지는 전설상의 나무로, 그 아래에서 해가 떠오른다고 한다.

88 석목(析木) : 별자리 이름이다. 기(箕)·두(斗) 두 별에 해당되고, 황도 십이궁(黃道十二宮) 중 인마궁(人馬宮)에 해당되며, 십이지(十二支)의 인(寅)에 해당한다. 지역으로는 중국의 연(燕)나라 즉 유주(幽州)가 해당한다.

하고 〈육소(蓼蕭)〉를 연주하였다.[89] 봉상(鳳翔)[90]의 천관들은 대부분 황제의 어가를 배종(陪從)하지 않았는데, 만 리 밖의 제잠(鯷岑 우리나라의 이칭)이 오히려 홀로 조각배로 바다를 건너왔다. 도와주는 이가 적은 때에 기약하지 않은 만남이 있으리라 어찌 생각이나 했겠는가. 서토(西土)의 산천은 아득하니 어찌 올 수 있겠으며, 중원의 소식은 묘연하니 장차 어디로 갈 것인가. 닭의 울음소리가 풍우에도 그치지 않으니[91] 의리가 사수(泗水)와 한수(漢水)[92]와 같고, 사신의 수레가 황폐한 땅에 멀리 와서 위로하니 그 예법이 봄과 여름의 조회[93]보다 낫구

89 〈담로(湛露)〉를 노래하고 〈육소(蓼蕭)〉를 연주하였다 : 〈담로〉는 《시경》 〈소아(小雅) 담로〉를 가리키는데, 천자가 제후들에게 연회를 베풀었을 때 부른 노래이다. 〈육소〉는 《시경》 〈소아(小雅) 육소〉를 가리키는데, 천자에게 조회한 제후가 천자의 은혜로운 잔치를 받고서 천자의 덕을 칭송한 노래이다.

90 봉상(鳳翔) : 안녹산의 난리 때 현종은 서촉으로 파천하고, 숙종은 봉상에 가 있었다.

91 닭의……않으니 : 《시경》 〈정풍(鄭風) 풍우(風雨)〉에 "비바람 몰아쳐 어둑한데도 닭 울음소리 그치지 않는도다. 이미 군자를 만났으니, 어찌 기쁘지 않으리오.〔風雨如晦, 雞鳴不已. 旣見君子, 云胡不喜.〕"라고 하였는데, 〈모시서(毛詩序)〉에서는 비바람〔風雨〕을 난세(亂世)를 비유하는 것으로 보아 난세를 당하여 절조를 변하지 않는 군자를 그리워하는 시라고 하였다.

92 사수(泗水)와 한수(漢水) : 사수(泗水)는 공자(孔子) 춘추의리(春秋義理)를 뜻한다. 한수(漢水)는 제후들이 천자에게 조회하고 소국이 대국을 섬기는 뜻이다. 《서경》 〈우공(禹)〉에 "장강과 한수가 바다로 모여든다.〔江漢朝宗于海〕"라고 하였는데, 마치 백관이 임금에게 조회하듯 온갖 물줄기가 바다로 모여드는 것을 말한 것이다.

93 봄과 여름의 조회 : 《주례》 〈춘관종백 대종백(大宗伯)〉에 "봄에 조회하는 것을 조라고 하고, 여름에 조회하는 것을 종이라고 하며, 가을에 조회하는 것을 근이라고 하고, 겨울에 조회하는 것을 우라고 한다.〔春見曰朝, 夏見曰宗, 秋見曰覲, 冬見曰遇.〕"라고 하였다.

나. 활과 화살을 하사한들[94] 그 물건이 어찌 정에 걸맞겠는가. 아름다운 시로 보답하니 그 시가 뜻을 다 전달할 수 있으리라. 이에 십운(十韻)으로 지은 시를 내려 짧은 서신을 대신한다. 시를 지어 찬미함이 어찌 문장을 자랑하기 위해서이겠는가. 칭찬하여 권면함은 충절을 드러내고자 함이다. 일찍이 예의의 나라라 일컬음을 알았는데 이제 믿겠으니, 특별히 우대하는 칭찬이 없다면 무엇으로 보답하겠느냐. 이는 내 진심에서 우러난 것이니, 이제 사잇길로 보내도록 명하노라.

아, 삼황오제(三皇五帝)의 강기(綱紀)가 아직 끊어지지 않았고 천도(天道)는 돌아오기 마련이다. 후한(後漢)과 지금의 주(周)나라[95]에 찬란한 공업을 회복할 것이니, 파산(巴山)과 금수(錦水)[96]에서 어찌 울울하게 오랫동안 지내겠는가. 독실하게 잊지 않으리니[97] 차별 없이 똑같이 보살피는 은택을 내릴 것이요, 지금도 여전하니 어찌 만절(萬折)의 충정[98]을 실추시키겠는가. 길이 그 계획을 힘써서 공경히 나의 명을

94 활과 화살을 하사한들 : 천자가 제후나 공신에게 활과 화살을 하사하는 것을 말한다. 《예기》 〈왕제(王制)〉에 "제후는 활과 화살을 받은 연후에 정벌할 수 있고, 부월을 받은 뒤에 죽일 수 있다.〔諸侯賜弓矢然後征, 賜鈇鉞然後殺.〕"라고 하였다.

95 후한(後漢)과 지금의 주(周)나라 : 당나라 황실이 다시 안정되는 것을 뜻한다. 두보(杜甫)의 〈세병마행(洗兵馬行)〉에 "후한(後漢)과 지금의 주(周)나라 다시 창성함 기뻐하네.〔後漢今周喜再昌〕"라고 하였는데, 이는 당나라 숙종이 황실을 안정시킨 것을 후한(後漢) 광무제(光武帝)가 왕망(王莽)에게 찬탈당한 한(漢)나라를 회복하고 주 선왕(周宣王)이 주(周)나라를 부흥시킨 것에 비유한 것이다.

96 파산(巴山)과 금수(錦水) : 촉(蜀) 땅에 있는 산과 강의 이름이다.

97 독실하게 잊지 않으리니 : 《서경》 〈주서(周書) 미자지명(微子之命)〉에 "내 너의 덕을 가상히 여겨 독실하게 잊지 않노라.〔予嘉乃德, 曰篤不忘.〕"라고 한 데서 나온 말이다.

따를지어다.

98 만절(萬折)의 충정 : 어떤 일이 있어도 중국 천자에 대한 존모(尊慕)가 변치 않는다는 뜻이다. 《순자(荀子)》 〈유좌(宥坐)〉에 "물이 만 번 꺾여도 반드시 동으로 흐르는 것은 굳은 의지가 있는 것 같다.〔其萬折也必東, 似志.〕"라고 한 데서 온 말이다.

한 문제가 적전을 연다[99]는 조서 계축년(1673, 현종14)
漢文帝開籍田詔 癸丑

풍속이 백성에게 젖어들게 하려면 옛것을 따라 다스려야 하니, 내가 농사를 밝혀서[100] 몸소 솔선수범하겠노라. 이에 세상에 드문 제도를 거행하여 윤음을 펼치노라. 왕의 정사는 반드시 농사에 근본하고 백성이 하늘로 삼는 것은 식량이다.[101] 제왕이 친히 농사짓는 예를 둔 것이 어찌 오직 이로써 백성을 권면할 뿐이겠는가. 사직에 정결한 곡식을 올리는 것은 상제(上帝)에게 효성을 바치기 위함이다. 《예기》에서 쟁기를 밀고 함께 밭을 가는 제도[102]를 기술한 것이 어찌 중요한

99 한……연다 : 적전(籍田)은 임금이 백성들에게 권농(勸農)하는 뜻으로 친히 시범을 보이기 위해 경작하는 전지(田地)인데, 백성들의 힘을 빌려〔籍〕 경작한다 하여 붙여진 이름이다. 한 문제(漢文帝) 2년에 가의(賈誼)가 상소하여 "생산하는 자는 매우 적고 소비하는 자는 매우 많으니, 천하에 재산이 어찌 고갈되지 않을 수 있겠습니까. 한나라가 건국된 지 거의 사십 년이 되는데도 공사의 축적이 아직도 슬피 통곡할 만하다."라고 하면서 농업 생산과 축적의 중요성을 강조하자, 한 문제가 적전에서 친경(親耕)하며 천하에 모범을 보인 고사가 전한다. 《資治通鑑 卷13 太宗孝文皇帝上》

100 내가 농사를 밝혀서 : 《서경》 〈낙고(洛誥)〉에 "왕께서는 낙읍(洛邑)에 가서 공경하소서. 나는 물러나 농사를 밝힐 것입니다.〔汝往敬哉, 茲予其明農哉.〕"라는 주공(周公)의 말이 보인다.

101 백성이……식량이다 : 《사기》 권97 〈육가열전(陸賈列傳)〉에 "임금은 백성을 하늘로 삼고, 백성은 먹는 것을 하늘로 삼는다.〔王者以民人爲天, 而民人以食爲天.〕"라고 하였다.

102 쟁기를 밀고……제도 : 《예기》 〈월령(月令)〉에 "천자가 친히 쟁기와 보습〔耒耜〕을 수레에 싣고, 삼공(三公)과 구경(九卿)을 거느리고서 몸소 황제의 적전(籍田)에서

일이 아니겠는가. 주(周)나라 제도에서 쟁기를 수레에 싣는다는 말을 기록한 것은 그 공경함을 취한 것이다.

세상이 내려오면서 어찌 이러한 예법이 오랫동안 민멸되었는가. 우리 한(漢)나라가 일어남에 옛것을 상고할 겨를이 없었다. 지금 나는 뜻은 삼고(三古) 시대를 힘쓰고 정사는 구공(九功)[103]을 우선시하고 있다. 삼황(三皇)의 도서를 열람하고 오제(五帝)의 글을 상고하니[104] 어찌 태평성대의 정사를 잊겠으며, 전세(田稅)를 감면하는 명을 내리고 전곡(錢穀)을 직접 물어보아[105] 매번 근본을 도탑게 하는 방도에 진념하였다. 다만 생각건대 백성의 생업에 준칙이 없는 것은 나라의 예법에 흠결이 많기 때문이다. 토지의 경계[106]가 이미 무너져 삼대의

밭갈이를 한다. 천자는 쟁기를 잡고 세 번 밀며〔三推〕, 삼공은 다섯 번 밀고〔五推〕, 경(卿)과 제후(諸侯)는 아홉 번 민다.〔九推〕"라고 하였다.

103 구공(九功) : 백성들 생활의 기본인 '수(水)·화(火)·금(金)·목(木)·토(土)·곡(穀)'의 육부(六府)를 잘 다스리고, 선정의 근본인 '정덕(正德)·이용(利用)·후생(厚生)'의 세 가지 일을 잘 닦은 임금의 공적(功績)을 일컫는다.

104 삼황(三皇)의……상고하니 : 한(漢)나라 반고(班固)의 〈동도부(東都賦)〉에 "성황이 손에 하늘의 부절을 쥐고 땅의 보배를 드러내었으며, 삼황의 도서를 열람하고 오제의 글을 상고하였다.〔聖皇乃握乾符, 闡坤珍, 披皇圖, 稽帝文.〕"라고 하였다.

105 전세(田稅)를……물어보아 : 한 문제(漢文帝) 때에 백성이 생계의 근본인 농사에 힘쓰지 않아 제대로 삶을 영위해 나가지 못하자, 문제가 신하들을 직접 이끌고 농사를 지어 보여 농사를 권장하고, 전세(田稅)의 반을 감면해 준 일이 있다. 한편 문제가 우승상 주발(周勃)에게 "1년에 국가 재정의 수입과 지출이 얼마나 되는가?"라고 물었으나 그가 대답하지 못한 일이 있었다. 《漢書 卷4 文帝紀》

106 토지의 경계 : 《맹자》 〈등문공 상(滕文公上)〉에 "인정은 반드시 경계를 바르게 하는 데서 시작하는 것이니, 경계가 바르지 않으면 정지가 균등하지 못하며, 곡록이 공평하지 못하게 된다."라고 한 데서 나온 말이다.

법도가 사라졌고 농사에 부지런하지 않아 사해에 광토(曠土 황무지)와 유민(游民 유랑하는 백성)이[107] 많아졌다. 이것은 어찌 위에서 실천하고 아래에서 본받음이 없어서가 아니겠는가. 백성이 번창하고 나라가 성대해짐을 기대하기 어렵구나. 더군다나 이 훌륭한 신하가 재정을 축적해야 한다는 밝은 상소를 올리니[108] 이전 시대를 우러러 생각함에 마침내 나의 마음이 감발되었다.

돌아보건대 이 적전(籍田)을 경작하는 훌륭한 법도는 실로 국가의 성대한 행사이다. 근본을 잊지 않음을 백성에게 보이니 어찌 후대의 왕이 응당 모범으로 삼을 일이 아니겠는가. 자신이 솔선하는 것보다 나은 것이 없으니 오늘날 다시 회복함이 진실로 마땅하도다. 백왕(百王)이 중지한 예법을 거행하는 것이 어찌 다만 예문(禮文)을 문식하고 신칙할 뿐이겠는가. 한 번 밭가는 미미한 노력을 함께하는 것이 새로운 풍화(風化)를 만들 수 있을 것이다. 하후(夏后)가 진력한 것을 공자(孔子)께서 찬양하였고[109] 괵공(虢公)이 진언한 것을 주 선왕(周宣王)이 가납하였다.[110] 만약 예법이 하루라도 잘 행해지면 응당 사방을 감화시

107 광토(曠土)와 유민(游民)이 : 《예기》 〈왕제(王制)〉에 "광토(曠土)가 없고, 유랑하는 백성이 없으며, 음식을 절제하고 일을 때에 맞게 하니, 백성들이 모두 사는 곳을 편안하게 여겼다."라고 하였다.

108 훌륭한……올리니 : 한 문제(漢文帝) 즉위 초에 재정의 중요함을 강조하여 올린 가의(賈誼)의 〈논적저소(論積貯疏)〉를 가리킨다.

109 하후(夏后)가……찬양하였고 : 공자(孔子)가 우(禹)임금에 대해 "궁실을 낮게 지으시고 백성을 위한 치수에 진력하셨으니, 우임금은 내가 비난할 곳이 없도다."라고 하였다. 《論語 泰伯》

110 괵공(虢公)이……가납하였다 : 실제의 사적에서는 괵문공(虢文公)이 간언한 말을 주 선왕(周宣王)이 듣지 않았다고 하였다. 일찍이 주 선왕이 천묘(千畝)에서 적전의

킬 것이다. 유사(有司)에게 명하노니 세 번 쟁기를 미는〔三推〕[111] 성대한 의식을 상고하여 천 묘 되는 황제의 적전을 열어라. 나는 장차 천하를 소유하여 친히 농사를 지어, 훗날 백성이 풍족하게 되기를 바라노라. 아! 쟁기와 끌채로 어찌 천우(千耦)[112]의 밭가는 수고로움을 꺼리겠는가. 깊이 밭 갈고 김도 잘 매어 길이 백 묘의 근심[113]을 품으리라. 모두들 보고서 감동하고 흥기하여 풍년의 즐거움을 함께 누릴지어다.

예법을 거행하지 않자, 괵문공이 간언하기를 "백성에게 중요한 일은 농사이며, 제사를 지내는 제물도 농사에서 생산되고, 백성들이 살아가는 것도 농사에서 나오며, 국가의 재정도 농사에서 나오므로 적전을 친경하는 예를 폐지해서는 안 된다." 하였다. 그러나 주 선왕은 그의 말을 따르지 않았는데, 그 후 왕의 군사가 천묘에서 패하여 나라의 형세가 떨쳐지지 못한 일이 있었다. 《史記 卷4 周本紀》

111 세……미는 : 305쪽 주102 참조.

112 천우(千耦) : 많은 사람을 뜻하는 말로,《시경》〈재삼(載芟)〉에 "풀을 베어 내고 나무를 베어 내니 푸실푸실 흙을 잘 갈았도다. 일천 짝이 김을 매니 논밭에도 다니고 두둑에도 다니도다.〔載芟載柞, 其耕澤澤. 千耦其耘, 徂隰徂畛.〕"라고 한 데서 온 말이다.

113 백 묘의 근심 : 농사를 항상 걱정한다는 뜻이다.《맹자》〈등문공 상(滕文公上)〉에 "요 임금은 순(舜)을 얻지 못하는 것으로 자신의 근심을 삼았고, 순 임금은 우(禹)와 고요(皐陶)를 얻지 못하는 것으로 자신의 근심을 삼았으니, 백 묘의 땅을 잘 경작하지 못하는 것으로 자신의 근심을 삼는 사람은 바로 농부이다."라고 한 데에서 나온 말이다.

찬贊

노중련[114] 선생에 대한 찬 병서○을묘년(1675, 숙종1)
鲁仲連先生贊 幷序○乙卯

노중련(魯仲連) 선생은 전국시대 해대(海岱)[115]의 고사(高士)이다. 역사책에서 그의 행실이 매우 위대하다고 기록되어 있으나, 그 도가 신비롭고 감춰져있으며 그 자취가 민멸되었기 때문에 다른 훌륭한 덕을 세상에서 볼 수 있는 것이 없다. 그러나 동해를 밟고 빠져죽겠다는 한 마디 말은 그 의리가 여전히 해와 달처럼 밝게 빛나 천 수백 년에 거쳐 늠름하게 생기가 남아있다. 선생은 어찌 옛날의 이른바 천하의 절렬(節烈)한 선비가 아니겠는가. 세상의 학사와 대부는 대체로 기이

114 노중련(魯仲連) : 전국시대 제(齊)나라의 고사(高士)이다. 그가 조(趙)나라에 가 있을 때 진(秦)나라 군대가 조나라의 수도인 한단(邯鄲)을 포위했는데, 이때 위(魏)나라가 장군 신원연(新垣衍)을 보내 진나라 임금을 천자로 섬기면 포위를 풀 것이라고 하였다. 이에 노중련이 "진나라가 방자하게 천자를 참칭한다면 나는 동해를 밟고 빠져 죽겠다." 하니, 진나라 장군이 이 말을 듣고 군사를 후퇴시켰다 한다.《史記 卷83 魯仲連列傳》

115 해대(海岱) : 발해(渤海)와 태산(泰山) 사이의 지역으로, 옛날의 청주(青州) 즉 지금의 산동(山東)을 가리킨다.

하고 고결한 부류로 선생을 평가하고, 특출한 명성과 탁월한 식견으로 세교를 부지한 점이 위대하다는 것은 깊이 알지 못한다.

진(秦)나라는 범과 이리와 같은 나라로 백 년 동안 위엄을 쌓아 천하를 위협하니 천하 사람들이 모두 머리를 숙이고 두려워하며 엎드린 채 서쪽을 향해 달려드는 자가 없었다. 당시 주(周)나라 사직은 가까스로 한 줄기 이어져 천하의 대세가 이미 어찌해볼 수 없는 상황이었다. 천하에 유세하는 선비들은 이익만 알고 의리는 알지 못했으며 강대한 진나라가 있는 것만 알고 종주(宗周)가 있음은 알지 못하였다. 다투어서 변론과 지혜를 종횡무진으로 펼쳐 날마다 6국[116]의 왕들을 속이는 자들은 그 계획이 모두 제후의 땅을 떼어 진나라를 살찌우고자 하였고, 심지어는 제후를 종용하여 신하로서 복종하게 하였다. 아니면 부국강병의 설을 꾸며대어 패자가 되도록 권하고, 아니면 여기저기 찾아다니며 빌붙어 작은 관작을 기대하였다. 모두들 휩쓸려 모방하니 일찍이 주나라 왕실을 높이고 진나라를 오랑캐로 여길 줄 아는 사람은 아무도 없었다. 유독 노중련 선생만이 포위된 성 안에 있으면서 신원연(新垣衍)을 면전에서 질책하고 포악한 진나라를 배척하여 오랑캐로 여겼으니, 선생의 한 마디 말로 인해 진나라를 황제로 섬기자는 논의가 마침내 중지되었다. 이에 천하 사람들로 하여금 포악한 진나라의 무도한 모습, 천하에는 두 명의 왕이 없다는 점, 오랑캐는 황제가 되어서는 안 된다는 점, 만승(萬乘)의 나라는 대등한 적국을 신하로 삼을 수 없다는 점을 환히 알게 하였다.

116 6국 : 초(楚)나라, 연(燕)나라, 제(齊)나라, 한(韓)나라, 위(魏)나라, 조(趙)나라를 가리킨다.

선생은 본디 주나라가 끝내 진나라가 되고 6국이 끝내 지탱하지 못할 줄 이미 알고 있었지만, 명분을 바로잡고 의리를 내세워 중국으로 하여금 하루라도 천하에 왕통을 보존하고 천하로 하여금 하루라도 인륜의 도리를 부지하게 하고자 한 것이다. 비록 그 말이 주나라를 높이는 의리를 자세하게 드러내진 않았지만, 그 뜻은 일찍이 주나라를 높이 받들 작정을 하지 않은 적이 없었다. 남이 천금으로 축수한[117] 일은 선생을 욕보이려고 한 것이니 어찌 비루하지 않은가. 선생이 상(商)나라와 주(周)나라가 교체되는 시기에 있었다면 말고삐를 붙잡는 의리[118]로 반드시 백이(伯夷)와 덕을 나누었을 것이고, 당우(唐虞) 시절에 태어났다면 귀를 씻는 절의[119]로 반드시 그 자취가 소부(巢父)와 짝했

117 천금(千金)으로 축수한 : 조(趙)나라 평원군(平原君)이 수도 한단(邯鄲)을 진(秦)나라의 포위에서 구원해 준 것을 감사하게 여겨 노중련에게 관작을 봉해 주려고 하였으나, 노중련이 극구 사양하자 대신 술자리를 마련하고 천금을 바치며 축수하였는데, 노중련이 "천하의 선비를 귀하게 여기는 것은 남을 위해 환란을 제거해 주고 분란을 해결해 주면서도 이에 대한 보수를 받지 않기 때문입니다. 가령 보수를 받는다면 이는 장사꾼의 일이니 나는 차마 그렇게는 하지 못하겠습니다."라고 하고는 마침내 그 자리를 떠나 종신토록 모습을 드러내지 않았다. 《史記 卷83 魯仲連列傳》

118 말고삐를 잡는 의리 : 무왕(武王)이 서백(西伯)의 신주를 받들고 주왕(紂王)을 치러 떠나려 하자 백이와 숙제가 말고삐를 잡고 간하였는데, 호위병들이 해치려 하자, 태공(太公)이 "이 사람들은 의로운 사람이다."라고 하면서 부축해 떠나게 하였다. 《史記 卷61 伯夷列傳》

119 귀를 씻는 절의 : 요(堯) 임금이 은사 허유(許由)에게 천하를 양여하였으나 이를 거절하고 기산(箕山)에 들어가 은거하였고, 또 뒤에 요임금이 그를 불러서 구주(九州)의 장(長)으로 삼으려고 하자 그런 말을 들어서 귀를 더럽혔다 하여 영수(潁水)에 가서 귀를 씻었다. 이때 마침 은사 소보(巢父)가 송아지에게 물을 먹이려고 나왔다가 허유가 귀를 씻는 것을 보고는 그 물조차 더럽다고 여겨 송아지에게도 그 물을 먹이지 않고

을 것이다. 그런데 혼탁한 세상을 만나 광채를 감추고 도를 품은 채 그 자취를 숨기고 바탕을 맑게 닦아 세상 밖으로 초연히 노닐며 오만한 눈으로 세상을 희롱하였다. 어쩔 수 없게 된 후에야 때때로 세상에 나와서 부질없이 응하다가, 결국은 그 자취를 거두어 민멸되었다. 그런데도 그 위대하고 탁월한 풍도는 찬란하게 유행하여 백세에 가르침을 남겼다.

수십 년이 지난 뒤에 장량(張良)이 한 사람의 유자(孺子)로서[120] 진시황(秦始皇)을 박량사(博浪沙)에서 철퇴로 공격하였으니,[121] 바로 선생으로 통하여 진나라를 깔볼 줄 알았던 것이다. 하황공(夏黃公)과 기리계(綺里季)의 부류[122]는 유민(遺民)으로서 상산(商山)에 들어가 은둔하였으니, 바로 선생을 통하여 진나라 섬기는 것이 부끄럽다는 것을 알았던 것이다. 또 수백 년이 지나 한(漢)나라에 관유안(管幼安

상류로 올라가서 물을 먹였다고 한다.

120 장량(張良)이……유자(孺子)로서 : 한(漢)나라 장량(張良)이 하비(下邳)의 다리 위에서 황석공(黃石公)이라는 노인을 만나 그 노인이 일부러 떨어뜨린 신발을 다리 밑에서 주워다가 공손히 무릎 꿇고 앉아서 신겨 주기까지 하였다. 이에 황석공이 "이 아이는 가르쳐 줄 만하다."라고 하였다.

121 진시황(秦始皇)을……공격하였으니 : 진(秦)나라가 한(韓)나라를 멸망시키자 한나라 사도였던 장량(張良)이 창해역사(滄海力士)를 고용하여 120근 철퇴로 박랑사(博浪沙)에서 진시황의 수레를 철퇴로 쳤는데, 부거(副車)만 부서지고 진시황은 화를 모면하였다. 진시황이 명을 내려 10여 일 동안 범인을 찾았으나 장량은 수색망을 간신히 벗어나 나중에 한 고조(漢高祖)의 참모가 되어 한나라 건국의 일등공신이 되었다. 《史記 卷55 留侯世家, 卷6 秦始皇本紀)》《史略 卷2 秦》

122 하황공(夏黃公)과 기리계(綺里季)의 부류 : 진(秦)나라 말에 난세를 피하여 산서성(山西省) 상산(商山)에 숨은 동원공(東園公)·하황공(夏黃公)·녹리 선생(甪里先生)·기리계(綺里季) 등의 상산사호(商山四皓)를 가리킨다.

관영(管寧))이 있었고 진(晉)나라에 도징사(陶徵士 도잠(陶潛))가 있었다.[123] 이에 군자가 말하기를

"이들 몇 사람에 대해서, 이들이 모두 동해를 밟고 세상을 경시한 선생의 풍도에서 말미암았다고 말한다면 너무 지나치지만, 그렇다고 동해를 밟고 세상을 경시한 선생의 풍도에서 말미암지 않았다고 말한다면 불가하다."

라고 하였으니, 아 위대하구나. 찬(贊)은 다음과 같다.

분분한 여섯 강국이	紛紛六雄
아침저녁으로 합종[124]하여도	朝從莫合
오히려 감히 못했네	而猶不敢
서쪽으로 진나라를 엿보는 것을	西窺函谷
오히려 감히 하지 못했네	而猶不敢
서쪽으로 진나라를 엿보는 것을	西窺函谷
어찌 선생이	豈如先生
담소하며[125] 꾸짖어	談笑叱咤
진나라 군사 백 만을	秦師百萬

123 한(漢)나라에……있었다 : 관영(管寧)은 후한(後漢) 영제(靈帝) 말년에 천하의 혼란함을 보고 요동(遼東)에 가서 은거하였고, 도잠(陶潛)은 진(晉)나라가 망하자 고향으로 돌아가 은거하였다.

124 합종(合從) : 전국 시대에 한(韓)·위(魏)·조(趙)·초(楚)·연(燕)·제(齊)의 여섯 나라가 종(從)으로 동맹을 맺어 강력한 진(秦)나라에 공동 대응한 전략이다.

125 담소하며 : 노중련의 꾸짖는 말로 인해 진나라 군대가 퇴각하였는데, 이렇게 말만 가지고 적을 물리친 것을 뜻한다.

멀찌감치 물러나게 한 것만 하리오	逡巡三舍
보잘 것 없는 선비들이	區區群儒
부월처럼 엄정한 글을 지어도	斧毫鉞牘
오히려 능히 하지 못했네	而猶不克
중국을 높이고 오랑캐를 응징하는 것을	尊夏膺狄
어찌 선생이	豈如先生
명분과 의리를 입으로 토해내어	口舌名義
왕통을 엄정히 하고	王統寔嚴
인륜을 바로 세운 것만 하리오	人紀寔位
천금을 지푸라기처럼 여기고	草芥千金
만승의 나라를 하찮게 여겼네	奴隸萬乘
높이 나는 봉황과 고니처럼	鳳矯鵠騫
새장에 가둘 수 없고	不可籔罶
바람 불고 구름 걷히듯 종잡을 수 없어	風行雲斂
뭐라고 명칭할 수 없네	不可名稱
웅건한 절의와	踔厲之節
깨끗한 지조가	奇潔之操
만세토록 빛나	輝映萬世
오래될수록 높아지리라	日遠彌卲
태산은 푸르고	岱岳蒼蒼
발해는 드넓은데	渤海洋洋
완연히 그 사이에	宛在其中
유풍이 끝이 없네	流風泱泱
내가 이 사람을 생각하니	我懷伊人

그 처지가 비슷하네	其地則邇
글을 올려 아름다운 덕을 칭송하노니	薦辭揚芬
서글프고 마음 부끄럽네	惄焉中愧

잠 箴

구경과 안일함, 유람과 사냥을 지나치지 말아야 하는 것[126]에 대한 잠 병진년(1676, 숙종2)

無淫于觀于逸于遊于田箴 丙辰

하늘이 사목[127]을 세움에	天樹司牧
군왕이 법도를 세워[128]	惟王立極
천하 사람들이 본받네	四海攸則
중대한 일들이 몹시 많아	機務至夥
높은 자리에서 편안하지 못하니	崇高匪安
그 자리가 오직 어렵네	厥位惟艱
온갖 욕심이 분분히 공격하니	衆慾紛攻

126 구경과……것 : 《서경》 〈주서(周書) 무일(無逸)〉에 주공(周公)이 성왕(成王)을 위해 경계한 말에 나온다. 주공(周公)이 말하기를 "아, 지금으로부터 이어서 사왕(嗣王 성왕)께서는 문왕(文王)께서 구경과 안일함과 유람과 사냥을 지나치게 하지 않으신 것을 본받으시어 만민이 올바르게 바치는 것만을 받으소서."라고 하였다.

127 사목(司牧) : 임금을 뜻한다.

128 군왕이 법도를 세워 : 하늘의 뜻을 계승하여 인륜의 큰 법도를 만든다는 '계천입극(繼天立極)'을 뜻한다.

밖으로 치달리는 마음 막기 어려워 外騖難遏
쉬이 흘러가고 쉬이 빠지네 易流易溺
근실함 아니면 무엇을 근본으로 삼겠으며 匪勤奚本
검약이 아니면 무엇을 경계하랴 匪儉奚飭
참으로 스스로 힘쓰는 데 달렸도다 寔在自勖
귀로 듣고 눈으로 보는 것은 耳目之觀
외물에 쉽게 부림을 당하니 易役于物
완물(玩物)하면 덕을 잃어버리네 玩則喪德
임금은 이를 살펴서 王監于玆
사치함을 깎아내고 검소함을 밝혀 斲華昭素
지극한 도에 마음을 두었네 游心至道
크게 경계할 것이 안일이니 逸者大戒
짐새의 맹렬한 독처럼 경계하여 猶鴆猶毒
깊은 골짜기에 임한 듯 생각해야 하네 宜思淵谷
임금은 이를 살펴서 王監于玆
나태하고 방탕함이 없이 無怠無荒
해가 기울도록[129]에 겨를이 없었네 日昃不遑
마음대로 유람하는 것을 즐기고 游敖是耽
제멋대로 즐기는 것을 일삼으면 般樂是事
마음과 뜻이 날로 방탕해지네 心志日肆

129 해가 기울도록 : 《서경》 〈무일(無逸)〉에 문왕(文王)에 대해서 말하기를 "아침부터 해가 중천에 뜰 때와 해가 기울 때에 이르도록 한가히 밥 먹을 겨를도 없으시어 만민들을 모두 화합하게 하셨습니다."라고 한 데서 나온 말이다.

임금은 이를 살펴서　王監于玆
단정하고 공손하며 공경하고 깨끗하여　端拱穆清
온갖 법도를 바르게 하였네　百度惟貞
사냥에는 절도가 있으니　畋蒐有制
말 타고 내달리는 것은 위험하고[130]　馳騁則殆
이마를 찌푸리는 일[131]은 경계할 만하네　蹙頞可戒
임금은 이를 살펴서　王監于玆
지나치게 사냥하는 일이 없이　無淫原獸
수당[132]을 두려워하였네　垂堂是懼
이들 몇 가지가　凡此數者
한번 마음에서 싹트면　一萌于心

130 말……위험하고 : 한 문제(漢文帝)가 파릉(灞陵)에 거둥하였을 때 가파른 언덕 아래로 여섯 말이 이끄는 마차를 타고 달려 내려가려고 하자, 원앙(袁盎)이 만약 말이 놀라 수레가 엎어지기라도 한다면 안 될 일이라고 하면서 말고삐를 잡고 간언한 고사가 전한다.《史記 卷101 袁盎列傳》

131 이마를 찌푸리는 일 :《맹자》〈양혜왕 하〉에 "지금 왕(王)이 이곳에서 사냥을 하시면 백성들은 왕의 수레소리, 말소리를 들으며 깃과 들소꼬리를 만든 깃발의 아름다움을 보고는 모두 머리를 아파하고 이마를 찌푸리며〔蹙頞〕 서로 말하기를 '우리 왕께서 사냥을 좋아하심이여! 어찌 우리들로 하여금 이 곤궁함에 이르게 해서 부자간이 서로 만나보지 못하며 형제처자가 서로 이산(離散)되게 하는가.' 한다면, 이것은 다름이 아니라 임금께서 백성과 함께 즐기시지 않기 때문입니다."라고 한 데서 나온 말이다.

132 수당(垂堂) : 자신의 몸을 아껴 위험에 처하지 말라는 경계로, 스스로 근신 자중하는 뜻이다. 한(漢)나라의 원앙(袁盎)이, 한 문제(漢文帝)가 말을 타고 험한 언덕을 치달리려 하자, "부귀한 집의 자식은 혹시라도 기왓장이 떨어져서 다칠까 염려해서 마루 끝에 앉지 않는 법입니다.〔千金之子, 坐不垂堂.〕"라고 한 데서 나온 말이다.《史記 卷101 袁盎列傳》

점점 빠져들지 않는 자 드무네	鮮不浸淫
성정을 좀먹어	蝕情蠱性
유연황망[133]하면	流連荒亡
성정을 잃지 않을 자 없네	靡或不喪
이에 옛날의 성인[134]이	肆昔元聖
왕에게 경계의 말을 올려	用訓于王
큰 계책의 말이 밝게 드러났네	謨言孔彰
어린 군주[135]를 보좌하여	輔其沖辟
그 덕이 끝까지 순수하니	厥德終純
왕업이 이로 말미암아 이어졌네	王籙式緜
아, 시대가 내려와	緊自世降
〈무일〉을 알지 못하여	罔知無逸
계속해서 그릇된 전철을 밟았네	滔滔覆轍
언덕에 있는 화석으로	花石有岡
선화 연간에 혼란을 초래했으니[136]	宣和致亂

133 유연황망(流連荒亡) : 제 경공(齊景公)의 물음에 안자(晏子)가 대답하기를 "뱃놀이에 물길을 따라 아래로 내려가서 돌아옴을 잊는 것을 유(流)라 이르고, 물길을 거슬러 위로 올라가서 돌아옴을 잊는 것을 연(連)이라 이르고, 짐승을 좇아 만족함이 없는 것을 황(荒)이라 이르고, 술을 즐겨 만족함이 없는 것을 망(亡)이라 이릅니다."라고 하였다. 《孟子 梁惠王下》

134 옛날의 성인 : 주공(周公)을 가리킨다.

135 어린 군주 : 주공의 조카 성왕(成王)을 가리킨다.

136 언덕에……초래했으니 : 송 휘종(宋徽宗)이 진귀한 화석(花石)을 좋아하여 각지의 화석을 모두 궁궐로 운반하게 하였다. 나중에는 민가의 것까지 빼앗고 만약 조금이라도 불응하는 자가 있으면 불공죄(不恭罪)로 다스려 피해가 많았다. 이때 청계(青溪)

아, 구경거리 때문이로다 嗚呼以觀
편안하고 한가롭게 지내다 狃安自暇
천보 연간에 수도를 잃었으니[137] 天寶喪國
아, 안일함 때문이로다 嗚呼以逸
주나라 임금 수레가 두루 돌아다 周轍將遍
서이가 주나라를 도모하였으니[138] 徐夷謀周
아, 유람 때문이로다 嗚呼以遊
낙수 밖에서 백 일간 사냥하여 洛表十旬
하나라 국운이 중간에 엎어졌으니[139] 夏祚中顚
아, 사냥 때문이로다 嗚呼以田
더군다나 지금은 새로 즉위하여[140] 矧今新服

사람 방납(放臘)이 선화(宣和) 2년(1120) 10월에 반란을 일으켰는데, 화석을 채취하여 나라에 바치는 일로 20년 동안 나라를 원망해 온 백성들을 선동한 것이다. 방납은 스스로를 성공(聖公)이라 칭하고 수개월 사이에 6주(州) 52현(縣)을 격파함으로써 중국의 동남쪽이 크게 혼란해졌다. 《宋史 권486 放臘傳》

137 편안하고……잃었으니 : 천보(天寶)는 당 현종(唐玄宗)의 연호이다. 당 현종은 양귀비(楊貴妃)에게 빠져 편안히 지내며 정사를 돌보지 않았는데, 안녹산(安祿山)이 반란을 일으켜 장안(長安)을 함락하자 당 현종은 촉(蜀) 땅으로 몽진하였다.

138 주나라가……도모하였으니 : 주 목왕(周穆王)은 부왕인 소왕(昭王)의 뒤를 이어 즉위하자마자 팔준마(八駿馬)가 모는 수레를 타고 서정(西征)하여 방탕하게 유람만 즐길 뿐 돌아올 줄을 몰랐다. 이때 서이(徐夷)가 참람하게 황제로 호칭한 다음 구이(九夷)를 거느리고 주(周)나라를 정벌하려고 하였다. 《史記 卷4 周本紀》

139 낙수……엎어졌으니 : 우(禹)임금의 손자 태강(太康)이 일찍이 편안함에 빠지지 말라는 우임금의 교훈을 생각지 아니하고 낙수(洛水) 밖으로 사냥을 나가 100일이 지나도록 돌아오지 않자, 유궁(有窮)의 임금인 예(羿)가 하북(河北)에서 태강을 막아 돌아오지 못하게 하고 폐위시켜 버렸다. 《書經 五子之歌》

기쁘기고 하고 걱정도 되니 惟休惟恤
깊이 경계하지 않을 수 있으랴 可不深飭
예전 우리 선왕께서는 昔我先王
십 년 재위 동안 十年御極
말씀과 용모가 온화하였네 聲容雍穆
못과 누대 같은 완물을 물리치고 玩斥池臺
사냥하는 놀이를 물리쳤으니 游屛弋獵
아, 우리 왕실의 가법이로다 猗我家法
선왕의 빛나는 덕[141]을 길이 전하여 耿光永垂
응당 따르고 법도로 삼아야 하는 때가 宜遵宜則
바로 오늘날이네 寔在今日
지나침이 없도록 순임금을 경계하였고[142] 罔淫戒舜
오만함이 없도록 우임금이 경계를 올렸으니[143] 無傲箴禹

140 새로 즉위하여 : 숙종(肅宗)이 즉위한 것을 뜻한다.

141 선왕의 빛나는 덕 : 원문의 경광(耿光)은 훌륭한 선조의 밝은 덕을 뜻하는 말이다. 주공(周公)이 성왕(成王)에게 "문왕(文王)의 경광을 보시고 무왕(武王)의 큰 공렬을 드날리소서.〔以覲文王之耿光, 以揚武王之大烈.〕"라고 한 데서 나온 말이다.

142 지나침이……경계하였고 : 《서경》 〈대우모(大禹謨)〉에 익(益)이 순(舜)임금에게 경계하는 말을 올린 것이 나오는데, 그 가운데 "편안함에 놀지 마시고 즐거움에 지나치지 마소서.〔罔遊于逸, 罔淫于樂.〕"라는 말이 보인다.

143 오만함이……올렸으니 : 《서경》 〈익직(益稷)〉에 우(禹)가 순(舜)임금에게 경계하는 말을 올린 것이 나오는데, 그 가운데 "단주(丹朱)처럼 오만하게 하지 마소서. 태만하게 노는 것을 좋아하며 오만함과 포악함을 행하며 밤낮없이 쉬지 않고 계속하며 물이 없는 데서 배를 끌고 다니며 소인과 붕당하여 집안에서 음란하여 그 대(代)를 끊어버렸습니다."라는 말이 보인다.

옛날에도 행한 일이네	有行於古
이에 오히려 밝은 임금을 걱정하여	猶憂明主
감히 설어[144]에게 고하며	敢告暬御
공손히 절하고 머리를 조아리노라	拜手稽首

144 설어(暬御) : 임금을 측근에서 모시는 신하로 임금에게 경계하는 말을 아뢰는 역할을 하였다. 《국어(國語)》 〈초어 상(楚語上)〉에 "침소에 거처할 때는 설어의 잠언이 있다.〔居寢有暬御之箴〕"라고 하였다.

명 銘

황금대[145]명
黄金臺銘

계주의 옛터　惟薊之墟
역수 가에 누대가 우뚝 솟아있네　惟易之汜臺中峙
정성으로 기초를 열고　基以誠拓
예로 재목을 쌓아 높이 치솟았네　材以禮築厥高矗
천금이 햇볕에 번쩍이고　千金耀日
찬란한 빛이 상자에 가득하니 이를 어찌 감추랴　燦燦滿籯斯焉藏
어느 시대에 시작되었나　俑于誰代
연나라 소왕이 처음으로 인재를 초빙하였네　曰燕昭始以延士
복황[146]의 운수를 이어받아　運承覆隍

145 황금대(黃金臺) : 전국시대 연 소왕(燕昭王)이 천하의 현사(賢士)들을 초치하기 위하여 역수(易水) 가에 지은 누대이다. 연 소왕이 곽외(郭隗)의 말을 듣고 역수 동남쪽에 황금대를 세운 다음 자신을 낮추어 천금을 쌓아 놓고 어진 이들을 불러 모으자 천하의 인재들이 연나라로 모여들었다. 그 가운데는 추연(鄒衍)이나 악의(樂毅)와 같은 훌륭한 인재들이 포함되어 있었다. 《史記 卷34 燕昭王世家》

146 복황(覆隍) : 국운(國運)이 비색(否塞)해지기 시작하는 것을 뜻한다. 《주역》 〈태괘(泰卦) 상육(上六)〉의 효사에 "성(城)이 무너져 해자로 돌아감이니, 군대를 쓰지

복수를 다짐하며[147] 꿈에서도 현인을 생각하였네 越膽吳薪夢想賢

스승의 집을 완성하고서[148] 師宮旣築

현인을 위한 누대 다시 짓느라 날마다 겨를 없었네 賢臺復營日不遑

높은 집에서 편안히 지내게 하고 崇廈而安

풍부한 재물로 길러 예우가 성대하였네 豐財而養禮斯盛

예물을 후하게 내리고 幣匪不厚

녹봉 넉넉히 주어 인재를 쌓아 필요에 대비하였네 祿豈不優藏待需

성기가 서로 통하고[149] 聲氣相感

풍도가 멀리 알려져 선비들 저절로 몰려 왔네[150] 風義遐聽士有脛

말아야 한다.〔城復于隍, 勿用師.〕라고 한 데서 나온 말이다. 여기서는 연(燕)나라가 제(齊)나라에게 대패한 것을 가리킨다.

147 복수를 다짐하며 : 원문의 월담오신(越膽吳薪)은 월왕(越王) 구천(句踐)이 오(吳)나라에게 복수하기 위해 와신상담(臥薪嘗膽)한 것을 가리킨다. 여기서는 연 소왕이 제나라에게 복수하기 위해 천하의 인재들을 등용하려고 한 것을 가리킨다.

148 스승의 집을 완성하고서 : 스승은 곽외(郭隗)를 가리킨다. 곽외가 연 소왕에게 말하기를 "군주께서 현자를 높이시려거든 우선 이 곽외부터 후대하십시오. 그러면 저보다 훌륭한 자가 어찌 몰려오지 않겠습니까." 하였다. 이에 연 소왕은 곽외를 스승으로 높여 황금으로 집을 지어 주고 섬겼는데, 과연 이 소문이 퍼져 당세의 현자들이 몰려왔다.《史記 卷34 燕昭王世家》

149 성기가 서로 통하고 :《주역》〈건괘(乾卦) 문언전(文言傳)〉에 "같은 소리끼리 서로 호응하고 같은 기운끼리 서로 찾는다.〔同聲相應, 同氣相求.〕"라고 하였다.

150 저절로 몰려 왔네 : 원문의 유경(有脛)은 저절로 모인다는 뜻의 무경(無脛)을 더욱 강조하여 사용된 것 같다. 한(漢)나라 공융(孔融)의 〈논성효장서(論盛孝章書)〉에 "주옥은 발이 없어도 저절로 오니, 이는 사람이 좋아하기 때문이다. 하물며 현자는 발이 있는 데야 더 말해 무엇 하겠는가."라고 하였고, 명(明)나라 양신(楊愼)의《단연여록(丹鉛餘錄)》권6에 "쥐어도 손에 보이지 않고, 머금어도 입에 보이지 않으며, 날개 없이도 날고, 정강이가 없이도 달리니, 이것이 구슬의 이로움이로다."라고 하였다.

하나의 누대가 완성되자	一臺之築
현인들이 모두 모여 왕업이 튼튼해졌네	衆賢並輳王業固
일금을 버리자	一金之捐
사람들 모두 감격하여 이웃의 강대국 동요되었네	衆心咸激彊隣撇
문수의 대나무를 동쪽에 심고	汶篁東植
제나라 보기를 북쪽에 진열하니[151] 공업이 빛났네	齊器北設功斯焯
나라의 광채와	邦國之光
회복한 기틀은 저 우뚝한 누대 덕분이로다	恢復之基彼巋而
위나라는 식려(軾廬)를 행하고[152]	魏式于廬
진나라는 넓은 집 주었다고[153] 예전에 들었네	秦渠其屋聞在昔
오직 누대를 황금으로 만들어	惟金其臺
이전의 자취보다 탁월하니 임금의 덕이라네	卓越前跡惟后德
내가 명을 지어 새겨서	我銘以鑽
훗날의 임금을 면려하여 길이 법도를 드리우네	以勖來辟永垂則

151 문수(汶水)의…… 진열하니 : 악의(樂毅)가 연 혜왕(燕惠王)에게 올린 글에서 연나라가 제나라를 정벌한 모습을 묘사하며 "계주 언덕에 심은 나무는 문수의 대나무를 옮겨 심은 것이다.〔薊丘之植, 植於汶篁〕"라고 하고, "제나라 보기(寶器)를 영대(寧臺)에 진열하였다.〔齊器設於寧臺〕"라고 하였다. 《史記 卷80 樂毅列傳》

152 위(魏)나라는 식려(軾廬)를 행하고 : 식려(軾廬) 는 수레를 타고 가다가 현인의 집을 지날 때 수레의 횡목(橫木)을 잡고 몸을 굽혀 경의를 표하는 것을 말한다. 위 문후(魏文侯)가 단간목(段干木)의 집을 지나며 식려를 하여 공경을 표하자, 이에 천하의 인재들이 많이 모여들었다고 한다.

153 진나라는……주었다고 : 군주가 현인을 초빙하여 그를 위해 깊고 넓은 집을 만들어 준 일을 가리킨다. 《시경》〈진풍(秦風) 권여(權輿)〉에 "임금이 나에게 준 집이 깊고 넓구나.〔於我乎, 夏屋渠渠.〕"라고 한 데서 나온 말이다.

송 頌

노대[154] 공사를 중지시킨 것에 대한 송 계축년(1673, 현종14)
罷露臺頌 癸丑

대횡의 징조가 나타나[155]	大橫呈符
화덕(火德)의 왕업[156]이 다시 빛나니	炎籙重爀
황제께서 즉위하여	惟皇建極
큰 공렬을 계승하였네	式纘弘烈
현묵[157]을 몸소 실천하고	玄默自躬

154 노대(露臺) : 293쪽 주60 참조.

155 대횡의 징조가 나타나 : 대횡(大橫)은 대횡경경(大橫庚庚)을 가리킨다. 한 문제(漢文帝)가 대왕(代王)으로 있다가 대신(大臣)들에 의해 황제로 추대를 받았을 적에 거북점을 친 결과, 가로로 퍼지면서 균열된 거북 등의 이른바 '대횡경경(大橫庚庚)'의 길조를 얻었던 고사에서 온 말이다. '경경(庚庚)'은 변경의 뜻으로, 제후로서 천자가 된다는 의미이다. 《史記 卷10 孝文本紀》

156 화덕(火德)의 왕업 : 한(漢)나라 왕조를 뜻한다. 화덕은 한나라의 국운(國運)으로, 오행설(五行說)에서 한나라가 화(火)로 흥기했다고 보았다.

157 현묵(玄默) : 한 문제가 몸소 현묵(玄默)을 닦아서 나라를 평화롭게 다스렸다고 하는데, 현묵(玄默)이란 현묘(玄妙)한 도(道)를 묵묵히 생각하여 법령이나 군사를 너무 떠벌리지 않고 백성을 절로 교화하는 것이다.

순박한 풍교를 크게 펼치니	大暢淳風
말씀과 용모는 온화하고	聲容雍穆
다스림과 교화는 중도에 맞았네	治化渢渢
뜻은 밖으로 내달리지 않고	志不騖外
덕은 밝고 검소함을 드러내어	德著昭素
황후의 옷자락이 땅에 끌리지 않게 하고[158]	嬪綈不曳
천리마 타는 것을 물리쳤네[159]	汗駒斥馭
천하가 안정되자	區宇底平
노대를 지으려고 하였으니	露臺是營
초나라의 장화대(章華臺)[160]를 비루하게 여기고	陋楚之章
주나라의 영대(靈臺)[161]를 사모하였네	慕周之靈
구경거리에 지나치게 빠진 게 아니니	匪淫于觀
어찌 사치하기를 구했으랴	豈求其奓
마침내 공사에게 명하여	遂命工師
그 비용을 계산하게 하였네	爰度其費

158 황후의……하고 : 한 문제는 총애하던 신 부인(愼夫人)에게 옷자락이 땅에 끌리지 않도록 주의하였으며, 자신의 옷도 익제(弋綈)라는 검은 빛깔의 굵고 두툼한 명주로 해 입었다. 《漢書 卷4 文帝紀》

159 천리마……물리쳤네 : 293쪽 주61 참조.

160 장화대(章華臺) : 춘추시대 초 영왕(楚靈王)이 수많은 인력과 비용을 들여서 지은 별궁(別宮)의 이름이다.

161 영대(靈臺) : 주 문왕(周文王)이 지은 누대 이름인데, 영대를 지을 때 자식이 아버지 일에 달려와 정성을 다해 도와주듯이 백성들이 자진하여 봉사함으로써 공사가 매우 빨리 마무리되었다고 한다.

말하기를 "많이 들지 않고　曰不多資
백 금이 소요됩니다　百金其直
존귀하고 부유하시니[162]　尊爲富有
나라에 무슨 손해가 되겠습니까" 하였네　何損於國
황제는 말하길 "아,　皇帝曰嘻
내 어찌 노대를 짓겠는가　予豈是爲
비록 작은 비용이지만　物雖云微
열 집의 재산이다　十家之貲
백성을 위해 재물을 아껴야 하니　爲民守財
어찌 무익한 일을 하겠는가　豈作無益
하물며 당구의 뜻[163]을 계승하여　矧承堂構
선대의 궁실을 받들고 있음에랴　奉先宮室
항상 이어받아 지키기를 생각하고　每念嗣守
혹여 실추시킬까 두려우니　猶恐或墜
어찌 다시 보태고 늘려서　豈復增益
나의 정사에 누를 끼치랴　以累予治
마음은 쉽게 흘러가는 법　惟心易流

162 존귀하고 부유하시니 : 《중용장구》 제17장에 공자(孔子)가 순(舜)임금에 대해 말하기를 "덕은 성인이시고, 존귀함은 천자이시고, 부유하기로는 사해 안을 다 소유하셨다."라고 한 데서 나온 말이다.

163 당구의 뜻 : 당구(堂構)는 긍당긍구(肯堂肯構)의 준말로, 선대에 남겨준 것을 잘 지키고 계승한다는 뜻이다. 《서경》 〈대고(大誥)〉의 "아버지가 집을 지으려 하여 이미 설계까지 끝냈다 하더라도, 그 자손이 집터도 닦으려 하지 않는다면 어떻게 집이 완성되기를 기대할 수 있겠는가."라고 한 데서 나온 말이다.

검약하더라도 끝내 지나치게 된다 雖約終荒
높게 짓고 아로새기면 반드시 망함이[164] 峻雕必亡
옛날의 경계에서 환히 드러났도다 前戒孔彰
어찌 누대 하나 지으려고 豈爲一構
저 열 집의 재산을 허비하랴 捐彼十產
어찌 후회할 것을 생각하지 않으랴 盍圖祇悔
멀리 가지 않았을 때에[165]" 하였네 及其未遠
덕음을 선포하여 渙發德音
마침내 명을 내려 중지시키니 遂命之輟
장인은 솜씨를 펼치지 못하고 倕無施巧
재목도 수고롭게 깎지 않았네 材不勞斲
공사를 중지시키는 것을 營之罷之
잠시도 지체하지 않으니 曾不淹刻
신하들이 다시 바라보고 臣隣改觀
조야에서 기뻐하였네 朝野聳忭
성대한 덕 더욱 빛나고 盛德彌光

164 높게……망함이 : 담장을 아로새기고 높고 큰 집을 짓는다[雕墻峻宇]는 말에서 나온 것으로, 방탕하고 사치한 생활을 뜻하는데 우(禹)임금이 경계한 말이다. 《서경》 〈오자지가(五子之歌)〉에 "안으로 여색에 빠지거나 밖으로 사냥만 좋아하거나 술을 좋아하거나 음악을 즐기거나 높고 큰 집을 짓거나 담장을 아로새기는 일 중에 한 가지만 있어도 망하지 않는 경우는 없다."라고 하였다.

165 어찌……때에 : 《주역》 〈복괘(復卦) 초구(初九)〉에 "멀리 가지 않고 돌아오기 때문에 후회함에 이르지 않으니, 크게 선하고 길하다.[不遠復, 无祇悔, 元吉.]"라고 한 데서 나온 말이다.

순박한 교화 더욱 성대하여	淳化益熻
재물을 헛되이 쓰지 않고	財不妄靡
구경하며 편안히 지내는 즐거움 없애버렸네	樂祛觀逸
화려함을 깎아 질박하게 하고	劃華而樸
몸소 법도를 밝히니	以身昭則
순임금의 백성처럼 절로 풍요로워지고[166]	虞民自阜
주나라의 곡식처럼 담장만큼 쌓였네[167]	周儲如墉
황제께서 지존의 자리에 오르셨을 때	惟皇至尊
나라가 이미 풍족하였으니	値國旣豐
누대 하나에 재물을 허비한들	一宇捐財
무슨 손해가 되었겠는가	何害何損
그러나 스스로 과시하지 않고	然不自多
작은 일이라도 반드시 삼갔으니	雖微必謹
아, 우리의 황제께서는	猗與我后
어찌도 이리 덕이 높으신가	何德之卓
저 검소하신 우임금도	彼禹之儉
실로 궁실을 낮게 지었는데[168]	寔卑其室

166 순임금의……풍요로워지고 : 순(舜)임금이 오현금(五絃琴)을 만들어 타면서 〈남풍가(南風歌)〉를 지어 불렀는데, "남풍의 훈훈함이여, 우리 백성의 노여움을 풀어 줄 만하도다. 남풍이 제때에 불어옴이여, 우리 백성의 재물을 풍부하게 할 만하도다."라고 하였다.

167 주나라의……쌓였네 : 《시경》〈주송(周頌) 양사(良耜)〉에 "쓱쓱 곡식을 베어서 빽빽하게 쌓아 올리네. 그 높이는 담과 같으며 그 즐비함은 빗과 같으니 집집마다 거둬들이네. 집집마다 가득하니 부자(婦子)들이 편안하도다."라고 하였다.

우리 황제는 아예 중지시켰으니	我皇是罷
어찌 그 낮은 것을 따지리오	寧論其卑
문왕(文王)과 같은 성군도	惟文之聖
오히려 누대를 지었는데	尙營其臺
우리 황제는 아예 짓지 않고	我皇不作
공사를 시작할 때 중지시켰네	而輟于始
동산에는 구경거리 더 늘리지 않고	囿無增觀
궁실은 예전보다 화려하지 않았으니	宮不侈舊
검소함과 성스러움이	惟儉惟聖
천고에 훨씬 뛰어나네	敻越千古
아름다운 덕을 지닌 천자께서	休光赫舃
우리 한나라의 도를 완성하였으니	登我漢道
천만 년 동안	於千萬年
영원히 황통을 전하리라	永垂皇統
신은 절하고 정성스런 마음을 펼쳐	臣拜臚忱
감히 송사(頌詞)를 바칩니다	敢獻嘉頌

168 궁실을 낮게 지었는데 : 《논어》 〈태백(泰伯)〉에서 공자(孔子)가 우(禹)임금에 대해 말하기를 "궁실은 낮게 하시면서도 백성을 위한 치수 사업에는 힘을 다하셨으니, 우(禹)임금은 내 비난할 데가 없으시다."라고 하였다.

책문 策問

산천의 형승
山川形勝

묻노라.

대지의 산천은 반드시 형세가 뛰어난 곳이 있으니, 이는 천지의 조화로 영험하고 빼어난 기운이 모인 곳이다. 기세가 크거나, 풍물이 아름답거나, 관문이 험요하거나, 감싸고 모이는 형세를 이용하여 크게는 제왕이 그곳을 차지하여 도읍을 세워 천하의 형세를 장악하며, 작게는 웅대한 주(州)와 진(鎭)을 다스리거나 견고하고 이름난 성루(城壘)를 축조할 적에 또한 반드시 이곳을 가려서 웅장하고 견고한 지역으로 삼는다. 문아(文雅)한 사람과 은일(隱逸)의 선비가 유람할 적에도 또한 대부분 널리 다니고 멀리 탐방하여 심원하고 걸출한 산의 기운을 마음껏 누린다. 장안(長安)의 황하(黃河)와 화산(華山), 동도(東都 낙양(洛陽))의 숭산(嵩山)과 낙수(洛水), 금릉(金陵)의 종산(鍾山)과 대강(大江 장강(長江)) 등 이것이 역대 국도(國都) 가운데 형세가 매우 뛰어난 것들이다.

산천은 동일한데 나라의 수명이 길고 짧았던 것은 어째서인가? 연산(燕山 연경(燕京))의 뛰어난 형세를 주자(朱子)는 천하에서 가장 으뜸으로 좋은 풍수(風水)라고 했는데, 통일된 세상에서 도읍으로 삼고 사해를 다스린 것이 명(明)나라에서 시작된 것은 어째서인가? 대업이 오래가지 못하여 예악(禮樂)과 전장(典章) 제도가 모였던 곳이 눈을 들면 산하(山河)의 치욕이 있으니 말하려니 눈물콧물이 나온다. 진량(陳亮)이 효종(孝宗)에게 올린 글에서, 삼오(三吳)[169] 지역은 천지의 치우친 기운이라 북쪽으로 중원(中原)과 다투기에 부족하다고 한 것은 그 말에 식견이 있다고 할 만한가? 송(宋)나라 때 또한 양주(襄州)와 등주(鄧州)를 형세가 뛰어난 땅으로 여겨 도읍을 정할 만하다고 한 것은 그 식견이 어떠한가? 초(楚)나라가 한수(漢水)를 해자(垓字)로 삼고 진(秦)나라의 장성(長城)이 동해까지 이른 것이 가장 드러난 것인데, 이외에 역대로 뛰어난 형세를 얻어 주(州)와 진(鎭)에 설치한 성벽들을 모두 나열하여 헤아릴 수 있겠는가? 사마태사(司馬太史 사마천(司馬遷))의 장대한 유람이 천하의 명승을 거의 다 섭렵하였고, 훗날 상평자(尙平子)가 오악(五嶽)을 유람하고[170] 사영운(謝靈運)이 산수의 깊은 곳까지 샅샅이 탐방한 것[171]은 기이하다고 할 만하니, 이외에 일일이

169 삼오(三吳) : 시대에 따라 지칭한 바가 달랐는데, 송(宋)나라 때에는 소주(蘇州)·상주(常州)·호주(湖州) 지방을 일컫는 말로 쓰였다.

170 상평자(尙平子)가 오악(五嶽)을 유람하고 : 상평자(尙平子)는 후한(後漢) 때의 고사(高士)인 상장(尙長)의 자이다. 그는《주역》읽기를 좋아하였는데 손괘(損卦)와 익괘(益卦)를 보다가 "나는 부유함이 가난한 것만 못하고, 귀함이 천한 것만 못하다는 것을 이미 알고 있었고, 단지 죽음과 삶이 어떠한 관계인지 모를 뿐이다."라고 하였고, 그 후 자녀의 혼사를 모두 마치고는 집을 나와서 오악(五嶽)의 명산을 유람하면서 여생을 마쳤다.《後漢書 卷113 逸民列傳 向長》

171 사영운(謝靈運)이……것 : 송(宋)나라 사영운(謝靈運)은 명산을 빠짐없이 돌아다니면서 산수 유람을 즐겼는데, 그가 산에 오를 때는 나막신의 앞굽을 떼어 내고 내려

지목하여 말할 수 있겠는가? 천태산(天台山), 아미산(峩眉山), 원상(沅湘), 서호(西湖) 등은 대부분 중주(中州)에 있지 않지만 서남쪽의 뛰어난 형세를 이루었으니, 천지의 빼어난 기운이 반드시 멀고 가까움으로 차이를 두지 않아 그런 것인가?

우리나라가 비록 치우친 지역이지만 산천의 뛰어한 형세만큼은 중국보다 못한 점이 없다. 북쪽으로는 옛날 삼대수(三大水)[172]라 일컬어졌던 압록강이 천 리를 뻗어 경계를 이루었고, 산세가 북쪽에서 남쪽으로 뻗어나가 그 사이에 형세가 뛰어나다고 일컬어지는 이름난 산과 큰 강을 모두 헤아릴 수 없다. 위로 거슬러 올라가 삼한(三韓) 시대 이후로 국도(國都)의 형세가 뛰어난 형세가 어느 시대에 가장 훌륭하였는가? 형세에 의지하여 수비하고 방어할 수 있어 금성탕지(金城湯池)라 일컬어지는 주진(州鎭)의 성루(城壘) 중에 특별히 드러난 것은 어떤 것인가? 옛날에 삼신산(三神山)이라 일컬어지는 곳이 우리나라에 있으니 하물며 그 뛰어한 형세는 어떠하겠는가. 옛날부터 유람하는 사람들은 어떤 곳을 최고의 명승지로 삼았는가?

위대한 우리의 왕도(王都)는 산이 감싸고 강이 두르는 웅장함이 있으며 용이 서려있고 호랑이가 웅크린 기세가 있다. 왕기(王氣)는 성대하여 천 년토록 이어지고 방기(邦畿)는 견고하여 100분의 2만으로 방

올 때에는 반대로 뒷굽을 떼어 내어 오르내리기에 편하도록 했다는 고사가 있다. 《宋書 卷67 謝靈運列傳》

172 삼대수(三大水) : 천하에서 크다고 하는 세 개의 강으로, 《주자어류(朱子語類)》에 "천하에는 세 개의 큰 강이 있는데, 양자강과 황하와 혼동강(混同江)이다. 혼동강은 오랑캐 땅에 있다."라고 하였는데, 혼동강은 바로 압록강을 말한다. 《朱子語類 卷79 尙書 禹貢》

비할[173] 수 있으니, 비록 외적의 침입이 있더라도 여기에 의지하여 두려할 바가 없겠는가? 방기의 뛰어난 형세 가운데 어떤 곳이 웅장하고 뛰어나서 볼만한가? 사보(四輔)[174] 밖에 진(鎭)을 새로 만들어 수도를 방어하고 험요한 지역에 성을 축조하여 입보(入保)[175]하고자 한다면, 어떤 곳이 낫겠는가? 제생(諸生)들 가운데 필시 산하의 형편을 두루 유람하여 이미 그 흉금을 넓히고 또 국가를 위해 원대한 계책을 세운 자가 있을 것이니, 빠짐없이 논하기를 바라노라.

173 100분의 2만으로 방비할 : 지형이 험준하고 형세가 우월하여 적은 병사로도 충분히 방어할 수 있다는 뜻이다. 《사기》 권8 〈고조본기(高祖本紀)〉에 "진나라는 지세가 뛰어난 나라로, 산하의 험준함을 띠고 천 리 멀리 떨어져 있어, 창을 든 군사 100만을 대적함에 있어 진나라는 100분의 2로 당해 낼 수 있다."라고 한 데서 나온 말이다.

174 사보(四輔) : 서울에 인접한 사방의 고을을 가리킨다. 《서경》 〈낙고(洛誥)〉에 "주공께서 그 뒤를 개척하여 크게 해서 우리 사(士)·사(師)와 백공들로 하여금 보게 하여, 문왕·무왕께서 하늘로부터 받으신 백성을 크게 보호하여 다스려 사보가 될지어다."라고 하였다.

175 입보(入保) : 적의 침입이 있을 때 그곳 백성들의 생명과 재산을 보호하기 위하여, 백성들을 모두 성 안으로 들여보내서 안전하게 보호하는 일을 뜻한다.

인재가 세상과 함께 점점 쇠퇴함

人才與世遞降

묻노라.

사람들이 항상 하는 말에 "인재가 세상과 함께 점점 쇠퇴한다."라고 하니, 시대의 수준이 떨어짐에 풍기(風氣)가 따라서 변하여 그 사이에서 기운을 타고난 사람들이 절로 어쩔 수 없이 그렇게 된 것이다. 이는 이치상 자연스러운 형세이니, 끝내 근세를 끌어당겨 옛날로 회복할 수 없을 듯하다. 그런데 옛날로 거슬러 올라가 살펴보면 그러한 경우도 있고 그렇지 않은 경우도 있으니, 어째서인가? 개괄적으로 논하자면, 삼대(三代) 이하에는 삼대 이상의 인물이 다시는 없으며, 동경(東京 후한(後漢))은 서한(西漢 전한(前漢))의 크고 두터움만 못하며, 육조(六朝)시대는 동경의 명절(名節)에 미치지 못하며, 송(宋)나라는 도학(道學)을 제외하면 뛰어난 인재의 융숭함이 당(唐)나라에 미치지 못하며, 명(明)나라의 인물은 송나라보다 못하니, 대체로 그러하다.

재상으로 말하자면, 이윤(伊尹)과 여상(呂尙)이 어찌 대번에 풍후(風后)와 역목(力牧)[176]만 못하겠는가. 삼국시대의 무후(武侯 제갈량(諸葛亮))는 전한의 소하(蕭何)와 같은 재상들과 비할 바가 아니다. 송나라의 범희문(范希文 범중엄(范仲淹)), 한위공(韓魏公 한기(韓琦)), 사마속

176 풍후(風后)와 역목(力牧) : 황제 헌원씨(黃帝軒轅氏)의 재상과 장수 이름이다. 황제가 일찍이 대풍(大風)이 불어 세상의 먼지를 날려버리는 꿈을 꾸고서 풍후(風后)를 얻어 정승으로 삼고, 천균(千鈞)의 무게가 나가는 활을 들고 수만 마리의 양을 치는 사람의 꿈을 꾸고서 역목(力牧)을 얻어 장수로 삼았다고 한다. 《史記 卷1 五帝本紀》

수(司馬涑水 사마광(司馬光))는 어찌 전한의 병길(丙吉)과 위상(魏相), 당나라의 방현령(房玄齡)과 두여회(杜如晦)보다 훨씬 뛰어나지 않겠는가. 이는 세대의 상하와는 관계가 없는 것이다.

유술(儒術)로 말하자면, 전한의 동강도(董江都 동중서(董仲舒))는 전국시대의 순경(荀卿)보다 뛰어나며, 수(隨)나라의 왕중엄(王仲淹 왕통(王通))은 전한의 양웅(揚雄)보다 훌륭하며, 북송(北宋)의 손명복(孫明復 손복(孫復))과 호안정(胡安定 호원(胡瑗))이 경서를 궁구하고 실행한 것은 후한의 마융(馬融)과 정현(鄭玄) 등 여러 사람들보다 나은 점이 있으며, 도덕에 있어선 송나라의 여러 현인들이 천 수백 년을 초월하여 위로 삼대의 도통이 전해진 것을 계승하였으니, 시대가 내려오는 것과 무관함은 말할 필요도 없이 분명하다.

문장(文章)으로 말하자면, 전한의 태사공(太史公 사마천(司馬遷))은 선진(先秦)의 쇠락한 기운을 변화시켰으며, 당나라의 한퇴지(韓退之 한유(韓愈))는 육조시대의 위미(委靡)한 기운을 떨치고 일어났으며, 송나라의 구양수(歐陽修)와 소식(蘇軾)은 오대(五代)의 비루하고 유약한 기운을 진작시켰으니, 이것이 그 대체이다. 이것이 어찌 세대의 상하와 관계가 있는 것이겠는가. 그 외 세상에 쓰이고 시대에 보탬이 되는 일체의 방기(方技)와 예능(藝能)과 같은 부류는 비록 후세가 전대보다 한참 미치지 못하지만, 그 사이에 종종 이전 사람이 밝히지 못한 것을 열거나 이전 시대에서 만들지 못한 것을 새로이 만들어 시대를 초월하여 뛰어난 경우가 있다.

하늘이 인재를 내는 것이 만약 한결같이 세대와 함께 점점 쇠퇴한다면, 융숭한 옛날 수천 년 이래로 마치 물이 더욱 흘러내려가기만 하는 것처럼 반드시 이미 낮고 낮아져 더 이상 남는 곳이 없어져 당세에 이름을 날리는 걸출한 인재들을 세상에 많이 볼 수 없을 것이다. 그러나 오늘에 이르기까지 세도를 유지하는 자가 그 사이에 나와서 오히려 떨쳐 일어나 이전 시대보다 뛰어나니, 이는 오로지 하늘이 이 세상을 염려하는 뜻에서 기인한 것일 뿐이다.

우리 성조(聖朝)에서 조종(祖宗)의 성대한 시절에는 인재들이 흥성하여 조정 안팎에 빽빽이 늘어섰으니 국운을 호위하고 세상을 보좌한 것이 신라와 고려보다 광채를 내었지만, 크고 두터우며 넓은 기운은 이전 시대에 미치지 못하는 점이 있는 듯하다. 세종조(世宗朝)과 성종조(成宗朝)에 지극히 성대하였고, 또 선조조(宣祖朝)에 지극히 성대하였고 또 인조조(仁祖朝)에 성대하였으니, 이처럼 성대한 때를 만나도 오히려 세상과 함께 점점 쇠퇴함을 면하는 못하는 것인가? 근래에 이르러 차츰 쇠릭해져 더욱 묘연해졌으니, 재상의 지위에 있는 자들 가운데 과연 이전 시대에 크게 나라를 구제했던 인재와 같은 자가 있는가? 유림의 명망이 있는 자들 가운데 과연 이전 시대에 선현을 계승하고 후학을 인도했던 훌륭한 인재와 같은 자가 있는가? 문기가 날로 비루해져서 훌륭한 작자의 이름이 들리지 않으며 여러 예술 방면에서도 또한 몹시 천루하여 이전 시대에 부끄러우니 탄식을 금할 수 있겠는가. 지금의 세상에서 말미암아 옛날의 성대한 시대를 뛰어넘어 사황(思皇)의 선비들[177]이 우뚝하게 모두 흥성하여 인재가 나날이 쇠퇴해지지 않게 하려면 그 방법은 무엇인가?

177 사황(思皇)의 선비들 : 훌륭한 선비들을 뜻한다. 《시경》 〈문왕(文王)〉에 "훌륭한 많은 선비들이 이 왕국에 태어났도다〔思皇多士, 生此王國.〕"라고 한 데서 나온 말이다.

《대학》
大學

묻노라.

《대학》 한 책은 '격물(格物)'과 '치지(致知)'부터 '치국(治國)'과 '평천하(平天下)'까지 갖추어져 있다. 이는 곧 공씨(孔氏)의 책으로서 초학자가 덕(德)에 들어가는 문이니, 유학(儒學)을 가르칠 때 또한 반드시 이 책을 우선시하였다. 그런데 '격물'과 '치지' 등의 설(說)이 《논어》에 보이지 않는 것은 어째서인가? 정자(程子)가 '친민(親民)'을 '신민(新民)'으로 고쳤는데, 왕수인(王守仁)이 구본(舊本)을 따르고자 하여 '친민'이 잘못된 점이 없다고 한 것은 무슨 의견인가? 경문(經文)은 부자(夫子)의 말씀인데, '명덕(明德)', '신민(新民)', '지선(至善)' 등의 말이 《논어》와 《공자가어(孔子家語)》에 그다지 보이지 않는 것은 어째서인가? '격물(格物)'의 '격(格)'에 대해서 당(唐)나라 이고(李翺)의 《복성서(復性書)》에는 '지(至)'자의 뜻으로 풀이하여 정자와 주자(朱子) 이전에 이미 이러한 견해가 있었는데, 왕수인이 격은 물욕(物欲)을 그치게 하는 뜻이라고 말한 것은 어째서인가?

《대학》이 《예기》 속에 편차되어 있다가 천여 년이 지나 두 정부자(程夫子)에 이르러 비로소 드러내어 존숭하고 신봉하여 천고 성학(聖學)의 문호를 열었으니, 송나라 이전에는 이 책이 성학의 요지(要旨)라는 것을 아는 사람이 한 사람도 없었는가? '격물' 1장은 자주자(子朱子)가 만년에 내용이 빠졌다고 보충한 것인데, 여러 유자들의 이설(異說)에서는 빠진 것이 없었다고 하였다. 노재(魯齋) 왕백(王柏)부터 시작하여 왕수인에 이르러 극도로 심하였고, 방손지(方遜志 방효유(方孝孺)) 또한 이러한 설을 남겼다. 왕수인과 같은 이단의 학설이 겉으로는 비록 주자를 공경하고 신봉하지만, 설을 지어 이단을 세우는 것을 꺼리지 않은 것은 어째서인가?

주재(朱在)[178]가 이제(理帝 이종(理宗))를 알현했을 적에 "선신(先臣)[179]의 정력이 모두 이 책에 들어있습니다." 하였으며, 육수부(陸秀夫)는 애산(厓山)에 있으면서 《대학》을 손수 써가며 어린 황제에게 공부하도록 권면하였다.[180] 이는 가정에서 부친의 가르침을 익혀 마땅히 급선무로 삼아야 할 것을 잃지 않은 것인가? 진문충(眞文忠 진덕수(陳德秀))의 《대학연의(大學衍義》는 빠짐없이 논하였는데, 유독 '치국'과 '평천하'의 내용은 빠져있으니 그 뜻이 어디에 있는가? 명나라 구준(丘濬)이 이를 보충하여[181] '치국'과 '평천하'까지 모두 언급하였는데, 혹 그 사이에 공이 있다고 이를 만한가? 동강도가 대책문(對策文)에서 말한 '정심(正心)[182]'과 사마공(司馬公)이 사람들에게 가르친 '성

178 주재(朱在) : 주희(朱熹)의 막내아들이다. 주희의 장자(長子) 주숙(朱塾)은 요절하였고, 차자(次子) 주야(朱埜)는 음보(蔭補)로 적공랑(迪功郎)을 지냈고, 계자(季子) 주재(朱在)는 벼슬이 공부 시랑(工部侍郎)에 이르렀다.

179 선신(先臣) : 주희(朱熹)를 가리킨다.

180 육수부(陸秀夫)는……권면하였으니 : 남송(南宋)의 육수부(陸秀夫)가 원(元)나라의 군사에 쫓겨 남쪽 바닷가 애산(厓山)으로 내려간 행조(行朝)에서 좌승상으로 있으면서 매우 다급한 상황에서도 매일 《대학장구》를 손수 써서 도종(度宗)의 아들 위왕(衛王)에게 권면하였다. 《宋史 卷451 陸秀夫傳》

181 구준(丘濬)이 이를 보충하여 : 《대학연의보(大學衍義補)》를 편찬한 것을 가리킨다.

182 동강도가……정심(正心) : 동중서(董仲舒)가 무제(武帝) 즉위 초에 올린 대책문(對策文)에서 "임금은 자기 마음을 바로잡아 조정을 바르게 하고, 조정을 바로잡아

(誠)'[183]이 이 책의 '성의'와 '정심'과는 어긋나지 않은가?

도사행(陶士行 도간(陶侃))은 인륜(人倫)을 좋아하고 종일토록 단정히 앉아 있었으며, 화자어(華子魚 화흠(華歆))는 집안이 조정처럼 엄숙하였으며, 관중(管仲)과 안영(晏嬰)은 제(齊)나라를 보좌하여 나라를 다스렸으며, 소하(蕭何)와 조참(曹參)은 한(漢)나라를 보좌하여 천하를 평정하였는데, 이들은 《대학》을 알지 못했으면서도 공을 세웠으니 이 점에 대해 말할 수 있겠는가?

오늘날의 성학은 밝지 않다고 말할 수 없으니, 이미 경연에서 진강하여 숭상함이 지극하다. 대부와 선비들이 사람마다 강론하고 집집마다 암송하여 세밀하게 분석하지 않음이 없는데도, 수용(受用)한 실질이 있어서 궁리(窮理)와 격물(格物)로 이치를 밝히고 성의(誠意)와 정심(正心)으로 마음을 다스리고 몸으로 도를 체득했다는 것은 듣지 못하였고, 심지어 집안에 모범이 되어 풍교가 규문(閨門)에 행해진 경우도 세상에서 듣기 힘들다. 이와 같다면, 나아가 조정에서 벼슬하여 성군을 보좌하여 배운 바를 펼치고 나라를 편안히 하여 백성을 새롭게 하는 성대함이 있기에 도리어 어렵지 않은가? 여러 군자들은 평소에 강습하였으니 반드시 말할 수 있는 자가 있을 것이다.

백관을 바르게 하고, 백관을 바로잡아 만백성을 바르게 하고, 만백성을 바로잡아 사방을 바르게 해야 한다."라고 하였다. 《漢書 卷56 董仲舒傳》

183 사마공(司馬公)이……성의(誠意) : 유안세(劉安世)가 사마광(司馬光)에게 처신(處身)의 요점으로 평생토록 행할 만한 것이 무엇이냐고 묻자, 사마광이 '성(誠)'이라고 대답하였는데, 성을 행하려면 무엇부터 시작해야 하느냐고 또 물었다. 사마광이 "말을 함부로 하지 않는 것부터 시작해야 한다."라고 대답하자, 유안세가 이 말을 7년 동안 실천하여 언행일치를 이루었다고 한다. 《小學集註 卷6 善行》

큰일을 할 수 있는 기회
可爲之會

왕은 다음과 같이 말하노라.

"'큰일을 할 수 있는 기회'라고 말하니,[184] 이는 제왕이 정사를 펼치고 공업을 일으킬 적에 그 시세와 기회가 마침 타고 올라 큰일을 할 수 있는 때를 말하는 것이다. 요컨대 하늘이 보우하며 나라가 아무런 걱정이 없으며 백성이 호응하며 현능(賢能)한 이들이 그림자처럼 따른다고 말하는 것에 지나지 않는다. 그런데 이전 시대를 차례로 살펴보면 반드시 그렇지 않은 경우도 있으니 어째서인가? 도당(唐虞 요임금과 순임금)의 다스림과 탕무(湯武 은나라 탕왕과 주나라 무왕)의 공업은 모두 큰일을 할 수 있는 때를 인하여 이룬 것인가? 하(夏)나라의 정통(正統)이 중간에 40년 끊어져 천운(天運)이 이미 다했다고 할 만하지만 소강(少康)은 중흥(中興)을 이루었다.[185] 한(漢)나라

184 큰일을……말하니 : 이 말의 출전은 확실하지 않다. 다만 《논어》 〈헌문(憲問)〉에 다음과 같은 일이 보인다. 자로(子路)가 석문(石門)에서 유숙하였는데, 신문(晨門)이 묻기를 "어디에서 왔는가?" 하자, 자로가 "공씨(孔氏)에게서 왔오."라고 대답하니, 그는 "바로 불가능한 줄을 알면서도 하는 자 말인가." 하였다. 이 일에 대해서 호씨(胡氏)가 말하기를 "신문(晨門)은 세상의 불가능함을 알고 하지 않은 자이다. 그러므로 이 말로써 공자를 조롱한 것이다. 그러나 성인이 천하를 봄에는 큰일을 하지 못할 때가 없다는 것〔無不可爲之時也〕을 알지 못한 것이다."라고 하였다. 한편 《주역》의 췌괘(萃卦)나 혁괘(革卦)를 설명한 부분에서 '큰일을 할 수 있는 시기〔可爲之時〕'라는 용어가 빈번하게 나온다.

185 소강(少康)이 중흥(中興)을 이루었다 : 소강(少康)은 하(夏)나라 우왕(禹王)의

초기에 혼란이 극에 달해 다스림을 생각할 때를 당하여 천하가 안정되었으니 그 시기를 따져보면 할 만한 때이지만, 한나라 문제(文帝)의 다스림은 아직 옛날을 회복하지 못하였다. 명분과 의리가 이미 올바르고 중원(中原)이 귀의하였으니 그 기회를 얻었다고 할 만하지만, 촉한(蜀漢)은 한쪽 구석에서만 편안하였다.[186] 강을 건넌 선비들이 빽빽이 늘어서서 보좌하였으니 그 때를 얻었다고 할 만하지만,[187] 진(晉)나라와 송(宋)나라는 영토가 깎이고 약하였다. 그렇다면 나라의 흥망성쇠는 애당초 때와는 무관하게 이루어지니 그 도(道)가 따로 있는 것인가?

위로는 옛날부터 아래로는 우리 명(明)나라에 이르기까지 큰일을 할 수 있는 기회를 만나 그것을 타고 올라 잘 다스렸거나 기회를 잃어 잘 다스리지 못한 경우를 하나하나 지목하여 말할 수 있겠는가? 우리 조종(祖宗)은 청명하고 창대한 시기를 만나 다스림은 융성하고 공업은 성대하여 후세에 편안함을 남겨주었다. 내가 부족한 덕으로 나라의 큰 기틀을 계승함에 일찍이 전전긍긍하며 밤낮으로

6세손으로, 제상(帝相)의 아들이다. 요(澆)가 제상을 시해하고 왕위에 올라 하나라의 정통(正統)이 끊어진 지 40년이었는데, 소강이 토지 1성(成) 즉 10리와 군사 1여(旅) 즉 500명으로 그 덕을 선포하고 계책을 세워 하우(夏禹)의 왕업을 회복하였다.《春秋左氏傳 哀公元年》《史記 卷2 夏本紀》

186 촉한(蜀漢)은……편안하였다 : 제갈량(諸葛亮)의 〈후출사표(後出師表)〉에 "선제께서 한나라와 역적은 양립할 수 없고 한쪽 구석인 촉(蜀)에서 왕업을 편안히 할 수 없음을 염려하였습니다."라고 한 데서 나온 말이다.《古文眞寶 卷1》

187 강을……만하였지만 : 진 원제(晉元帝)가 장강(長江)을 건너 건업(建業) 즉 남경(南京)에 도읍을 옮기고, 북송(北宋) 말년에 송 고종(宋高宗)이 장강을 건너 임안(臨安) 즉 항주(杭州)에 도읍을 옮긴 것을 가리킨다.

도모하고 다스린 지가 이제 30년인데, 시세를 돌아보면 이전 시대와는 크게 달라 실로 큰일을 할 수 없는 점이 있다. 나라의 운수가 이미 쇠하여 하늘의 재앙이 빈번하게 이어지니 만회할 수 없고, 외적의 침입이 속출하여 날마다 한가한 겨를이 없으니 스스로 힘쓸 수가 없다. 백성은 원망하여 걸핏하면 뜻대로 따라주지 않고 인재는 부족하여 여러 직책이 잘 수행되지 않아 시세의 위태로움이 하루가 다르게 심해진다. 나는 항상 걱정하고 두려워하면서 뜻을 분발하여 공업을 이룰 방도를 생각하였지만 도모하여 큰일을 할 수 있는 계책은 얻지 못한 채 세월만 보내며 길이 멀어 이루기 어렵다는 탄식만 있으니, 아마도 시대가 몹시 불운하여 하늘이 태평성대의 기회를 주지 않아 더 이상 힘을 써서 주선할 수 없는 것인가? 아니면 시대는 오히려 해볼 만하지만 내가 스스로 힘을 쓰지 않아 망쳐버린 것인가? 비록 지금은 시세를 잃었지만 훗날을 기약할 수 있겠는가? 천인(天人)의 도움을 받아 그러한 기회를 만났다가 또 잃지 않으려면 그 방도는 무엇인가? 그대 대부들이 각자 마음을 다하여 대답하면 내가 장차 친히 살펴보겠다."

흉년을 구제하는 정사

荒政

왕은 다음과 같이 말하노라.

"하늘의 재변이 대대로 일어나 농사가 항상 풍년을 이룰 수는 없으니, 그렇다면 백성의 양식을 경영하고 다스린 이후에야 고통을 호소하는 데 이르지 않는다. 이것이 흉년을 구제하는 정사를 설행하는 이유이니, 국가 차원에서 중요한 일이 아니겠는가. 상고 시대에 염제(炎帝)가 처음으로 쟁기와 보습을 만들고,[188] 후직(后稷)이 백성에게 농사를 가르친 것 또한 일찍이 흉년을 구제하는 정사를 걱정한 것인가? 요(堯)임금과 탕(湯)임금 시절 7년의 가뭄을 겪고 9년의 홍수를 겪었을 적에[189] 흉년을 구제하는 정사가 어떠했기에 굶주려 병든 백성이 없었던 것인가? 제(齊)나라 왕이 기근을 만나 백성을 이주시키고[190] 한(漢)나라 황제가 봄날에 진휼하여 구제한 것[191]은

188 염제(炎帝)가……만들고 : 염제는 일설에 신농씨라고 하는데, 《주역》〈계사 하(繫辭下)〉에 "신농씨가 나와 나무를 깎아 보습을 만들고 나무를 휘어 쟁기를 만들었다." 라고 하였다.

189 요(堯)임금과……적에 : 《한서》〈식화지(食貨志)〉에 "요(堯)임금과 우(禹)임금의 9년 홍수와 탕(湯)임금의 7년 가뭄에, 나라에 굶주려 병든 백성이 없었던 것은 저축해 둔 것이 많고, 대비가 미리 갖추어졌기 때문이다."라고 하였다.

190 제(齊)나라……이주시키고 : 제(齊)나라 왕의 일은 아니지만 이와 관련된 내용이 《맹자》〈양혜왕 상(梁惠王上)〉에 보인다. 양혜왕이 말하길 "하내(河內) 지방에 흉년이 들거든 그 백성을 하동(河東) 지방으로 이주시키고, 그 곡식을 하내지방으로 옮겨가며, 하동 지방에 흉년이 들거든 또한 그렇게 하고 있습니다."라고 하였다.

모두 백성을 구제하는 정사를 잘 행한 것인가? 경수창(耿壽昌)의 상평창(常平倉)[192]과 자주자(子朱子)의 사창(社倉)[193]은 때에 맞춰 쌀을 거두고 내놓는 조적법(糶糴法)이 상세하고 주밀하여 당시에 온 천하에 거의 시행되었는데, 그 상세한 제도를 들을 수 있겠는가?

우리 국가는 조종조(祖宗朝) 이래로 백성의 양식을 중요시하고 홍수와 가뭄을 대비하는 정사에 대하여 일찍이 꼼꼼하게 시행하고 부지런히 강구하였다. 이미 해당 관청을 설치하여 재곡(財穀 재물과 곡식)을 저장하여 모았으며 또 재주 있는 신하를 선발하여 그 일을 주관하게 하였다. 매번 백성을 진휼하고 구제한 이후에는 암행어사를 파견하여 잘 시행했는지 못했는지 염찰(廉察)하여 그 수령을 승

191 한(漢)나라……것 : 한 문제(漢文帝)가 춘궁기(春窮期)에 백성을 구휼하는 데 노력한 것을 말한다. 한 문제 원년 3월에 춘궁기의 주린 백성을 구제할 대책을 논의하라고 신하들에게 조서를 내리면서 "지금은 바야흐로 봄빛이 화창한 시절이므로 초목과 뭇 생물들이 모두 스스로 즐거워하고 있다. 그런데 우리 백성들 가운데 의지할 곳 없는 사람들과 곤궁한 사람들이 죽음의 구렁에 떨어지기도 하는데, 이를 보살펴 주지 못하고 있다. 백성의 부모가 된 임금의 입장에서 장차 어떻게 해야 하겠는가? 이들을 진휼하고 구제할 대책을 논의하여 아뢰라."라고 하였다. 《漢書 卷4 文帝本紀》

192 경수창(耿壽昌)의 상평창(常平倉) : 경수창은 한 선제(漢宣帝) 때 대사농 중승(大司農中丞)으로 있으면서 상평창을 시행하였는데, 변방 고을에 모두 창(倉)을 설치하도록 해서 곡식이 흔할 때는 값을 더 주고 사들였다가 귀할 때에는 시가보다 싸게 팔았다. 《漢書 卷23上 食貨志》

193 자주자(子朱子)의 사창(社倉) : 사창은 주희(朱熹)가 기근이 들었을 때 빈민을 구제하기 위해 설립한 곡식 저장 시설이다. 이 사창을 통하여 춘궁기에 곡물을 빌려주고 가을에 원곡을 일정한 이식과 함께 받아들이고, 구곡(舊穀)을 대여하고 무이식(無利息)으로 신곡(新穀)을 받아들이고, 곡물을 대여한 후 일정 기간 이식만 받아들이는 등 다양한 제도를 시행하였다. 《宋史 卷429 朱熹列傳》

진시키거나 내쫓아 권면하고 징계하도록 하였으니, 흉년을 구제하는 정사에 유감이 없는 계책이라 할 만하다. 이 때문에 비록 흉년을 만나도 백성은 굶주린 기색을 면하여 은혜를 베풀고 소생시키는 정사가 넉넉히 여유가 있었다. 그런데 어찌하여 근세 이후로 재속(財粟 재물과 곡식)이 고갈되어 조금만 흉년을 만나도 진휼하고 구제할 대책이 없어 도움을 바라는 백성이 굶어죽어 골짜기에 버려지는 경우가 태반인 것인가? 오늘날에 와서는 논밭과 들판이 시들고 백성의 굶주림이 날로 심해지며 안팎의 창고가 더욱 고갈되어 각 도에서 급박한 사정을 청하는 장계가 매일 올라오고 있는데, 일을 맡은 자가 비록 조처하고 싶어도 멍하니 손쓸 방도가 없으니 그 형세가 필시 백성의 죽음을 멀뚱히 지켜보는 데 이르고 말 것이다. 이것은 나라가 극히 무너지는 운수를 만나 국가가 의지하여 하늘로 삼는 백성이 장차 한 사람도 남지 않을[194] 지경이라 그 사이에 인력이 용납할 수 없기 때문인가? 내가 밤낮으로 강구한 것이 옛날 성왕이 흉년을 구제하기 위해 펼쳤던 정사의 큰 근본과 좋은 법도를 얻지 못하여 이러한 결과를 초래한 것인가? 아니면 안팎에서 정사를 보좌하고 교화를 받들어 흉년을 구제하는 정사를 주관하는 신하가 조치하고 계획한 것이 그 방도를 다하지 못해서 그렇게 된 것인가?

매번 생각이 여기에 미치면 나는 참으로 진귀한 음식도 아무런

194 백성이……않을 : 《시경》 〈운한(雲漢)〉에 "가뭄이 너무 심한지라 밀쳐낼 수가 없도다. 조심하고 두려워하여 벼락처럼 여기고 천둥처럼 여기노라. 주(周)나라에 남은 여민(黎民)들이 한 사람도 남은 이가 없거늘, 호천(昊天) 상제(上帝)가 나를 남겨두지 않으시도다."라고 한 데서 나온 말이다.

맛이 없고 한밤에도 잠자는 것을 잊는다. 어떻게 하면 백성은 이미 부를 쌓고 국가는 9년 치 양식을 비축하여,[195] 비록 흉년을 만나더라도 아무 걱정 없이 편안하고 흉년을 구제하는 정사가 잘 시행되고 제도가 흠결이 없어 우리 백성으로 하여금 화락하게 삶을 즐기며 전련(顚連)의 탄식[196]이 없도록 하겠는가? 그대 제생들은 말해 보거라."

195 9년 치를 비축하여 : 《예기》 〈왕제(王制)〉에 "나라에 9년 치의 비축이 없으면 부족하다고 하고, 6년 치의 비축이 없으면 급하다고 하고, 3년 치의 비축이 없으면 그 나라는 나라가 아니라고 한다."라고 하였다.

196 전련(顚連)의 탄식 : 가난하고 의지할 곳이 없어 하소연하는 것을 뜻한다. 송(宋)나라 장재(張載)의 〈서명(西銘)〉에 "온 천하의 쇠잔하고 병든 자, 고아와 독거노인과 홀아비와 과부가 모두 곤궁하여 하소연할 곳 없는 나의 형제들이다."라고 하였다.

서독 書牘

유집중 군 성운 에게 답하다
答柳君集仲 成運 書

그대의 얼굴을 알게 된 것만으로도 다행인데, 며칠이 지나지 않아 또 의젓한 모습으로 누추한 집을 찾아주시어 가르침을 받을 수 있도록 해주셨으니, 이는 하늘이 저에게 은혜를 베풀어 저의 미혹됨을 안타깝게 여겨 올바로 인도해 줄 박학하고 단아한 사람을 내려주신 것입니다. 남은 향기가 자리에 배어 있어 감격스럽고 기쁜 마음이 지금까지 그치지 않는데, 오늘 갑자기 문학을 담론한 장편의 편지가 이르니, 마치 저를 함께 말할 만한[197] 사람으로 여겨주시는 것 같았습니다.

상하 수백, 수천 년을 차례로 논함이 마치 손바닥을 가리키는 것처럼 명료하니, 어쩌면 이렇게도 말의 뜻이 심오하고 지향이 탁월하십니까. 미처 다 읽기도 전에 마치 좁은 강을 벗어나 바다에서 노니는 것처럼 상쾌하였지만, 제가 어찌 그 뜻을 다 알 수 있겠습니까. 저는 재주가 몹시 졸렬한데다 어려서는 병이 많았고 중년에는 인사에 구속되어 자

197 함께……만한 : 공자가 《시경》의 깊은 의미를 이해한 자하(子夏)와 자공(子貢)을 칭찬하며 "비로소 더불어 시를 말할 만하구나〔始可與言詩已矣〕"라고 하였다. 《論語 八佾》《論語 學而》

사(子史)의 서적은 말할 것도 없거니와 육경(六經)에 나아가서도 오히려 그 내용을 모두 섭렵하지 못하였습니다. 지금은 내팽개치고 보잘 것 없는 존재로 나이만 먹었으니 단지 어리석고 무지하여 이름이 알려지지 않은 평범한 사람일 뿐입니다. 비록 뒤늦게 후회할 줄 알더라도 명윤(明允 소순(蘇洵))이나 백옥(伯玉 거백옥(蘧伯玉)) 같은 재주[198]가 없는데, 하물며 그러한 뜻마저도 없으니 어떻겠습니까. 그대가 저에 대해 잘못 듣고서 실상보다 지나치게 인정하시고 게다가 또 귀머거리 옆에서 소호(韶頀)[199]의 음악을 연주하니, 부끄러운 마음에 땀이 얼굴에 흘러내릴 뿐입니다. 도리어 어찌 입을 놀려 그대의 논의를 도울 수 있겠습니까.

아! 작고한 벗 중륜(仲倫 홍귀서(洪龜敍))은 우뚝하게 빼어난 기운을 지녀 지어낸 문사(文辭)가 매우 깊고 넓었습니다. 본래 저보다 뛰어난 사람인데 다행이도 뜻을 함께하는 말석에 끼어 매번 함께 천고를 논하며 눈물을 흘렸고, 문장을 논하다가 근세의 명가에 이르면 그때마다 완적(阮籍)이 광무성(廣武城)에서 한 탄식[200]을 일으켰습니다. 그런데

198 명윤(明允)과……재주 : 송(宋)나라의 소순(蘇洵)은 어린 시절 독서를 좋아하지 않다가 어느 날 갑자기 발분하여 독서하며 문사(文辭)를 공부하였지만 과거에 실패하였고, 다시 독서하며 문사를 짓지 않다가 5, 6년 뒤에 붓을 들고 글을 짓자 순식간에 수천 마디를 쏟아내었다고 한다. 한편 춘추시대 위(衛)나라 대부 거백옥(蘧伯玉)은 50세가 되자 49년 동안 저지른 잘못을 깨달았다고 한다.

199 소호(韶頀) : 순(舜)임금과 탕왕(湯王)의 음악을 가리킨다.

200 완적(阮籍)이……탄식 : 진(晉)나라 완적(阮籍)이 광무성(廣武城)에 올라서 옛날 초한(楚漢)의 전쟁터를 보고 탄식하기를, "그때 영웅이 없어서 더벅머리 아이가 명성을 이루었구나."라고 하였다. 《晉書 阮籍傳》 여기서는 문학적 재능이 없는 사람이 실상보다 넘치는 명성을 받고 있음을 개탄한 것이다.

얼마 뒤에 불행하게도 일찍 세상을 떠나고 말았으니, 그를 생각할 때마다 위용 있고 빛나는 칼날이 부러지는 애통함[201]이 있어, 오늘날 세상에는 더 이상 이와 같은 사람이 없을 것이라 생각하였습니다. 그런데 지금 그대를 만나서 이미 그 사람됨을 알고 또 그 문사를 살펴봄에 그 빼어난 기운이 중륜과 같고 그 깊고 넓은 문사가 중륜과 같아서 몹시도 닮았으니 아! 무엇을 한스러워하겠습니까. 뜻이 맞음이 다행히 이와 같은데도 서울 안에 함께 있으면서 20여 년 동안 얼굴을 알지 못했으니 어찌 매우 개탄스럽지 않겠습니까.

중륜의 유문(遺文)이 보존된 것이 과연 신령의 비호로 남아있다면 응당 부쳐서 보여드려 정성스런 가르침을 저버리지 않을 것입니다. 제가 어버이의 병간호를 하고 있는 터라 정신이 어지럽고 또 편지를 가져온 사람이 빨리 돌아가기를 재촉하는 터에 서둘러 쓰느라 글이 저의 뜻을 다 담지 못하였으니 너그럽게 살펴주시기 바랍니다. 보내주신 편지는 응당 벽에 붙여놓고 때때로 읽고 읊조린다면 이유(二酉)의 장서[202]를 탐독하여 천 년의 비서(祕書)를 엿보는 것과 같지 않겠습니까. 베풀어 주신 은혜가 매우 큽니다. 아무개는 재배합니다.

201 위용……애통함 : 원문의 위명절악(威明折鍔)의 출전은 미상이나, 훌륭한 재능을 지닌 사람이 자신의 능력을 다 펼치지 못하고 중간에 불우해지거나 세상을 떠나는 것을 말하는 듯하다. 비슷한 용례로 용천절악(龍泉折鍔)과 오홍절악(吳鴻折鍔) 등이 있는데, 모두 용천과 오홍 같은 보검(寶劍)의 칼날이 부러지는 것을 뜻한다.

202 이유(二酉)의 장서 : 이유(二酉)는 대유산(大酉山)과 소유산(小酉山) 두 산을 가리킨다. 전설에 의하면 진(秦)나라 때 학자들이 두 산에 있는 동굴에 숨어 공부를 했기 때문에 서적이 많다고 한다.

영천 박문표 진사에게 보내다 계유년(1693, 숙종19)
與榮川朴進士文豹書 癸酉

아무개 등이 머리를 조아립니다. 저와 그대는 사는 곳이 멀어 하루도 만난 적이 없는 사이인데 대번에 편지를 보내니 실로 예법에 맞지 않는 일인 듯합니다. 그러나 변변찮은 제가 삼가 여쭙고 싶어도 몸이 천 리 밖에 있는지라 직접 찾아뵐 길이 없기에 부득이 이렇게 외람되게 글을 쓰니, 일이 선세(先世)와 관계되어 매우 절박한 사정이 있으면 어진 군자가 혹 참람하고 경솔하다고 허물하지 않고 너그러이 살펴 주시기 때문입니다.

사계(四佳) 서문충공(徐文忠公 서거정(徐居正))은 바로 저의 먼 윗대의 족조(族祖)입니다. 문형(文衡)을 맡은 것이 20여 년이라 세상을 떠난 뒤에 남은 문집이 거의 40권에 가깝습니다. 저술한 것이 대부분 국조(國朝)의 전책(典冊)이고 또한 대부분 당대의 이름난 공경들을 위해 지은 비명(碑銘)이니 이것들은 더욱 세상에 민멸되어서는 안 됩니다. 그러나 이미 적사(嫡嗣)가 없고 세대가 점점 멀어져 여러 차례 병화를 겪으면서 문집이 산실되어 거의 없어졌습니다. 이제는 궁중의 도서관 및 서울에서 평소 장서로 이름난 집안에도 모두 보존된 것이 없으니, 이는 사림(詞林)의 선배들의 여러 논의에서도 공히 안타깝게 여기는 것이지만, 저의 집안에서는 다만 이 때문만이 아닙니다.

저희 집안의 먼 선대의 보첩과 사적이 대체로 소략하거나 잃어버린 것들이 많은데, 이 문집 안에 필시 근거할 만한 기록이 있을 것입니다. 게다가 저희 집안의 관향이 달성(達城)이고 동성(同姓)의 친족들이 대부분 영남에 살고 있습니다. 이 때문에 저희 집안의 부형들이 매번 영남에서 벼슬살이를 할 때마다 반드시 이 문집을 정성을 다해 찾아 전후로 수집하여 얻은 것이 근근이 10여 권이 됩니다. 그러나 대부분 시류(詩類)라서 참고하여 근거로 삼으려고 하는 것은 아직도 얻은 게 없었습니다. 항상 온전한 문집을 보지 못한 것을 깊이 한스러워하여 목이 타는 듯한 일념은 조금도 느슨해지지 않았습니다.

제 생각에는 영남에 왕왕 병화가 미치지 않은 곳이 있어 문헌의 전통이 있는 집안의 장서가 혹 가득하다면 이 문집이 필시 보존되어 있을 것인데 우리 집안에서 찾아다니는 노력이 두루 미치지 못하여 알지 못하는 것뿐이라 여겼습니다. 수재(秀才) 박학령(朴鶴齡)은 저의 외종제로, 지금 영남에 살고 있습니다. 이 때문에 일찍이 이러한 뜻을 언급한 적이 있는데, 일전에 박 아우를 통해 얼핏 들으니 그대의 서가에 이 문집이 보관되어 있고 그 수량이 거의 전질에 이른다고 하였습니다. 이어 삼가 듣건대 그대가 대대로 이름난 공경을 배출한 집안사람으로 성대하게 문헌의 전통이 있다고 하였습니다. 이는 과연 제가 평소에 생각했던 것과 일치하니 너무도 다행스럽습니다.

저희 집안의 친족들이 이 소식을 들은 이후로 기뻐하고 놀라면서 빨리 방문하여 한 번 보기를 간절히 바랐습니다만, 거리가 멀어 힘이 미치지 못하는 까닭에 우선 계획대로 할 수 없습니다. 훗날 한번 방문하여 인사드릴 기회가 있을 것이지만 마음이 답답하여 오랫동안 지체할 수가 없기에 삼가 이렇게 먼저 편지를 보내 집사께 부탁드리는 것입니다.

모르겠습니다만 그대의 집안에 있는 문집이 과연 몇 권인지요? 본래의 수량과 비교하여 과연 전질을 이루고 조금도 빠진 것들이 없는지요? 이에 대해 상세하게 답장해 주시는 것이 어떠하겠습니까? 간절히 바라는 심정을 금치 못하겠습니다. 비록 전질을 채우지 못했더라도 권수가 과연 월등하게 많다면, 저희들이 앞으로 직접 방문하여 한 번 볼 수 있기를 청하고 이어 즉시 돌려보내어 감히 실추시키는 일이 없도록 하겠습니다. 비록 이 오랫동안 보관된 서적을 한 때만 빌려 보더라도 그 은혜가 허비되지 않을 것인데, 저희 집안의 경우 참으로 이 문집 덕분에 선대의 사적을 고찰하고 이어서 이 문집을 다시 완정한 책으로 만들어 세상에 유포할 수 있다면 매우 다행일 것입니다. 그 막중한 은혜를 응당 무슨 수로 보답하겠습니까.

삼가 생각건대 그대는 이에 대하여 필시 흔쾌하게 허락하시고 조금도 인색하게 하지 않을 것입니다. 게다가 종헌(宗憲)[203]이 그대와 동방(同榜)의 교의(交誼)가 있어 평소에 그대의 훌륭한 명성을 앙모하였습니다. 저희들이 비록 예전에 만난 적은 없었지만, 지금 이후로 만나서 가르침을 받을 날이 반드시 있을 것이니, 간절한 저의 바람은 오직 이뿐입니다.

203 종헌(宗憲) : 저자와는 사촌형제이다. 서종헌(徐宗憲)은 저자의 부친인 서문상(徐文尙)의 둘째 아우 서문하(徐文夏)의 아들이다.

만정당집

제13권

제문 祭文

애사 哀辭

유사 遺事

행록 行錄

전 傳

제문 祭文

막내 외숙 정관재 부제학 이공에 대한 제문[1] 기유년(1669, 현종10)

祭季舅靜觀齋副提學李公文 己酉

아	嗚呼
맑은 사람은 자질이 부족하고	淸者少質
재주가 있으면 덕이 병들기도 하며	藝或病德
조화로우면 휩쓸리기 쉽고	和則易流
굳세면 반드시 편협함에 가깝습니다	剛必近隘
사람이 태어날 적에는	蓋人之生
타고난 기운이 치우치기 쉬운데	受氣易偏
공은 빼어난 기운을 타고나	公稟其秀
능히 온전하게 소유하였습니다	克有其全
타고난 성품대로 행동하며	所性而行
억지로 하지 않았습니다	不矯以爲

1 막내……외숙 : 이 글은 1669년(현종10) 9월 19일 세상을 떠난 저자의 외숙 이단상(李端相, 1628~1669)의 죽음을 애도하며 지은 것이다.

어찌하여 하늘은 그의 성취에 인색하여	胡嗇其施
여기에 그치게 하였습니까	而止於斯
지위는 명망에 어울리지 않았고	位未配望
수명은 뜻을 이루기 부족하였습니다	壽不竟志
공이야 무슨 유감이 있겠습니까	在公奚憾
백 대에 후한 유산 남겼습니다	遺贏百祀
공의 이름난 가문은	惟公名閥
교목세가(喬木世家)[2]였습니다	喬木之家
안으로 신령을 기르고	內毓其靈
밖으로 화려함 펼쳤습니다	外扢厥華
저헌(樗軒 이석형(李石亨))의 후손으로	樗軒之後
많은 복을 듬뿍 받아	翕受多祉
위대한 인물로 태어나	篤生偉人
대대로 그 미덕 계승하였습니다	世趾其美
나의 외조부께서는	我外王父
아들 넷을 두었는데[3]	則四其男
막내가 공이었으니	其季曰公
옥처럼 매끄럽고 난초처럼 향기로웠습니다	玉潤蘭馪

2 교목세가(喬木世家) : 대대로 벼슬하여 나라와 운명을 함께 한 집안을 말한다. 맹자가 "이른바 오래된 나라라는 것은 높은 나무가 있다는 말이 아니라 대대로 벼슬한 신하가 있다는 말이다."라고 한 데서 유래하였다. 《孟子 梁惠王下》

3 나의……두었는데 : 저자의 외조부는 이명한(李明漢, 1595～1645)이다. 본관은 연안(延安), 자는 천장(天章), 호는 백주(白洲)이다. 이명한의 아들은 이일상(李一相), 이가상(李嘉相), 이만상(李萬相), 이단상(李端相)이다.

풍채는 물과 달 같고　水月神采
풍도는 봄바람 같으며　春風雅度
숫돌에 간 명검 같아　越鐔受砥
금석보다 단단했습니다　金石無固
형산의 옥이 옥돌에서 나오니　荊玉解璞
그 값이 여러 성과 같았습니다[4]　其價連城
사마시에 장원으로 합격하니[5]　首擧司馬
뛰어나다는 명성 널리 퍼졌습니다　褎然儁聲
문과에 급제하여 조정에 오르니　策名登朝
앞길이 활짝 펼쳐져　進塗大闢
큰걸음으로 높이 올라　闊武高騫
청요직을 두루 거쳤습니다　歷敭華嫌
조정과 재야에서 눈을 비비며　朝野拭目
상서로운 기린 보듯 하였으니　若覩祥麟
부러운 칭송 가득하여　翕翕艷稱
모두들 이 사람 훌륭하다 하였습니다　咸曰斯人
일찌감치 서적을 궁구하여　早窮墳籍
좋은 내용 찾아 가졌으니　擷取群芬

4 형산이……같았습니다 : 초(楚)나라 사람 변화(卞和)가 형산(荊山)에서 발견한 옥돌을 갈고 닦아 만든 화씨지벽(和氏之璧)의 고사를 인용한 것이다. 훗날 조(趙)나라 혜문왕(惠文王)의 소유가 되었는데, 진(秦)나라 소왕(昭王)이 15개의 성과 바꾸자고 하였다. 《韓非子 和氏》《史記 卷81 廉頗藺相如列傳》

5 사마시에 장원으로 합격하니 : 이단상은 1648년(인조26) 진사시에 장원으로 합격하였다.

전후칠자[6]에 가까워	近躅七子
비린내 모두 씻어내었습니다	一洗羶葷
뒤흔들고 격려하는	振宕激昻
가정 융경 연간[7]의 찬란한 문장	彬彬嘉隆
공이 지은 글은	公之爲文
이처럼 웅장하였습니다	有如是雄
빛나는 벼슬은	簪紱之燀
사람들이 열렬히 사모하고	人慕之熱
높은 명성과 이익은	聲利之腴
사람들이 급급히 구하는데	人求之汲
공은 담박하게 보면서	公視澹如
하늘의 뜬구름처럼 여기고	太虛浮雲
훌쩍 돌아왔으니	浩然而歸
저 고향의 동산이었습니다	于彼林園
집은 정관재라 이름짓고	靜觀其築
마을은 영지동이라 불렀습니다	靈芝其號
조용하고 곧게 바른 길을 가니	坦履幽貞
몸가짐이 편안하고 소박하였습니다	禔身恬素
공의 지조는	公之風操

6 전후칠자(前後七子) : 복고주의 문학론을 개진한 명나라 이몽양(李夢陽), 이반룡(李攀龍), 왕세정(王世貞), 하경명(何景明) 등을 말한다.

7 가정 융경 연간 : 가정(嘉靖)은 명나라 세종(世宗)의 연호로 1522~1566년이며, 융경(隆慶)은 목종(穆宗)의 연호로 1567~1571년이다. 전후칠자가 활동한 시기에 해당한다.

이처럼 탁월하였습니다	有如是卓
과거 공부 하던 시절부터	自業博士
이미 우리 학문에 뜻을 두었습니다	已志吾學
중년에 더욱 깨달아	中歲益悟
마침내 예리하게 나아갔습니다	遂銳其嚮
스승의 도움 받지 않았으나	不堦師承
문로가 올발랐습니다.	門路克正
천인(天人)과 성명(性命)의 이치	天人性命
정밀하게 끝까지 궁구하여	究極精密
어떠한 찌꺼기도 남기지 않고	無滓或留
이치를 보면 모두 환하였습니다	見理皆澈
맑고 깨끗한 덕을 몸에 지녀	淸明在躬
봄 아닌 물건이 없었습니다[8]	無物不春
천 이랑의 물결과 같고	千頃之波
온 방에 가득한 향기 같았습니다	一室之薰
많은 선비들이 찾아와	士多踵門
문에 신이 항상 가득하니	戶屨常滿
어리석은 이들을 잘 인도하느라	善導其迷
거의 먹고 자는 것도 잊었습니다	殆忘寢飯
천지에 뒤늦게 태어나	生晩天地
둔몽[9]의 시기를 만나자	遘時屯蒙

8 봄……없었습니다 : 《근사록》의 "마음을 고요하게 한 뒤 만물을 보면 자연히 봄뜻이 있게 된다.〔靜後見萬物, 自然皆有春意〕"라는 말을 인용한 것이다.

매번 〈하천〉[10]을 읊으며 每吟下泉
개탄하고 몰래 상심하였습니다 慨然潛恫
바다에 빠져 죽겠다는 한결같은 절개[11] 蹈海一節
평생동안 격앙하였습니다 激昂平生
홍운의 짧은 시편[12] 紅雲短篇
대의가 해와 별처럼 밝았습니다 大義日星
숨기고 자숙하여 卷而自靖
그 광채 더욱 깊이 간직했습니다 益葆其耀
화려한 명성 갈수록 퍼져 華聞日彰
여러 사람의 기대가 한창 모였습니다 輿望方注
여러 현인들이 추천하니 群賢推轂
성상의 돌아봄 날로 융숭해졌습니다 王顧日渥
거듭 총애하는 은전 내리니 荐加寵章
경연의 우두머리 되었습니다 乃長經幄

9 둔몽 : 《주역》 〈둔괘(屯卦)〉와 〈몽괘(蒙卦)〉로 어려운 시국을 뜻한다.

10 하천 : 《시경》 〈조풍(曹風)〉의 편명으로 쇠망해 가는 주나라 왕실을 한탄하는 노래이다. 여기서는 이미 망한 명(明)나라를 그리워한다는 뜻이다.

11 바다를……절개 : 진나라를 황제로 섬기느니 바다에 빠져 죽겠다고 한 노중련(魯仲連)의 고사를 인용한 것이다. 《史記 卷83 魯仲連列傳》

12 홍운의 짧은 시편 : 이단상의 《정관재집(靜觀齋集)》 권3에 실려 있는 〈느낌이 있어 우연히 읊어 우재에게 부치다〔有感偶吟寄尤齋〕〉라는 시를 말한다. 이 시는 1667년(현종8) 우리나라에 표류해 온 명나라 유민 임인관(林寅觀) 등을 청나라로 압송해 보낸 사건에 감개하여 지은 것이다. 이 시에 "남쪽 끝에서 뗏목이 바다로 왔는데, 붉은 구름 한 가닥이 태양 옆에 펼쳐졌네.〔南極浮槎海上來, 紅雲一朶日邊開.〕"라는 구절이 있다. 남명(南明) 정권을 향한 충성을 노래한 것이다. 《靜觀齋集 年譜 卷2》

공은 흔들리지 않고 지조를 지켰으니 公守不撓
확고하여 빼앗기 어려웠습니다 確乎難奪
올해 삼월에 今歲載陽
성상이 빛나는 의장으로 행차하니[13] 上耀羽旄
공이 교외의 집에서 公自郊扉
찬란히 길에 올랐습니다 賁然登途
새로 제수한 명에 사은하고 仍拜新命
강가에서 우러러보며 전송하였습니다 瞻送江皐
갑자기 아들을 잃고[14] 遽喪在抱
예전에 앓던 병 더욱 심해지자 舊疾增劇
조리하기 위해서 須其調養
셋집에 우거하였습니다 寓彼僦屋
비록 평소 맑고 여위었으나 雖素淸羸
내면 수양 지극하였고 充養旣至
복록이 끊기지 않았으니 茀祿未艾
하늘의 도를 믿을 수 있었습니다 天道可恃
물러나도 어지럽지 않았고 其舍不汨
한가로워도 흔들리지 않았습니다 其閒不擾
기운은 지쳤으나 정신은 왕성하고 氣萎神王
입은 닫았으나 마음은 또렷하였습니다 言閉意皦

13 성상이……행차하니 : 현종의 온양(溫陽) 행차를 말한다.《顯宗實錄 10年 3月 15日》

14 갑자기 아들을 잃고 : 1669년(현종10) 4월 이단상의 아들 극(極)이 요절한 일을 말한다.《靜觀齋集 年譜 卷2》

삶은 몹시 사랑하는 것이니	大戀所存
누군들 죽음을 슬퍼하지 않겠습니까	孰不怛化
공만은 인생을 달관하여	公惟達視
잠시 붙어 있다 집으로 돌아가는 것처럼 여겼습니다	寄也歸也
들것에 실려 옛집으로 돌아와	舁還舊廬
초연히 눈을 감았습니다	翛然而瞑
올바르게 임종하였으니	其終得正
수양한 바를 볼 수 있습니다	可見所養
임종을 앞두고 하신 말씀	臨絶之辭
평탄하여 위축되지 않았습니다	坦而不蹙
돌아가신 뒤 올린 상소	屬纊之疏
명백하고 간절하였습니다	明剴懇惻
쌀독에는 남은 곡식 없고	甂無餘粟
옷상자에 남은 옷 없었습니다	笥乏儲服
대궐 약제 하사받았고	旣頒內劑
거듭 내린 은전도 융숭하였습니다	復優貤典
은혜와 예우가 모두 돈독하고	恩禮俱敦
슬픔과 영광 모두 지극하였습니다	哀榮備盡
장막은 걷혀지고	帲幪撤矣
모범은 사라졌습니다	型範失矣
후학은 어디서 상고하겠으며	後學何考
사림은 누구를 의지하겠습니까	士林何庇
아 슬픕니다	嗚呼哀哉
외숙의 몇 세대는	渭陽數世

모두 장수하지 못하였고[15] 皆不得年
우리 어머니 형제 중에 吾母同氣
오직 공만 남아 있었습니다 唯公在焉
소자는 지리멸렬하여 小子滅裂
비슷하지 않아 몹시 부끄러운데 深愧酷似
공의 돌봄과 사랑을 받아 荷公眷愛
의지하고 믿었습니다 倚以爲恃
천지신명이 돕지 않아 神明薄佑
공이 또 세상을 떠났으니 公又凋落
하늘이 어머니 집안에 내린 화가 天禍母門
어찌 그리도 혹독합니까 一何其酷
옛적 내가 어린 시절 昔余在齔
어리석어 놀기만 좋아하는데 巃騃嗜戲
공은 매번 집으로 찾아오면 公每臨門
너는 무슨 일을 하느냐고 물었습니다 問爾何事
부지런히 공부하라 나를 권면하고 勸我勤業
게으름 피우지 말라 나를 경계하였으니 戒我無惰
마음 속으로 간직하며 中心感佩
지금까지 잊지 않았습니다 汔今不舍
공이 속세를 떠나 迨公謝事
산림에서 도를 강론할 때 講道林下
의지할 곳으로 삼아 未獲依歸

15 외숙의……못하였고 : 이단상의 향년은 42세, 부친 이명한은 51세이다.

한번 가르침 받지 못하였습니다	一受提誘
이제 겨우 관례를 치러	今甫踰弁
학문의 방향을 모릅니다	學未知方
장차 초가집 짓고자 하였으니	將期結廬
양주의 장원입니다	楊山之庄
공의 곁에서 모시며	左右于公
담을 마주한 신세[16] 면하려 하였습니다	庶免面墻
냇물의 물결은 흐르고	川有逝波
해는 빛을 멈추지 않습니다[17]	日無駐光
지금은 모두 그만이니	今皆已矣
만사가 아득합니다	萬事茫茫
아, 슬픕니다	嗚呼哀哉
저 그윽한 영지동	窈彼芝洞
강학하던 휘장은 비어 고요합니다	絳帷虛闃
바람과 달은 황량하고	風月荒涼
산수는 오열하는 듯합니다	林泉幽咽
선비들이 추모하니	章縫追慕
공은 천추에 남을 것입니다	千秋有公
이제 묏자리 잡으니	今茲卜兆

16 담을 마주한 신세 : 공자가 아들 백어(伯魚)에게 "너는 주남(周南)과 소남(召南)을 배웠느냐? 사람이 주남과 소남을 배우지 않으면 담장을 마주하고 선 것 같다."라고 한 말을 인용한 것이다. 《論語 陽貨》

17 냇물의……않습니다 : 빠른 세월의 흐름을 비유한 말이다.

저 조종현(朝宗縣)[18]입니다	于彼朝宗
조종현의 언덕은	朝宗之原
선조가 묻힌 곳입니다	先祖攸宅
공은 만고의 참된 경지로	公歸樂之
즐겁게 돌아갈 것입니다	萬古眞域
지극한 마음은 글로 형용할 수 없으니	至情無文
실로 나의 슬픔 쏟아내었습니다	實寫余哀
한번 통곡하며 영결을 고하니	一慟告訣
눈물 쏟아지고 애가 끊어집니다	淚迸腸摧
아, 슬픕니다	嗚呼哀哉

18 조종현(朝宗縣) : 이단상의 무덤이 있는 가평 조종현을 말한다.《靜觀齋集 卷15 附錄 行狀》

홍중륜 귀서 에 대한 제문 계축년(1673, 현종14) 겨울

祭洪仲倫 龜敍 文 癸丑冬

아, 중륜이여　嗟嗟仲倫
죽었으니 어찌하나　已矣奈何
현명하였으나 장수하지 못한 사람　賢而無年
예로부터 몹시 많았네　自古甚多
천도가 없어진 지 오래이니　無天久矣
어찌 그대만 슬퍼하겠는가　奚獨子悲
그러나 답답한 마음　然心鬱曲
간직한들 누가 알아주랴　衒而孰知
지금 영원히 돌아갔다 들었으니　今聞永歸
장차 토해내어 말하리라　將吐而語
옛적 내가 외롭고 비루할 적　始余孤陋
짝이 없어 쓸쓸하였네　倀倀無侶
성품이 소활하여 남 따르기 싫어하며　性疎厭趨
사람이 미천하여 따르는 사람 적었네　人微尠從
때때로 존귀한 사람들 보니　時觀貴游
화려한 복장에 고운 용모라네　都服嫺容
다투어 붓과 혀를 놀리며　競騰觚舌
이익과 명예를 좇았네　利名是隨
우르르 모였다가　翕然而聚
흩어져 노려보네　渙然而睽

내가 사귀고자 하는 사람은	余所願交
외모가 아니라 마음의 벗이라네	弗貌而心
이때 그대는 겨우 관례를 치르고	時子甫弁
문단에서 빼어나게 드러났네	秀發藝林
준수하다는 명성 높았으니	褎然儁聲
사람들 잇몸이 거의 부서질 정도였네	殆碎人齶
그 아름다움 실컷 들으며	飫聞其美
깊이 사귀기를 가만히 바랐네	竊希深託
임자년(1672, 현종13) 9월	歲壬秋季
비로소 그대를 보았네	始與子覯
갑작스레 접해보니	驟而接之
겉모습을 꾸미지 않았네	外絶修貌
천천히 살펴보니	徐而考之
말을 바꾸지 않았네	口無改辭
흉금을 터놓고 한바탕 웃으며	披襟一笑
산과 물 연주하는 것과 똑같았네[19]	山水齊徽
지금까지 일년 동안	從今一年
부르기도 하고 찾아가기도 하여	或邀或剌
봄날 성에서 달구경하고	春城對月
눈 내린 마을에서 한 이불 덮었네	雪巷聯被
만날 때마다 기쁜 낯빛으로	見輒色喜

19 산과……똑같았네 : 백아(伯牙)가 산과 물을 생각하며 거문고를 연주하면 종자기(鍾子期)가 알았다는 고사를 인용한 것이다. 《列子 湯問》

하루종일 속마음 토로했네　輸寫竟晷
오만한 눈으로 한 시대를 보고　傲睨一世
천고의 옛일에 격앙하였네　激昂千古
그대의 성품 호탕하고　子性疎宕
기운은 드높고 매서웠네　爲氣踔厲
간격을 깨끗이 없애고　一洗畦畛
영합하는 짓 하지 않았네　不事骫骳
권세가 있다고 따르지 않았고　不勢而趨
미천하다고 오만하지 않았네　不庳而傲
편안히 본심에 내맡겼으니　任赤坦坦
무엇을 속이고 무엇을 꾸미랴　奚謾奚矯
글이 간혹 길어지기도 하고　文或俎飣
말이 때로 복잡하기도 하였네　語時磥砢
그러나 모두 옛일에 근본을 두었으니　皆根乎古
과장한 것 아니었네　匪浮而誇
아는 사람은 더욱 사모했지만　知者益艶
이 때문에 비방도 받았지　訾或繇玆
그대는 굽히지 않아　君乃傲然
물러서며 따르지 않았네　不貶而隨
그대를 더욱 깊이 알게 되니　得君益深
나의 사랑 더욱 굳어졌네　余慕彌堅
사귐을 온전히 지켜　庶全其交
우리 백년 인생 지내려 하였는데　吾曹百年
지난해 가을　去歲之秋

그대가 침상에 몸져 누웠네	子淹床笫
저 서쪽 집을 빌려	僦彼西舍
그 병을 조리하였네	調養其瘠
내가 간간이 병문안하면	余間省之
한 자리에 함께 앉았네	坐與同茵
나를 보면 기쁜 낯빛으로	見我色敷
끝없이 이야기 쏟아내었네	傾倒津津
베개에 기대어 실컷 이야기하니	倚枕劇談
정신이 솟구쳤네	精神挺發
평소 자주 병을 앓았으니	謂素善病
작은 병은 회복할 것이라 여겼네	少愆宜復
그런데 동쪽 집으로 이사하면서	逮移東寓
그대의 병 더욱 고질이 되었네	子疾益痼
내 사는 곳과 조금 떨어져	距我稍遠
자주 문병하지 못하였네	候問不屢
연말에 들어서는	及歲之杪
날마다 위독해진다 들었네	日聞其革
당시 나는 약시중 들면서	時余嘗藥
어버이 곁에서 근심하고 경황 없었네	憂遑在側
영결하러 갈 겨를도 없었으니	不暇就訣
소식 듣고 가만히 눈물 흘렸네	嚮風潛涕
늦게서야 부고를 받았으니	晚而承訃
그대는 멀리 떠났네	子則長逝
아, 슬프다	嗚呼哀哉

저 어떤 사람들은　彼何人者
고관대작에 장수하는데　崇弁鯢齒
중륜과 같은 사람은　乃如仲倫
유독 재주를 품은 채 죽는 것인가　獨蘊而死
마치 구기자가 한창 싹터　如杞方苗
크게 자라지 못하고 멈춘 듯하고　不喬而閼
마치 칼을 방금 숫돌에 갈았는데　若鐔初硎
베지도 못하고 먼저 이지러진 듯하네　未剸先缺
재주를 후하게 주고서　既豐其畀
어찌하여 성취에 인색하였나　胡靳其就
현묘한 이치를 누구에게 따지랴　玄理孰詰
귀신을 꾸짖기 어렵구나　夔魃難詬
보는 사람 모두 한탄하고　見者皆咨
들은 사람 모두 슬퍼했네　聞莫不䵝
하물며 나는 친구이니　況我親知
어찌 몹시 슬프지 않겠는가　寧不深惻
아　嗚呼
그대가 학문을 좋아한 건　子之嗜學
실로 젊은 시절부터였네　實自綺歲
향기로운 백가와 풍부한 역사책　子馥史腴
막힘 없이 통달하였네　淹貫無底
드러내어 문장을 지으면　發而爲章
심오하고 자유로워　詰崛閎肆
〈이소〉와 〈백설〉[20]처럼　蘭風郢雪

옛법도에 가까웠네　駸駸古軌
날마다 크게 뻗어나가　日大以迤
마치 물이 터져 쏟아지는 듯하였네　如決方駛
범상한 길은 제거하려 힘썼으니　務洗凡逕
차라리 흠 있는 구슬 되려 하였네　寧璧而瑕
명성이 날로 높아지니　華聞菀跂
장차 그 집안을 이을 것 같았네　將世其家
만약 수명을 늘려주었다면　倘假之年
그 진보가 끝이 있었으랴　其進可涯
나는 어리석고 무능한데　余椎無能
그대는 지나치게 인정하였네　子許則過
글 지으면 반드시 소매에 넣어와　有作必袖
서로 비평하였네　迭相彈射
내게 의심이 있어 물으면　余疑有叩
그대는 막힘 없이 대답하였네　子對無躓
두루 증명하고 멀리 향하여　旁證遠嚮
마치 비밀 상자를 연 것 같았네　如發祕笥
지금은 끝났으니　今焉已矣
어디서 다시 보리오　于何更覿
내 나약함 누가 진작하며　疇振余窳
내 식견 누가 늘려주나　疇長余識

20 이소와 백설 : 이소는 굴원의 작이며 백설은 고대 초(楚)나라의 악곡으로 부를 수 있는 사람이 적은 고상한 노래이다.

선비가 이 세상에 태어나　士生斯世
취향 같은 이 만나기 실로 어렵네　同趣實難
내가 그대를 알기로 말하자면　如余識君
실로 기쁨 누린 시절 짧았네　實淺爲歡
사귄 것도 늦어 한스러웠는데　交旣恨晚
어찌 그리 빨리 잃었는가　失又何亟
평소의 일을 생각하니　感念平昔
마치 자취 없는 꿈 같구나　如夢無迹
아　嗚呼
사람이 누군들 죽지 않으랴만　人誰無死
그 길이 만 가지로 다르네　有萬其程
어떤 이는 침체되어 죽고　或沈而殁
어떤 이는 빼어나지만 요절하네　或秀而殤
그대는 지금 이미 장년이요　子今旣壯
후사를 이을 아이가 있네　有兒可嗣
그대는 지금 명성이 났으니　子今聲發
영원히 남아 있으리라　其存不已
저들에 비하면 나으니　視彼則多
이것이 조금 위로가 되네　是足差慰
내 말이 비록 비루하지만　余辭雖陋
실로 속마음 토로하였네　寔寫肝胃
영령은 어둡지 않으리니　不昧者靈
의당 이 말을 굽어살피리라　宜鑑此言
한번 통곡하고 길이 작별하니　一慟長辭

눈물 흘리며 술잔 올리네	涙落懿尊
아, 슬프다	嗚呼哀哉

이호경에 대한 제문[21]

祭李皓卿文

무오년(1678, 숙종4) 7월 모일, 완산(完山) 이호경 군이 죽어서 장례를 치르게 되었다. 그의 벗 달성(達城) 서(徐) 아무개는 상중에 있어 외간의 일을 할 수 없으므로 술 한 잔 올려 제사지낼 수도 없고, 또 무덤에 가서 영결할 수도 없다. 2년 뒤 8월 모일 상을 마치고 그의 산소를 지나며 비로소 술과 과일로 제사를 지내며 술을 붓고 곡한다.

옛적 우리 선친께서	昔我先子
그대의 부친(이헌(李藼))과	與君尊公
우정이 독실하여	交誼之篤
골육과 같았네	骨肉與同
두 집안 자제는	兩家子弟
의리가 형제와 같았네	義若季昆
더구나 비루하고 몽매한 나는	況余陋蒙
일찍 그대 집안에 장가들었네	早聘尊門
그대보다 일곱 살 적었기에	少君七歲
형으로 섬겼네	則以兄事

21 이호경에 대한 제문 : 이 글은 1678년(숙종4) 6월 30일 세상을 떠난 이한익(李漢翼, 1645~1678)을 애도하기 위해 지은 것이다. 《艮齋集 卷9 成均進士贈吏曹參判李公墓誌銘》

이후로 십년 동안	爾來十年
우호가 갈수록 지극하였네	游好日至
그대와의 교분 더욱 깊어졌으니	得君彌深
실은 진심으로 감복하였네	實嘗誠服
그대가 집에 있을 때 보니	觀君在庭
집안에서의 행실을 닦았네	內行修飭
그대가 남을 대할 때 보니	觀君接人
감추는 것 없이 솔직하였네	坦無城府
그대의 글재주 보니	觀君文藝
정밀하고 넉넉하였네	精深博厚
그대의 풍도를 보니	觀君風旨
정직하고 온화하였네	正直溫粹
고요히 절개를 지켜	其守也靜
처녀처럼 담박하였네	泊若處子
편안히 지조를 지켜	其操也恬
겁쟁이처럼 물러났네	退然愵夫
간직한 재주 더욱 퍼지니	自葆愈播
명성은 더욱 높아졌네	有蔚其譽
경외하는 벗에게 기쁘게 의지하며	喜託畏友
백년 인생 보내리라 기약하였네	庶期百年
깨우침과 충고를 받고	承其警發
강학의 도움 받으려 하였네	資其講研
어찌하여 운수가 좋지 않아	云何不淑
갑자기 천고의 객이 되었나	奄然千古

질(質)[22]이 없어 애통하고 無質有慟
칼날 부러져 슬픈 마음 생기네 絶鍔興悼
그대의 병 비록 깊었으나 子疾雖淹
내가 매번 달래주었지 余每解之
젊은 나이 믿을 수 있으니 旣年可恃
어찌 품은 뜻 시행하지 못하랴 豈蘊不施
손수 쓴 편지를 본 지가 見其手書
며칠 지나지도 않았네 曾未數朝
근심하다 갑자기 위독해져 由戚遽革
하룻밤 사이에 급작스러웠네 蒼黃一宵
이때 나는 상복을 입은 채 時余扶服
무덤 옆 암자에서 지내고 있었네 住之墳庵
뒤늦게 침문에서 통곡하고[23] 晩哭寢門
염습하고 반함할 때 미치지 못했네 不及斂含
두 가지 일을 할 수 없어 不可貳事
또 무덤에 가보지도 못하였네 又違臨穴

22 질(質) : 지기(知己)를 의미한다. 초(楚)나라 영(郢) 땅 사람이 백토(白土)를 코에 얇게 바르고 장석(匠石)에게 깎아내게 하였는데, 장석이 자귀로 바람을 일으키며 코를 다치지 않고 흙을 깎아내었다. 송(宋)나라 임금이 장석을 불러 다시 해보라고 하니, 장석이 말하기를 "신의 질(質)이 죽은 지 오래이기에 할 수 없습니다."라고 하였다. 《莊子 徐無鬼》

23 뒤늦게 침문에서 통곡하고 : 《예기》 〈단궁 상(檀弓上)〉에 "형제의 경우에는 사당에서 곡하고, 아버지의 벗의 경우에는 사당문 밖에서 곡하고, 스승의 경우에는 정침(正寢)에서 곡하고, 붕우의 경우에는 침문(寢門) 밖에서 곡하고, 아는 사람의 경우에는 들에서 곡한다."라고 하였다.

개연히 평소의 일 생각하니 慨念平素
마음 속의 약속 저버려 부끄럽네 慚負中結
잊지 못하고 마음에 두었으니 耿耿在心
어느 날인들 잊었으랴 何日而忘
지금 묵은 풀에 와서 통곡하며 今哭宿草
비로소 깊은 상심 펼치네 始展深傷
아 嗚呼
한강 북쪽의 서원과 洛北儒院
한강가의 산사에서 漢濱山剎
함께 강에서 배 타고 달구경하고 並舟江月
눈 내린 골짜기에서 나란히 지팡이 짚었네 聯笻鑿雪
질펀하게 술 마시고 시 읊으며 觴詠淋漓
번갈아 백 편을 화답하였네 百篇迭和
속세를 벗어나 눈이 휘둥그레졌으니 瞠乎絶塵
번번이 삼사나 물러났네[24] 輒遜三舍
즐겁게 놀던 일 아득하고 行樂邈矣
목소리와 얼굴 멀어졌네 聲貌穆然
파산[25]은 드높고 坡山崔崔

24 번번이 삼사나 물러났네 : 상대에게 한참 못 미친다는 뜻이다. 삼사는 90리이다. 전국 시대 초(楚)나라 노양공(魯陽公)이 한(韓)나라와 싸우다가 해가 지려하자 양공이 창을 잡고 해를 향해 휘둘러 해가 삼사의 거리만큼 물러났다는 고사에서 나온 말이다. 《淮南子 覽冥訓》

25 파산 : 이한경의 묘소가 있는 파주를 말한다. 《艮齋集 卷9 成均進士贈吏曹參判李公墓誌銘》

파수는 넘실거리네 坡水漣漣
매번 지나갈 때마다 每一經過
바라보며 눈물을 참네 瞻望忍涕
그대에게는 나이 많은 어버이 있어 子有高堂
첫 번째 즐거움 세상에 남아 있네[26] 一樂留世
색동옷 입고 춤추는 일 그쳤으나[27] 綵舞雖輟
봄빛 같은 어버이[28] 모두 건강하시네 春暉俱茂
지각이 있으면 기뻐하겠지만 有知有喜
지각이 없으면 사모하지 않으리 無知無慕
모질고 사나운 사람 있어 人有頑狠
외로운 몸으로 홀로 살아남았네 獨生孤孑
차라리 그대처럼 寧莫如君
살지 않고 슬퍼하지도 않는 것이 낫네 無生無戚
말이 여기에 이르니 言之至此
나의 슬픔 더하는구나 增我惻愴
저 구천에 있는 혼령을 생각하니 念彼九原

26 첫……있네 : 맹자가 말한 군자의 세 가지 즐거움 가운데 첫 번째인 부모가 모두 살아 계시고 형제가 무고한 것을 말한다. 《孟子 盡心上》

27 색동옷……그쳤으나 : 춘추시대 초(楚)나라 노래자(老萊子)가 나이 일흔에도 색동옷을 입고 부모 앞에서 재롱을 피워 효도하였다는 고사를 인용한 것이다. 《初學記 卷17 孝子傳》

28 봄빛 같은 어버이 : 맹교(孟郊)의 〈유자음(游子吟)〉에 "한 치의 풀 같은 마음으로 봄볕 같은 어버이 사랑 보답하기 어렵네.〔難將寸草心, 報得三春暉.〕"라는 구절을 인용한 것이다. 《古文眞寶 前集》

의당 살펴보고 이해하리라	宜克鑑諒
말이 글을 이루지 못하여	言不能文
내 진심을 쏟아내네	寫我衷臆
아, 호경이여	嗟嗟皓卿
와서 이 술잔을 들게	來擧斯爵

종제 치원에 대한 제문[29]

祭從弟致遠文

무진년(1688, 숙종14) 1월 21일 을미, 당형(堂兄) 아무개는 곡하며 치원(致遠)의 영전에 고하노라.

아, 치원이여, 지금 내가 제문을 들고 술을 따라 그대에게 제사를 지내니, 이것이 꿈인가, 아니면 참으로 이런 일이 있는 것인가. 이것이 어찌 평소 꿈에서나 생각한 일이겠는가. 지금 우리 숙부와 숙모가 집에 계시고, 그대의 처자가 여기에 있으며, 일가의 숙부와 종형들이 여기에 있는데, 그대는 이 집을 떠나 장차 어디로 가려는가. 아, 슬프다.

덧없는 인생은 본디 물거품이나 환영과 같으니, 비록 반드시 오래 살기를 기약할 수는 없으나, 그대처럼 나이 젊고 건장한 사람이 하룻저녁 사이에 갑자기 죽었으니, 이는 참으로 세상에 드문 일이다. 자손의 상을 당하는 참담한 일은 경사를 쌓은 집안에서도 면하지 못하는 경우가 많다. 그러나 우리 숙부의 집안처럼 상화(喪禍)가 혹독하게 겹쳐 사람의 이치로 참기 어려운 경우 역시 세상에 드물다. 그대의 효성스럽고 삼가는 행실과 순후하고 돈독한 자질로 우리 집안을 번창하게 하며 세상에 큰 일을 하지 못하고, 이처럼 갑자기 요절하여 양친에게 끝없는 슬픔을 안겨드리고 우는 어린아이가 아비를 잃게 만들었다. 이것은 무엇이 그렇게 만든 것인지 모르겠다. 그 이치는 아득하니 끝내 알

29 종제……제문 : 이 글은 저자의 종제 서종보(徐宗普, 1653~1688)의 죽음을 애도하며 지은 글이다.

수 없는 것인가.

그대가 죽은 뒤로 나는 늘 멍하여 마치 무언가 잃어버린 듯한 마음이고, 자다가도 반드시 깜짝 놀라 일어난다. 매번 어버이를 모시고 있을 때마다 마치 그대가 곁에 나란히 앉아 있는 듯하여 그대의 낭랑한 목소리가 들리는 듯하고 그대의 덕이 가득한 모습이 보이는 듯하다. 비록 억지로 웃고 이야기하지만 번번이 나도 모르게 울음을 삼키며 상심한다.

아, 치원이여. 내 운명이 기구하여 늘 슬프고 초췌하여 평소 세상을 살고 싶은 마음이 적었다. 오직 네 명의 종형제가 있어 서로 어울려 지내며 즐거워하고 기뻐하며 근심을 잊는 일이 많았다. 군득(君得 서종로(徐宗魯))이 죽은 뒤로는 매번 생각나서 남은 슬픔을 지금까지 잊히지 않았는데, 몇 년 사이에 또 그대의 상을 당하여 곡하니, 이제부터 나의 끝내 형제가 드문 슬픔[30]과 외롭고 괴로운 마음을 또 누구에게 의지하여 누그러뜨리겠는가.

또 나는 모질게도 구차하게 살아남아 지하에 계신 선친을 따르지 못하였고, 그대는 양친이 모두 살아계신 데도 갑자기 먼저 세상을 떠났다. 저 어두운 밤과 같은 저승이 과연 이 세상과 같다면, 그대는 혹시 때때로 나의 어버이를 좌우에서 모시면서 또한 반드시 오늘날 그대의 어버이를 모시면서 수고하는 일을 나에게 바랄 것이다. 아, 슬프다.

사람의 생사는 단지 조금 이르고 늦은 차이가 있을 뿐, 끝내는 모두 죽어 없어지는 것이다. 더구나 평소 타고난 기운과 근력으로 비교해보

30 형제가 드문 슬픔 : 《시경》 〈당풍(唐風) 양지수(揚之水)〉의 "끝내 형제가 드물어 오직 나와 너뿐이네.〔終鮮兄弟, 維予與女.〕"라는 말을 인용한 것이다.

면, 그대는 건강하고 나는 허약하였는데 건강한 사람이 이렇게 되었으니 허약한 사람은 믿을 것이 있겠는가. 그렇다면 슬퍼하는 것은 잠깐이고, 서로 어울려 즐거워하는 때는 장차 끝이 없을 것이다. 나는 이로써 조금이나마 스스로 마음을 위로할 뿐이다. 아, 슬프다.

내가 마침 지방에 있어 그대가 죽었는데도 반함하고 염습하는 모습을 보지 못하였다. 지금은 또 조정의 관직에 얽매여 얼마 떨어지지 않은 곳인데도 장사지낼 때 무덤에 가지 못한다. 이것이 어찌 평소에 서로 기약한 것이겠는가. 죽고 사는 사이에 정의를 저버린 부끄러움이 깊으니, 이 또한 나를 더욱 길이 애통하게 만든다.

영결을 고하고자 붓을 여러 번 잡았으나 마음과 정신이 혼란하고 슬퍼서 글을 지을 수가 없었다. 그러나 어찌 차마 끝내 한 마디도 하지 않을 수 있겠는가. 소략한 말로는 마음을 전부 토로할 수가 없으니, 훗날 영원히 장사지낼 때 풀이 묵은 묘소를 찾아가 통곡하고, 다시 한 마디 말로 이 남은 슬픔을 펼 것이다. 아, 치원이여. 반드시 나의 이 마음을 굽어살필 것이다. 아, 슬프다.

서종조씨 참봉 박호에 대한 제문[31] 임신년(1692)

祭庶從祖氏朴參奉滮文 壬申

아, 내가 세상 일에 눈을 뜬 뒤로 옛사람의 논의를 보니 이른바 '행실이 독실한 군자'라는 말이 있어 마음 속으로 가만히 사모하였습니다. 그러나 그 아름다움이 어떠한 모습이어야 이러한 이름에 걸맞는지는 몰랐고, 또 지금 세상에 과연 이러한 사람이 있는지도 몰랐습니다.

내가 세상에 어울리는 사람이 적어 비록 널리 보고 두루 알지는 못하지만, 내가 보고 들은 것을 가지고 마음 속으로 가만히 헤아려 보았는데, 고고한 태도로 명분과 행실을 가다듬으면서도 그 속이 텅 빈 사람은 모두 행실이 독실한 군자가 아닙니다. 오직 우리 종조씨(從祖氏) 반남(潘南) 박군(朴君)의 아름다움이 이 이름에 가까웠으니, 지금 세상에 과연 이러한 사람이 또 있었습니다. 얼마 후 친족들이 박군에 대해 이야기하는 것을 들어보니, 모두 이러한 아름다움을 인정하였습니다. 얼마 후 또 알고 지내는 사대부들이 박군에 대해 논하는 것을 들어보니, 모두 이러한 아름다움을 인정하였습니다. 아, 내 말은 거짓이 아니니, 그대는 이러한 이름에 부끄럽지 않을 것입니다.

예전 우리 증조부 판서공은 명망과 덕성이 찬란하여 가정에 가르침을 남겼는데, 그대의 외가는 충절을 지킨 제로(霽老)[32]의 집안이니, 타고나

31 서종조씨……제문 : 이 글은 박호(朴滮, 1628~1692)의 죽음을 애도하기 위해 지은 것이다. 박동량(朴東亮)의 서자이다.

32 제로(霽老) : 제봉(霽峰) 고경명(高敬命)을 말하는 듯하나 미상이다. 박호의 외가

고 교화받은 아름다움이 어찌 유래가 없이 그러한 것이겠습니까.

아, 슬픕니다. 그대의 아름다움은 이루 다 셀 수 없는데, 또 내가 몹시 늦게 태어나 전부 알 수가 없습니다. 그러나 그 용모를 보면 겸허하고 공손하였으며, 그 말을 들으면 온화하고 충성스러웠습니다. 자질이 순후하여 삼가는 태도로 행동하였으며, 올바른 취향을 겸손하게 지켰습니다. 친족을 독실히 대하는 모습을 통해 집안에서 효도하고 공경하는 태도를 미루었다는 것을 알 수 있었고, 성실하고 신의있게 교유하는 모습을 통해 집안에서 수신하고 삼간 효과가 드러나는 것을 볼 수 있었습니다. 글재주는 충분하였으나 거두어들여 쉽사리 꺼내지 않았고, 식견은 분명하여 논의하면 모두 핵심을 찔렀습니다.

일찌감치 과거 공부를 그만두고 만년에 낮은 벼슬에 올랐습니다. 벼슬을 계속하였다면 자신을 봉양하기에 충분하였겠지만 좋아하는 일이 아니라서 번번이 병을 핑계로 떠나 방황하고 더부살이하였습니다. 처자가 때때로 추위와 굶주림을 면하지 못할 정도로 몹시 곤궁하였으나 운명처럼 편안히 여기고 담박하여 세상에 바라는 것이 없었습니다. 그 일생의 행실을 대략 논하자면, 높은 경지는 종종 고인보다 뛰어났고, 비근한 경지도 모두 오늘날 세속 사람들이 쉽게 미칠 바가 아니었습니다. 공자가 말한 '선한 사람'[33]과 자하(子夏)가 "비록 배우지 않았더라도 반드시 배운 사람이라고 말하리라."[34]라고 한 말이 아마도 그대를

선조로 추정된다.

33 선한 사람 : 《논어》 〈술이(述而)〉의 "성인을 내가 만나볼 수 없다면, 군자다운 사람이라도 만나보면 좋겠다. 선한 사람을 내가 만나볼 수 없다면, 덕이 변하지 않는 사람이라도 만나보면 좋겠다."라는 말을 인용한 것이다.

두고 한 말이 아니겠습니까. 만약 세상의 사대부 반열을 따르면서 드러내게 하였다면, 그 행실은 모범이 되기 충분하였을 것이고 그 재주는 큰일을 할 수 있었을 것입니다. 그러나 곤궁하게 살다 죽었고, 또 장수를 누리지도 못했으니, 아, 어찌 운명이 아니겠습니까.

내가 매번 그대를 만날 때마다 한 점의 부박(浮薄)한 기운도 없이 바탕과 문식이 서로 조화되고, 온화함과 강직함이 함께 드러나는 것을 보고서 나도 모르게 스스로 반성하며 몹시 부끄러웠습니다. 항상 그대에게 깊이 감복한 것은 단지 항렬이 높고 나이가 많기 때문만은 아니었으니, 지금 그대가 영원히 돌아가는데 어찌 아름다운 행실에 감동하고 두터운 정분을 생각하며 슬피 탄식하고 길게 통곡하는 마음을 그칠 수 있겠습니까. 그대의 상주(喪主)가 몹시 가난하지만 나는 곤궁하게 사느라 도와줄 힘이 없습니다. 그저 볼품없는 술을 올려 영결하며 길지 않은 간략한 말로 내가 평소 마음 속으로 사모하던 독실한 행실을 대략 서술합니다. 공의 신령이여, 부디 굽어살피소서. 아, 슬픕니다.

34 비록……말하리라 : 자하가 말하기를, "어진 이를 어질게 여기되 여색을 좋아하듯 하며, 부모를 섬기되 그 힘을 다하며, 임금을 섬기되 그 몸을 바치며, 친구를 사귀되 말에 신의가 있으면, 비록 그가 배우지 않았더라도 나는 반드시 배웠다고 말할 것이다." 하였다. 《論語 學而》

호곡 남 판서에 대한 제문

祭壺谷南尙書文

아, 슬픕니다. 내가 어린 시절부터 공의 문장을 외우며 공이 걸출한 문단의 종장(宗匠)이라는 사실을 알았습니다. 조정에 오른 뒤 매번 반열을 따르며 공의 빛나는 얼굴을 바라볼 때마다 화려하지만 꾸미지 않고, 지위가 높아질수록 더욱 공경하는 모습을 보고는, 공의 문장은 바탕이 있으며, 겸허하고 훌륭한 경대부(卿大夫)라는 사실을 알았습니다. 간혹 공의 집에 가서 공의 담장과 가옥이 겨우 비바람이나 막을 정도이고, 해진 갖옷을 입고 부서진 자리에 앉은 가난한 선비 같은 모습을 보고는, 공이 〈고양(羔羊)〉[35]처럼 청렴결백한 절개를 삼가 경계하고 깨끗이 수양한다는 것을 알았으니, 또 지금 세상에 보기 드문 것이라 마음 속으로 몰래 사모하였습니다. 또 종종 공의 담론을 듣고 공의 풍모를 엿보니, 과격하지도 않고 남을 따르지도 않아 결백하게 몸가짐을 지켜 세상의 편당(偏黨)이라는 지목 및 칭찬과 비방의 길을 초연히 벗어났으니, 공이 편안하고 엄숙한 뜻을 속으로 감추어 기르면서 시속을 따르지 않는다는 것을 알았습니다.

아, 이것은 모두 공을 제대로 아는 것이 아닙니다. 만년에 이르러 한 번 몹시 고상한 행동을 한 점을 본 뒤에야 공이 평생 강직한 기운과 굳건한 지조를 속으로 지킨 결과, 변고가 생길 때 꺾이지도 흔들리지도

35 고양(羔羊) : 《시경》 〈소남(召南)〉의 편명으로 문왕에게 감화된 관원들의 검소한 모습을 노래한 시다.

않았다는 것을 알았으니, 어찌 우뚝하게 백 대에 전하여 빛나지 않겠습니까.

조정에 벼슬한 지 40여 년 동안 태평한 시대를 만나 지위가 이조판서에 오르고 대제학을 맡았습니다. 명예와 덕에 흠이 없고, 빛나는 복록을 누려 홀로 완인(完人)[36]이 되어 세상 사람들의 비난을 받지 않았으며, 또 그 복을 쌓아 집안을 계승할 후사를 두었으니, 하늘이 공에게 베푼 것이 풍성하고 사치하다고 하지 않을 수 없으니, 이만하면 충분합니다. 변방에 유배되고 객지에서 죽은 일로 말하자면,[37] 만난 때가 마침 그러하였을 뿐입니다. 사람들은 비록 하늘에 유감을 품지만 이것이 어찌 공의 슬픔이 되겠습니까. 아, 슬픕니다.

공이 양주(楊州)에 있을 적에 날마다 같은 마을의 늙은 한두 사우(士友)와 함께 산수를 배회하며 술을 마시고 시를 지었는데, 글이 아름답고 풍류가 찬란하였습니다. 보잘것없는 저의 집이 고개 너머 가까운 곳에 있어 때때로 만나주시곤 하였는데, 좋은 경치를 함께할 때마다 저는 간혹 주(邾)나라와 등(滕)나라의 군대처럼 형편없는 글솜씨로 망녕되게 자신을 헤아리지 못하고 대국(大國)의 장단(將壇) 같은 공의 아래에서 주선하였는데, 공은 물리치지 않고 때때로 칭찬하였습니다. 때로는 산수의 흥취를 평론하고, 때로는 문사(文辭)를 비평하기도 하였으니, 모두 도도하게 세상을 잊고 세월이 흐르는 것도 모른 채 이러

36 완인(完人) : 송(宋)나라 원우(元祐) 연간의 극심한 당쟁 속에서도 끝내 해를 입지 않아 '원우완인(元祐完人)'으로 일컬어진 유안세(劉安世)에 비유한 것이다. 《宋史 卷345 劉安世列傳》

37 변방에……말하자면 : 남용익이 1691년 함경도 명천(明川)에 유배되어 그곳에서 세상을 떠난 일을 말한다.

한 즐거움이 백세토록 그치지 않기를 바랐습니다.

세월은 흐르는 물처럼 도도히 흘러 지금은 모두 끝나버렸습니다. 양주의 언덕 하나 골짜기 하나, 구름과 노을, 풀과 나무 어느 것 하나 공이 시를 짓지 않은 것이 없으며, 공이 장식해주는 은택을 입지 않은 것이 없으니, 매번 살펴볼 때마다 서글퍼하며 저도 모르게 눈물이 줄줄 흘러내립니다.

저는 병에 걸린 지 몇 달이 지나 몸과 정신이 모두 지쳐 가까운 거리도 제 힘으로 갈 수가 없습니다. 술 한 잔 올리며 곡하는 일도 늦어 몹시 부끄럽습니다. 공의 집에 올라 공의 풍모를 생각하니, 대들보가 부러진 슬픔[38]이 마음 속에 간절합니다. 오직 공의 영령이 저의 진심을 굽어살펴주기 바랄 뿐입니다.

38 대들보가 부러진 슬픔 : 위대한 인물의 죽음을 말한다. 공자가 "태산이 무너지고 대들보가 부러지니 철인(哲人)이 죽겠구나."라는 노래를 부르고 7일 뒤 세상을 떠났다는 고사에서 유래한 말이다. 《禮記 檀弓上》

현곡 박 선생에 대한 제문 을해년(1695, 숙종21)

玄石朴先生祭文 乙亥

아, 슬픕니다	嗚呼哀哉
삼가 생각건대 선생은	恭念先生
우리 어머니의 내종 아우였습니다[39]	吾母內弟
나는 어린 시절부터	余自在丱
매번 광풍제월[40] 접하였습니다	每挹光霽
소자는 공부할 때를 놓치고	小子失學
나중에는 더욱 게을러졌습니다	晩益廢惰
비록 의지하여	雖未依歸
나를 넓혀주기를 구하지는 못하였으나[41]	以求博我
이십 년 동안	二十年間
집안을 출입하며	出入門墻
서론을 듣고서	承聆緖論
찬란한 모습 바라보았습니다	瞻望輝光

39 삼가……아우였습니다 : 저자의 외조 이명한(李明漢)과 박세채의 부친 박의(朴漪)는 동서지간이다.

40 광풍제월(光風霽月) : 온화한 바람과 깨끗한 달빛이라는 뜻으로, 황정견(黃庭堅)이 주돈이(周敦頤)의 인품을 비유한 말이다. 《山谷集 卷1》

41 나를……못하였으나 : 안연(顔淵)이 공자를 두고 "부자(夫子)께서는 나를 문(文)으로 넓혀 주고 예(禮)로 요약하셨다.〔博我以文, 約我以禮〕"라고 한 말을 인용한 것이다. 《論語 子罕》

마음 속으로 기뻐하고 사모하였으니	中心欣慕
참으로 보고 본받을 만하였습니다	儘可觀則
계발하고 깨우쳐주어	啓發警省
가슴 가득 얻은 듯하였습니다	充然如得
선생은 비루하게 여기지 않고	先生不鄙
어리석은 저를 불쌍히 여겨	憫其昏蔽
후한 가르침을 내려주시고	辱賜之敎
때때로 권면하고 격려하였습니다	時加勸勵
파산에 뒤늦게 지은 집	坡山晩築
내 고향과 가까웠습니다	密邇余鄕
선생을 곁에서 모시며	願陪杖屨
죽을 때까지 따르려 하였습니다	畢世徜徉
태산 북두처럼 우러르고	山斗有仰
장막처럼 보살핌 받아	帲幪有庇
요행히 소인을 면한다면	倘免小人
이는 선생 덕택입니다	寔先生賜
공의 장수를 기원함은	祝公百年
이 도와 이 세상을 위해서요	斯道斯世
아래로 또한 나 자신을 위하여	下亦爲私
이 계책을 이루기 바랐습니다	庶遂斯計
지난 겨울 윤음을 받들고	去冬銜綸
열흘 넘게 성상을 모시고	浹旬瞻侍
돌아온 지 겨우 한 달 지나자	歸才踰月
조금 피로하시다고 들었습니다	聞少示憊

정신이 아직 왕성하고 神明尙王
나이는 겨우 예순을 넘겼으며 年甫踰耆
태평한 운세가 새로 열려 泰運新啓
하늘이 태평한 다스림 주었으니 天畀平治
이를 믿을 만하니 謂此可恃
건강을 회복하리라 여겼는데 庶復其康
날마다 위독하다는 소식 들리더니 日聞其革
갑자기 슬픈 소식이 전해졌습니다 哀報蒼黃
빈 자리에서 통곡하니 虛筵號咷
눈물이 쏟아지고 애가 끊어졌습니다 淚瀉腸摧
모든 일은 끝났으니 萬事已矣
이 슬픔 끝이 없습니다 悠悠此哀
아, 선생이여 於乎先生
학문은 순후하고 도는 높았습니다 學醇道尊
식견 얕은 후생이 後生淺識
어찌 쉽게 헤아려 논하겠습니까 豈易測論
안팎이 법도 있는 가문으로 內外法家
덕과 공렬이 빛났습니다 有焯德烈
이 때문에 높은 자질 타고나 寔鍾高資
젊은 나이에 투철하였습니다 夙歲朗徹
문장은 찬란히 드러나고 文章煥發
언론은 높고 빼어났습니다 言論高挺
스승에게 배우지 않았으나 不堦師承
문로가 올발랐습니다 門路克正

작은 것을 쌓아	銖累寸積
실천하고 정밀히 나아가	實踐精詣
본성과 천명의 근원	性命之原
하늘과 사람의 사이	天人之際
육경의 심오한 뜻	六經奧義
제자백가의 여러 이야기	百家衆說
길사와 흉사의 예제	吉凶禮制
고금의 다스리는 법을	古今治法
아무리 커도 모두 강구하고	靡大不究
아무리 작아도 모두 탐구하였습니다	靡細不探
망라하여 저술하니	包羅編著
터럭까지 분석하고 바다처럼 포괄하였습니다	毫析海涵
한결같이 주자에 근본하여	一本考亭
천고의 학설을 절충하였습니다	折衷千古
그 책이 집에 가득하니	其書滿家
후학에게 혜택을 베풀 것입니다	嘉惠來後
깊이 수양하고 두텁게 쌓아	養深積厚
기운은 편안하고 목소리는 온화하였습니다	氣安聲和
봄바람처럼 사람에게 스며들고	襲人如春
강처럼 사물을 적셔주었습니다	潤物如河
정도를 지키고 학문을 열었으니	衛正牖學
실로 간절한 정성에서 나왔습니다	實出誠懇
도가 줄어들고 늘어나는 사이에	消長之際
간곡히 근심하고 개탄하였습니다	憂慨眷眷

경위를 구분하고 주고 빼앗는 것이	涇渭予奪
공명정대하였습니다	正大公平
마음가짐 저울처럼 공평하였으니	秉心如秤
천지신명에게 맹세할 수 있습니다	可質神明
세상의 명망 더욱 높아지고	世望益尊
유림의 으뜸이 되었습니다	冠冕儒林
작년에 시국이 바뀌자[42]	昨歲改紀
성상의 사랑 더욱 깊었습니다	上眷愈深
승진하여 찬성에 발탁되고	進擢貳公
마침내 정승이 되었습니다[43]	遂都三事
유현으로 임금의 지우를 입은 것이	儒賢遭際
옛날과 비교해도 짝이 없었습니다	古無倫比
지우에 감격하여	感激知遇
억지로 일어나 명에 응하였습니다	强起膺命
날마다 훌륭한 계책을 아뢰어	嘉謨日陳
당시 정사를 도왔습니다	有裨時政
말이 간혹 합치하지 않았어도	言或難合
예우가 더욱 융숭하였습니다	禮乃彌優
조금도 머물지 않고	曾不少淹
훌쩍 산림으로 돌아갔습니다	翩然林丘

42 작년에 시국이 바뀌자 : 갑술환국(1694)을 말한다.

43 찬성으로……되었습니다 : 박세채는 1694년(숙종20) 4월 우찬성에 임명되고 곧 좌의정에 임명되었다.

성상은 마음을 비운 채 기다리고 聖心虛佇
조정과 재야에서 기대하였습니다 朝野想望
치군택민[44]하려는 평소의 뜻 雅志致澤
공이 어찌 끝내 잊었겠습니까 公豈果忘
어찌하여 하루아침에 云胡一夕
하늘은 남겨두지 않는 것입니까 天不慭遺
조정 관원은 서로 조문하고 朝紳胥弔
성상은 몹시 슬퍼하셨습니다 宸極纏悲
기린과 봉황은 몸을 숨기고 麟鳳藏矣
시초와 거북[45]이 사라졌습니다 蓍龜失矣
이 백성에게 누가 복을 주며 斯民誰祿
사문은 누구를 의지합니까 斯文何託
아, 슬픕니다 嗚呼哀哉
공이 돌아가셨다는 소식을 듣고는 自聞公喪
의리상 달려가 곡해야 하는데 義當奔哭
관직에 얽매여 뜻을 펴지 못하니 縻官莫伸
답답한 마음 더욱 슬퍼집니다 耿結增戚
지금 제사지내는 관원이 되기를 청하여 今求祀官
서둘러 묘소로 달려왔습니다 便道新阡
장사지낼 날이 정해지고 大葬卜期

44 치군택민(致君澤民) : 임금을 요순 같은 성군으로 만들고 백성에게 은택을 베푸는 것을 말한다.

45 시초와 거북 : 모두 점을 치는데 사용하는 물건으로, 조정의 원로대신을 비유한다.

슬픔과 영예가 갖추어졌습니다	哀榮備焉
간소한 제물로 영결하니	菲奠辭訣
이 슬픔 끝이 없습니다	此慟靡極
성대한 덕과 온화한 말씀	盛德溫音
마음과 눈에 어렴풋합니다	僾然心目
길에서 글을 지어	道次爲文
대충 소략하게 말합니다	草草概略
삼가 바라건대 존귀한 영령께서는	伏惟尊靈
이 마음을 굽어살펴주소서	庶鑑心曲

파주서원 봉안 제문[46]

坡州書院奉安祭文

신하의 중대한 절개는	人臣大節
실로 충성과 올바름이라네	寔忠與正
변고가 생겼을 때	變故之際
그 지조를 더욱 확인할 수 있네	尤驗其秉
충성으로 목숨을 버리고	忠以舍命
올바름으로 인륜을 부지하네	正以扶彝
이렇게 수립하면	於玆樹立
백 대에 스승 삼을 수 있네	百代可師
아, 오공(오두인)이여	於維吳公
이름난 부친의 미덕을 계승하였네	襲美名父
규장[47] 같은 덕 세상에 빛나고	映世珪璋

46 파주서원 봉안 제문 : 이 글은 경기 파주군의 파주서원에 오두인(吳斗寅, 1624~1689)과 박태보(朴泰輔, 1654~1689)의 신위를 봉안하며 올린 제문이다. 오두인은 본관이 해주(海州), 자가 원징(元徵), 호는 양곡(陽谷)으로 인현왕후 폐위를 반대하다가 의주로 유배가는 도중 파주에서 죽었다.《昆侖集 卷18 刑曹判書忠貞吳公行狀》박태보는 본관이 반남(潘南), 자는 사원(士元), 호는 정재(定齋)이며, 역시 인현왕후 폐위를 반대하다가 죽었다.《定齋集 附錄 有明朝鮮……朴君行狀》1701년(숙종27) 파주 유생 안유(安裕) 등이 상소하여 이들을 파주 풍계사(豊溪祠)에 제향하기를 청하여 허락을 받았다.《肅宗實錄 27年 11月 16日》

47 규장(珪璋) : 예식에 사용하는 옥으로 훌륭한 인품을 비유한다.《예기》〈빙의(聘義)〉에 이르기를 "규장 한 가지로 예를 이루고 다른 폐백을 쓰지 않는 이유는 그 덕

뜰에서 춤추는 봉황 같았네[48]	儀庭鳳羽
기운과 풍도는 빼어나고 밝으며	氣度英朗
지조는 바르고 순수하였네	操履端純
지위는 판서에 오르고	位升八座
나이 많고 명망 높았네	年高望尊
아, 우리 성조는	嘻我聖朝
문왕 태사[49]와 덕을 나란히 하였네	文姒並德
하루아침에 중궁께서	一朝坤闈
망극한 화를 당하였네[50]	遭罹罔極
상소를 올리고 순절한	抗疏伏節
두세 신하 있었네	有二三臣
공은 그 우두머리가 되어	公爲其首
기운이 강직하고 말을 다하였네	氣直辭伸
우레 같은 위엄과 도끼 같은 벌이 내려도	雷霆斧鉞
변하지도 않고 흔들리지도 않았네	無變無撓
저 서쪽 변방으로 유배가다가	纍彼西塞
갑자기 중도에서 세상을 떠났네	奄絶中道

때문이다.〔圭璋特達, 德也.〕"라고 하였다.

48 뜰에서……같았네 : 《서경》 〈익직(益稷)〉의 "소소를 아홉 번 연주하니, 봉황이 와서 춤을 추었다.〔簫韶九成 鳳凰來儀〕"라고 한 말을 인용한 것이다. 성군과 현신이 다스리는 조정을 비유한 말이다.

49 문왕 태사 : 주(周)나라 문왕과 그 비(妃)이다.

50 하루아침에……당하였네 : 기사환국으로 인현왕후(仁顯王后)가 폐위된 일을 말한다.

굳세고 바른 지조는	剛貞之操
탁월하고 찬란하네	卓哉炳炳
또한 반남(박태보)은	亦越潘南
순수한 충성 나란히 하였네	精忠與並
큰 가문의 영험한 기운	大家炳靈
젊은 시절부터 빼어났네	夙歲穎拔
언론은 뛰어나고 매서우며	言論踔厲
문장은 찬란히 드러났네	文章煥發
조정에서 여러 벼슬 역임하며	歷敭明廷
나이는 젊어도 학문은 깊었네	年妙學邃
재주는 나라를 빛내리라 일컬어지고	才稱粉黼
그릇은 좋은 재목과 같았네	器猶杞梓
말을 토해내면 모두 굳세고	吐辭皆勁
속마음은 단청처럼 또렷하였네	臚忱輒丹
매진하는 기운은	邁往之氣
일을 앞두고도 어려워하지 않아	當事無難
이와 같은 변고를 만나자	遘茲之變
공이 과감히 붓을 들었네	公奮其筆
부르짖는 소리 격앙되어	叫號激昂
한 자 상소문에 한 말 피를 쏟았네	尺紙斗血
성상의 위엄이 진동하여	天威震疊
태양이 빛을 감추었네	白日掩輝
아홉 번 죽더라도	身蹈九死
엿을 먹는 것처럼 웃었네	嘻笑如飴

갑자기 세상을 떠나니	奄然皐復
큰 강의 남쪽 물가였네[51]	大江南濱
빼어난 자질 늠름하고	英爽凜凜
바른 기운은 하늘을 밝혔네	正氣燭天
신하의 도가 비로소 밝혀지고	臣道乃昭
사람의 기강 비로소 세워졌네	人紀乃植
몸은 죽었으나 이름은 알려지고	身殞名飛
뜻은 굽혔으나 의리는 밝아졌네	志屈義晣
겨우 몇 년이 지나자	才過數禩
성상께서 감동하고 두려워하여	乾衷感愓
중전의 자리가 다시 바르게 되고	翟褕再正
원통한 이들 모두 신원되었네	冤枉咸白
은혜 내려 불쌍히 여겨 포상하고	恩章愍褒
관직 추증하고 정려문 세웠네	貤爵楔閭
의리와 절개 더욱 빛나니	義烈彌光
조정과 재야에서 탄식 더하였네	朝野增噓
저 파주를 돌아보니	瞻玆坡山
두 공이 지나간 곳이로다	二公所過
은혜는 동향[52]보다 더하고	惠踰桐鄕

51 큰……물가였네 : 박태보가 노량진에서 죽었기 때문에 이렇게 말한 것이다.

52 동향(桐鄕) : 과거 수령으로 다스린 고을을 말한다. 한(漢)나라 주읍(朱邑)이 동향의 관리로 있었는데, 그가 죽은 뒤 그곳에 장사지냈다.《漢書 卷89 循吏傳 朱邑》 박태보는 1687년(숙종13) 파주 목사를 역임하였다.《承政院日記 肅宗 13年 11月 11日》

슬픔은 멱라수[53]와 비슷하네	哀似汨羅
풍도를 생각해보니	緬懷風槩
의젓한 모습 상상할 수 있네	想象儀刑
여러 선비들이 사모하여	多士興慕
사당을 짓고 영령을 모셨네	刱祠安靈
아름다운 덕을 좋아한다면	苟好懿德
누군들 귀의하지 않겠는가	疇不歸向
고요한 사당에	有侐穹宇
엄숙히 함께 제향되었네	有儼同享
맑은 명성 나란히 아름다우니	淸芬齊美
천고에 해와 별처럼 빛나리라	千古日星
우리나라 사람 위로하여	慰我邦人
이 제물을 흠향하소서	歆此椒馨

53 멱라수(汨羅水) : 초 회왕(楚懷王) 때 굴원(屈原)이 참소를 받고 쫓겨나 방황하다가 투신한 곳이다. 오두인이 유배 가는 도중 파주에서 죽었으므로 굴원이 죽은 멱라수를 언급한 것이다.

육선생의 묘를 수리할 때 제사하고 고한 글 병자년(1696, 숙종22)

六先生墓修改時祭告文 丙子

아, 선생이여	於維先生
바른 기운과 순수한 충성으로	正氣純忠
지위는 참판에 올랐네	位列卿亞
명군과 현신이 만났네	明良際逢
어려운 시기를 당하여	屯難之會
큰 절개를 빛냈네	大節昭卓
뜻은 서산[54]처럼 빛나고	志炳西山
영광은 정학[55]과 같았네	光媲正學
이 인륜을 높이 들었으니	揭玆人彝
천지에 해와 별처럼 빛나네	日星乾坤
석 자의 무덤	三尺蓬顆
큰강 남쪽 물가에 있네	大江南濆
곁에서 제사를 지내니	俎豆于旁
성상께서 표창하였네	聖后褒嘉

54 서산(西山) : 백이(伯夷)와 숙제(叔齊)가 은거한 수양산(首陽山)을 말한다. 단종에 대한 의리를 지킨 사육신을 백이 숙제에 비유한 것이다.

55 정학(正學) : 명나라 방효유(方孝孺)를 말한다. 영락제(永樂帝)가 건문제(建文帝)를 쫓아내고 황제가 되어 조서를 지으라고 명하였으나 끝까지 거부하여 처형당하였다. 정학은 그의 호이다.

묘소를 수리한 지 세월이 오래되어	修墓歲久
사초가 점차 무너졌네	稍有崩莎
여러 선비들이 건의하여	多士建議
속히 다시 세우기를 도모하였네	亟營改殖
이 향기로운 제수를 올려	薦此椒馨
삼가 일을 시작함을 알립니다	敬告開役

이상은 박 선생(朴先生 박팽년(朴彭年))이다.

아, 선생이여	於維先生
학문은 깊고 절개는 준엄하였네	邃學峻節
임금이 바뀌는 때를 만나	身遘鼎革
온 집안이 절개를 지켰네	一家蹈烈
사람의 기강이 밝아지고	人紀寔昭
만고에 교화를 남겼네	萬古風聲
기운은 산하를 일으키고	氣作山河
충성은 해와 별을 꿰뚫었네	忠貫日星
사당은 고요하고	有侐祠院
표창은 찬란하네	有煥褒崇
천추의 의로운 혼백이	千秋毅魄
한 조각 무덤에 묻혔네	一片堂封
네 현인이 한 언덕에 묻히니	四哲同原
광채가 하늘을 비추네	有光燭天
누차 규모를 늘렸으나	屢經增殖
세월이 오래되자 제법 부서졌네	歲久頗騫

선비들이 수리를 도모하여　章甫營修
의리로 돕고 다투어 권면하였네　義助競勸
날을 잡아 일을 시작하며　涓日始事
삼가 영전에 고합니다　式陳告奠

이상은 성 선생(成先生 성삼문(成三問))이다.

아, 선생이여　於維先生
정신은 맑고 기운은 굳세었네　神淸氣勁
가정과 목은[56]의 가업을 계승하여　業承稼牧
충성스럽고 올바른 뜻을 지녔네　志秉忠正
큰 절개 지키다 죽었으니　大節以殞
저 여러 선비들과 함께였네　同彼諸彦
몸이 옷 무게를 견디지도 못하는데　體不勝衣
형벌을 받아도 변하지 않았네　鼎鑊無變
우정의 시를 읊었으니[57]　禹鼎一詠
천년이 지나도록 늠름하네　凜凜千年
무덤이 뒤섞여 있으니　幽窀錯列
모두 이 언덕에 의지하였네　並託玆阡

56 가정과 목은 : 이개의 고조 가정(稼亭) 이곡(李穀, 1298~1351)과 증조 목은(牧隱) 이색(李穡, 1328~1396)을 말한다.

57 우정의 시를 읊었으니 : 이개가 형장으로 끌려나가면서 "우임금 솥이 무거울 때는 사는 것도 중요하지만, 기러기 털처럼 가벼운 곳에서는 죽음도 영광일세〔禹鼎重時生亦大, 鴻毛輕處死猶榮.〕"라는 시를 지은 것을 말한다. 생명을 아껴야 할 때가 있고 죽어야 할 때가 있다는 말이다. 《秋江集 卷8 六臣傳》

사당이 곁에 있으니 廟宇在旁
영령이 왕래하는 곳이네 英靈往來
예의상 묘소를 수리해야 마땅하니 禮宜修墓
묵은 사초가 무너졌네 宿莎有頹
가슴 속으로 존경하고 사모하여 尊慕在衷
여러 선비들이 앞장섰네 多士是倡
향기로운 제수 올려 일을 고하니 椒馨告事
삼가 내려와 흠향하시기 바랍니다 敬祈降饗

이상은 이 선생(李先生 이개(李塏))이다.

아, 선생이여 於維先生
기운은 굳세고 뜻은 예리하였네 氣雄志銳
무인으로 높은 자리 올랐으니 弁而位隆
충성과 용맹이 세상에 드물었네 忠勇絶世
천명이 돌아갔으나 天命所歸
백성의 인륜은 누가 부지하나 民彝孰扶
여러 군자와 함께 同數君子
아홉 번 죽어도 마음 바꾸지 않았네 九死靡渝
열렬한 명성은 風聲烈烈
강물과 함께 영원하리라 江河與長
사당이 있어 함께 제향하고 有祠並饗
무덤이 있어 한 언덕에 자리하였네 有墓同岡
길 가는 사람도 눈물을 흘리니 行路涕洟
백세토록 미덕을 나란히 하였네 百代齊美

황량한 언덕에 수풀 무성하고 有薈荒阜
무덤의 흙은 점차 무너졌네 塋土稍圮
지금 속히 개수하니 今亟改修
우리 유림 덕택이라네 賴我儒林
향 사르며 날을 고하니 瓣香告辰
내려와 흠향하시기 바랍니다 庶冀降歆

이상은 유 선생(兪先生 유응부(兪應孚))이다.

정승 김사긍에 대한 제문[58] 병술년(1706, 숙종32)

祭金相國士肯文 丙戌

아, 슬프다 　嗚呼哀哉
삼가 보건대 근세에 　竊觀近世
묘당에 있었던 사람 중에 　凡處巖廊
계책을 내고서 　出其辰猷
누군들 시행하지 않았으랴 　孰無施張
정성은 비록 간절하나 　忱悃雖切
지략을 갖추기 어렵네 　幹略難備
치밀하게 관리해도 　綜理旣密
식견과 도량 갖추기 쉽지 않네 　識度未易
힘이 굳세지 않으면 　力非勁厲
간혹 무거운 짐을 지지 못하고 　或遜擔荷
영명하고 과감한 기운이 부족하면 　氣欠英果
잘못하여 중지하고 지체하네 　則失沮拖
임금의 지우가 깊지 않으면 　主知不深
전부 펼치기 역시 어렵네 　畢展亦難
오랜 세월 이 때문에 　悠悠職此
지금까지 어려웠네 　以至今艱

58 정승……제문 : 이 글은 1704년(숙종30) 12월 18일 세상을 떠난 김구(金構, 1649~1704)를 애도하며 지은 글이다. 《陶谷集 卷10 右議政忠憲金公神道碑銘》

공은 이 몇 가지를	公於數者
거의 넉넉히 겸비하였네	庶幾兼優
진실한 정성으로 나라를 다스리니	血誠謀國
재주가 쌓였기 때문이고	而蘊材猷
조처가 정확하였으니	注措精核
미세한 것까지 보는 눈 덕택이었네	而鑑徹微
무거운 임무에 격앙되고	激昂任重
일을 맡으면 의심하지 않았네	當事無疑
뜻이 굳세어 매진하고	志剛邁往
여러 사람이 성내도 두려워하지 않았네	衆嗔不慴
오로지 정신에서 나왔고	專出精神
또 박식함으로 도왔네	又濟博洽
성상의 지우 특별하여	聖眷特達
우뚝히 시대에 쓰였네	蔚爲時需
정승의 자리에 올라	進登三事
사물을 다스리고 계책을 아뢰었네	宰物陳謨
그 업적이	庶見其業
근래의 인습을 벗어나길 기대하였네	超過近軌
임명되고 겨우 해가 바뀌자	任纔經年
상을 치르다 죽었네[59]	終于憂制
젊어 배운 것 오래 간직하였으나	長懷夙學

59 상을 당하여 죽었네 : 김구는 1703년(숙종29) 우의정이 되고 이듬해 모친상을 당하여 상을 치르다 죽었다.《陶谷集 卷10 右議政忠憲金公神道碑銘》

미처 다 펴보지 못하였네	未及究伸
실로 시대의 운수와 관계되니	實關時運
어찌 비단 공만 그렇겠는가	何但公身
아, 슬프다	嗚呼哀哉
효도하고 우애하며 친족과 화목하여	孝友婣睦
남들이 이간질하는 말 없었네	人無間言
이를 친구에게 미루니	推之交舊
우정이 몹시 돈독하였네	風義甚敦
문장은 민첩하고 넉넉하여	文華敏贍
관각에 있기에 마땅하였네	館閣宜處
겸손하여 자임하지 않았으나	歁然不任
감출수록 더욱 드러났네	斂而愈著
오묘한 여러 가지 이치와	衆理奧妙
백가의 정수는	百家精華
선비가 강론해야 하는 것이니	儒所當講
모조리 연구하였네	悉嘗研摩
통달하고 달변이라	朗詣博辯
물어보면 메아리처럼 대답하였네	叩之如響
당세에 찾아보아도	求之當世
이보다 나은 사람 드물었네	鮮及其長
나는 성대한 명성 익히 들었으나	余稔盛名
늦게서야 주선하였네	晩而周旋
구름과 용처럼 나란히 다니며[60]	接武雲龍
이십여 년을 보냈네	餘二十年

나는 실로 과문하고 비루하여 余實寡陋
매번 많은 계발을 받았네 每多開發
간혹 너그러움 부족하다 의심하였으나 間疑少寬
천천히 살펴보니 마음 넓었네 徐察恢達
반양의 우의[61] 있어 潘楊之誼
부들과 피처럼 서로 의지하였네[62] 蒲稗因依
근심과 즐거움 함께하며 憂樂與共
백년 인생을 기약하였네 百年爲期
공이 상을 치르다가 병이 들어 公病于毁
갑자기 세상을 떠났네 奄然無祿
항상 공을 바라보았는데 常所望公
마치 잃은 듯 해를 당한 듯하네 如失如椓
중씨는 나란한 구슬 같고[63] 仲氏璧聯

60 구름과……다니며 : 《주역》 〈건괘(乾卦) 문언(文言)〉의 "구름은 용을 따르고, 바람은 범을 따른다."〔雲從龍, 風從虎〕"라는 말을 인용한 것으로, 임금과 신하의 만남, 또는 절친한 벗 사이를 말한다.

61 반양의 우의 : 춘추 시대 진(晉)나라 반악(潘嶽)과 양수(楊綏)가 대대로 혼인을 맺은 데서 유래하여 누대에 걸친 세교를 말한다. 《文選 卷56 楊仲武誄》 사돈 관계인 저자와 김구의 친분을 비유하였다.

62 부들과……의지하였네 : 사영운(謝靈運)의 〈석벽정사환호중(石壁精舍還湖中)〉에 "마름과 연은 번갈아 무성하고, 부들과 피는 서로 의지하네.〔芰荷迭映蔚, 蒲稗相因依.〕" 하였다.

63 중씨는……같고 : 중씨는 김구의 아우 김유(金楺)를 말한다. 나란한 구슬〔聯璧〕은 진(晉)나라 반악(潘岳)과 하후담(夏侯湛)이 모두 뛰어나 사람들이 나란한 구슬에 비유한 고사에서 유래한 말이다. 《晉書 卷55 夏侯湛列傳》

두 아드님은 봉황의 깃털 같네[64]　二郎鳳毛
선대의 미덕을 능히 계승하여　先徽克紹
복록이 더욱 멀리 이어지리라　茀祿彌遙
공의 지위 이미 지극하고　公位旣極
뒷일은 위로할 만하네　後事可慰
공의 상을 당하여 통곡한 뒤로　自哭公喪
이 슬픔 언제나 끝나려나　此慟何旣
때때로 영전을 바라보니　時瞻靈几
목소리 들리고 모습 보이는 듯하네　音儀怳然
글을 지어 애도하는 일을　文字哀誄
오랫동안 미루었네　荏苒久愆
2년의 세월이 흘러　歲月再周
장차 무덤으로 가려 하네　將歸神道
술 한 잔 올리고자　擬伸一酹
거친 말 겨우 엮었네　蕪語甫草
지금 재야로 물러나　今屛于野
몸소 제사 지내지도 못했네　又未躬奠
굽어보고 우러러보면 마음이 부끄러워　俛仰心愧
바라보며 눈물 흘리네　瞻望涕泫
나는 늙어 곧 죽을 것이니　余衰飾巾

64 두……같네 : 두 아드님은 김희로(金希魯)와 김재로(金在魯)를 말하며, 봉황의 깃털은 선조처럼 훌륭한 자손을 뜻한다. 진(晉)나라 왕소(王劭)가 부친 왕도(王導)처럼 뛰어났기에 환온(桓溫)이 그를 두고 봉황의 깃털이 있다고 하였다. 《世說新語 容止》

저승에서는 길이 함께 하리라 泉塗則長
슬픔은 깊은데 말이 서투르니 哀深辭菲
공이 진심을 굽어살피리라 公鑑衷腸
아, 슬프다 嗚呼哀哉

중부 의정공에 대한 제문[65] 무자년(1708, 숙종34)

仲父議政公祭文 戊子

아, 슬픕니다. 우리 중부 부군의 발인할 날이 이미 정해져 장차 상여를 모시고 이 침소를 떠나서 저 장단(長湍)의 언덕으로 갈 것입니다. 소자들이 석 달 동안 하늘이 무너지고 땅이 갈라지듯 슬퍼하던 중에도 때때로 빈연(殯筵)을 바라보면 목소리와 모습을 어렴풋이 접하는 듯하여 조금이나마 위안이 되었는데, 이 또한 더 이상 얻을 수 없을 것입니다. 아, 슬픕니다.

우리 가문은 대대로 덕을 쌓고 대대로 벼슬하여 오래되고 성대하였습니다. 근년에 이르러 벼슬이 점차 쇠하였다가 부군을 얻어 빛나게 되었으며, 종가의 기풍이 점차 박해지다가 부군을 얻어 천명하였습니다. 멀고 가깝고 높고 낮은 친척들이 우러르며 모범으로 삼았고, 의지하며 장막으로 삼았습니다. 평소에 덕과 행실이 성대하고, 타고난 기운이 온전하며, 복록이 후하고, 몸조리를 조심하였기에 모두가 반드시 하늘의 도움으로 장수를 누리기를 기원하며 당연한 이치로 여겼습니다. 불행히 하늘이 우리 집안에 화를 내려 몇 년 사이에 상화(喪禍)가 거듭되었습니다. 오늘날에 이르러서는 집안의 운세가 더욱 추락하여 더 이상 높이 우러러볼 수도 없고 무겁게 의지할 수도 없어 마치 무언가

65 중부……제문 : 이 글은 1709년(숙종35) 1월 6일 세상을 떠난 저자의 중부 서문중(徐文重, 1634~1709)을 애도하며 지은 것이다. 《歸鹿集 卷16 領議政徐公神道碑銘》 제목의 주석에 무자년(1708)이라고 한 것은 오기로 보인다.

잃어버린 것처럼 마음이 어지러워 모두가 몹시 슬퍼합니다. 더구나 소자의 애통한 마음을 어찌 차마 드러내어 말할 수 있겠습니까. 아, 슬픕니다.

소자는 천지신명에게 죄를 지어 젊어서 부친을 여의었고, 나이는 장년에 가깝지만 몽매하여 아는 것이 없었습니다. 부군은 집안 살림을 다스리고 또 일에 따라 가르쳤으며, 소자 또한 모든 일을 반드시 여쭌 다음에 행하였습니다. 자애로운 아버지처럼 가까이 하고 우러렀으며, 엄한 스승처럼 보고 본받았습니다. '효성을 옮긴다.'[66]라는 옛사람의 말을 바라고 사모하지 않은 것은 아니지만, 불초하고 형편없어 항상 좌우에서 부지런히 모시며 그 정성을 다하지 못한 적이 많았습니다.

소자는 선조의 은택을 받아 임금에게 과분한 은혜를 입었습니다. 관직이 판서의 반열에 오른 것도 이미 분수에 넘치는데, 을유년(1705, 숙종31) 우의정에 임명되자 부군께서 두려워하고 걱정하시며 가득차는 것을 경계하고 두려워해야 한다는 뜻을 항상 집안에서 이야기하며 신칙하고 권면할 때 간곡히 말씀하셨습니다. 소자가 오늘에 이르기까지 비록 스스로 진작하여 수립한 것은 없지만, 요행히 대단한 창피를 면하게 된 것은 모두 우리 숙부의 가르침 덕택입니다. 아, 슬픕니다.

우리 숙부는 미덕을 갖추었으니 자제들이 어찌 감히 논평할 수 있겠습니까. 그러나 대략 말하자면 독실하게 보좌하는 충성과 선조를 받드는 효성, 집안의 모범이 되는 법도와 남에게 미치는 어진 마음, 세상을

66 효성을 옮긴다 : 《효경(孝經)》 〈광양명(廣揚名)〉의 "군자는 어버이를 효성스럽게 섬기므로 그 마음을 임금에게 옮겨 충성할 수 있다."라는 말을 인용한 것인데, 여기서는 세상을 떠난 부친에 대한 효성을 옮겨 중부 서문중에게 효도한다는 뜻이다.

다스리는 계책과 옛일에 박식한 학문은 실로 우리 충숙공(忠肅公)[67]이 남긴 법도를 계승한 것입니다. 넓고 크며 밝고 자세하고, 장엄하고 바르며 온화하고 평온하여, 모든 세상의 변고와 득실, 기쁨과 슬픔, 비방과 칭찬을 기쁘게 운명에 맡긴 채 마음을 비우고 연연해 하지 않았으니, 모두 마음을 움직이기에는 부족하였습니다. 일을 맡아서는 침착하고 확고하여 산처럼 우뚝 서고 못처럼 포용하여 터럭만큼도 부화하거나 허위로 명예를 추구하는 일이 없었으니, 조정에서는 기둥과 반석 같은 원로 신하였고, 집에서는 대들보 같은 종손이었습니다. 이는 참으로 온 세상 사람들이 믿고 감복하는 것이니, 소자의 사사로운 말이 아닙니다.

비록 학문으로 자처한 적은 없으나, 평생 몸가짐이 순서 있고 근엄하여 예법과 법규를 벗어나지 않았으니, 세상에서 존귀한 선비의 이름을 표방하는 자도 이보다 더할 수는 없습니다. 포의 시절부터 선비들이 추중하였고, 뒤늦게 조정에 올라 세 차례 영의정을 지냈으나 논의와 조처가 편당의 소굴에 빠진 적이 없고, 세상 사람들도 이렇게 말한 적이 없습니다. 제갈량(諸葛亮)이 이른바 "내 마음은 저울과 같다."라는 말을 지금 세상에서 찾아보면 우리 숙부가 어찌 가깝지 않겠습니까. 아, 슬픕니다.

숙부와 숙모는 내외가 덕이 나란하고 모두 장수를 누렸습니다. 숙부는 근년에 정신이 조금 손상되기는 하였으나 숙모의 체후는 평소처럼 건강하였습니다. 작년 이달에 중뢰연(重牢宴)[68]을 열었으니, 융숭한

67 충숙공(忠肅公) : 서성(徐渻, 1558~1631)을 말한다. 본관은 대구(大丘), 자는 현기(玄紀), 호는 약봉(藥峯)이다. 병조 판서를 역임하였다.

만년의 복은 세상에 드문 것이었습니다. 어찌 일 년 사이에 화변이 갑자기 혹독해져 축수하던 집에 세악(繐幄)[69]을 모두 드리울 줄 생각이나 했겠습니까. 아, 하늘이여. 이것이 무슨 이치입니까. 드나들 때마다 목이 메니, 이 애통한 마음은 다할 때가 없을 것입니다.

임진(臨津)과 장단의 새 선산은 앞으로 과연 영원히 묻힐 곳이 될지는 알 수 없으나, 나산(羅山)[70]과 몹시 가까우니, 소자가 죽기 전까지는 왕래하며 성묘하고 앞에 엎드려 통곡하여 이 애통하고 사모하는 마음을 위로하고자 합니다. 묏자리를 잡는데 영평(永平)과 포천(抱川)의 선영을 얻지 못했으나, 삼가 생각건대 신령께서도 이곳을 편안하게 여기실 것입니다.

소자는 어버이를 잃은 데다 또 바라보며 의지할 숙부들까지 잃었습니다. 저는 이 세상에 살 뜻이 다 없어졌고, 곤란한 처지가 더욱 극에 달하였습니다. 정신이 어지러워 겨우 글을 지었으나 진심을 다 쏟을 수가 없습니다. 통곡하며 제물을 올리니 오장이 찢어지는 듯합니다. 부군께서 굽어살펴주시기 바랍니다. 아, 슬픕니다.

68 중뢰연(重牢宴) : 혼인한 지 60년을 기념하여 여는 잔치이다.

69 세악(繐幄) : 가는 베로 만든 휘장으로, 영전에 친다.

70 나산(羅山) : 장단 도라산(都羅山)을 말한다. 저자의 부친과 조부의 묘소가 있는 곳이다.

종숙 판서 이계장에 대한 제문[71] 경인년(1710, 숙종36)

祭從叔李判書季章文 庚寅

우리 증조부	我曾王父
충익부군은[72]	忠翼府君
경종[73]처럼 빛나고	焜耀景鍾
명성과 절개 흘러넘쳤네	聲烈沄沄
그러나 수명이 짧아	而阨于年
정승에 오르지 못하였으니	未及秉勻
지방관의 치적은 비록 성대하지만	外庸雖盛
경륜의 재주를 다하지 못하였네	不究經綸
집안 계승하고 미덕 이어받아	承家襲美
두 공이 나란히 우뚝하였네	二公同峙
판서를 지낸 둘째 공께서는[74]	尙書仲公

71 종숙……제문 : 이 글은 1710년(숙종36) 7월 23일 세상을 떠난 이인엽(李寅燁, 1656~1710)을 애도하며 지은 글이다.《嘉梧藁略 冊16 戶曹判書李公墓碣銘》

72 우리 증조부 충익부군은 : 외증조 이시발(李時發, 1569~1626)을 말한다. 본디 저자의 증조부는 선조의 부마 서경주(徐景霌)이지만, 저자의 조부 서정리(徐貞履)의 장인이 이시발이므로 이렇게 말한 것으로 보인다. 이시발의 시호가 충익이다.

73 경종(景鍾) : 춘추 시대 진 경공(晉景公)이 주조한 종으로 진(秦)나라와의 전쟁에서 승리하여 그 공훈을 새겼다.《國語 晉語》

74 판서를……공께서는 : 이시발의 둘째 아들 이경휘(李慶徽, 1617~1669)를 말한다. 자는 군미(君美), 호는 묵호(默好)이며 이조 판서를 지냈다.

넓고 깊은 도량으로	恢弘淵偉
정승의 중망을 받았고	公輔碩望
선비들이 모두 칭송하였네	士類咸頌
선부군 상공[75]께서는	先府相公
풍채가 엄숙하였네	風猷簡重
모두 조정 현인의 으뜸으로	並首朝德
성대한 업적을 펼치려 하는데	盛業方敍
나이가 겨우 쉰을 넘기자	甫踰五旬
하늘이 모두 갑자기 빼앗아갔네	天奪俱遽
둘째 관찰공[76]은	仲觀察公
멍에 메어 달리기 시작하다가	脩駕始驚
중년에 갑자기 돌아가시어	中身奄終
품은 재주 펴지 못하였네	才蘊莫布
대개 공의 집안은	蓋公之家
대대로 동량의 재주 있었으나	奕世棟幹
하늘이 수명에 인색하여	嗇于仁壽
마침내 중도에 멈추고	遂輟中半
이루지 못한 사업을	未竟之業
공에게 계승하게 하여	以公承之
크게 드날리게 하여	俾大發揚

75 선부군 상공 : 이인엽의 부친 이경억(李慶億, 1620~1673)을 말한다. 자는 석이(錫而), 호는 화곡(華谷)이며 좌의정을 지냈다.

76 둘째 관찰공 : 이경억의 둘째 아들 이인병(李寅炳, 1651~1702)을 말한다.

아름다운 빛을 더하였네　　休光以增
더구나 지금은 오래 쇠퇴하여　　況今積衰
큰 집을 지탱하기 어려우니　　崇廈難支
반드시 어진 이를 뽑아야　　必先挺賢
유지할 수 있네　　以待維持
공이 태어난 것은　　寔公之生
우연이 아닌 듯하네　　似不偶然
공에게 세상 다스리는 일 기약하고　　期公經世
공이 장수를 누리기를 바랐네　　望公遐年
묘당의 계책과　　廟朝訏謨
군국의 계획　　軍國籌畫
공이 실로 총괄하여　　公實摠理
정신을 다해 계산하였네　　畢精究度
서울과 지방의 사업이　　中外事功
당시 가닥을 잡지 못하였는데　　時未就緖
폐지된 것 일으키고 기운 것 바로세우니　　起弊定傾
힘입어 거행되었네　　庶賴以擧
지위는 여전히 판서에 머물렀고　　位猶滯卿
나이는 겨우 예순을 넘겼는데　　齡廑踰艾
검은 머리 조금 변하고　　鬢毛少變
몸은 더욱 지쳤네　　體氣彌沛
한 가지 병 오래 앓았지만　　一疾雖淹
천지신명을 깊이 믿었는데　　深恃神明
어찌하여 하루아침에　　云胡一夕

호소해도 듣지 않는가	叫呼莫聆
저 푸른 하늘은	彼蒼者天
뜻이 과연 무엇인가	意竟何如
이미 중임을 맡기고서	旣畀之重
또 중도에 막았네	又抑中途
명문가의 충성스러운 계책	世家忠謨
오래 막혀 있다 한 번 폈네	九鬱一伸
나라 위해 죽어 몹시 애통하니	殄瘁慟深
어찌 공만 그렇겠는가	奚但公身
아, 슬프다	嗚呼哀哉
공이 처음 조정에 올랐을 적에는	公始登朝
봉황의 깃털[77] 너울거렸네	鳳羽翩躚
문아한 기풍 숙련되어	文雅練達
성대하게 높이 올랐네	藹然高騫
관서에서 진휼하고 황해도 관찰사 되어[78]	關賑海宣
치적이 겨우 드러났네	績著才見
중요한 임무 맡아	要任隆委
두루 다니며 모두 실천하였네	周流悉踐
특별한 지우 입었으니	受知特達
공은 더욱 감격하여 힘썼네	公益感勵

77 봉황의 깃털 : 399쪽 주48 참조.

78 관서에서……되어 : 이인엽은 1697년(숙종23) 봄 평안도 감진어사가 되었고, 이 해 겨울 황해도 관찰사에 임명되었다. 《嘉梧藁略 冊16 戶曹判書李公墓碣銘》

공의 정성을 살피고	察公忱誠
공의 집안 유념하였네	念公家世
높은 품계 더욱 높아져	孤秩彌尊
온갖 업무 모였네	百務是萃
단지 정승에 임명되지 않았을 뿐	特未大拜
실제로는 정승의 일을 행하였네	實行相事
어려움은 갈수록 심해지니	艱虞日棘
공은 목마르고 배고픈 사람처럼 하였네	公如渴飢
멀리 내다본 지극한 계책을	經遠至計
시기하는 자들이 무리지어 비방했네	忌者群訾
침착하고 독실하여	凝固篤實
거짓되고 가식적인 일을 단절하였네	事絶虛飾
나라 걱정에 애태우니	憂國熱心
금석도 녹일 만하였네	可融金石
시대의 기대가 모이고	時望所屬
성상이 마음을 쏟았네	上意所注
조만간 의정부에 올라	朝夕台司
우리의 훌륭한 재상이 되려 하였네	作我良輔
갑자기 돌아가셨다는 소식 들으니	喪告猝聞
성상께서 상심하셨네	震晝重宸
슬퍼하는 윤음 유난히 간절하여	哀綸特懇
신민을 감동시켰네	感動臣隣
사람들도 말하기를	人亦有言
공이 병에 걸린 이유는	公病所因

큰일을 모두 떠맡아　一埤擔鉅
오래 수고하여 정신을 상하였기 때문이라 하네　積勞損神
행여 오래 쉬었다면　倘得長休
조금 편안해졌을 것이네　或能少安
그러나 공의 생사는　然公死生
운수에 관계된 것이네　運氣所關
아, 슬프다　嗚呼哀哉
공의 자질 순수하고 아름다우며　公資粹美
효성와 우애 흠없이 갖추었네　孝友淳備
바탕과 꾸밈이 법도에 맞고　質文合度
온화함과 강직함으로 서로 조절하였네　和毅交劑
형수를 어버이처럼 섬기고　事嫂似親
조카를 아들처럼 돌보았네　撫姪如子
선조의 소박한 가업 지키니　守先薄業
집안 사람은 곤궁하였네　家人窘匱
성상이 돌아보며 놓지 않고　天眷不釋
시사는 갈수록 위태로워지니　時事愈殆
돌아보며 차마 떠나지 못하고　瞻顧未忍
머뭇거리며 기다렸네　遲徊以待
물러나 쉬려는 평소의 마음　休退素衷
자나깨나 유념하여 잊지 않았네　寤寐耿念
공은 고문을 지었으니　公爲古文
학문은 깊고 문장은 넉넉했네　學淵詞贍
법도가 전아하고 장중하여　規度典重

당세에 따를 사람 적었네	當世鮮及
대제학에 임명되었으니[79]	文衡之拜
성상의 발탁 실로 알맞았네	聖簡實協
공은 물러나 사양하였으니	公乃退讓
그 미덕을 더욱 볼 수 있네	益見其美
나는 어린 시절부터	余自丱弁
공과 함께 놀았네	同公嬉戲
공의 빼어난 풍채 사랑하니	愛公秀標
옆사람까지 비추었네	映帶傍人
아버지 사촌이라 항렬 높았으나	父從屬尊
나이가 비슷해 더욱 친하였네	年比愈親
조정에서 벼슬하게 되면서	逮宦于朝
나란히 일을 보았네	聯武周旋
중씨(이인병)를 곡하고부터는	自哭仲氏
서로 마주하며 슬퍼하였네	相對愴纏
나는 소활하여 쓸모 없고	余疎樗散
공의 재주는 세상에 두루 맞았네	公才周世
의문이 있으면 번번이 질문하고	有疑輒叩
가르침 받으면 깨달았네	被敎則契
험난한 시절에는	平陂之際
공에게 바라는 것 더욱 컸으니	望公甚大

79 대제학에 임명되었으니 : 이인엽은 1707년(숙종33) 대제학에 임명되었다. 《嘉梧藁略 冊16 戶曹判書李公墓碣銘》

문사구전[80]하여 함께 돌아가자며	問舍同歸
저 강가를 가리켰네	指彼江介
만사가 아득하여	萬事茫茫
모두 어찌할 줄 모르겠네	俱失所圖
나라는 기둥과 반석을 잃었고	邦隕柱石
조정의 윗자리 비어 있는 듯하네	朝右若虛
장남[81]이 몹시 닮았으니	長郎克肖
공의 일을 계승하리라	庶述公事
후손에게 후한 유산 남겼으니	遺羸在後
공이 위안으로 삼을 수 있으리	公可慰意
예전에 공이 병에 걸렸을 때	向公在疾
자주 찾아뵈어 마땅했건만	宜數省視
수응하기 힘들까 너무 염려하여	過慮酬接
찾아뵈려다 누차 그만두었네	將進屢止
끝내 손잡고 영결하지 못했으니	終違執手
마음에 맺혀 한이 되었네	蘊結茹恨
우아한 용모와	華雅之容
담박한 운치가	沖曠之韻
눈에 선하니	森然心目

80 문사구전(問舍求田) : 일신의 계책을 위해 집과 밭을 구한다는 말로, 여기서는 관직에서 물러난다는 뜻이다. 《三國志 卷7 魏書 陳登傳》

81 장남 : 이하곤(李夏坤, 1677~1724)을 말한다. 자는 재대(載大), 호는 담헌(澹軒)이다.

언제 잊으랴	何日而忘
조카는 몹시 노쇠하여	姪甚凋謝
오랫동안 병석에 있었네	久病在牀
발인할 날이 가까워지니	出塴期近
영결하러 와서 술잔을 올리네	來訣薦觴
마음을 쏟아내어 글을 짓고	寫臆爲辭
한번 통곡하니 애가 끊어지네	一慟摧腸
아, 슬프다	嗚呼慟哉

이정 종숙부에 대한 제문 신묘년(1711, 숙종37)

祭李正從叔公文 辛卯

아, 슬픕니다. 예전의 황숙도(黃叔度)와 후세의 원노산(元魯山)[82] 두 군자는 아름다운 덕과 높은 운치가 백 대에 드문 사람이었습니다. 사람들이 모범으로 삼고자 하였으나 할 수가 없어 지금까지도 남은 광채가 가득합니다.

지금 우리 공에 대한 칭찬을 두 군자와 견주어보면 그 덕이 비슷합니다. 그러나 저 소자가 감히 생각하기에 공의 깊고 아름다운 도량은 숙도와 비슷하나 문채는 더 훌륭하고, 깨끗하고 고상한 지조는 노산과 같으나 몸가짐은 더 뛰어납니다. 더구나 공의 분명하고 확고한 식견과 장엄하고 올바른 논의는 이해를 따지고 남을 따르는 세속적인 뜻이 전혀 없으니, 당시 두 군자도 이러한 점이 있었는지 모르겠습니다. 아, 지금 세상에서는 우리 공과 같은 분을 다시 볼 수 없습니다.

공은 타고난 자질이 몹시 훌륭하여 가정에서는 효성과 우애가 충만하고 벗을 사귈 적에는 충실하고 미더웠습니다. 백성을 다스릴 적에는 어질고 사랑하는 마음이 간곡하였고, 직임을 맡아서는 청렴하고 삼가는 태도로 법을 지켰습니다. 담박하고 간략하여 한 가지 일도 영위하지 않았으며, 세상의 모든 사치와 기호에 조금도 마음을 얽매인 적이 없었

82 황숙도(黃叔度)와 후세의 원노산(元魯山) : 황숙도는 후한(後漢)의 황헌(黃憲)이며, 원노산은 당(唐)나라의 원덕수(元德秀)이다. 두 사람 모두 은자로서 맑은 인품으로 명성이 높았다. 《後漢書 卷83 黃憲列傳》《新唐書 卷194 元德秀列傳》

습니다. 평상시 몸가짐을 바로잡아 기쁜 마음으로 따르고 공경히 자숙하여 마치 남과 그다지 다름없는 듯하였습니다.

공은 비록 학문으로 자처하지는 않았으나 지조가 단정하고 순수하여 일생의 언행이 저절로 그러한 데서 나오지 않은 것이 없었습니다. 옛말에 이른바 '실지에 발을 딛는다.〔脚踏實地〕'라는 말이 공에게 거의 가까울 것입니다. 공을 아는 사람은 입을 모아 어진 군자라고 하였으니, 이것이 어찌 이유 없이 그러한 것이겠습니까.

만약 공이 조정에 엄숙히 있으면서 당시의 모범이 되었다면 성대한 명성과 공업으로 필시 선대의 미덕을 계승하였을 것입니다. 포의 시절부터 사우들이 정승이 되리라고 기대하였으나 끝내 불우하여 관직이 고을 수령에 그쳤습니다. 하늘이 단지 장수하고 건강한 복만 주어 쌓인 덕을 베풀 길이 없었으니 숙도 등 여러 공과 다름이 없습니다. 이것이 우리 공에게 무슨 손해가 되겠습니까. 그러나 논하는 군자들이 어찌 한탄과 유감을 금할 수 있겠습니까.

아, 공은 나의 선친과 나이차가 네 살이었기에 형제 사이에 우애가 가장 깊었습니다. 만나면 반드시 날이 저물도록 시간을 보냈으니, 소자는 어린 시절 곁에서 시중 들 적에 비록 아는 것은 없어도 참으로 이미 훈도를 받고 심복하였으니, 가까이하고 우러르기가 거의 여러 숙부의 으뜸이었습니다. 세상 일에 눈뜬 뒤로 공의 아름다운 덕을 더욱 우러르며 진심으로 지금 세상에 스승이 될 만한 분은 우리 공 뿐이라고 여겼습니다. 그러나 소활하고 어리석은 탓에 늘 그 정성을 펴지 못한 경우가 많았습니다. 외가에 상화(喪禍)가 거듭되어 지난 가을 판서공께서 장수하지 못하고 돌아가셨고, 이번에는 우리 공이 또 갑자기 돌아가셨습니다. 소자는 어버이를 잃고도 죽지 못하였는데 일가에 우러르며 의지할 사람이 없습니다. 이번 생애에는 세상에서 여러 부형이 지난날 단란히 모여 화락하게 지내던 즐거움을 다시 볼 수 없습니다. 아, 이 슬픔을 차마 말할 수 있겠습니까.

발인하는 날이 다가와 술잔을 올리며 곡하고 영결합니다. 정신이 사그라들어 속마음을 다 말하지 못하고, 덕스러운 용모를 사모하여 슬픔에 마음이 무너집니다. 삼가 바라건대 영령께서는 미천한 정성을 굽어살피소서. 아, 슬픕니다.

애사 哀辭

환 할멈에 대한 애사[83] 병진년(1676, 숙종2)

哀環嫗辭 丙辰

아, 할멈이여. 그대의 뼈와 살은 모두 썩어 먼지가 되었으며, 그 기운은 흩어져 흘러가는 바람이 되었다. 그러나 그 자질이 맑고 밝아 필시 혼령이 있을 것이다. 혼령은 형체를 따라 사라지지 않으니, 내가 하는 말을 할멈이 어찌 듣지 못하겠는가.

아, 예전에 할멈이 병이 위독해져 임종을 앞두고 신신당부하며 몹시 애처로운 말로 호소하기를,

"반드시 저를 나산(羅山 도라산) 옆에 장사지내주십시오. 이 말을 저버리지 마십시오."

하였으니, 비단 죽음을 앞두었을 때만 그러한 것이 아니라 평소 어른들을 대할 적에 이야기가 죽은 뒤의 일에 미치면 그때마다 반드시 이렇게 부탁하였으니, 그 뜻이 몹시 간절하였다.

83 환……애사 : 이 글은 박환(朴環)을 애도하기 위해 지은 것이다. 박환은 저자의 집안 여종이며, 74세로 세상을 떠났다. 박환의 생애는 본권에 실려 있는 〈환 할멈의 일을 기록하다〉에 자세하다.

아, 할멈이 죽은 지 벌써 5년이 지났다. 서쪽 교외에 임시로 매장하고 흙으로 겨우 덮은 곳이 아직도 덩그렇다. 장맛비에 깎이고 풀이 무성하며 명절에 올리는 한 그릇 제수도 마의(馬醫)나 농부의 귀신[84]만도 못하다. 지금부터 몇 년이 지나면 곧장 덩그렇고 황량한 언덕이 될 것이니, 누가 다시 할멈 그대가 묻힌 곳인 줄 알겠는가. 살아서는 외롭고 곤궁하였으며, 죽어 돌아가서는 묻힌 곳을 즐거워하지 않으리니, 할멈은 필시 땅속에서 통한을 머금고 눈을 감지 못할 것이다. 내가 일이 있어 서쪽 교외에 가면 늘 할멈이 묻힌 곳을 바라보고 예전에 한 말을 생각하고 머뭇거리며 눈물을 흘렸으니, 할멈이 어찌 모르겠는가.

처음에 할멈을 교외에 임시로 매장하였던 것은 당시 날씨가 몹시 추워 관을 싣고 북쪽으로 가기 어려웠기 때문이었다. 처음에 할멈을 얕은 땅에 장사지내고 봉분도 만들지 않았던 것은 장차 달이 바뀌면 이장할 것이고, 해를 넘기지는 않을 것이라 여겼기 때문이었다. 몇 해 동안 우리 집안에 일이 많아 도모할 겨를이 없었던 것이지, 할멈을 박대하여 잊어버린 것이 아니다. 할멈이 어찌 모르겠는가.

나는 할멈에게 간곡한 부탁을 받았는데, 오늘날에 이르러 집안이 환난을 당하여 통한이 뼈에 사무치고 형체는 귀신과 같으니, 실로 잊어버릴 때도 있고 그렇게 할 겨를도 없다. 조금 안정되기를 기다려 힘써 할 수 있는 겨를이 있으면 할멈을 도라산 아래로 이장하는 일을 도모하

84 마의(馬醫)나 농부의 귀신 : 당(唐)나라 유종원(柳宗元)의 〈경조윤 허맹용에게 보내는 편지〔寄許京兆孟容書〕〉에 나오는 "마의와 농부의 귀신도 모두 자손에게 제사를 받는다."라는 말을 인용한 것으로, 미천한 사람들의 귀신이라는 뜻이다.

여 할멈의 혼백이 땅속에서 편안히 지내고 황량한 산의 굶주린 귀신이 되지 않게 할 것이다. 아, 내가 어찌 차마 저버리겠는가.

그러나 한 가지 할 말이 있으니, 이를 거론하여 할멈의 마음을 누그러뜨리고자 한다. 사람이 길에서 죽어 땅강아지와 개미의 먹이가 되는 경우가 있으니, 그대는 후하게 장사지낸 것이다. 떠돌아다니다 이역에서 나그네 귀신이 되는 경우가 있고, 장사지낸 뒤에 도둑이 파헤쳐 수의를 훔쳐가는 경우도 있으니, 그대는 편안히 땅 속에 있는 것이다. 아, 할멈이여. 이 점을 위안으로 삼을 수 있을 것이다.

나는 할멈의 행실을 가상히 여겨 전(傳)을 지어 기록하였고, 또 이 글을 지어 애도하며 노래를 덧붙인다. 노래는 다음과 같다.

서산의 언덕이여	西麓兮陂陀
가시나무 무성하여 그대의 무덤 덮었네	荊棘蓁蓁兮被爾藏
여우와 토끼가 모여 사람을 물어 해치고	狐兎集兮啄害人
산 귀신의 도깨비불 빛나는구나	山魈兮燐煌煌
나산 아래에 그대의 무덤을 정하여	相爾宅兮羅之下
그대가 돌아가게 하면 참으로 좋으리	得爾歸兮允臧
산은 울창하게 얽혀 있고	山鬱鬱兮交縈
땅은 아름답고 굳세니	土且美而剛
비석을 새기고 무덤을 깊이 파서	鑱石兮厚隧
그대의 무덤을 세워 오래가게 하리라	封爾兮俾爾康
나물과 술로	蘋藻兮椒漿
그대에게 제수로 올려 그대의 양식을 갖추니	羞爾兮備爾爲粮
혼이여, 이 언덕을 즐거워하고	魂兮樂斯丘

성내며 방황하지 말라　毋爲厲兮遑遑
드높은 파산에 다리를 놓을 수 있으니　坡山崔崔兮可梁
넘실거리는 물가에 있어도 옷을 적시지 않고 건널 수 있네
臨水瀰瀰兮不濡裳
혼이여, 그대의 행장을 꾸려　魂兮修爾裝
돌아와 그대의 무덤으로 돌아가라　歸來兮就爾幽堂

김우경 성신 군에 대한 만사[85] 갑자년(1684, 숙종10)
金君 聖臣 遇卿挽 甲子

경천 김우경 군은 정승 집의 자제로[86] 젊어서 밝고 영특하였으며, 사부(詞賦)를 잘 지어 과거 시험장에서 이름났다. 내면을 살펴보면 또 효성스럽고 우애 있는 행실이 익숙하였다. 여러 어른과 벗들은 모두 군이 아름다운 옥과 좋은 재목 같은 그릇이라 여기며 반드시 성취하여 세상에 쓰일 것으로 기대하였다. 그런데 겨우 진사시에 합격하여 나이 서른 한 살에 우연히 병에 걸려 1년 동안 앓다가 죽었다. 또 그가 죽던 날이 태부인께서 돌아가신 달이었기에[87] 들은 사람들은 더욱 애통해 하고 눈물을 흘리며 서로 조문하기를,

"재주가 뛰어났는데도 드러내지 못했으니 애석하구나. 아, 그의 죽음은 또 얼마나 슬픈가."

하였다. 그와 교유한 벗 달성 서 아무개는 '사람의 군자는 하늘의 소인이다.'[88]라는 말을 가지고 조물주에게 따지고 싶지만 할 수가 없다. 그

85 김우경……만사 : 이 글은 1684년 2월 3일 세상을 떠난 김성신(金聖臣, 1654~1684)을 애도하며 지은 것이다.《明谷集 卷24 成均進士金君墓碣銘》
《明谷集 卷24 成均進士金君墓碣銘》 본권에 〈작고한 벗 진사 김우경 전〉이 실려 있다.

86 정승 집의 자제로 : 김성신의 고조는 좌의정을 역임한 김명원(金命元)이다.

87 그가……달이었기에 : 김성신의 모친 풍양 조씨(豐壤趙氏)는 이해 1월 18일 세상을 떠났다.《明谷集 卷26 贈貞敬夫人豐壤趙氏墓誌銘》

88 사람의……소인이다 :《장자》〈대종사(大宗師)〉의 "하늘의 소인은 사람의 군자이고, 하늘의 군자는 사람의 소인이다."라는 말을 인용한 것이다. 도를 깨우친 사람은

리하여 그의 장례를 앞두고 마침내 애사를 지어 슬픔을 달랜다. 그 애사는 다음과 같다.

끝없는 태허는 조화를 일삼으니	太虛坱圠而綷化兮
순수하고 밝은 참된 기운을 감싸고 있네	苞眞氣之粹明
위아래로 두루 흘러	周流兮上下
간혹 사물에 밝고 신령한 기운 부여하네	間賦物以炳靈
갑자기 퍼뜨리고 갑자기 거두니	倏以播兮倏以斂
조금 흘리고는 곧 닫아버리네	蓋少洩而旋閟
우거진 가시덤불 속에서	叢棘兮蓁蓁
고운 지초와 난초가 먼저 시들고	芝蘭秀林而先萎
사나운 부엉이가 어지러이 나는 가운데	鴟鴞厲而紛紛兮
세상에 드문 난새와 봉황이 빛을 감추네	鸞鳳間世而閟輝
아, 사물에서 찾아보아도 모두 그러하니	嗟嗟求諸物而皆然兮
그대에 대해 또 무엇을 슬퍼하리오	而于君又何悲
기운은 빼어나고 정신은 맑으며	氣秀而神淸兮
행실은 도탑고 재주는 뛰어났네	行淳而材茂
찬란한 도덕과 기예에 힘입어	被道藝之璀璨兮
마침내 문단에서 빛을 발하였네	遂炳烺乎文囿
이미 정밀하고 아름다운 기운을 받았으니	鍾稟之旣精且美兮
하늘은 오랫동안 빌려주어야 마땅한데	天固須假之亦久
홀연 이 빼어난 인물만 거두어가니	忽獨收此英爽兮

세속의 예교(禮敎)에 구애받지 않는다는 말이다.

더러운 속세를 떠나 청도[89]로 나아갔네　卽清都而超濁墟
참으로 조물주가 주관하는 일이니　寔大化之攸尸兮
처음으로 되돌린 것이라네　爰返之乎厥初
통곡하는 자들은 지혜롭지 않아　噭噭者之不智兮
이치는 알 수 없고 의심스럽다 말하네　謂理芒昧而可疑
아, 죽은 자는 애통한 마음 품었으리니　嗟哉逝者之含痛兮
지각이 있는가 없는가　無知有知
어머니의 방과 아들의 방에　高堂兮子舍
나란히 드리운 빈소 휘장이 나부끼네　繐帷襜襜兮雙垂
색동옷은 상자에 있고　斑綵兮在篋
상복은 침상에 있네　苴衰兮在牀
아, 사람의 이치는 지극히 슬프니　嗟嗟人理之至哀兮
또 어찌 길이 상심하지 않으리오　而又何其不永傷

89 청도(清都) : 천제(天帝)가 사는 궁궐이다.

김군 진악 에 대한 만사[90] 경오년(1690, 숙종16)

金君 鎭岳 挽 庚午

복잡한 조화의 기틀은 아득하니	窅哉化機之糾錯兮
주고 빼앗는 것 누가 주관하는지 알 수 없네	莽予奪之孰尸
특별히 빼어난 아름다운 재주를 주고나서	旣畀才美之特秀兮
곧 다시 중간에 꺾어 손상시키네	輒復中椓而虧之
장길과 돈부[91]의 무리를	長吉敦夫之流兮
세상 사람들이 슬퍼하고 탄식하였네	世爲之惻惻而嘻嘻
지금 광산의 자제가 요절하였으니	今夫光山子之夭歿兮
나는 하늘이 없다고 더욱 의심하네	余尤竊疑其無天
슬피 혀를 차고 원망하니	悲咤而怨懟兮
마음이 답답하여 풀리지 않네	懷鬱結而不宣
구름과 노을을 넘어 하늘에 올라	軼雲霞而登天閽兮
사명[92]을 불러 앞으로 오게 하네	招司命而使前
내가 마침내 열거하여 하소연하며	余遂列而愬之兮
그 이유를 따졌네	以詰其然

90 김군에 대한 만사 : 이 글은 1690년 세상을 떠난 김진악(金鎭岳, 1673~1690)의 만사이다. 《疎齋集 卷10 金甥鎭岳詩稿序》《芝村集 卷20 蘭谷稿跋》

91 장길과 돈부 : 장길은 당(唐)나라 시인 이하(李賀), 돈부는 송(宋)나라 시인 형거실(邢居實)이다. 모두 재주가 뛰어났으나 요절하였다.

92 사명(司命) : 사람의 수명을 관장하는 별이다.

"옛적 어리고 빼어난 자가 요절한 것은 曰昔幼秀之無年兮

대부분 타고난 기질이 온전하지 않았기 때문이네 多繇鍾稟之弗克全

저 사람들은 그 기질이 들뜨고 천박하여 彼子者其氣浮躁而淺迫兮

문채가 넘쳐 겉으로 드러났네 藻采溢其外露

아름다운 광산의 자제는 婉婉兮光山子

침착하고 넓은 도량 넉넉하였네 蔚有沈凝之遠度

아름다운 재목이 막 싹터 杞梓之始茁兮

빽빽하게 골짜기에 높이 솟았네 森森聳壑之具

저 사람들은 몸이 문약하고 여위어 彼子者其軀文弱而癯寒兮

병이 그 연약한 틈을 탔네 扎瘥乘其脆薄

영특한 광산의 자제는 英英兮光山子

지극히 기운이 온전하고 용모가 윤택했네 充乎氣完而貌澤

물에서 나온 명마의 망아지 같아 天駒之出水兮

바람처럼 빠른 골격 아름다웠네 奕奕追風之骨

저 사람들의 글은 지나치게 맑고 너무 빨랐으니 彼其人詞過淸而太蚤兮

아침에 피었다가 저녁에 지는 여린 꽃 같았네 同弱葩朝艷而夕亡

광산의 자제가 지은 글은 光山子之爲文兮

깊이 쌓여 그 빛이 은은하였네 渾深蘊積而闇然其光也

장중한 함지의 음악[93]처럼 沈沈咸池之音兮

연주할수록 더욱 유장하였네 發之而彌長也

저 사람들은 뭇사람 업신여기고 재주를 자랑하여

93 함지(咸池)의 음악 : 황제(黃帝)의 음악이다.

彼其人傲衆而矜能兮

성취를 시기하고 비방을 좋아하는 조물주에게 해를 입었네

被造物忌成而喜毁

광산의 자제는 몸가짐이 光山子之持己兮

온순하고 순수하며 피하는 것처럼 삼갔네 溫遜質粹而斂焉若避也

반짝이는 보광검[94]의 칼끝을 湛湛步光之鋒兮

감추고 시험하지 않았네 韜之而不試也

이 여러 가지 미덕을 간직하였으니 儲厥衆美兮

진보를 헤아릴 수 없었네 其進之不可涯也

일찍 깨달음이 옛사람과 같았으니 夙悟則同乎古人兮

요절을 초래할 이유가 광산의 자제에게는 전혀 없었네

其所以致夭傷者光山子皆無之

멀리 내달려 재주를 드러내고 宜遠騖而發揚兮

명문가의 명성 이어야 마땅한데 襲大家之休聲

어찌하여 우리 선량한 사람을 갑자기 빼앗아 胡遽奪乎我良兮

구천으로 광채를 거두게 하였나 戢炯炯於九京

색동옷은 상자에 있고 斑綵兮在篋

젊은 아내는 의지할 곳 없네 弱婦兮靡依

금슬은 빈소 휘장으로 덮고 繐帷掩於寶瑟兮

시집올 때 입은 옷은 상복으로 변했네 素髻變於嫁衣

아, 사람의 이치가 지극히 슬프니 嗟嗟人理之至哀兮

하늘은 어찌하여 차마 이렇게 하는가 天胡爲乎忍斯

94 보광검(步光劍) : 고대의 명검이다. 《史記 卷67 仲尼弟子列傳》

부디 그 흩어진 혼령을 불러　　願下招其散魂兮
형체를 회복시켜 돌려보내기 바라네　　復形質以返之
만약 내 호소를 따르지 않는다면　　苟我籲之無從兮
참으로 귀신이 노하고 이치가 어그러질 것이네."　　信哉鬼奰而理盭
사명은 발끈하여 승복하지 않고　　司命怫然而不服兮
마침내 얼굴을 들고 대답하였네　　遂彊顔而爲對
"저 신령한 도탑고 정밀한 기운이　　曰彼淳精之靈靈兮
간혹 사물에 부여되어 빛나니　　間賦物而炳烺
참으로 잠깐 내었다가 곧바로 막아서　　固宜少出而旋靳兮
거두어 청도와 제향[95]으로 속히 돌려보냄이 마땅하네
斂而亟返之于淸都與帝鄕
더구나 지극한 보배는 조물주도 지키지 못하니
況至寶造化亦不能護持兮
본디 무너지기 쉽고 성취하기 어렵네　　本易壞而難就
예로부터 한결같았는데　　自古而一軌兮
어찌 그대는 어리석게 나를 탓하는가."　　何子之不智而予咎
나는 다시 힐난할 말이 없어　　余無辭以復難兮
홀로 묵묵히 있노라니 마음 아프네　　獨默默而神疚
양주의 강은 흰 돌이 깨끗하고　　楊之江兮白石粼粼
양주의 산은 계수나무 숲 무성하네　　楊之山兮叢桂幽幽
옛적 그대와 함께 소요하며　　昔與子兮夷猶
책을 들고서 서로 수창하였지　　執篇牘而交酬

95 청도(淸都)와 제향(帝鄕) : 모두 신선이 사는 거처로 여기서는 저승을 말한다.

악광과 위개가 얼음과 옥처럼 서로 비추니[96]　樂衛之氷玉相映兮
나는 늘 더러운 몰골 부끄러웠네　余每愧乎形穢
남은 즐거움 또렷하여 잊을 수 없어　耿餘樂之不可忘兮
옛 풍모 생각하며 눈물 흘리네　遡流風而沾涕

96 악광(樂廣)과……비추니 : 모두 진(晉)나라 사람으로 장인과 사위 관계였는데, 당시 사람들이 "장인은 얼음처럼 깨끗하고 사위는 옥처럼 윤택하다.' 하였다.〔婦公冰淸, 女壻玉潤.〕" 하였다.《晉書 卷36 衛玠列傳》 여기서는 망자 김진악과 그의 장인 이희조(李喜朝)를 말한다.

박 유인에 대한 애사[97] 계유년(1693, 숙종19)

朴孺人哀辭 癸酉

나의 숙부 전성(全城 전의(全義)) 이군(李君) 계상씨(季祥氏 이징하(李徵夏))에게는 어진 며느리 박 유인이 있었다. 성품은 단정하고 지혜로우며 몹시 유순하여 시부모에게 깊은 환심을 얻었다. 얼마 후 숙부가 집안 살림을 도맡으라고 명하니, 제사를 받들고 음식을 차리는 일이 모두 법도에 맞아 질서정연하였다. 친척들은 너도나도 칭찬하고 종들도 다른 말이 없었다.

유인은 시집 가기 전에 부녀자의 몸가짐을 익혔고, 시집 와서는 좋은 짝이라 일컬어졌으며, 시부모를 섬기면서 가난을 잊게 하였다. 그 미덕이 갖추어졌으니 장수를 누려야 마땅한데, 우연히 병에 걸려 갑자기 일어나지 못했고 또 미처 아이를 낳지 못하였다. 나이는 예서(禮書)에서 말한 겨우 계례(笄禮)를 치른 때였다.[98] 타고난 기운이 맑은 자는 요절하기 쉽고, 빼어난 자는 온전하기 어려우니, 이것이 어찌 남자만 그렇겠는가. 유인에게는 참으로 하늘이 없었으니 슬프구나.

유인의 부친은 고(故) 학사 박사안(朴士安 박태유(朴泰維))이다. 친가와

97 박……애사 : 이 글은 1693년 3월 8일 세상을 떠난 반남 박씨(潘南朴氏, 1675~1693)를 애도하며 지은 것이다. 반남 박씨는 박태유(朴泰維)의 딸이며 이덕부(李德孚)의 아내이다.《西溪集 卷9 李德孚妻墓誌銘》

98 나이는……때였다 :《예기》〈내칙〉의 "여자는 15세에 비녀를 꽂고, 20세에 시집간다.〔十有五年而笄, 二十而嫁.〕"라는 말을 인용한 것이다. 반남 박씨는 19세에 세상을 떠났다.

외가가 모두 명문가로 법도가 있었으니, 사람들은 유인의 유순하고 아름다운 행실이 대부분 집에서 배운 것인 줄 안다. 유인이 죽은 뒤로 숙부는 나와 이야기할 때마다 눈물을 줄줄 흘렸는데 그 말이 몹시 슬펐다. 장사지낼 적에 내가 슬퍼하여 애사를 짓는다.

아, 현숙하고 아름다운 유인이여	嘻嘻孺人之淑美兮
일찍 재앙을 만났네	夙釁其罹
시집 가기 전에 아버지를 잃고	未字而失怙兮
어릴 적에 어머니 사랑 받지 못했네	弄瓦而無慈
다행히 신령이 도와 중간에 넉넉해져	幸神祐之中裕兮
명문가에 시집갔고 남편도 훌륭했네	嬪名族兮壻又佳
중간에 상을 당했으나 즐겁고 편안했고	中銜恤而樂康兮
남편이 집에 있어 금슬이 몹시 좋았네	寶瑟在堂兮甚諧
마땅히 그 복록을 끝까지 누리며	宜終綏其福履兮
장수하고 후손이 많아야 하네	永其年而侁其纘
어둡고 아득한 조물주는	㮕化者之冥冥而茫茫兮
어찌하여 유인에게 혹독하였나	何于孺人而酷之
예로부터 규방의 복은	自古閨門之祉兮
늘 절반만 얻고 온전히 누리는 사람 드물었네	每得其半而鮮全昌
어찌 이처럼 세상에서 외로운 처지로	豈若玆之畸於世兮
처음부터 끝까지 모두 마음 아픈 경우 있겠나	始與終其俱可傷
나이가 젊은 시절부터	其齡之在沖兮
유순한 아름다움 이미 드러났네	婉令美之已章
만약 장수하여 더욱 진보하였다면	倘假年而彌進兮

규방의 법도가 속세의 모범이 되어 빛났으리	庶壼彝之範俗而煌煌
양주의 산은 울창하니	楊之山兮鬱鬱
그 땅은 아름답고 굳건하네	其土美而剛
남긴 귀고리를 싸서 옛 향렴에 넣어	包遺珥兮飾舊奩
밝은 달빛 같은 모습을 여기 깊이 묻었네	深深藏此明月光

유사 遺事

내제 이자진 유사[99] 을묘년(1675, 숙종1)

內弟李子鎭遺事 乙卯

연안 이자진 군 중조(重朝)는 나의 맏외숙 청호(靑湖 이일상(李一相)) 판서공의 둘째 아들이다. 어릴 적부터 헌걸차고 명석하여 영특하기가 남보다 빼어났다. 강직한 논의를 지켜 조금도 구차하지 않았으며, 도량이 이미 몹시 빼어났다. 집에 있을 적에는 자제의 잘못을 저지른 적이 없었다. 14세에 부친을 잃었는데 어른처럼 엄격하게 상제(喪制)를 지켰다.

판서공이 살아 있을 때부터 번거롭게 가르치지 않아도 여러 책을 널리 연구하였다. 남들이 정신을 다해 간신히 하는 것도 군은 한번 보면 곧 이해하여 스스로 도달한 경지가 있었다. 얼마 후 또 계부 정관재(靜觀齋 이단상(李端相)) 선생에게 배워 더욱 수렴하고 진작시켰다. 간혹 문장에 제법 힘을 다해 그 속에 빠져 근원을 축적하여 점차 성취를 이루려 하였으니, 마치 먼 바다로 나가는 큰 배가 아직 해안을 떠나지

99 내제 이자진 유사 : 이 글은 저자의 외사촌 이중조(李重朝, 1653~1674)의 생애를 기록한 것이다.

않은 것 같았고, 형산(荊山)의 옥돌을 파내어 다듬었으나 아직 시장에 가지 않은 것 같았다. 그러자 명성이 차츰 알려져 함께 어울리는 재주 있는 사람들이 모두 휘둥그레 앞을 양보하고 감히 바라보지 못했다. 여러 어른들은 모두 한결같이 재주 있다고 여기며 장차 군이 큰 재목이 될 것이라고 기대하였다. 그런데 군은 우연히 병에 걸려 4년 동안 앓다가 마침내 일어나지 못했다. 향년은 22세였으며 혼인은 하였으나 후사가 없다. 아, 슬프다.

사람이 이 지경에 이르렀는데도 어떤 이는 "그래도 하늘의 도가 있다."라고 하지만, 이것이 어찌 사리를 알고 하는 말이겠는가. 저 맑고 순수한 기운은 천지가 아끼는 것이니, 비록 어쩌다 사물에 부여하더라도 갑자기 모았다가 홀연히 거두고 조금 내었다가 곧 막아버리는 것인가. 또 희귀한 보배는 비단 조물주만 아끼는 것이 아니니, 조물주 역시 잡고 지킬 수 없어 중간에 손상시키는 경우가 많아 성취시키기 어려운 것인가. 지금 올빼미 같은 악인이 천하에 가득한데 기린과 봉황 같은 인물이 세상에 드물게 한 번 나타나며, 지초와 난초는 심어도 시들기 쉽고 가시나무는 베어도 싹이 난다. 아, 이것이 어찌 이유가 없겠는가.

나와 군은 임진년(1652, 효종3)과 계사년(1653)에 태어나 순서대로 형제가 되었으나 그 의리가 어찌 벗과 다르겠는가. 뒤늦게 가장 뜻이 맞았는데, 매번 볼 때마다 군은 조금 술을 마시면 곧 취하여 의기양양하게 소리높여 시를 읊고, 얼마 후 마음껏 술병을 두드리며 강개한 마음으로 크게 탄식하고는 말을 잇지 못했으니, 그 풍도는 참으로 걸출하였다.

내가 세상의 정승 집안 자제들을 보니 글과 말로 자랑하기를 힘쓰는데, 군은 겸손히 그 예봉을 거두었다. 문장을 잘하는 자들은 들뜨고 명성과 이익에 힘쓰는 경우가 많은데, 군은 편안하게 조용한 태도를 지켰다. 기상이 높으면서도 오만하지 않았고, 뜻이 평범하면서도 속되지 않았다. 나는 평소 군에게 심복하였는데, 그가 지극한 경지를 겸비하였다는 점에 더욱 심복하였다.

사찰과 산가에서 기쁘게 놀고 시를 읊조리던 즐거움이 어제 일처럼 완연하고 난새 같은 용모가 아직도 내 눈에 선한데, 죽은 사람은 살리기 어렵고 언덕을 덮은 무덤의 풀은 이미 한 해가 지났다. 마침내 눈물을 훔치고 그 개략을 서술하여 사람과 거문고가 모두 사라졌다는 대령(大令)의 감상을 담는다.[100] 아, 후세에 현명하고 글재주가 있으면서 장수하지 못한 자를 알고자 한다면 이자진이라는 사람이 있으니, 그는 아마도 표범 가죽의 무늬 하나[101]와 같을 것이다.

100 사람과……담는다 : 진(晉)나라 왕헌지(王獻之)가 죽자 형 왕휘지(王徽之)가 그의 거문고를 가져다 연주하였는데, 한참이 지나도록 소리가 조화를 이루지 못하자 "사람과 거문고가 모두 사라졌다.〔人琴俱亡〕"라고 탄식했다.《晉書 卷80 王羲之列傳 徽之》 대령은 본디 중서령(中書令)을 지낸 왕희지(王羲之)를 가리키는 말인데, 저자가 왕휘지로 착각한 듯하다.

101 표범……하나 : 전체를 보지 못하고 일부만 보았다는 뜻이다. 진나라 왕헌지(王獻之)가 어릴 적 도박하는 사람들에게 훈수를 두자 어떤 이가 "대롱으로 표범을 보면 한 점의 무늬만 보인다."라고 조롱하였다.《世說新語 方正》

당제 군득 진사군 유사[102] 경오년(1690, 숙종16)

堂弟君得上舍君遺事 庚午

나는 세상일을 알게 된 뒤로 많은 사람을 겪었다. 친척부터 사귀는 벗에 이르기까지 젊은 나이로 명성을 날리고 뛰어난 글재주와 선량한 행실을 지닌 사람이 없지는 않으나, 여러 미덕을 모두 갖추어 말할 만한 작은 흠도 없는 사람으로 우리 군득과 같은 사람은 보지 못했다. 군의 지기가 남보다 훨씬 뛰어나다는 점은 말할 것도 없고, 그 쌓인 아름다운 재주를 드러내면 이 세상에 큰일을 하고 선대의 업적을 빛냈을 것이다. 나는 항상 군에게 크게 기대하였는데, 불행히 장수하지 못하고 갑자기 세상을 떠났다. 아, 이런데도 하늘의 도가 있다고 할 수 있겠는가.

나는 누차 어린 아우와 아이를 잃었다. 대개는 잊어버렸으나 때때로 슬픔이 저절로 마음 속에서 움직여 오래될수록 그치지 않는다. 군을 곡한 지 지금 7년이 되었는데, 생각할 때마다 서글프고 아픈 마음을 견디지 못하니, 아우와 아이를 슬퍼하는 마음과 거의 비슷하다. 교분이 돈독하였으므로 천륜(天倫)을 잃은 슬픔과 그다지 다르지 않은 것이다.

군은 나보다 6세가 어린데, 나는 그의 어린 시절 일을 기억한다. 군은 태어나면서부터 수려하였으며 빼어나고 성숙하였다. 조금 자라자 더욱 헌걸찬 풍모가 있었으며, 얼음과 옥처럼 깨끗하여 밑바닥까지

102 이 글은 저자의 사촌 서종로(徐宗魯, 1658~1684)의 생애를 기록한 것이다.

들여다보였다. 기운이 빼어나고 자품이 온화하며 바탕이 순수하고 재주가 뛰어나 마주하면 편안하고 온화하며, 다가가면 공손하고 맑았다. 부모의 사랑이 유난히 깊었으나 항상 온화한 용모와 즐거운 낯빛으로 집안에서 기뻐하였으며, 자제의 잘못을 저지른 적이 없었다. 사람들과 함께 있을 적에는 하루 종일 말해도 아첨하는 말 한 마디 꺼내려 하지 않았다. 비록 뭇사람을 따라서 과거 공부를 했지만 진취에 급급하는 마음이 없었다. 특히 일체의 여색과 재물에 담박하여 그다지 좋아하는 것이 없었다. 그밖의 여러 행실이 찬란하여 그 미덕을 이루 다 쓸 수 없다.

번거롭게 일과를 정해 독촉하지 않아도 스스로 학업을 부지런히 하고 책을 좋아하여 읽지 않은 것이 드물었다. 관례를 치를 나이가 되자 이미 스스로 고문사를 공부할 줄 알았으며, 글을 지으면 종종 대가의 경지에 도달하여 소리와 광채가 찬란하였다. 성품이 영민하기가 남보다 뛰어났으므로 애써 정신을 쓰지 않아도 이미 그 뜻을 궁구하여 이해하였다. 만약 오래 살아 힘닿는 데까지 더욱 궁구하였다면 그 성취가 어찌 끝이 있었겠는가.

늘 방안에 조용히 있으면서 날마다 책을 스스로 즐기며 간혹 꽃과 대를 읊었다. 술을 조금 마시고 시를 읊으면 초연하여 충담한 흥취가 있었으며, 벗과 손님을 마주하여 놀고 담소하면 풍도가 시원스러웠으나 역시 늘 법도가 있어 지나친 정도에 이르지는 않았다. 얼마 후 주자(朱子)의 〈경재잠(敬齋箴)〉, 진무경(陳茂卿)의 〈숙흥야매잠(夙興夜寐箴)〉 등 유현들의 격언을 손수 써서 벽에 붙이고 날마다 그 사이에서 완미하였다. 중간에 병약한 몸 때문에 비록 분발하여 힘을 다하지는 못하였으나, 일찍부터 겉치레와 실속, 근본과 말단의 구분에 밝아 몸과 마음을 단속하여 이 학문에 깊이 뜻을 두었다.

우연히 병에 걸려 몇 년 동안 앓다가 병이 위독해지자 스스로 일어나지 못할 줄 알았으나 태부인의 마음을 상할까 걱정하여 한 번도 죽는 것을 슬퍼하는 모습을 짓지 않았다. 당시 우리 중부가 영남 감영에 있었는데, 군이 임종할 때 형님에게 붓을 잡게 하고 입으로 불러 영결을 고하는 글을 지었는데, 차마 들을 수 없었다. 군에게는 두 딸만 있고 아들이 없었다. 훗날의 일을 당부할 적에 더욱 조리가 있었으니, 달관하여 정신이 어지럽지 않기가 또 이와 같았다. 그가 죽은 것은 갑자년(1684, 숙종10) 봄이었으니, 태어난 해로부터 27년만이었다. 18세에 진사시에 합격하여 머지 않아 문과에 급제했을 테지만 병에 걸린 뒤로 다시는 시험을 치르지 않았다. 아, 가슴 아픈 일이다.

나는 군과 가장 친하여 종형제 사이가 화목하였다. 군이 세상을 떠나고 4년 뒤 형님 치원(致遠)이 또 갑자기 나를 버리고 떠났다. 나 홀로 살아남아 외로운 처지이니 더욱 어떻게 마음을 가누겠는가. 아, 어떻게 하면 이 세상에서 다시 군과 형제가 되어 붓을 잡고 천고의 일을 논하며 다시 평소 한 집에서 한 자리에 앉던 즐거움을 누릴 수 있겠는가.

내 글이 참으로 사람을 불후하게 할 수는 없지만, 군을 알기로는 나만한 사람이 없다. 훗날을 기다려 군의 시문을 모아 한 책으로 만들고 다시 군의 아름다운 행실을 기록하고 후세에 보여 캄캄하게 전하지 않는 지경에 이르지 않게 하는 것이 나의 뜻이다. 마침내 눈물을 훔치고 쓴다.

행록 行錄

유생 조명형의 행록[103] 정축년(1697, 숙종23)
曹生命衡行錄 丁丑

진사 이한종(李漢宗)이 생질 조군의 행적을 손수 기록하여 내게 조금 편차하여 글을 지어달라고 요구하였다. 장차 당세의 문장에 뛰어난 군자에게 부탁하여 무덤을 장식하고 먼 훗날 전할 바탕으로 삼으려는 것이었으니, 바로 그의 누이 이 유인(李孺人)의 뜻이라고 하였다. 조군의 조모는 나의 내종 누이이다.[104] 조군이 어려서부터 관례를 치를 때까지 내가 자주 보고서 항상 그 아름다운 바탕과 선량한 행실을 부러워하였는데, 이제야 그 자세한 내용을 더욱 잘 알게 되었다. 마침내 눈물을 훔치고 슬퍼하며 말한다.

이 사람의 행실이 이와 같이 훌륭하니, 어른과 같은 절개가 있었던 옛적 동자 왕기(汪踦)를 공자가 상례(殤禮)로 장사지내지 않도록 인정

103 유생 조명형의 행록 : 이 글은 조명형(曹命衡, 1675~1696)의 생애를 기록한 것이다. 《農巖集 卷27 曹生命衡墓誌銘》

104 조군의……누이이다 : 조명형의 조모 연안 이씨(延安李氏)는 이일상(李一相)의 딸이며, 저자의 외사촌 누이이다.

한 것처럼[105] 조군은 비록 포의 신분으로 약관에 죽었으나 글을 짓는 사람이 마땅히 서술하여 분명하게 보여 세상의 자식된 자의 모범으로 삼아도 부끄러운 말이 없을 것이다.

군의 이름은 명형(命衡)이며 치규(稚圭)는 자이다. 선조는 창녕(昌寧) 사람이다. 군의 7, 8대조는 연달아 훈신에 봉해지고 높은 벼슬을 지냈다. 고조 휘 문수(文秀), 증조 휘 한영(漢英)은 모두 참판을 지내 대를 이어 벼슬하여 문학과 절행으로 세상의 이름난 재상이 되었다. 조부 휘 헌주(憲周)는 익위사 익찬을 지냈고, 부친 휘 하중(夏重)은 일찍부터 영특하고 재주가 있었으나 나이 18세에 죽었다. 그가 죽을 때 군은 태어난 지 이미 4년이었다.

모친 유인은 첨지중추부사 완산(完山) 이공헌(李公憲)의 딸이다. 이씨 또한 이름난 가문으로 대대로 효도하고 근실한 기풍이 있었다. 군을 임신하였을 때 이 유인이 이상한 꿈을 꾸고 마음 속으로 좋은 징조라고 여겼다. 군이 태어나자 빼어나기가 보통 아이와 달랐고, 1년이 넘자 몹시 지혜로워 어른의 안색을 살피고 그 말뜻을 알았기에 보는 사람들이 기이하게 여겼다.

부친을 잃자 유인은 음식을 끊고 제 몸을 버려 온전히 살려 하지 않았다. 군은 모친이 곡하고 우는 모습을 볼 때마다 마치 그 슬픔을 풀어주려는 듯 반드시 모친의 손을 잡고 슬퍼하며 그치기를 기다리니, 모친이 간혹 억지로 곡을 그쳤다. 밥을 먹을 때마다 유인이 먹지 않으

105 옛적……것처럼 : 왕기는 노나라의 동자인데 국난을 당하여 싸우다 죽었다. 공자는 그가 동자이지만 나라를 위해 죽었으니 어린이를 제사지내는 상례(殤禮)를 따르지 말고 성인을 장사지내는 예법을 따라야 한다고 했다. 《禮記 檀弓下》

면 군도 먹지 않았기에 유인은 차마 어쩔 수 없이 조금 먹었다. 유인은 쇠약해져 거의 몸을 보전할 리가 없었는데도 오늘날까지 연명한 것은 실로 군을 돌보기 위해서였으며, 또한 어린 군의 남다른 효성 덕분이었다.

유인이 간혹 낮잠을 자면 군은 그때마다 옷을 가져다 머리를 덮어주었다. 바깥에 나갔다가 어쩌다 좋은 과일을 보면 소매에 넣고 돌아와 반드시 먼저 조부모에게 바치고, 명을 받은 뒤에 그 나머지를 유인에게 바쳤다. 이것은 모두 3, 4세 때부터 이미 그러하였다. 어려서부터 장성할 때까지 바깥 일이 없으면 항상 모친 곁에 있으면서 차마 잠시도 곁을 떠나지 못했다. 온화한 모습으로 받들어 터럭만큼도 모친의 마음에 어긋나는 일을 하지 않고, 오로지 순종하고 위로하기에 힘썼다.

유인은 십수 년 동안 침상에 몸져 누워 있는 때가 많았는데, 군은 안색에 항상 깊은 근심을 띠고 아내에게 고하여 비녀와 귀고리를 내다 팔게 하고, 마음을 다해 약과 맛난 음식을 갖추어 부족한 적이 없었다. 매번 일찍 부친을 잃고 형제가 없다는 점을 평생의 지극한 슬픔으로 여겨, 부모를 모시며 즐거워하는 친척 형제를 보면 마음 속으로 부러워하며 늘 슬피 탄식하였다. 선친의 기일이 되면 반드시 며칠 전부터 빗질하고 목욕하여 재계하고 추모하며 통곡을 견디지 못하니, 보는 사람들이 감동하였다.

익찬공이 몇년 동안 기이한 병에 걸리자 군이 곁에서 간호하였는데 성의가 지극히 돈독하여 추우나 더우나 걸어서 의원과 약을 찾았다. 약재를 썰고 약을 달이는 일은 반드시 몸소 정성을 다하니, 손이 부르트고 동상에 걸렸으나 하루도 게을리 한 적이 없었다.

임신년(1692, 숙종18)과 계유년(1693)에 연달아 조모와 조부의 상을 당하자 군은 모두 승중(承重)하여 상을 치르는 절차를 예법보다 지나치게 하였으며 모자란 것이 없었다. 상을 마치고서도 상복을 벗지 않고 언행을 모두 평상시와 다르게 하였으니, 집안 사람들은 그가 이를 드러내고 웃는 모습을 본 적이 없었으며, 간혹 병에 걸려 거의 위태로웠다. 이것이 군이 어버이를 섬긴 행실의 대략이다.

군은 자질이 몹시 총명하여 겨우 말을 배울 적에 글자를 가르치자 곧 기억하였다. 익찬공이 군을 몹시 기특하게 여기고 사랑하여 그다지 공부를 독촉하지 않았으나, 조금 장성하자 더욱 스스로 학문에 힘써 손에서 책을 놓은 적이 없었다. 매번 밤늦게까지 잠심하여 읽으니 문예가 날로 진보하여 점차 성취를 이루려 하였다. 유인은 그가 지나치게 수고하는 것을 근심하여 경계하기를,

"어버이 된 사람은 반드시 자식에게 부지런히 공부하라고 권면하는데, 너는 도리어 이 때문에 내게 걱정을 끼친다. 모든 일은 중도를 지나치면 해가 되니, 너는 너무 수고하여 병을 초래하지 마라."

하니, 군이 대답하기를,

"제가 다른 종형제 집안처럼 만약 형제가 있고 부모님이 모두 계신다면 비록 배우지 않고 성취하지 못하더라도 또 무엇이 한스럽겠습니까. 다만 이 마음에 품은 일이 남과 다르니, 저절로 그렇게 하지 않을 수 없을 뿐입니다."

하였다. 유인은 더욱 그 뜻에 상심하고 감동하여 강요하지 못하였으니, 여기서 군이 학문을 좋아한 뜻의 대략을 알 수 있다.

군은 성품이 단정하여 어려서부터 장난을 좋아하지 않았다. 평소 말과 웃음이 적었으며, 의관을 정돈하여 게으른 모습이 전혀 없었다. 기쁨과 분노를 낯빛과 말로 드러내지 않았고, 노비를 꾸짖거나 욕하지

않았으며, 남의 잘못을 보더라도 입밖에 낸 적이 없었다. 기풍이 침착하고 숙성하여 덕 있는 어른들이 보고서 대부분 원대한 인물이 될 것이라 기대하였다. 5세에 우연히 광대의 놀이를 보았는데, 사람들은 모두 떠들며 웃었으나 군은 홀로 한 번도 웃지 않았다. 광대가 일부러 그를 웃기려고 더욱 놀이를 하여 시험하였으나, 군은 끝내 단정히 앉아 묵묵히 있으면서 태도를 바꾸지 않으니, 보는 사람들이 모두 감탄하며 어린아이가 할 수 있는 일이 아니라고 하였다.

군은 욕심이 적고 일체의 기호품에 담박하여 마음을 두지 않았다. 비록 사용하는 문방사우라도 아끼며 사사로이 쌓아둔 적이 없었다. 모부인은 그가 지나치게 담박한 것을 걱정하여 행여 장수하고 영달하는 데 방해가 될까 항상 걱정하였다. 아내와 있을 적에는 예의로 공경하여 엄숙하였고, 사적인 감정으로 친근하게 대하는 모습을 자리에서 보이지 않았으니, 이는 학문의 힘으로 기르지 않았다면 더욱 할 수 없는 것이다. 세상에 이런 사람이 어찌 흔하겠는가. 이는 모두 군의 타고난 아름다운 자질의 대략을 볼 수 있는 점이다.

군은 을묘년(1675, 숙종1) 모월 모일에 태어나 병자년(1696) 12월 모일 우연히 병에 걸려 갑자기 일어나지 못했다. 임종을 앞두고도 말이 낭랑하여 어지럽지 않았다. 아, 짧은 인생이었다. 군은 이조 참의 김성적(金盛迪) 공의 딸과 혼인하였는데, 온순하여 아름다운 짝이라고 일컬어졌다. 딸 하나를 낳았으나 5세에 요절했고 끝내 아들이 없었다. 유인은 군을 곡한 뒤로 날마다 통곡하며 더욱 살지 않고자 하였으나, 종가의 제사가 의지할 곳이 없으므로 며느리와 함께 살면서 장차 기다렸다가 군의 후사를 세울 방법을 도모할 것이라 한다.

나는 유인이 집안에서 올바른 가르침을 받고 인을 지키며 예를 가다

듣어 부녀자의 법도가 몹시 잘 갖추어졌다고 들었다. 천지신명의 도움을 받아 규문의 성대한 복을 누려야 마땅한데, 젊은 나이에 남편을 잃었으니 그 운명이 불행하다. 다행히 빼어난 아들을 낳아 부지런히 돌보고 가르치며 날마다 성취하기를 기대하였다. 세상에 누군들 모자 간의 천성적인 사랑이 없겠는가마는 유인의 지극한 자애로움과 군의 돈독한 효성은 성대하여 옛날에도 짝이 드물었기에 보는 사람들이 감탄하며 눈물을 흘리기까지 하였다. 지금 차마 빼앗아 가서 궁하고 외로운 화를 보태고, 또 후사까지 끊었으니 이것은 무슨 이치인가. 이러고도 하늘의 도가 있다고 할 수 있겠는가.

군의 미덕을 보니 효성이 돈독하고 깊은 정성이 가득하여 집안에서 믿음을 얻었으며, 또 친척 사이에서도 신임을 받았다. 만약 장수하여 이를 미루어 나갔다면 그 학문과 업적이 필시 찬란히 빛나고 컸을 것이니, 어찌 여기서 그치고 말았겠는가. 아, 슬프다.

이 진사가 지은 글은 유인이 손수 편집한 기록에서 나왔다. 유인은 어진 아들이 집안에서 닦은 행실이 사라져 세상에 알려지지 않는 것을 참을 수 없어 병든 몸을 억지로 일으켜 기록하고, 오늘날에 와서 그 행실을 드러내어 불후히 전하기를 바란 것이다. 군은 지하에서나마 그 원통한 마음을 조금 위로받을 수 있을 것이니, 그 뜻이 참으로 슬프다. 유인이 이군에게 말하기를,

> "내가 내 아들의 미덕을 전하려 하면서 만약 내 아들을 편애하여 지나친 말을 한다면 비록 지친 사이라도 필시 안 된다고 할 것이며, 또한 내 아들의 뜻이 아니다."

하였다. 그 식견이 뛰어나고 그 말이 참으로 징험할 만하다. 마침내 교정하여 이상과 같이 편차한다.

전傳

작고한 벗 진사 김우경 전[106]

故友金上舍遇卿傳

나는 병들고 늙었으며 세상살이에 지쳐 교유를 끊었다. 때때로 옛적에 교유한 이들이 대부분 땅 속에 있음을 혼자 슬퍼하는데, 김우경 군에 대해서는 내가 특별히 깊이 슬퍼한다.

나는 약관의 나이에 세교와 글짓기 모임 때문에 우경을 만나 몹시 기뻐하였으나 충분히 교유하기 전에 갑자기 잃었다. 조정에 벼슬하게 되자 제법 교유하는 사람들이 있었는데, 우경과 같은 사람을 다시 보고자 하였으나 끝내 만나지 못했다. 아, 우경과 같은 사람은 끝내 다시 볼 수 없다. 빛나는 모습이 아직도 내 눈에 선한데, 지금 우경이 세상을 떠난 지 19년이 되었다. 그의 아우 수령 김하경(金廈卿 김주신(金柱臣))이 예전에 손수 기록한 유사를 내게 맡기며,

"선형의 무덤에 넣고 묘소에 새길 글은 이미 문단의 여러 공에게 부탁하였습니다. 그대 역시 옛날 사람이 전을 지은 것처럼 글을 지어

106 작고한……전 : 이 글은 김성신(金聖臣, 1654~1684)의 생애를 기록한 것이다. 본권 〈김우경 군에 대한 만사〉 참조.

야 하니, 죽은 사람을 불후히 전하기는 마찬가지일 것입니다." 하였다. 나는 읽고서 우경의 미덕을 더욱 잘 알게 되어, 책을 보고 있자니 눈물을 이루 다 닦을 수 없었다. 나는 우경을 사모할 줄만 아니, 어찌 우경을 불후히 전하겠는가. 그러나 하경의 뜻이 몹시 간곡하니 어찌 차마 끝까지 사양하겠는가.

옛적 우경이 죽었을 때 사대부 중에 교유하고 좋아하던 사람들은 슬퍼하고, 알고 지내던 사람들은 탄식하였다. 이름은 들었으나 만나지 못한 자도 모두 놀라고 애석해 하며 "이 사람이 어찌 여기에 그쳤는가." 라고 하였다. 우경은 어떻게 이러한 대우를 받았는가.

우경의 성은 김씨이고 휘는 성신(聖臣)이다. 그 선조는 경주(慶州) 사람으로 왕자의 후손이다. 경순왕(敬順王) 때부터 고려시대에 이르기까지 벼슬이 이어졌다. 본조에서도 벼슬이 성대하여 직제학 천령(千齡), 대사헌 만균(萬鈞)이 모두 유명하다. 이분이 휘 명원(命元)을 낳았으니 경림부원군(慶林府院君) 충익공(忠翼公)으로 선조 때 정승을 지내 명성과 공렬이 우뚝하였다. 이분이 군의 고조이다. 증조 휘 수렴(守廉)은 첨지중추부사, 조부 휘 남중(南重)은 예조 판서 정효공(貞孝公)이다. 부친 휘 일진(一振)은 생원으로 명성과 품행 있는 선비로 일컬어졌으나 일찍 죽었다. 풍양 조씨(豐壤趙氏)와 혼인하였으니 포저(浦渚) 문효공(文孝公) 익(翼)의 손녀이며 진사 내양(來陽)의 딸이다. 효종 갑오년(1654, 효종5)에 군을 낳았다.

어려서 총명하기가 남달라 3세에 인(人)과 입(入), 전(傳)과 부(傅)처럼 비슷한 글자를 구분했다. 6세에 바둑 두는 법을 이해하니 보는 사람들이 기이하게 여겼다. 12세에 부친을 잃자 어른처럼 슬피 곡읍하고, 상을 마치자 숙부들에게 배웠는데 널리 듣고 잘 기억하여 글재주가 날로 진보하였으며 특히 사부(辭賦)에 뛰어나다는 명성을 얻었다. 향시에 응시하여 누차 여러 선비의 으뜸을 차지하니 명성이 자자하여 동년배들이 감히 바라보지 못했다.

신유년(1681, 숙종7) 진사시에 제3명으로 급제하였다. 여러 사람은 모두 군이 수석으로 뽑힐 것이라고 기대하였으나 남에게 굴복하였기에 여론이 시끄러웠다. 군을 재주 있다고 여기는 여러 어른과 선배들은 모두 분개하고 애석해 하였다. 얼마 후 우연히 병에 걸려 앓는데, 갑자년(1684) 1월 모부인이 세상을 떠났다. 군은 당시 몹시 위독하여 남의 부축을 받아야 일어나고 누울 수 있었는데, 예법을 넘을 정도로 곡하고 가슴을 치며 슬픔을 다하느라 병이 더욱 어찌할 수가 없게 되었다. 그래도 억지로 기운을 내어 아침 저녁 음식 올리기를 감독하며 조금도 게을리하지 않았다.

죽기 사흘 전에 아내를 불러 눈물을 흘리며 삼년 동안 제사 음식을 경건히 하고, 하경과 한집에 살며, 선조의 제사를 받들고 자손을 가르치라는 뜻을 부탁하며 말하기를,

"자네가 내 뜻을 따른다면 내가 죽더라도 무슨 한이 있겠는가. 나는 내 아우가 반드시 변치않고 내 뜻대로 할 줄 알겠소. 하지만 자네와 제수씨가 변하지 않을 수 있겠소?"

하였다. 군의 형제는 이미 우애가 몹시 돈독하고, 동서 사이에 종씨(鍾氏)의 법도와 학씨(郝氏)의 예법[107]이 성대하였으니, 화목하게 함

107 종씨(鍾氏)의……예법 : 동서간의 친목을 말한다. 진(晉)나라 왕혼(王渾)의 아내 종씨(鍾氏)와 왕혼의 아우 왕담(王湛)의 아내 학씨(郝氏)는 모두 행실이 뛰어나, 왕담의 집에서는 학씨의 법도를 본받고 왕혼의 집에서는 종씨의 예법을 본받았다. 《世

께 살았다는 것은 군도 본디 알고 있었다. 그런데도 임종을 앞두고 경계한 것은 옛사람이 이를 어렵게 여겼기 때문이니, 또한 군의 평소 뜻을 볼 수 있다.

군은 자질이 순수하고 기운이 맑으며 재주가 뛰어나고 식견이 밝았다. 가까이 가면 신령한 광채가 옆사람을 비추었으니, 온몸에 난초 향기가 자욱한 것 같고, 보배 구슬이 빛을 머금어 빛나는 것 같았다. 모부인을 섬길 적에는 사랑이 공경을 넘어서고 정성이 형식을 덮어 잠시라도 곁을 떠나면 어린아이처럼 사모하곤 하였다. 아우를 대할 적에는 기뻐하며 남과 나를 잊었으며, 또 일에 따라 조금도 봐주지 않고 경계하고 권면하였다. 이 때문에 집안에서 받들고 주선하면서 온화한 기운이 넘쳤으니 모두 지극한 사랑에서 나온 것이었다.

평소 즐겁고 편안하여 엄숙함과 온화함이 적절하고 융통성과 단호함을 조절하였으며 결코 꾸미거나 자랑하는 일이 없었다. 남을 인정하는 일이 드물어 친구를 가리고 교유가 드물었으나 마음 맞는 사람을 만나면 속마음을 다 털어놓으며 지칠 줄 몰랐으며, 안색과 낯빛이 맑고 편안하였다. 한 번 교제하기로 정하면 끝내 달콤하게 굴다가 교제를 망치는 일이 없었다. 충성스럽고 정성스럽게 충고하고 정분이 돈독하여 구차하게 영합하고 쉽게 멀어지는 세상 사람들을 몹시 부끄러워하였다.

단정히 있으면서 깊이 생각하면 서재가 고요하여 휘장을 열어야 비로소 보였다. 때때로 낭랑히 읊조리고 멀리 바라보니, 고아한 흥취가 시원하여 마주하면 정신이 상쾌해져 저절로 속세를 떠날 생각이 들게

說新語 賢媛》

했다. 어버이를 섬기며 곤궁하게 지냈으나 즐거워하는 모습만 보이고 걱정하는 모습은 보이지 않았다. 세상의 모든 여색과 재물에 대해서는 담박하여 좋아하는 것이 없었고, 30세가 되도록 사사로이 보관한 상자 하나도 없었다. 천성적으로 서적을 좋아했지만 구하는 사람이 있으면 아끼는 기색 없이 곧장 주었다.

나이 17, 18세에 조급하여 도를 해친다고 스스로 반성하여 더욱 수양하였다. 이때부터 빨리 말하거나 갑자기 낯빛을 바꾸는 일이 드물었다. 한번은 전시(殿試)에 응시하여 시권을 절반 가까이 썼는데, 아우가 물을 가져오다 팔이 흔들려 물이 시권에 쏟아졌다. 보던 사람들이 놀랐으나 군은 편안히 앉아 전혀 놀란 모습이 없었다. 얼마 후 같은 자리에 마침 시권을 둘 가져온 사람이 있어서 군에게 주었는데, 군은 또 기뻐하는 기색도 없었다.

또 한번은 춘당시(春塘試)에 응시하여 문묘(文廟)를 지나가는데, 한밤중인데다 수레와 말이 복잡하여 초헌을 탄 사람도 잠시 예를 표하고 지나갔다. 함께 가던 사람은 다른 사람들을 따르고자 하였으나, 군은 복잡한 가운데 말에서 내려 지나갔다가 다시 타고 말했다.

"어찌 남이 모른다고 내가 공경을 해이하게 할 수 있겠는가."

같은 마을의 대사성과 교분이 두터웠는데, 그가 평소 군의 글재주를 인정하였으나 누차 높은 성적을 받지 못하자 몹시 부끄러워하고 애석해 하며 조용히 시험삼아 군에게 넌지시 말하기를,

"훗날 시험에서 군이 아무 글자를 쓴다면 내가 눈여겨볼 수 있을 것이네."

하니, 군이 정색하고 말하기를,

"공은 나라를 위해 시험을 주관하면서 어찌 이런 말씀을 하십니까.

만약 이런 생각을 하신다면 나는 공이 관직을 옮기기를 기다린 뒤에 응시할 뿐입니다."

하니, 대사성이 부끄러워 사죄하고는 자기가 사사로이 한 이야기를 혐의삼지 않고 이 일을 거론하여 남에게 말하며 칭찬하고 감탄하였다. 군은 일정한 법도가 있어 기쁨과 성냄을 드러내지 않았고, 남이 모른다고 행실을 게을리하지 않았으며, 이익과 손해를 앞두고도 엄격히 억제하기가 모두 이와 비슷하였다.

선비가 포의 시절에는 과거에 급제하여 명성을 얻기에 급급하여 나라의 이익과 병통에 마음을 쓸 겨를이 없다. 군은 당시 시대를 몹시 걱정하여 매번 조정의 잘잘못과 당시 재상에 아첨하고 간사한 사람이 있으며 사악한 이와 바른 이가 섞여 있다는 말을 들을 때마다 개연히 탄식하고, 때로는 일어나 침상을 맴돌기까지 하였으니, 진심에서 우러나와 스스로 멈출 수 없기 때문이었다.

젊은이의 논의는 으레 경박하고 날카로운 경우가 많고 원대한 계획에 미치는 경우가 드물지만, 군은 논의를 주장할 적에 항상 과격함을 꺾고 너그럽고 공평하기에 힘썼다. 그 식견과 헤아림은 당시의 일에 밝아 저절로 조리가 있었으니, 이것이 어찌 구차하게 고상한 논의를 하는 사람과 비교할 수 있겠는가. 군의 아름다운 자질로 장수를 누리고, 또 사우에게서 더욱 학문으로 보완하였다면 큰 성취가 어찌 끝이 있었겠는가. 아, 애석하다. 겉으로 드러난 그의 행실은 내가 평소 보던 것이니, 지금 생략한 것은 있어도 지나친 것은 없다. 집안에서의 은미한 행실은 하경의 행장을 근거삼을 만하다.

군은 나주 임씨(羅州林氏)와 혼인하였으니 판서 담(墰)의 손녀이다. 3남 3녀를 두었으니 장남은 상연(象衍)으로 빼어나고 일찍 배웠으나 혼인한 뒤에 아들 없이 죽었다. 차남은 지연(趾衍)이고 나머지는 모두 일찍 죽었다. 살아남은 사람은 드물지만 하늘이 가문을 번창하게 하여 선한 보답이 끝내 깜깜하게 징험되지 않는 지경에 이르지 않게 할 것이다. 군의 장지는 고양군(高陽郡) 서쪽 대자리(大慈里)에 있으니 실로 김씨의 선영이다.

환 할멈의 일을 기록하다[108]

環姥紀事

환 할멈은 박씨이며 환은 이름이다. 영남 화산(花山 안동)에서 태어났다고 한다. 우리 가문에 예속되어 3대에 이르기까지 50년에 걸쳐 일하다가 나이 74세에 편안히 죽었다. 나는 그의 성품과 행실에 찬란히 사대부 집안 부녀자의 기풍이 있는 점을 훌륭히 여겨 특별히 기록하여 전한다.

할멈은 사람됨이 진실하고 굳세며 즐겁고 편안하였다. 외모는 키가 크고 얼굴이 희며 마치 남자처럼 헌걸찼다. 남을 대할 적에는 간곡하고 겸손하였으나, 마음 속으로 좋게 여기지 않는 사람에게는 조금도 나약하지 않고 단호히 맞서 사람들이 두려워하면서도 좋아하였다. 여공(女工)을 몹시 부지런히 하여 백발이 되어서도 게을리하지 않았다. 노래를 잘하고 간을 맞추어 음식을 잘 만들었다.

특히 민첩하고 지혜로우며 기억력이 뛰어났으니, 사소한 일은 말할 것도 없고, 상례와 제례의 의식처럼 복잡하여 자세히 알기 어려운 것도 할멈은 한 번 경험하면 빠짐없이 척척 알았다. 이것이 어찌 예전에 집에서 배운 덕택이겠는가. 아마도 타고난 것이리라.

누차 어려운 일을 겪었으나 윗사람을 섬기며 일할 적에는 더욱 부지런하고 충성하였다. 그러므로 몹시 총애를 받아 항상 창고 관리를 맡겼

108 환……기록하다 : 이 글은 저자 집안의 여종 박환의 생애를 기록한 것이다. 본권 〈환 할멈에 대한 애사〉 참조.

다. 이때 우리 집안의 재물은 제법 넉넉하여 남는 것이 있었는데도 한 가지 물건도 자기가 차지하지 않으며,

"남의 종이 되어 청렴하지 않으면 무엇을 보겠는가."

하였지만, 또 과격하게 명예를 얻고자 하지도 않았다.

부모를 제사지낼 적에는 반드시 며칠 동안 재계하고, 부모가 살아계신 것처럼 깊은 정성을 바쳤는데, 늙어서도 조금도 쇠하지 않았다. 말을 할 적에는 반드시 신중하고 자세히 하였으며, 남의 잘못을 들을 때마다 한참 동안 고개를 숙이고 묵묵히 있다가,

"이는 필시 잘못 전해진 것이리라."

하였고, 선한 일을 들으면 반드시 기쁜 얼굴로 자랑하였으니, 관대하고 참을성 있기가 대부분 이와 같았다.

젊어서 시집 갔으나 남편이 죽어서 끝까지 섬기지 못하였고, 우리 집에서 일을 하게 되자 묵묵히 노비들 사이에서 지냈다. 수십 년 동안 홀로 살면서 정숙하고 깨끗한 태도를 지켜 근심과 슬픔을 얼굴에 드러낸 적이 없었다. 성실하고 명백하며 가지런하여 한 가지 일도 애매한 자취가 없었다. 재산을 관리하고 일을 처리하는 것도 모두 질서정연하여 조리가 있었으니 70년을 하루같이 하였다. 살아서는 미천하였으나 사람들이 모두 공경하였고, 죽어서는 후손이 없었으나 사람들이 모두 탄식하며 눈물을 흘리고 재산을 떼어 부조하였으니, 할멈을 선한 사람이라고 할 수 없단 말인가.

아, 할멈이 지혜롭고 올바르기가 이와 같은데, 불행히 좋은 집안에서 태어나지 못하고 천한 집안에서 태어났고, 또 불행히 남편이 없어 여종의 일을 하였다. 재주가 구속을 받아 드러나지 못했고, 외롭고 가난하게 살다가 죽었다. 게다가 홀몸이라 자식이 없고, 집안에는 먼

친척도 없었다. 세상 사람들이 말하는 살아 있는 사람의 즐거움을 할멈은 하나도 누리지 못하였다. 아, 할멈에게는 참으로 하늘이 없었다.

외사씨는 말한다.

"지금 사대부 집안에서 자식을 가르칠 적에는 반드시 좋은 보모를 두어 《여계(女誡)》와 《내칙(內則)》을 꼼꼼히 가르친다. 그러나 자라서 부인의 행동을 하면서 곧고 깨끗하게 하는 사람이 얼마나 되는가. 할멈은 이러한 바탕 없이도 잘 하였고, 늙어 죽을 때까지 싫증내지 않았다. 옛날에 노비와 희첩 출신으로 선량한 사람이 많았지만, 어찌 할멈처럼 곧은 태도를 바꾸지 않아 볼 만한 사람이 있겠는가. 아!"

지은이 **서종태(徐宗泰)**

본관은 달성(達城), 자는 노망(魯望), 군망(君望), 호는 만정당(晩靜堂), 서곡(瑞谷), 송애(松厓)이다. 부친은 서문상(徐文尙), 모친은 이명한(李明漢)의 딸이다. 1652년(효종3) 태어나 1675년(숙종1) 생원시와 진사시에 모두 합격하고 1680년(숙종6) 문과에 급제하였다. 예문관 검열, 홍문관 정자를 거쳐 사가독서(賜暇讀書)하였다. 이조좌랑, 홍문관 수찬을 거쳐 1684년(숙종10)금성 현령(錦城縣令)에 임명되어 금강산을 유람하였다. 이후 홍문관 교리, 사헌부 집의, 승지, 대사간, 대사성, 부제학, 이조 판서, 대제학을 역임하였다. 1705년(숙종31) 우의정에 임명되고 1711년(숙종37) 영의정에 올랐다. 1719년(숙종45) 2월 21일 세상을 떠났다. 문집 《만정당집(晩靜堂集)》과 자편고(自編稿) 《잡고(雜稿)》 등의 저술이 전한다.

옮긴이

최예심(崔禮心)

1967년 충북 제천 출생. 민족문화추진회 국역연수원 연수부 및 상임연구부를 졸업하였다. 민족문화추진회를 거쳐 단국대학교 동양학연구원 연구교수로 재직 중이다. 《승정원일기》(공역), 《월정집》(공역), 《용주유고》(공역), 《어우집》(공역) 등을 번역하였다.

장유승(張裕昇)

1976년 서울 출생. 성균관대학교 한문학과를 졸업하고, 한국학중앙연구원 한국학대학원을 거쳐 서울대학교 국어국문학과에서 〈조선후기 서북지역 문인 연구〉로 박사학위를 받았다. 한국고전번역원 고전번역교육원 전문과정을 마치고 한국고전번역원 번역위원을 거쳐 현재 단국대학교 동양학연구원 연구교수로 재직 중이다. 《정조어찰첩》(공역), 《영조 승정원일기》(공역), 《동국세시기》, 《현고기》, 《한국산문선》(공역) 등을 번역하였다.

권진옥(權津鈺)

1979년 경북 영천 출생. 고려대학교 한문학과를 졸업하고, 동 대학교 국어국문학과에서 〈택당 이식의 변문·고문 연찬과 산문 창작의 실제〉로 석사학위를 받고 〈귤산 이유원의 학문 성향과 유서·필기 편찬에 관한 연구〉로 박사학위를 받았다. 고려대학교 민족문화연구원과 단국대학교 동양학연구원 연구원을 거쳐, 현재 단국대학교 국어국문학과 조교수로 재직 중이다. 《낙전당집》(공역), 《어우집》(공역), 《한비자집해》(공역), 《오천집》 등을 번역하였다.

이승용(李承容)

1981년 경북 의성 출생. 영남대학교 한문교육과를 졸업하고, 성균관대학교 한문학과에서 《조선후기 강화학파 한시연구》로 박사학위를 받았다. 한국고전번역원 고전번역교육원 연수과정과 전문과정을 마치고 단국대학교 동양학연구원 선임연구원으로 재직 중이다. 《완구유집》, 《정관정요》(공역), 《낙전당집》(공역), 《완역정본 택리지》(공역) 등을 번역하였다.

권역별거점연구소협동번역사업 연구진

연구책임자 김문식(단국대학교 사학과)
공동연구원 윤재환(단국대학교 국어국문학과)
김우정(단국대학교 한문교육과)
책임연구원 허호구(단국대학교 동양학연구원)
장유승(단국대학교 동양학연구원)
최예심(단국대학교 동양학연구원)
선임연구원 이라나(단국대학교 동양학연구원)
이승용(단국대학교 동양학연구원)
연구보조원 유명석(단국대학교 동양학연구원)

만정당집 4

서종태 지음 | 최예심 · 장유승 · 권진옥 · 이승용 옮김
2021년 12월 31일 초판 1쇄 발행
편집 · 발행 학자원
등록 2011.4.6 제2011-14호
주소 (05355) 서울시 강동구 천호대로 1121
전화 02-6403-1000 | 팩스 02-6338-1001 | 이메일 hakjaone@daum.net

값 40,000원
ISBN 979-11-6247-242-2 94810
979-11-6247-194-4 (세트)